Internationale Politik

Einführung in das System internationaler Herrschaft

Von
Universitätsprofessor
Dr. Ulrich Albrecht

5., völlig neu bearbeitete und erweiterte Auflage

R. Oldenbourg Verlag München Wien

Die Deutsche Bibliothek - CIP-Einheitsaufnahme

Albrecht, Ulrich:
Internationale Politik : Einführung in das System internationaler Herrschaft / von Ulrich Albrecht. – 5., völlig neu bearb. und erw. Aufl. – München ; Wien : Oldenbourg, 1999
ISBN 3-486-24572-4

Rosenheimer Straße 145, D-81671 München
Telefon: (089) 45051-0, Internet: http://www.oldenbourg.de

Gedruckt auf säure- und chlorfreiem Papier
Redaktion und Satz: draft fachlektorat frieden, Wilhelm Nolte, Hamburg
Druck und Bindung: R. Oldenbourg Graphische Betriebe GmbH, München

ISBN 3-486-24572-4

VORWORT ZUR 5. AUFLAGE

Der Text dieser seit mehr als zehn Jahren erscheinenden Einführung ist für diese Neuauflage in verschiedener Hinsicht neu gefaßt worden. Zum einen aus Gründen, die die weltpolitische Wende 1989/90 spiegeln: das realsozialistische Lager, der militarisierte Ost-West-Konflikt oder auch sozialistische Konzeptionen zukünftiger Integration gehören heute zur Geschichte. Sie sind nicht mehr Thema der internationalen Politik. Aber auch der Sieger im Kalten Krieg, der Westen mit seinen Konzepten, steht am Ende nicht unbeschädigt da, auch was die dominanten Ansätze zur Analyse von internationaler Politik betrifft: Wie konnte es geschehen, daß die führenden Köpfe, sowohl auf der politischen Bühne wie in der wissenschaftlichen Arena, den großen Wandel von 1989/90 nicht vorausgesehen haben, ja erst reichlich spät bemerkten, was sich in Europa tat? Der akademischen Disziplin Internationale Politik wird diese Zeitwende noch viel zu denken geben.

Die zentrale Rückfrage lautet, ob die Analytiker der Internationalen Beziehungen in der Vergangenheit ihr Problem genügend genau bestimmt hatten. Wenn der Ost-West-Konflikt so rasch in sich zusammensank, so artifiziell war – was bedeutet dies für die Zunft und den Wert ihrer bisherigen analytischen Tätigkeit? Der großartige Porträtist und Zeitzeuge der weltpolitischen Wende, Timothy Garton Ash, bezeichnet das Jahr 1989 als „The Year of Truth", als das Jahr der Wahrheit – und das Jahr der Wahrheit ist 1989 auch für die Analyse der Internationalen Beziehungen geworden.[1] In Deutschland ist bei dieser kritischen Selbstreflexion zum Leistungsvermögen politikwissenschaftlicher Analyse an erster Stelle Klaus von Beyme anzuführen. Er meint für die Sozialwissenschaften insgesamt, daß „der Zusammenbruch des realen Sozialismus methodisch zu einem 'schwarzen Freitag der Sozialwissenschaften' wurde."[2] Wenig später griff von Beyme dieses Bild erneut auf und präzisierte:

> „– ‚Der schwarze Freitag' hatte sich ereignet, weil die Wissenschaften *keine exakte Prognose* über den Zusammenbruch des Systems liefern konnten.

1 Timothy Garton Ash, „Eastern Europe: The Year of Truth", in: The New York Review of Books, Vol.37, No.2, 15 Feb. 1990, S.17-22.

2 Klaus von Beyme, Systemwechsel in Osteuropa, Frankfurt a.M. 1994, S.35. – am Freitag, den 25.Oktober 1929 („Schwarzer Freitag"), kam es an der Börse von New York zu extremen Kurseinbrüchen, was die große Weltwirtschaftskrise einleitete.

– Prognosen, welche nach dem fait accompli, der Erosion oder des Kollapses des Sozialismus, *künftigen Handlungsbedarf* anvisierten, waren ebenfalls erstaunlich falsch.“[3]

Von Beymes Schlußfolgerung:

> „Das erste Versagen zog das zweite Versagen nach sich: da der Untergang des Sozialismus auch von den kühnsten Krisenszenarios nicht unterstellt worden war, gab es auch keine Konzeptionen für die Bewältigung der Folgen des Ereignisses: der neue Nationalismus, die Balkanisierung, der Migrationsdruck von Osten und die Statusängste in der ‘Festung Westeuropa’ waren wissenschaftlich nicht vorbereitet worden.“[4]

Der als Analytiker der Wendegesellschaften hernach breit bekannt gewordene Adam Przeworski wertet unumwunden, daß „der ‘Herbst des Volkes’ im Jahr 1989 ... ein klägliches Scheitern der Prognosefähigkeit der politischen Wissenschaft dar(stellt).“[5] Przeworski folgert: „Jede retrospektive Erklärung des Sturzes des Kommunismus muß nicht nur die historischen Entwicklungen begreifen, sondern auch die theoretischen Annahmen deutlich machen, die uns daran gehindert haben, diese Entwicklung vorherzusehen.“ Denn: „Wenn wir jetzt so schlau sind, warum waren wir es nicht schon vorher?“[6]

Der Harvard-Historiker Charles S. Maier schließlich, einer der subtilsten Analytiker des Endes der DDR,[7] hat in einem Grundsatzvortrag anläßlich des Politologentages mit großem Ernst gefragt:

> „Hätten wir als Sozialwissenschaftler ... nicht die dramatischen und unerwarteten Ereignisse der späten achtziger Jahre besser voraussehen können und sollen? Haben die Sozialwissenschaften eine ihrer Hauptaufgaben verfehlt? Standen sie sozusagen ohnmächtig und stumm vor der Geschichte? ... Welche Lehren sollen wir für die Politikwissenschaft aus der Konfrontation von Theorie und Transformation ziehen?“[8]

---

3 Klaus von Beyme, „Wissenschaft und Politikberatung im Transformationsprozeß der postkommunistischen Länder“, in: H.Wollmann/H. Wiesenthal/F.Bönker (Hg.), Transformation sozialistischer Gesellschaften: Am Ende des Anfangs. Leviathan Sonderheft 15, 1995, S.118 f (Hervorhebungen nach dem Original).

4 Ebd.

5 Adam Przeworski, „Wird der ‚Osten‘ zum ‚Süden‘? Der ‚Herbst des Volks‘ und die Zukunft Osteuropas“, in: Prokla, 22. Jg., Nr.86, 1992, S.89.

6 Ebd.

7 Charles S. Maier, Dissolution. The Crisis of Communism and the End of East Germany, Princeton, N.J. 1997.

8 Charles S. Maier, „Die Sozialwissenschaft und die Wende: Grenzen der Prognosefähigkeit“, in: Gerhard Lehmbruch (Hg.), Einigung und Zerfall Deutschlands und Europas nach dem Ende des Ost-West Konflikts, Opladen 1995, S.316 f.

Der Autor dieser Schrift zieht aus diesen (selbst-)kritischen Rückfragen herausragender Vertreter der Sozialwissenschaft den Schluß, in seiner Studie das Moment „Politik von unten“, die Untersuchung der Rolle von nicht-etablierten Akteuren und Analytikern der internationalen Politik, zu verstärken, und die Krisenbögen, welche deren Fortgang prägen, auch wirklich bis zum bitteren Ende nachzuzeichnen.

Ein eingefügtes, zusätzliches Kapitel thematisiert somit internationale Umweltpolitik als neues Thema auf der Agende der Außenpolitiker (Umwelt-Protestler haben entscheidend zum Ende der realsozialistischen Staaten beigetragen).[9] Ein weiteres Kapitel befaßt sich mit einer neuen – politisch-praktischen wie theoretischen – Bewegung, dem Feminismus, und dessen Folgen für die Analyse Internationaler Beziehungen. Die Wahl von feministischen Beiträgen zur Untersuchung von internationaler Politik liegt besonders einem der Analyse von Herrschaft verpflichteten Ansatz nahe – hat doch gerade mit seiner Kritik von (unberechtigter) Dominanz dieser neue Diskurs rasche und wohlverdiente Erfolge errungen.

Dieses Kapitel ist im Gegensatz zu den anderen Abschnitten dieser Einführung als Diskurs gefaßt. Es werden neue Fragestellungen und Analyseperspektiven (im Gegensatz zu Aussagen über Grundbegriffe und vorherrschende Probleme) vorgestellt, was eine andere Art der Präsentation bedingt. – Andere gewichtige Weiterungen des analytischen Blicks auf internationale Politik erfolgen im Diskurs der sogenannten Postmaterialisten oder auch Postmodernisten.[10]

Änderungen im Text gegenüber früheren Auflagen greifen daneben zumeist Anregungen auf, die ich von Rezensenten, anderen Lesern sowie Hörern der gleichnamigen Einführungsvorlesung erhalten habe. Am Charakter einer Einführung, im Hörsaal wiederholt als Vorlesung vorgetragen, hält der folgende Band ungebrochen fest. Er möchte in die Welt der internationalen Politik einführen, Studierende motivieren, sich diesem faszinierenden Thema zuzuwenden, und gegenüber den Zunftgenossen der Politologie die Eigenständigkeit des Sujets verteidigen.

Ich wurde von Hörern der Vorlesung und Lesern dieser Einführung öfter gefragt, wie ich mich denn selber in der Disziplin einordnen würde. Die Anfrage geniert mich – meine ich doch, diese Frage würde mein Text

9 Ein besonderer Dank für kritische Zuarbeit gebührt für diesen Abschnitt Dr. Frank Biermann vom Wissenschaftlichen Beirat der Bundesregierung Globale Umweltveränderungen.

10 Interessierte werden auf die einschlägigen Stichworte in dem von Helmut Volger und mir herausgegebenen, im selben Verlag erschienenen Lexikon der Internationalen Politik (München/Wien 1997) verwiesen, welches gleichzeitig mit diesem Text entstand.

deutlich genug beantworten. Für diejenigen jedoch, die gleichwohl vorab eine Aussage wünschen (wofür Verständnis zu erbringen ist): als Verfasser einer Studie, die sich das System internationaler Herrschaft vornimmt, ist der Autor den neuerdings sogenannten Globalisten zuzurechnen – jener Position, die in den internationalen Beziehungen besonderen Erkenntnisgewinn, und über die fortschreitende Globalisierung mehr davon, von einer Sichtweise erhofft, die diesen Erdkörper und seine vielfältigen Akteure vom Blickwinkel des Gesamten, und nicht von ihren vielfältig interagierenden Teilen, her interpretiert.

Berlin Ulrich Albrecht

KAPITEL 1
VORBEMERKUNGEN

Prolog: Gruß dem Leser!

Die großen Herren lieben es sehr, daß wir kleinen Knechte erhabene Betrachtungen anstellen, und ihnen die niedrige Handarbeit überlassen; daß wir, hoch über den Wolken, den Lauf der Sterne berechnen, und uns um den Lauf der irdischen Dinge nicht bekümmern; daß wir algebraische Aufgabe lösen, während sie den geldbaren Vorteil einstreichen. Weil sie es wünschen, kann es nichts Gutes sein. Wie so viele wohldenkende und verständige Menschen lassen sich hierin zum besten haben. Die Gewaltigen im Lande donnern ihnen seit dreißig Jahren zu: sie möchten sich nicht mit Theorien abgeben, die in der Wirklichkeit keine Anwendung verstatteten, und unsere lieben Gelehrten werden darauf warm, verteidigen ihre Grundsätze, und verwickeln sich um so enger in das Netz, das man über sie hergeworfen. Jene wollen es nicht anders, als daß wir hierin ihnen nicht gehorchen. Unterdessen gehen die Dinge ihren alten Gang. Sokrates wurde gepriesen, weil er die Philosophie vom Himmel herabgeholt, und so ward er ein Lehrer der Menschheit. Wenn wir uns beglücken wollen, müssen wir die Politik aus den Wolken erdwärts ziehen. Kein Hungriger wird gestillt mit einer Abhandlung über freie Kornausfuhr, kein Kranker wird geheilt mit einem Handbuche der Therapie, keine Bürgerfreiheit durch Montesquieu geschaffen. Saatkorn für die Nachwelt, Brot für die Zeitgenossen. Nur der gute Heinrich konnte sich ohne Schwärmerei dem schönen Traum von einer europäischen Republik und einem ewigen Frieden hingeben, weil er den schönern hatte, von dem sonntäglichen Huhne im Topfe.

Über Grundsätze läßt sich hadern, über Erfahrungen nicht. Den Verstand kann man betören, aber nicht die Sinne. Gegen ein System der Meteorologie läßt sich streiten, aber nicht gegen das Gefühl der Haut, wenn sie Kälte oder Wärme, Nässe und Trockenheit der Luft empfindet. Wollen wir Menschenglück verbreiten, dann müssen wir mehr des Lebens Erscheinungen als dessen Regeln besprechen. Erst an toten Körpern wird der Bau der Lebenden erkannt. Laßt uns der atmenden Brust Erleichterung geben.

Darum soll man (ich werde es) öfterer des Volkes Entbehrungen besprechen, als seine Rechte, wärmer die Staatsverwaltungen als die Staatsver-

fassungen, mehr die täglichen Erscheinungen des Bürgerlebens, wie sie im häuslichen Kreise und auf dem Markte sich zeigen, als die Grundsätze der Gesetzgebungen und die großen politischen Verhältnisse.

Wie im Familienleben, wie in der stündlichen Not oder Lust des Menschen eine vollkommene oder fehlerhafte Regierung sich ausspreche; dieses setze ich mir vor, an einzelnen Wahrnehmungen so aufzuzeigen, daß es dem Verstande eine jeden faßlich werde. Das deutsche Volk hat noch zu wenig politische Aufklärung. Es kennt den Zusammenhang nicht zwischen einer repräsentativen Verfassung und seinem Magen. Es sieht die Gefahren einer Gewitterwolke nicht eher ein, bis der Blitz das Haus getroffen, und begreift die Wohltätigkeit eines befruchtenden Regens nicht früher, als bis es das in dem hundertsten Folgegliede entstandene Butterbrot in den Mund steckt. Man muß es von seinen sinnlichen Wahrnehmungen zu den obersten Grundsätzen hinaufleiten; der umgekehrte Weg führt zur Verwirrung, welche die Schlechten benutzen.

Und da auch ich, wie ich es schmerzlich fühle, noch in der Zwitterzeit erzogen bin, wo die Wissenschaft sich vom Leben schied, und man eine doppelte Sprache für beide Welten erlernte und gebrauchte; da man in Büchern anders redete als mit dem Munde, so werde ich mich jener so viel als ausführbar enthalten. Ich will lieber nützen, als gepriesen werden; Trost gibt der Himmel, von den Menschen erwartet man Beistand.[1]

Mit diesen Worten offeriert Ludwig Börne vor 180 Jahren (genauer: 1819) seine neue Zeitschrift „Zeitschwingen" einer geneigten Leserschaft. Zwar erfreut sich heute der Bürger weitergehender Rechte, als der dauernd auf der Flucht vor dem Zensor befindliche Börne zu hoffen wagte. In der internationalen Politik aber hat sich so geringfügig wenig geändert, fragt man nach demokratischer Teilhabe, daß dieser Kampftext angemessen die folgende Schrift einleitet.

In den Umständen, mit denen sich internationale Politik heute zu befassen hat, sind freilich dramatische Änderungen eingetreten. Ernst Bloch bringt diese Änderungen für Lernende auf die Formel:

1 Zit. nach der von Emil Staiger herausgegebenen Börne-Ausgabe Kritische Schriften, Zürich und Stuttgart 1964, S.325f. – Mit dem „guten Heinrich" ist Heinrich IV. von Frankreich gemeint.

> „Es ist bekannt, daß Lernen nicht für die Schule und Wissenschaft da ist, allein da ist, sondern für das sogenannte Leben, in unserer Zeit mit dem bitteren Zusatz, bereits fürs Überleben."[2]

Die folgenden Seiten sind neben der Vorstellung des Gegenstandes „Auswärtige Politik" von beiden geprägt, dem alten Kampf um Volksherrschaft in diesem Politikbereich (das ist, wie die nächsten Seiten lehren, eine wenig pathetische Aussage), und der neuen Frage, wie im Zeitalter fortwährender vollständiger Vernichtungsmöglichkeiten und vielfach ausbrechender kriegerischer Auseinandersetzungen, globaler ökologischer Probleme und schreiender Ungleichheiten in der internationalen Verteilung von Lebenschancen auswärtige Politik demokratisch gestaltet werden sollte.

Diese Schrift ist benannt eine „Einführung". Sie ist dies in zweifachem Sinne, über die landläufige Bedeutung hinaus, daß solche Texte propädeutisch an einen wissenschaftlichen Gegenstand heranführen sollen. Neben der Information über Grundlagen der auswärtigen Politik führt diese Schrift zum einen eine neuartige, nicht anerkannte (so ein Schlüsselwort der Diplomatie) Sichtweise der internationalen Politik ein, und sie will zum anderen den Studenten der internationalen Politik tatsächlich führen – nicht ihn vor einem Puzzle aus vielen tausend Mosaiksteinchen belassen, die er gefälligst selber zu einem Bild zusammenzufügen hat. Beide Ansprüche bedürfen der Erläuterung.

Vieles, was bislang über internationale Politik geschrieben wurde, war getragen vom Gestus der „hohen Politik", von der Attitüde der Mitteilung vom Wissenden an Unwissende, der chevaleresken Geste an den Pöbel, diesen die Wunderwelt der internationalen Beziehungen erblicken und ihn erbleichen zu lassen ob des Raffinements der nunmehr sichtbar werdenden Ranküne. So ist internationale Politik (wie vorgeführt werden soll) immer ein vordemokratisches Relikt geblieben. Dies zum Teil aus Sachgründen: Über den Einsatz der „ultima ratio regis", der Gewaltmittel des Staates als letztem, höchstem Politikmittel wird nirgendwo, in keiner Demokratie, abgestimmt.

Diese Tatbestände haben der Frage Auftrieb gegeben, ob internationale Politik nicht auch von unten her, aus der Sicht der Betroffenen, Nichtregierenden, mit Aussicht auf Veränderung analysiert werden könne. Neben den Diplomaten melden sich nämlich verstärkt formal politisch nicht legitimierte Akteure zu Wort: große multinationale Unternehmen, private In-

---

2 Zit. nach Michael Düren/Ranga Yogeshwar, „Vorwort", in: Verantwortung für den Frieden (II), 2. Vorlesungsreihe mit Hochschullehrern an der RWTH Aachen, Aachen 1984, S.7.

teressenverbände, besonders sichtbar auch eine bunte Vielfalt von Nicht-Regierungsorganisationen (nach der englischen Abkürzung, die im folgenden verwendet werden soll, NGOs). Die „Gesellschaftswelt“ (Ernst-Otto Czempiel) macht sich neben der „Staatenwelt„ auf internationaler Bühne zunehmend bemerkbar, was Folgen für die Politikanalyse hat.

Die Fragestellung ist für die Disziplin neu, sie soll in diesem Band breit verfolgt werden. Eine dermaßen orientierte Untersuchung der internationalen Politik zeitigt eine Anzahl von Problemen.

Das erste ist das normative Problem. Welche Art von Politik oder ihrer Ausübung leitet die Analyse? Das ist zunächst eine Frage der, wie Wolfgang F. Haug dies nennt, Standpunktlogik. Sind wir an einer Außenpolitik interessiert, die nach demokratischen Maßstäben von einem Volke getragen wird, so erhebt sich sogleich Widerspruch. Zwischen Demokratie und „richtiger“ Außenpolitik ergeben sich Spannungsverhältnisse. Urho Kekkonen, finnischer Ministerpräsident und als Person Akteur einer von einer breiten Mehrheit in seinem Land getragenen auswärtigen Politik (und so zu einem derartigen Urteil befugt), bemerkt bündig:

> „Eine falsche Außenpolitik hingegen wird selbst dann nicht richtig, wenn das ganze Volk hinter ihr steht.“[3]

Ist Basis der Analyse nicht ein demokratisches System, so stellt sich ein anderer Bezug für die Analyse ein. Nun gibt es auf Erden kein politisches System, welches nicht beansprucht, dem Volkswillen zu dienen. Der Analytiker wird also zwischen verbalem Anspruch und tatsächlichem Verhalten, zwischen einem Mandat und dessen Umsetzung unterscheiden müssen. Das ist für Politologen Alltagsaufgabe.

Diese erste Aufgabe ist nicht lediglich eine formale. Es geht um die Berechtigung des Anspruchs auf politische Führung. Aus der Sicht der Beherrschten geht es um – so das analytische Schlüsselkonzept – die Legitimität von Außenpolitik.

Eine zweite Variante von Standpunktlogik argumentiert von den Überlebensinteressen des Gesamtsystems gegenüber den Einzelinteressen seiner Glieder her. Müsse nicht, so die Leitfrage, heute um des Überlebens willen von der Politikorientierung am einzelnen nationalen Interesse abgesehen werden? In einem Papier des renommierten Worldwatch Institute wird dies mit der Perspektive vom „Raumschiff Erde“ beredt artikuliert:

---

3 Urho Kekkonen, Gedanken eines Präsidenten. Finnlands Standort in der Welt, Düsseldorf/Wien 1981, S.126.

> „Das erste Foto der Heimstätte der Menschheit, der allein und zerbrechlich in den Weiten des Alls dahindriftenden Erde, hat für immer die Art verändert, mit der wir mit der Erdbevölkerung, den Ressourcen und der Umwelt zu Rande kommen. Merkwürdigerweise hat diese neue Weise, uns selbst zu sehen, erst noch das Nachdenken über Sicherheit zu verändern. Die Sicherheitskonzepte von heute entsprechen eher der langen, nunmehr abgelösten Vergangenheit, als die Gesellschaften isoliert voneinander lebten und nur gelegentlich miteinander in Kontakt gerieten, als der Nachkommenschaft in einem geschlossenen, engen 'Rettungsboot' Erde."[4]

Festzuhalten bleibt allerdings, daß diese Perspektive eines „Raumschiffes Erde" zwar in der Debatte (etwa Konzepten „Gemeinsamer Sicherheit" gegenüber nationalstaatlicher Sicherheitspolitik) eine gewisse Stärke zeigt. Das Handeln der Staaten leitet sie – bislang – jedoch nicht.

Eine dritte Variante der Standpunktlogik fragt gleichfalls nicht vom Bauelement des internationalen Systems, dem Nationalstaat, und seinen Handlungsmöglichkeiten her, sondern angesichts der Absolutheit von Gefahr danach, welche Aussagen sich für den einzelnen Bürger als der Urinstanz von Delegation von politischer Verantwortung ergeben. Gleich, ob in parlamentarisch-demokratisch oder seinerzeit staatssozialistisch gefaßten Systemen, Betroffene von internationaler wie anderer Politik sind immer Menschen. Diese haben ihre eigenen Meinungen über die Katastrophen, durch die sich die internationale Politik hindurchzulavieren sucht, über Tyrannei im internationalen System oder über das Mittelmaß verantwortlicher Politiker. Von dem, was in den Köpfen der Durchschnittsmenschen tatsächlich drin ist, und nicht vom dem her, was nach elitärer Sicht drin sein sollte, ist nach dieser von der „Theorie des Alltagslebens" her bestimmten Sichtweise Politik zu analysieren.[5]

Die Entscheidung für einen der verschiedenen Standpunkte ist nicht frei. Der Analytiker ist gehalten, die verschiedenen Ansprüche auf Plausibilität gegenüber bestimmten Maßstäben zu würdigen. Das internationale System wird aufgrund der angedeuteten Entwicklungen sicher verstärkt eine „soziale Einheit", vom Ertrag für die Masse der Zeitgenossen her allerdings eher eine „asoziale Einheit". Daß Mächtige mächtiger und Beherrschte beherrschter werden, läßt sich am klarsten an Ungleichverteilungen ablesen. Die sozialen Gegensätze innerhalb der Nationalstaaten

4 Daniel Deudney, Whole Earth Securitiy: A Geopolitics of Peace, Worldwatch Paper 55, Washington D.C. (Worldwatch Institute) 1983, S.5.

5 Unter den verschiedenen Publikationen dieser Richtung kommt unserem Thema am nächsten: Birgit Volmerg/Ute Volmerg/Thomas Leithäuser, Kriegsängste und Sicherheitsbedürfnis. Zur Sozialpsychologie des Ost-West-Konflikts im Alltag, Frankfurt a.M. 1983.

sind im Regelfall weniger ausgeprägt als zwischen den Nationalstaaten in Nord und Süd.

Die große Gegenthese lautet, daß zwar datenmäßig die Ungleichheiten zunehmen mögen, daß aber zumindest der politische Gebrauch von Vorteilen aus dieser Situation zurückgestutzt wird durch eine mannigfache Verflechtung von Akteuren und Interessen. Diese Grundthese von zunehmender Interdependenz (wechselseitiger Abhängigkeit) soll gleichfalls im folgenden näher geprüft werden, auch mit ihren Folgen für das Problem internationaler Herrschaft. In zwei Bezügen darf die Interpendenzthese von vornherein Gültigkeit beanspruchen. Der Fortschritt der Rüstungstechnik hat eine gleichwertige Chance der Vernichtung, eine Interdependenz des Untergangs aller bewirkt, und globale Klimaverschlechterungen verbinden alle Verursacher mit allen Leidensgenossen.

Die analytische Vorbereitung der Untersuchung der internationalen Politik erschöpft sich nicht in der Wahl eines interpretatorischen Standpunktes. In Verdeutlichung der bisherigen Andeutungen lassen sich drei Fragestellungen umreißen, die die Motive für diese Einführung geben und die der älteren Literatur zumeist nebensächlich sind.

Dies ist vor allem der Frieden als Grundlage der äußeren Politik heute. Kein anderer Satz als dieser ist in den vorangehenden Auflagen dieser Schrift auf mehr empörte Kritik gestoßen. Gelte doch seit deren Anfängen alles Mühen der Disziplin, so die Kritiker, vor allem dem Friedensproblem. Entgegnet sei mit der berühmten Rückfrage des Erasmus von Rotterdam gegen die bis heute vielzitierte Maxime des Vegetius „Si vis pacem, para bellum“:

> „Gott will den Frieden, du aber bereitest den Krieg vor?“[6]

Gewiß beschäftigt sich die Disziplin Internationale Politik traditionell mit der Krieg-/Friedensproblematik – daß sie dabei von Pazifismus geprägt gewesen sei, läßt sich nicht behaupten. Von konservativer Seite immerhin eher noch als von der politischen Linken thematisiert, nahm das Problem selten mehr ein als das Schlußkapitel – als „ultima ratio regis“ , als letztes und deshalb hintanstehendes Mittel der über die Gewaltmittel Verfügenden, dem eine Anzahl alltäglicherer Fragen vorgeordnet blieb. Der unbändige Wille zu leben, auch und gerade wegen der Todesbilder aus Bürgerkriegsregionen, zieht diese und andere Überlebensfragen nunmehr unge-

6 Quellennachweise sowie meine eigene Position sind zu entnehmen der Rezension zu Dieter Senghaas (Hg.), „Frieden Machen“, in der Politischen Vierteljahresschrift, i.E. 1998.

niert in den Vordergrund: Krieg, so eine durchschlagende Präferenz, soll nicht sein.

Die internationale Politik sieht sich zweitens durch die ökologischen Folgen unreflektierter Industrialisierung sowie das nicht gelöste Entwicklungsproblem vor grundsätzlich neue Anforderungen an ihr Leistungsvermögen gestellt. Beide Probleme kann sie nicht einfach an nächste Generationen weitergeben. Sie, die internationale Politik, muß sie zu lösen suchen, in relativ beschränkten Zeiträumen. Hochrechnungen zur Entwicklung der Weltbevölkerung und zur Entwicklung weltweiter Umweltbelastungen führen zu dem Schluß, daß nur wenige Jahrzehnte zum Handeln verbleiben. Das ist in diesem Bereich sehr viel schwerer als beim ersten Problemkreis. Das Nichtführen eines Atomkrieges ist ein Negativproblem, eines der Unterlassung. Sehr viel schwieriger ist es für die internationale Politik, positive Schritte für die kooperative Begrenzung von Umweltschäden und für die Korrektur der Entwicklungsschädigungen in der Dritten Welt zu konzipieren und umzusetzen. Mit drei Entwicklungsdekaden wurde letzteres – bislang erfolglos – versucht.

Ein drittes grundsätzliches Motiv für diese Schrift liegt in der Beschäftigung mit dem Zusammenhang zwischen Demokratie und Außenpolitik. Die etablierten Texte sind durchwegs von der Auffassung geprägt (wenn sie ihren hochmütigen Sinn überhaupt bei dieser Frage verweilen lassen), daß es sich um Gegensätze handelt: Die auswärtigen Beziehungen seien ein Arkanum (wörtlich: eine religiöse Geheimlehre), einer schmalen Elite vorbehalten und dem Normalbürger schwer zugänglich.

Derzeit verbindet sich das Demokratieproblem in auswärtiger Politik in neuartiger Weise mit dem Friedensproblem, und zwar sachnotwendig. Der durchschnittliche Zeitgenosse (beider Geschlechter) zeigt durchaus ein Gefühl dafür, daß es nicht nur um die Demokratisierung eines Restbereiches von Politik geht, sondern – die Kriege im vormaligen Jugoslawien gaben da schreckliche Lehren – um die Eindämmung archaisch anmutender Gewaltausbrüche unweit der deutschen Grenzen. Neben den vielfach gescheiterten Lösungsplänen hochrangiger Gremien wie der Europäischen Union machten sich auf dem Balkan und anderswo eine Vielzahl von Nichtregierungsorganisationen auf den Weg, um durch ihre Arbeit vor Ort, durch Vermittlung und Hilfe auf die Streitparteien mäßigend einzuwirken. Auch wenn der Student der internationalen Politik eine solche Sichtweise vom Beitrag neuartiger Akteure nicht teilt, wird er gut daran tun, Regungen der „niederen Politik“ in dieser Richtung zur Kenntnis zu nehmen. Sie verhelfen dem Fach zur Realie.

Ein weiteres Motiv, eine Einführung gerade in die internationale Politik gegen den Strich (nicht der Realität, sondern ihrer Porträtisten) vorzulegen, kommt gleichfalls von unten und rührt von der Solidarität mit jenen Millionen von Zeitgenossen her, die Tag für Tag ungesättigt bleiben, denen keine Bildung zuteil wird, denen niemand einen Job anbietet, die erbärmlich ihre Tage verbringen. Zumindest sie werden nie begreifen, warum ihre Mitmenschen im Norden, die ihr Vermögen opfern würden, um einem kranken eigenen Kinde zu helfen, das Almosen ausschlagen, um Heerscharen hungernder Kinder in der Dritten Welt wirksam zu helfen. Will man nicht atavistischen Ansichten folgen, so bleibt in der Tat schwer erklärlich, wieso die Masse der Zeitgenossen dem Leiden dieser Millionen so verschlossen bleibt, warum sie nicht jene Ingenuität einsetzt, die Menschen den Mond betreten ließ oder welche die phantastischen Leistungen in der Computertechnik ermöglicht, um jedem von uns zumindest eine vergleichbare Lebenschance zu geben.

Diese Schrift ist mithin prätentiös, mit Voraussetzungen und Zielsetzungen beladen. Wer ein wenig aufmerksam liest, wird sie im Vergleich so extravagant nicht finden (Schriften wie der zitierte Text des Worldwatch-Institutes, die Staatengemeinschaft reise auf gefahrvolle Weise in einem „Raumschiff Erde", sind im Problemanschnitt und den Folgerungen massiver).

Zusammengefaßt: Die Verlagerung des Erkenntnisinteresses gegenüber der Mehrzahl anderer Texte läßt sich an den beiden Polen von Politik, der „hohen Politik", betrieben von Eliten, und dem politischen Alltagserleben des sprichwörtlichen Mannes auf der Straße, der „niederen" Politik, festmachen. Wo Herrschaft statthat, gibt es zum einen Herren (deren Problemen sich Wissenschaft traditionell zuwendet) wie auch Knechte, Beherrschte. Die Sozialwissenschaften entdecken schrittweise, welch ungeheure Bedeutung die Sicht derer von unten für eine volle Erfassung gesellschaftlicher Realität hat. Diese Ausweitung des Blickfeldes bleibt keineswegs auf die Politikwissenschaft beschränkt, welche hierzulande mit ihrem Anspruch, „Demokratiewissenschaft" zu sein, freilich besonders viele nicht eingelöste Pflichten mit sich trägt. Für Nachbardisziplinen wie die Geschichte gilt eine vergleichbare Wende: Trotz aller Orientierung auf Sozialgeschichte stellt so etwas wie die dreibändige Serie von Hellmut G. Haasis, Spuren der Besiegten, eine dezidierte Historie von Freiheitsbewegungen, noch dazu gescheiterten, weiterhin eine Provokation dar.[7]

Mit dieser Art der Geschichtsschreibung hat der Versuch, in Außenpolitik einzuführen, einige Schwierigkeiten gemeinsam: Für die Hälfte „Unten"

7 Hellmut G. Haasis, Spuren der Besiegten, 3. Bde. Reinbek bei Hamburg 1984.

gibt es kaum je greifbare lebendige Überlieferung. Es läßt sich selbst beim besten Absolventen eines deutschen Gymnasiums nicht an selbstverständlich Bewußtes anknüpfen. Schon mit der Forderung, auch die andere Seite, nämlich die unten, zu hören, wirkt eine solche Schrift anstößig.

Sofort muß betont werden, daß die sozialwissenschaftliche Zuwendung zu den Beherrschten keineswegs neu ist. Für den Politologen ist Alltagsweisheit, daß die herrschende Lehre andere Lehre, anderes Wissen unterdrückt – nicht, weil sie klüger ist (dies vorzugeben gehört zu ihren allerersten Verteidigungsmustern), sondern weil sie mit anderen Auffassungen, die eine andere soziale Basis haben, ihre Macht gebrauchend konkurriert.

Was ist die Funktion einer solchen Einführung in die internationale Politik? Die Antwort auf diese Frage besteht zum dritten Mal in einer Dreifaltigkeit, gemünzt auf Funktionen.

Zum ersten kommentiert und glossiert dieser Text wie andere auch Politik. Er achtet besonders auf die Widersprüche und führt diese vor, schon in der Absicht, die großen Unwahrheiten, welche den Akteuren von den Lippen gehen, hörbar zu machen. In der besonders hochgradig mit Propagandaformeln durchsetzten Akteurssprache in der internationalen Politik ist es analytisch häufig nützlich, sprachliche Formeln auf ihre Kernbedeutungen zurückzuführen.

Zum zweiten dokumentiert der Analytiker: Durch seine Auswahl von Fakten, die er in einer von ihm konzipierten Ordnung wiedergibt, etabliert er eine Struktur, bringt die Realität auf Bezüge, reduziert Komplexität. Es ist darin freier als die Akteure – er kann die Presse, Selbstzeugnisse der Betroffenen, Spiegelungen von Ereignissen bis hin zum Cabaret-Text benutzen, um die Totalität der Wirklichkeit vorzuführen. Es wäre blanke Ideologie, zu behaupten, daß eine andere als diese skizzierte Art von Dokumentation wissenschaftlich möglich ist. Selbst der alberne Versuch, alles und jedes faksimilistisch zu erfassen und so Urteilen beim Dokumentieren zu entweichen, wäre heute, angesichts des Ausstoßes der Akteure an Papier und Medienbeiträgen, zum Scheitern verurteilt.

Drittens hat der Analytiker die Möglichkeit zu normativer Vorgabe. Er kann Entwicklungen extrapolieren und sie so möglicherweise auf den Punkt bringen, sie (wie Ernst Bloch vorschlug) „zur Kenntlichkeit entstellen". Neben der Verlängerung von Entwicklungslinien (die zu unternehmen die Akteure nicht immer frei sind) hat der Analytiker die Möglichkeit, der Welt etwas anderes vorzuhalten: die Vision, wie diese, zum Beispiel nach den Wünschen der Mehrheit der Mitmenschen, aussehen sollte, oder aber auch, wie sie, wenn bestimmte Entwicklungen die Überhand gewinnen, zum allgemeinen Schrecken aussehen könnte.

Dieser lebhafte Wechsel der Perspektive, die Schulung politischer Sicht daran und die Anleitung zum Nachdenken bleiben wohl die eigentliche Aufgabe des Politologen, will er sein Wissen Dritten zugänglich machen. Die vorfindliche Politikwissenschaft, besonders in der Disziplin Internationales, schielte dabei noch stets nach oben – in der Tradition der Prinzenerzieher suchte man, Fürstenspiegel zu entwerfen, die höheren Orts dienlich und gefällig wären. Eine andere, wohl die Hauptrichtung, fühlt sich dem gesellschaftlichen Nirgendwo verpflichtet und ergeht sich in der Ekstase, die Welt aus der Vogelschau zu betrachten, für nichts von Nutzen zu sein. Eine dritte Richtung, die diese Schrift bestimmt, sucht auch die internationale Austragung von Politik mit dem Demokratiegebot zu verbinden. Im Zeitalter der allgemeinen Bedrohung von Existenz, militärisch, ökologisch, gerät die Delegation von außenpolitischer Verantwortung an Repräsentanten in Kündigungsgefahr – das Mandat könnte zurückverlangt werden.

Ich wurde, während ich diese Vorlesungen hielt, verschiedentlich gefragt, welchen Sinn selbst eine solche Untersuchung angesichts der brutalen Realitäten der internationalen Politik habe.

Da es den Rang der Schrift klärt, ja die mögliche Wirkung von eigener wissenschaftlicher Beschäftigung mit Politik zu erhellen (und damit übersteigerte Erwartungen beschränken) hilft, einige Antwortsätze. Der Einfluß des geistig Engagierten ist besonders in der Politik gering. Er kann allenfalls hoffen, in Verbindung mit realen politischen Kräften deren Weg vorausdenkend, begleitend, erläuternd, womöglich diesen propagierend, eine gewisse Wirkung zu entfalten. Auch ist richtig, daß es breite Erkenntnisprozesse gibt, welche Literaturproduzenten anstoßen und vermitteln und die auf andere Weise schwer zu erzielen sind, weil die einschlägigen Kommunikationsformen der Akteure und ihrer Gefolgschaft die Möglichkeit dazu wenig oder nur unvollkommen bieten. Gemeint ist somit, daß ein solcher Text die unbestimmte Chance hat, das Vorstellungsvermögen des Lesers und die Aktivierung seines Reflexionsvermögens intimer zu treffen, als dies andere Texter außerhalb der Universität vermögen. Diese Sätze sind vor einem spezifischen Erfahrungshintergrund formuliert: 1990 war ich Leiter des Planungsstabes im Ministerium für Auswärtige Angelegenheiten der DDR und hatte wiederholte Gelegenheit, das Verhältnis von Theorie und Praxis in der internationalen Politik von innen her zu studieren.[8]

Einem derartigen Erkenntnisinteresse scheinen einzelne Züge in der Anlage der folgenden Texte entgegenzustehen. Besonders der Rückgriff auf alte Texte bedarf der Erklärung. Wenn zwei verschiedene Autoren denselben Tatbestand, das Machtgleichgewicht der Staaten zum Beispiel, in gleicher Weise thematisieren, so gebe ich dem älteren Text in aller Regel den Vorzug. Um beim Beispiel zu bleiben: Der versierte Leser wird zum Thema „Machtgleichheit" vermutlich einen Verweis auf den (überaus lesenswerten) John H. Herz erwarten. Wenn stattdessen der um 450 Jahre ältere Francesco Guicciardini, ein Freund Machiavellis, angeführt wird, so nicht aus dem Grund, daß, wie in der Naturwissenschaft, dem ersten Denker einer Idee die Nennung gebührt. Auch ein zweiter Grund, den ich gleichwohl für wichtig halte (daß nämlich mit der Entstehung des bürgerlichen Staates zugleich die Maximen von dessen außenpolitischem Verhalten formuliert werden), ist nicht ausschlaggebend. Tragend ist vielmehr die Einsicht, daß die Schlüsselbegriffe der herrschenden außenpolitischen Analyse – Gleichgewicht, Stabilität, nationales Interesse usf. – einer geistesgeschichtlichen Epoche entstammen, die in den exakten Naturwissenschaften mit dem Namen Isaac Newton gekennzeichnet wird. Diese Naturwissenschaften haben sich in der Zwischenzeit kräftig weiterentwickelt, sie haben einen, den Außenseiter verwirrenden, komplexen Begriff von ihrem Gegenstand – während die Wissenschaft von der internationalen Politik im wesentlichen Newtonscher Mechanik folgt. Die nicht genannte Leitfrage, welche diesen Text durchzieht, ist die Frage, welches der heute angemessene Begriff von internationaler Politik ist – in nachdenklicher Relativierung der Orthodoxie, die zeitlose Einsichten gewonnen zu haben meint.

Nicht gewöhnlich für eine Einführung in die internationale Politik ist weiter eine Betonung theoretischer Aspekte und die Parallelisierung mit der Innenpolitik. Diese beiden konzeptionellen Punkte sollen im zweiten Teil der Einführung etwas einläßlicher betrachtet werden.

1.1 Theorie und auswärtige Politik

Für jede Art von Untersuchung der internationalen Politik ergibt sich ein Theorieproblem. Einzelne Analytiker bestreiten rundweg die theoretische Habhaftigkeit des Sujets. Ernst-Otto Czempiel schreibt:

---

8 Der Niederschlag: Die Abwicklung der DDR. Die Regelung der äußeren Aspekte in den 2+4 Verhandlungen, Opladen 1992.

> „Außenpolitik ist schwer meßbar. Die Summe der politischen Aktionen, die mit diesem Begriff zusammengefaßt werden, entzieht sich bisher einer durchgängigen analytischen Bestimmung.“[9]

Unter zeitgenössischen amerikanischen Analytikern äußert u.a. James N. Rosenau wiederholt detaillierte Vorbehalte gegen die Theorie. „Systematische konzeptuelle Erhellungen zu den Einflüssen über die wechselnden Grenzen zwischen nationalem und dem internationalen System müssen erst erstellt werden und sind seit langem überfällig,“ bemerkt er zur Frage des Verhältnisses zwischen innerer und äußerer Politik. „Die politische Theorie bietet derzeit keine Anleitung, wie derartige Fragen untersucht und beantwortet werden könnten,“ heißt es wenig später im gleichen Text.[10]

Stanley Hoffmann, einer der geistreichsten Köpfe, die sich mit internationaler Politik befassen, resümiert: „Es gibt viele Ansätze, aber keine Theorie.“ Eine allgemeine Theorie des internationalen Systems stünde nach wie vor aus.[11]

Bildhaft läßt sich das Theorieproblem der internationalen Politik mit der Erfahrung des Mädchens Alice im Wunderland beim Krocketspiel fassen:

> „Die Krocketkugeln waren Igel, und als Hämmer dienten Flamingos; die Soldaten mußten sich herunterbeugen und, auf Händen und Füßen stehend, die Tore bilden ... (Wenn sie) den Igel mit dem Flamingokopf wegschießen wollte, drehte das Tier den Kopf wieder hoch ... (und der Igel hatte sich) entrollt und wollte davonkriechen ... und die Torsoldaten standen dauernd auf, um zu

9 Ernst-Otto Czempiel, Macht und Kompromiß. Die Beziehungen der BRD zu den Vereinten Nationen, 1956-1970, Düsseldorf 1971, S.11. In einer Übersicht befindet Czempiel über die Wissenschaft von der internationalen Politik, „daß der Zustand der Disziplin in der Bundesrepublik eher diffus ist“ („Der Stand der Wissenschaft von den internationalen Beziehungen und der Friedensforschung in der Bundesrepublik Deutschland“, in: PVS-Sonderband 17/1986, S.250). Sehr lesenswert (und weit über diese knappe Ausführung hinausgehend) vom gleichen Autor nunmehr: „Internationale Beziehungen: Begriff, Gegenstand und Forschungsabsicht“, in: Manfred Knapp/ Gert Krell, Einführung in die Internationale Politik, München 1990.

10 James N. Rosenau (Hg.), Linkage Politics. Essays in the Convergence of National and International Systems, New York und London 1969, S.3 und 5. Vgl. auch: James N. Rosenau (Hg.), Domestic Sources of Foreign Policy, New York und London 1967, bes. die Einleitung.

11 Stanley Hoffmann, „Theory and International Relations“, in: James N. Rosenau (Hg.), International Politics and Foreign Policy. A Reader in Research and Theory, New York/London 1969, bes. S.38.

> einem anderen Teil des Spielfeldes zu gehen. Nach kurzer Zeit kam Alice zu der Einsicht, daß dies ein außerordentlich schwieriges Spiel war."[12]

Dem Fazit der kleinen Alice wird man sich für die Analyse der internationalen Politik nur anschließen können:

> „Anscheinend gibt es überhaupt keine Regeln, und wenn es welche gibt, werden sie nicht eingehalten. Du kannst dir überhaupt nicht vorstellen, wie verwirrend es ist, wenn alles lebt!"[13]

Seinem historischen Selbstverständnis nach ist das internationale System anarchisch, frei von Regeln. Die Machtstruktur des vorfindlichen internationalen Systems stellt eine solche Selbstsicht sehr in Frage. Gutmeinende Interpreten sehen die internationale Politik auf einem Weg zur „Weltinnenpolitik", einer, wenn nicht von Theorie, so doch von Gesetzen und Regeln bestimmte Größe.

Eine Gegenposition sieht die Theorieentwicklung auch in der internationalen Politik in vollem Fluß. Ein aktuelles Tableau unterscheidet 18 verschiedene Ansätze – an Theorieangeboten mithin wahrhaft kein Mangel.[14] Ehe der Leser eingeladen wird, sich das eine oder andere Angebot auszusuchen, sollte er/sie vielleicht etwas begreifen, was Theorie überhaupt ist, welchen Zwecken sie möglicherweise dient und was die Bedingungen ihrer Existenz sind. Auch die folgende Analyse wird leichter erschließbar sein, wenn vorab der ihr zugrunde liegende Begriff von Theorie vorgestellt wird.

„Theoria" ist gemäß der griechischen Urbedeutung des Begriffs die „reine Schau der Dinge". Gott oder der göttliche Geist, so die Kernbedeutung, hat ein Wissen von sich selbst, das kein anderes Ziel als sich selbst, die Theorie, hat. Aristoteles (384-322 v. Chr.) redet ganz selbstverständlich davon, daß die Welt, die Materie, „Sehnsucht" nach Theorie habe.

In der Vorstellung der Griechen war die reine Schau der Dinge dem Gotte (theos) vorbehalten. An der göttlichen Theorie konnte der Mensch Anteil haben, wenn er, in Ekstase, sich selbstlos in diesen Götterbesitz versenkte, ihn in seliger Verzückung nachvollzog. Plotin (205-270 n. Chr.) weist jeden Dualismus zwischen rationaler und nicht rationaler, zwischen sinnli-

12 Lewis Carroll, Alice im Wunderland, zit. nach der dt. Übersetzung von A. Marchl-von Herwarth, Bayreuth 1984, S.102f.

13 Ebenda, S.104.

14 Vgl. Helga Haftendorn, „Überblick über wichtigste theoretische Konzepte in den internationalen Beziehungen", in: Wichard Woyke, Handwörterbuch Internationale Politik, Opladen 1977, S.304-309. – Siehe ferner Henning Behrens/Paul Noack, Theorien der internationalen Politik, München 1984.

cher und übersinnlicher Theorieerfahrung zurück: Es handele sich um eine Lebenseinheit, die aller Anschauung von außen oder Beschreibung spotte und sich der begrifflichen Gestaltung entziehe.

Es fällt nicht schwer, diese klassische Vorgabe in neueren und neuesten Theoriebegriffen nachzuzeichnen. Aufgrund der materialen Existenz des Erkenntnissuchenden erfolgt Theoriebildung freilich nicht frei von Voraussetzungen.

Theorie folgt Erkenntniszielen (sie will bestimmte Phänomene klären), sie wird von Erkenntnisinteressen geprägt.[15] Die angestrebten theoretischen Einsichten erwiesen sich als abhängig von der gewählten Erkenntnismethode, welche wiederum nicht frei wirkt, sondern an bestimmte Erkenntnisbedingungen geknüpft ist. Die häufigste solcher Erkenntnisbedingungen ist für den Politologen die Beschränktheit an Information. Im Gegensatz zum Historiker muß er im Regelfall aktuelle Entwicklungen untersuchen, ohne Zugang zu Primärquellen (wie Kabinettsprotokolle oder Strategiepapiere) zu haben. Die Untersuchung der auswärtigen Politik leidet unter dieser Restriktion noch stärker als die innenpolitische Analyse.

Jede Theoriekonstruktion in diesem Bereich bleibt ein Artefakt. Sie besteht aus einem Satz von Aussagen, die mit dem Appell an Plausibilität beim Rezipienten (mithin abhängig von dessen Erfahrungsgeschichte) und auf Triftigkeit gegenüber der zu analysierenden Evidenz formuliert werden. Außenpolitische Theoriebildung erfolgt in einer doppelten erkenntnistheoretischen Stellung: Theorie ist zum einen die Bedingung von Erkenntnis, vorgegebene Voraussetzung für systematisches Erkennen. Theorie ist zum anderen Produkt von Erkenntnis, selber mithin Ergebnis des Untersuchungsprozesses.

Die sozialwissenschaftliche Theoriebildung soll fünf Funktionen erfüllen:

- eine *heuristische*: Theorie soll zu (neuen) Erkenntnissen führen, die Komplexität von Realität reduzieren (Luhmann) und die Vielfalt der Evidenz nach Relevanzkriterien hierarchisieren;
- eine *operative*: Theorie soll handlungsleitend umsetzbar sein, was besonders die Fähigkeit zur Prognose einschließt;
- eine *sozialisierende*: Mit Hilfe der Theorie soll es Anfängern erleichtert werden, sozialwissenschaftliche Analyse zu erlernen;

15 Der nunmehr klassische Text zu diesem Zusammenhang: Jürgen Habermas, Erkenntnis und Interesse, Frankfurt a.M. 1968.

- eine *legitimatorische*: Mit Theorie wird ein gewisses politisches Handeln begründet;
- eine *kritische*: Theorie gibt Kritikern von politischen Institutionen und von Entscheidungen Hilfsmittel zur Erörterung an die Hand.

Das Maß an Freiheit einer Gesellschaft läßt sich auch daran ablesen, in welchem Umfang politische Theorie öffentlich alle diese Funktionen ausübt. In geschlossenen Gesellschaften vom alten sowjetischen Typus bestand in öffentlichen Druckschriften fast ausschließlich Interesse an der legitimierenden Funktion von Gesellschaftstheorie des eigenen Sozialsystems. Die Umkehrung des Impetus, die kritische Funktion der Theorie, war nicht statthaft, und die sozialisierende und handlungsleitende Funktion der Theorie sollte nur den Eliten erfahrbar sein. Umgekehrt wäre zu fordern, daß in einem demokratischen System alle fünf Funktionen voll zum Tragen kommen.

Verstärkt wird das Theorieproblem durch das Selbstbild der außenpolitisch tätigen Politiker, sie seien Künstler. Die Handhabung der Außenpolitik habe dermaßen viel mit Intuition und überhaupt rational nicht faßbaren Momenten zu tun, daß sie eine besondere Begabung erfordere und wie eine Kunst betrieben werden müsse. Bei einem solchen Vorverständnis bleibt kein Raum für Theorie.

Das bekannte Bild von internationalen Beziehungen als einem Jonglieren mit einer Anzahl Billardkugeln zu gleicher Zeit, welches Bismarck noch und nach ihm niemand mehr beherrscht habe, bietet eine Konkretion solcher analysefeindlichen Auffassungen.

Der Griff nach Analogien zeigt ganz allgemein die Schwierigkeit an, die Probleme auswärtiger Politik auf den Begriff zu bringen. Am beliebtesten sind Vergleiche mit einem Wissenschafts- und Forschungsgebiet, welches mit ähnlich amorphen Bestimmungsfaktoren zu arbeiten hat: der Wetterkunde. Aussagen über günstiges oder ungünstiges außenpolitisches „Klima", über Hochs oder Tiefs in der internationalen Großwetterlage sind Legion. Nur ergibt solche politische Meteorologie analytisch rein gar nichts. Man mag ein zu analysierendes Phänomen auf eine andere Ebene der Darstellung transponieren – nur wäre es irrig zu meinen, damit einen analytischen Schritt zu tun. Die Illustration über die Analogiebildung verschüttet gar die Möglichkeiten, das Phänomen analytisch aufzuhellen.

Das Theorieproblem läßt sich bis in einzelne Komponenten der internationalen Politik verfolgen. Der im Zeitalter der Globalisierung mehr Beachtung erfahrende geopolitische Ansatz (geographische Verteilungen als

Ursachen von Machtverteilungen) sagt eigentlich nicht aus, warum eine Landmasse oder Meerenge internationalen Einfluß steigert oder hemmt. Solche Zuschreibungen gehen eher von der Beobachtung einer gewissen Macht aus, definieren also mit dem Definiens. Andere geopolitische Aussagen werden erkennbar willkürlicher gebildet. So ist die Mehrzahl aller Landstriche, eben weil sie mit anderen Regionen verbunden sind, als „Drehscheibe" oder „internationales Durchgangsgebiet" beschreibbar, und wenn es opportun erscheint, wird selbst ein so unzugängliches Land wie Afghanistan nach seiner unrechtmäßigen Besetzung 1979 zur „Drehscheibe".

Diese verschiedenen Akzentuierungen lassen nunmehr die Frage zum Überdruß aufklingen: Was ist internationale Politik (nicht: Wie wird sie verwaltet, welche geographischen, ökonomischen und sonstigen Bezüge hat sie)? Und in welcher Weise ordnet sie sich in Wissenschaft ein?

Peter Christian Ludz hat allgemeiner formuliert, welchen Zielen Politische Wissenschaft folgen soll:

> „Wissenschaftliche Analysen, sozialwissenschaftliche zumal, sollen zeigen, was ist, sollen zu erklären suchen, warum es so und nicht anders ist; sie sollen Deutungsmuster anbieten, die plausibel sind."[16]

So einläßlich sind wenige Konzepte vom definitorischen Vorverständnis der eigenen Aufgabe. In der Zeitschrift Das Parlament (relevant, weil mit mehr als 100.000 Auflage die verbreitetste Publikation zu politikwissenschaftlichen Fragen) definierte Manfred Funke weitaus formaler: „Politische Wissenschaft ist die Lehre von den Formen, den Zwecken und der Sinndeutung gesellschaftlichen Handelns."[17] Form, Zweck, Sinndeutung, das soll nicht zurückgewiesen werden. Aber der Kern der Wissenschaft scheint verfehlt: Politische Wissenschaft ist die Frage nach Herrschaft, nicht nur als Lehre, sondern in der Suche nach Erkenntnis, d.i. in der Forschung.

In dieser Bestimmung kann Politische Wissenschaft sowohl Herrschaftswissen sein (über Techniken der Machthandhabung belehren) wie auch Oppositionswissen sein (welches aus der Kenntnis politischer Zusammen-

16 P. C. Ludz, Mechanismen der Herrschaftssicherung, München 1980, S.11.

17 Manfred Funke, „Die fünfte Gewalt. Sinn und Zweck der Politischen Wissenschaft", in: Das Parlament, Nr. 14. vom 7. April 1984. – Funke führt im gleichen Beitrag weiter aus: „(Ihr) Einsichtsstreben bestimmt Politische Wissenschaft zu Wissenschaft der Mitte, zum Kreuzpunkt von Naturwissenschaft, Geisteswissenschaft und Ethik. Man könnte die Politische Wissenschaft auch als die fünfte Gewalt bezeichnen (daneben: Legislative, Exekutive, Judikative, Presse)."

hänge Wege zur Bekämpfung von Macht gewinnt).[18] Auffällig ist in Funkes Definition die Gleichsetzung, Politische Wissenschaft sei Lehre. Durch forschende Fragen Wahrheit gewinnen – ein solches Wissenschaftsverständnis ist einer solchen Formulierung zweitrangig. Im Mittelpunkt steht vielmehr der Kanon des Gewußten, die „Lehre" – von der es nicht weit zur „wahren Lehre" (griechisch: Orthodoxie) ist. Die Orthodoxie, an deren scharfen Klippen in vielen Disziplinen eine neue Fragestellung, d.h. der Fortschritt, scheitert, ist für die Politische Wissenschaft ein besonderes Problem. Sie ist das Mittel, welches Wissenschaft bietet, um den Staat, das Handeln seiner Akteure und die Zurückweisung entgegenstehender Forderungen zu rechtfertigen. Umgekehrt stiftet kritische politische Wissenschaft (das unterscheidet dieses Studium von jedem anderen) Unbehagen bei Herrschenden. Aber warum sollte Politikwissenschaft nicht die „politische" Wissenschaft überhaupt sein? (Und das damit entstehende Problem der Wissenschaftlichkeit dieses Faches offensiv gegen andere Disziplinen vertreten?)

Es wird verständlich, wenn es keinen vom Meinungsstreit freien Begriff des Politischen oder von äußerer Politik geben kann. Auf dieser Linie definiert Kiersch in einem der vielen Handbuchartikel Außenpolitik als „die Formulierung und Durchsetzung gesellschaftlicher Interessen in ihrer Vermittlung durch den Staat gegenüber anderen Staaten und internationalen Organisationen im politischen, militärischen, wirtschaftlichen, rechtlichen oder kulturellen Bereich".[19]

Einmal läßt sich ein nationalstaatlicher Ausgangspunkt verfolgen, der die äußere Politik eines Staates thematisiert, sich die internationale Politik gleichsam von einem einzelstaatlichen Standpunkt her erschließt. Die Zugangsweise „Außenpolitik" ist die ältere und methodologisch konventioneller gefaßte. Daneben läßt sich der internationale Ansatz verfolgen: Die internationale Politik wird nicht von einzelstaatlicher Warte her, sondern von einem als System gesehenen, globalen Ansatz her betrachtet und bis hin zu Einzelbewegungen eines Nationalstaates analysiert. Die Thematisierung „Internationale Beziehungen" ist neueren Datums und wird besonders in der angelsächsischen Literatur durch sozialwissenschaftlich anspruchsvolle Untersuchungsmethoden, auch auf mathematischer Basis, geprägt. In diesem Text werden beide Zugänge verwendet – es ist sozialwissenschaftlich nur vernünftig, sowohl von einem einzelnen Element ei-

18 Funke teilt merkwürdigerweise die Politische Wissenschaft sogleich dem „Oppositionswissen" zu (neben Soziologie und Psychoanalyse), wogegen Jura und Volkswirtschaft von ihm zum „Herrschaftswissen" gezählt werden (ebd.). Wo wäre der Ökonom Karl Marx einzuordnen?

19 Gerhard Kiersch, Stichwort „Außenpolitik" in dem erwähnten Handwörterbuch Internationale Politik, Hg. Wichard Woyke, Opladen 1977, S.11.

nes Systems her als auch vom Gesamtsystem her auf dessen einzelne Komponente zu schauen. Die Begründung reicht weit über einen solchen Pragmatismus hinaus. Sie beruht (wie gezeigt werden wird) auf einem sozialwissenschaftlichen Begriff von Wahrheit der Aussage, und sie wird (wie im zweiten Teil ausführlicher thematisiert wird) stark mit demokratietheoretischen Reflexionen verbunden.

Die Wirkung dieser Entwicklung läßt sich in den Äußerungen einzelner Analytiker und dem Wandel dieser Äußerungen nachzeichnen. John H. Herz vertrat vor mehr als drei Jahrzehnten die Auffassung, daß durch die neuen Fernraketen der Nationalstaat sich nicht mehr an seinen Grenzen verteidigen könne, sondern „durchdringbar“ geworden sei – seine wichtigste Aufgabe, der Schutz des eigenen Territoriums, sei hinfällig geworden.[20] Unter dem Eindruck neuerer Entwicklungen modifizierte Herz wie andere später seine Auffassungen.[21]

1.2 Unterschiede zwischen Außen- und Innenpolitik

Die Eigenarten der äußeren Politik werden am raschesten durch einen Vergleich mit Innenpolitik sichtbar. Innenpolitik läßt sich dadurch charakterisieren, daß es gesicherte Kontrolle ihrer Wirkung gibt. Natürlich kann auch die innere Politik einer Regierung versagen. Gesteuert wird deren Wirkung durch

(1) Gesetze als Regeln, verbunden mit Sanktionen ihrer Nichtbefolgung;
(2) positive und negative Prämien als indirekte Steuermechanismen (hoher Sold für Soldaten soll den Dienst in den Streitkräften attraktiv machen, niedrige Stipendien sollen vom Studieren abhalten usw.);
(3) Appelle, d.h. verbal vorgetragene Versuche, Unterstützung für politisches Handeln zu gewinnen.

Der äußeren Politik geht grundsätzlich das Hauptinstrument innerstaatlichen Reglements, Gesetze, ab. Sie kennt zur Umsetzung ihrer Konzepte lediglich die zweite und dritte Möglichkeit oder aber die offene Anwendung von Gewalt. Die möglichst den eigenen Zwecken förderliche geschickte Artikulation nationaler Interessen, unterstützt durch eine sorgfältige Wahl positiver und negativer Prämien, das Ringen um „Einfluß“, galt lange als die Handlungsweise der äußeren Politik. Der amerikanische Politikwissenschaftler Roscoe Pound bringt den Vergleich mit der Innenpolitik in dieser Weise auf den Kernpunkt:

---

20 John H. Herz, Weltpolitik im Atomzeitalter, dt. Stuttgart 1961.

21 John H. Herz, Staatenwelt und Weltpolitik, dt. Hamburg 1974, bes. der Abschnitt „Rückblick auf den Territorialstaat“.

> „Innenpolitik ist soziale Kontrolle mittels Gesetzen. Außenpolitik ist die Benutzung von politischem Einfluß, um andere Staaten dazu zu bewegen, ihre Gesetzesproduktion in einer gewünschten Richtung zu verlagern.“[22]

Außenpolitik folgt – so Manfred G. Schmidt – „anderen Regelmäßigkeiten“ als Innenpolitik.[23] Auch müsse man davon ausgehen, meinen Waldemar Besson und Gotthard Jasper, „daß zwischen den außenpolitischen Erfordernissen eines Landes und den Zielvorstellungen des innenpolitischen Pluralismus natürliche Spannungen bestehen.“[24] Internationale Politik bildet somit einen eigenen Analysegegenstand. Der kontinuierliche Versuch etwa, im Advokatenstil nationalstaatliche Politik voranzubringen, ist die klassische Aufgabe der Diplomatie, für die es in der Innenpolitik kein institutionelles Gegenstück gibt. Je nach taktischer Situation gehören Offenlegung oder im Gegenteil Verbrämung von Motiven zur Förderung von Interessen. Mal sind assoziative Politikmuster (Koalitionen), mal dissoziative Muster angezeigt. Der Regelzustand, auch beim Einsatz von Gewalt gegen andere Staaten, ist die unvollkommene Kontrolle über diese. Natürlich bleiben Innen- und Außenpolitik miteinander verknüpft, wie Reimund Seidelmann an Beispielen vorführt:

> „A(ußenpolitik) und Innenpolitik lassen sich zwar analytisch voneinander trennen, hängen aber inhaltlich zusammen. Außenpolitische Maßnahmen, wie z.B. militärische Aggressionen... können primär innenpolitisch bedingt sein (Binnenintegration durch Außenpolitik) und innenpolitische Maßnahmen, wie z.B. politische Liberalisierungen, primär außenpolitische Zugeständnisse darstellen.“[25]

Seidelmann meint gar: „Die traditionelle analytische Trennung von Innen- und Außenpolitik gilt inzwischen als überholt“.[26] Das ist so kategorisch gefaßt sicher übertrieben – mögen einzelne Analytiker dies glauben, die Praktiker handeln vorab weiterhin im wesentlichen getrennt voneinander. Und doch wird die Fachdebatte getrieben von der Frage des Verhältnisses zwischen beiden Politikfeldern (was seinen Niederschlag in den

---

22 Zit. nach F.S. Northedge (Hg.), Die Außenpolitik großer Staaten, Hildesheim 1978, S. 11.

23 Manfred G. Schmidt (Hg.), Staatstätigkeit. International und historisch vergleichende Analyse, PVS-Sonderheft 19, Opladen 1988, S.25 f.

24 Waldemar Besson/Gotthard Jasper, Das Leitbild der modernen Demokratie. Bauelemente einer freiheitlichen Staatsordnung, Neuaufl. Bonn 1990, S.58.

25 Reimund Seidelmann, „Außenpolitik“, in: Dieter Nohlen/Rainer-Olaf Schultze (Hg.), Politikwissenschaft. Pipers Wörterbuch zur Politik, Bd. 1, München/Zürich 1985, S.51.

26 Ebd., S.55. Vergl. differenzierend dazu Beate Kohler-Koch, „Inselillusion und Interdependenz: Nationales Regieren unter den Bedingungen von ‘international governance’“, in: Bernhard Blanke/Hellmut Wollmann (Hg.), Die alte Bundesrepublik. Kontinuität und Wandel, Leviathan, Sonderheft, Opladen 1991, S.45-47.

folgenden Kapiteln findet). Was ist Außenpolitik? Wie unterscheidet sie sich von anderer Politik, der Innenpolitik? Was sind ihre Ziele und Mechanismen, diese zu erreichen? Wie verändert sich die äußere Politik, welcher Begriff vom sozialen Wandel trägt diese Änderungen?

Ist Außenpolitik Außenpolitik? Mit dieser unorthodoxen Frage eröffnete Ekkehart Krippendorff vor mehr als zwanzig Jahren eine weiterhin anhaltende, für die Artikulation des Selbstverständnisses der Disziplin entscheidende Debatte.[27] Abgesehen davon, daß die Mittel der auswärtigen Politik sich mit den Mitteln der Innenpolitik überdecken: Alle außenpolitischen Akteure, mögen sie im Weißen Haus oder im Kreml sitzen, haben sich innenpolitisch zu verantworten, suchen und finden ihre Machtbasis im Innern eines Nationalstaates, tragen Interessen in die internationale Politik, die *innerhalb* eines Gemeinwesens gebildet und umgesetzt werden. Von daher stellt sich die grundsätzliche Frage danach, ob es überhaupt für die Analyse der internationalen Politik andere Analysemittel gibt als für die Politik, und das ist im allgemeinen innere Politik, schlechthin. Es wird mithin zu bestimmen sein, was „Politik" ist. In dieser Richtung läßt sich eine Mehrheitsmeinung der Politologen fassen, die Peter J. Katzenstein wiedergibt, daß nämlich

> „wenig Nachdruck auf eine klar gezogene Trennlinie zwischen innerer und internationaler Politik gelegt wird. Eine selektive Betonung sowohl des Vorrangs der Außenpolitik und einer 'Internalisierung' der internationalen Wirkungen als auch des Vorrangs der Innenpolitik und der 'Externalisierung' innerer Bedingungen bliebe irreführend."[28]

Die Fragestellung ist nicht auf die Politikwissenschaft beschränkt. In gleicher Weise läßt sich zum Beispiel erörtern, ob internationale Ökonomie spezifisch andere Analysemittel erfordert als die Ökonomie im allgemeinen, d.h die volkswirtschaftlich gedachte Ökonomie. Ökonomische Regeln und Gesetze gelten grundsätzlich univers, so daß die Bildung besonderer Untersuchungsansätze zunächst nicht einleuchtet. Andererseits dürfte klar sein, daß die Wirkungsmechanismen multinationaler Unternehmungen, von Währungsschlangen oder Wirtschaftskriegen ganz zu schweigen, nicht mit den Hilfsmitteln thematisiert werden können, die üblicherweise in der theoretischen Volkswirtschaftslehre benutzt werden. Manfred G. Schmidt beklagte unlängst in der analytischen Aufarbeitung dieses Gegenstandsbereiches spezifische Mängel („Ein besonders schwerwiegendes Defizit der vergleichenden Wirtschafts- und Sozialpoli-

27 Ekkehart Krippendorff, „Ist Außenpolitik Außenpolitik?", in: ders. (Hg.), Internationale Beziehungen, Köln 1973.

28 Peter J. Katzenstein, (Hg.), „Introduction", in: Between Power and Plenty. Foreign Economic Policies of Advanced Industrial States, , Madison, Wisc., 1978, S.4.

tik-Forschung liegt in der Vernachlässigung der internationalen Politik und der internationalen Wirtschaftsbeziehungen").[29]

Die Unterschiede zwischen innerer und äußerer Politik lassen sich weiter an den Gegensätzen zwischen innerstaatlichem Recht und dem Völkerrecht studieren.30 Als Völkerrechtssubjekt ist der Staat nicht nur Träger von Rechten und Pflichten (wie dies dem Bürger als Rechtssubjekt im gesellschaftlichen Leben geläufig ist), sondern er ist auch gleichzeitig Schöpfer und Garant des Rechts. So vereinigt der Nationalstaat Elemente des Rechtsbegriffs in sich, die im innerstaatlichen Recht auf verschiedene Beteiligte wie Gesetzgeber und Bürger verteilt sind. Adressat und Schöpfer stehen sich nicht im Verhältnis der hierarchischen Über- und Unterordnung gegenüber, sondern als souveräne, gleichberechtigte Beteiligte (dem Verhältnis der Parteien im Zivilvertragsrecht nicht unähnlich). Im formal gleichberechtigten Gegenüber der souveränen Nationalstaaten als Völkerrechtssubjekte hat nur das als Rechtsquelle Geltung, was als übereinstimmender Wille dieser Subjekte selbst gilt (wer diese Gültigkeit wie bestimmt, bleibt eine herrschaftskritisch brisante Frage). Diese Rechtsquellen müssen nicht Verträge oder Resolutionen sein, es kann auch Gewohnheitsrecht sein. Während es im innerstaatlichen Recht um die generelle und abstrakte Regelung eines immer eine Vielzahl von Adressaten umfassenden Bereichs sozialen Lebens geht, bildet den Kern des Völkerrechts die konkrete Regelung eines Interessenausgleichs zwischen wenigen souveränen Parteien.

Die Notwendigkeit einer denn doch eigenständigen Untersuchung der internationalen Politik wird vor allem mit der Bedeutung des Problems begründet. Krippendorff, der Urheber unserer Fragestellung, meint im Auftakt seiner Arbeit: „Außenpolitik steht im 20. Jahrhundert mehr denn je im Vordergrund politischen Interesses – sei es journalistisch, wissenschaftlich oder pragmatisch." Daß Außenpolitik (so nochmals Krippendorff) „unser Schicksal" sei, in dem direkten Sinne, wie das von Bloch formulierte Motto oben, bleibt unstrittig. Bloß mit der Bedeutung des Teilfeldes von Politik ist noch nicht begründet, daß diesem besondere Analysemittel zugehören.[31]

---

29 Manfred G. Schmidt (Hg.), Staatstätigkeit. International und historisch vergleichende Analyse, PVS-Sonderheft 19, Opladen 1988, S. 25f.

30 Bei diesem Abschnitt stütze ich mich auf Norman Paech, „Das Völkerrecht in den internationalen Beziehungen", in: Heinrich Hannover/Martin Kutscha/Claus Skrobanek-Leutscher (Hg.), Staat und Recht in der Bundesrepublik, Köln 1987, S.383-396.

31 Krippendorff folgt der Stoßrichtung seiner These nicht, wenn er andererseits im Sinne der gegenteiligen Auffassung vermerkt, daß Außenpolitik je nur als Außenpolitik eines bestimmten Staates untersucht werden könne (also innerstaatlich vorgebildet).

Die tatsächliche Begründung für eine besondere politikwissenschaftliche Behandlung der internationalen Politik liegt in der im Gegensatz zur Innenpolitik völlig andersartigen Antwort auf die Kernfrage der Politologie, das Herrschaftsproblem. Im Inneren der Staaten erfolgt Herrschaft 1. durch Institutionen, 2. mediatisiert, 3. durch bestimmte Mittel wechselbar. In der internationalen Politik treffen alle drei Aussagen nicht zu. Es ist zu definieren, was im internationalen Raum Herrschaft bedeutet. Gegenüber der liebenswürdigen Fiktion der Diplomatie, auf internationalem Parkett seien alle (Staaten) gleich, und, gemäß dem Demokratieprinzip „one man, one vote", würde die Stimme der USA auf diesem Boden ebensoviel wiegen wie, sagen wir, diejenige Bulgariens, bildet die Leitthese dieser Schrift die Auffassung, daß das internationale System vor allem ein Herrschaftssystem ist, in dem Herren und Knechte miteinander zu tun haben. „Herrschaft" und ihre Ausübung ist analytisch gehaltvoll nicht bloß als Repression zu verstehen, sondern mit den feineren Mitteln der an der Untersuchung innenpolitischer Herrschaftsprozesse gebildeten Instrumente auch in der internationalen Politik zu thematisieren. Schlüsselbegriffe zur modernen Herrschaftsanalyse wie vor allem der von der „Legitimität„ der Herrschaftsausübung werden daher im folgenden ausgiebig benutzt werden.

Nun ist die Sicht des internationalen Systems als Herrschaftssystem nicht neu. Die am Denken Karl Marx' orientierte Analyse, neuerlich ihre Fokussierung auf die Rolle der USA in der internationalen Politik, versteht sich vorrangig als Herrschaftskritik. Einen Begriff des Politischen dieser Herrschaft hat diese Richtung, so scheint es, jedoch nicht entwickelt, und ihre methodologischen Reflexionen lassen kaum einen spezifisch marxistischen Gehalt erkennen.[32] Die heute dominante Analyseausrichtung sucht dem Herrschaftsproblem mit dem Zentralbegriff der Interdependenz beizukommen. In der realen Welt von Gegensätzen bilden jedoch Interdependenzen in des Wortes ehrlicher Bedeutung die Ausnahme, während einseitige Abhängigkeit und Herrschaft die Regel sind. Mit dem Regelfall, der Existenz von Strukturen von Abhängigkeit, hat sich eine umfassende Analyse der internationalen Politik zuvörderst zu befassen, und nicht mit dem Sonderfall mehr oder minder symmetrischer Interdependenz.

Die Sichtweise des internationalen Systems ist nun nicht eine atomisierte, in der wenigen Machtpolen und Herrschaftszentren mittlere und niedrigrangige Mächte gegenüberstehen. Die internationale Gesellschaft soll als eine Gesellschaft aller betrachtet werden – nicht aus dem einfachen Grun-

32 Vergl. etwa Herbert Kröger/Klaus Lingner, „Wege zu einer marxistisch-leninistischen Methodologie der Analyse internationaler Beziehungen", in dem erwähnten Reader von Krippendorff, 1973.

de, weil alle (Staaten) in dieser Gesellschaft existieren, sondern weil heute die gemeinsame Angst vor dem Untergang ihre eigenen Möglichkeiten entfaltet, diese Gesellschaft vor eben dieser Gefahr zu bewahren, weil alle gleichmäßig von Ökoproblemen bedroht werden, und weil alle gemeinsam eine Antwort auf die Entwicklungsfrage zu finden haben.

Implizit ist somit eine zweite Begründung für die Eigenständigkeit der Analyse von internationaler Politik gegenüber der Innenpolitik gegeben. In einer groß angelegten Analogie soll, ähnlich wie in einer nationalstaatlichen Gesellschaft die Summe der Bürger das Ganze bildet und dieses Ganze entschieden mehr ist als die Summe seiner Glieder, näher bestimmt werden, wie sich denn die Rolle des Nationalstaates in der internationalen Politik und ihre Ausübung unterscheidet von der Rolle des Bürgers im Nationalstaat und wie dieses ominöse Ganze, das internationale System, als Einheit eigener Qualität näher zu bestimmen ist.

Die außenpolitischen Akteure und diejenigen Analytiker, die sich überhaupt mit dem Verhältnis von innerer und äußerer Politik befaßten, neigen traditionell dazu, die Frage im Sinne eines Herrschaftsverhältnisses zu beantworten. Seit dem 18. Jahrhundert galt die These vom Primat der Außen- über die Innenpolitik. Diese besagte, daß alle inneren Verhältnisse eines Staates zum Zwecke der Selbstbehauptung nach außen eingerichtet werden müssen (Leopold von Ranke, 1795-1886) und daß der Grad der inneren Freiheit eines Landes von dem Ausmaß des auf seinem Staat lastenden Drucks abhinge.

Bismarck vertrat vehement diese Auffassung. Eckart Kehr hat schon in den zwanziger Jahren die Unhaltbarkeit dieser Konzeption und ihre herrschaftssichernde Funktion erhellt.33 Jedoch wird die These vom Primat der Außenpolitik weiterhin vehement vertreten. Ex-Außenminister Kissinger erklärte:

> „Auf beiden Seiten des Atlantiks sehen wir uns bedroht ..."

(der geneigte Leser überlege einen Augenblick, von was wohl?); Kissinger fährt fort:

> „... durch die Vorherrschaft der Innenpolitik über die weltweite politische Strategie."[34]

---

33 Eckart Kehr, „Englandhaß und Weltpolitik", u.a. in: Ekkehart Krippendorff (Hg.), Internationale Beziehungen, Köln 1973.

34 Henry Kissinger in: DIE ZEIT vom 2.3.1984.

Neuere theoretische Konzepte vermeinen, den Gegensatz zwischen Innen- und Außenpolitik analytisch unterlaufen zu haben. Besonders der sogenannte Interdependenzansatz (s.u.) beansprucht, die Analyseebenen Innen-, Außen- und internationale Politik zusammengeführt zu haben. Das wird zu prüfen sein.

1.3 Außenpolitik und internationale Politik

Wendet man den Blick weg von der einzelstaatlichen Politik über die Landesgrenzen hinaus (wie bislang *Außen*politik verstanden wurde) hin zu dem Interagieren verschiedener Außenpolitiken und verschiedener Akteure, so entfaltet sich eine neue analytischer Kategorie, die internationale Politik oder, wie dies mit verengter Sichtweise ausschließlich auf Regierungshandeln heißt, die „internationale Beziehungen" der Staaten.[35] Ähnlich wie Innen- und Außenpolitik verweisen die Begriffe Außen- und internationale Politik auf Zusammenhänge. Diese werden aus einer unterschiedlichen analytischen Perspektive, von einer anderen „Standortlogik" her angegangen, wie Seidelmann definiert:

> „Mit Außenpolitik nimmt der staatliche Akteur im internationalen System seine Interessen wahr, reagiert auf die aus den Strukturen, Entwicklungen und Handlungsspielräumen resultierenden Anreize. Außenpolitik ist also die Verengung internationaler Politik aus der Interessenlage des Nationalstaates. Internationale Politik ist aber nicht nur die Summe aller Außenpolitiken, sondern auch die ihnen zugrunde liegenden und die von ihnen beeinflußten Ordnungsstrukturen, Verhaltensmuster und Systemtrends."[36]

Anschaulich läßt sich in einer ersten Näherung das Verhältnis von Innen-, Außen- und internationaler Politik fassen als ein Kontinuum mit diesen drei Polen. Die Standpunktlogik springt jeweils um einen Erweiterungsgrad: vom Teilinteresse innenpolitischer Partizipatoren zum Nationalinteresse, welches einzelstaatliche Außenpolitik treibt, und von dieser zweiten Stufe in der „internationalen Politik" hin zu übernationalen Gesichtspunkten. Mit dem Interesseninhalt wechseln die Akteure. Über Herrschaftsabläufe und Machtstrukturen sagt diese Annäherung noch nichts, ebenso wenig über Anpassungszwänge von außen und Wechselwirkungen zwischen diesen Polen. Auch verändern sich die Relationen auf den verschiedenen Politikfeldern (in der Ökologie haben Nachbarstaaten mehr parallele Interessen als in der Ökonomie, auch bleibt innenpolitisch der Interessenkonsens beim ersten Beispiel von vornherein größer als beim zweiten).

---

35 Die ständische Bezogenheit dieses Begriffes wird rasch deutlich, wenn man den Gegenbegriff für die Innenpolitik zu bilden versucht.

36 Seidelmann, a.a.O., S.51.

Die Analyseschwerpunkte verschieben sich zudem im Laufe der Zeit. Untersuchungen mit strikt außenpolitischer Orientierung dominierten in den Hochzeiten nationalstaatlicher Politik. Inzwischen verlagert sich, aus Gründen, die in globalen Entwicklungen zu suchen sind, der analytische Schwerpunkt hin zu internationaler Politik, gar „Weltpolitik". Die Herausgeber eines gleichnamigen Jahrbuches suchen diese Entwicklung dem durchschnittlichen Zeitungsleser Anfang der achtziger Jahre nahezubringen:

> „Innenpolitische Entwicklungen wie Steuererhöhungen, Abbau der sozialen Leistungen, Erhöhung der Militärausgaben ebenso wie der Agrarpreise, Ausbau der Kernenergie u.a. werden dem Bundesbürger immer stärker mit dem Hinweis auf die internationale Entwicklung begründet. Diese für den einzelnen spürbare Verflechtung der nationalen mit der internationalen Situation hat das Bedürfnis nach Informationen über globale Entwicklungen verstärkt...(Es geht um) einen tieferen Einblick in Strukturen, Zusammenhänge und Entwicklungstendenzen des internationalen Systems."[37]

Die wachsende Verschränkung von Innen-, Außen- und internationaler Politik führt keineswegs dazu, daß über die Brücke innere Politik der Zugang von Parlamenten und anderen nicht an der Exekutive beteiligten Gruppierungen zu staatlicher auswärtiger Politik verbessert wird. Im Gegenteil verschlechtern sich Kontrollmöglichkeiten, schon weil die Gegenstände rasch an Komplexität zunehmen. Karl/Krause beschreiben dies plastisch:

> „Außenpolitik ist hinsichtlich ihres Gegenstandsbereiches umfangreicher geworden. Sie umfaßt heute Bereiche wie Wirtschafts-, Handels-, Technologie-, Kultur-, Wissenschafts-, Entwicklungshilfe-, Finanz- und Agrarpolitik gleichermaßen wie die klassischen Bereiche der Außenpolitik, d.i. Sicherheitspolitik, Pflege diplomatischer, konsularischer und kultureller Beziehungen etc. Die Problembereiche der Außenpolitik sind stark miteinander verflochten und voneinander abhängig ...
> - Die Zahl der für Außenpolitik relevanten Akteure im In- wie im Ausland ist notwendigerweise ganz erheblich angestiegen. Außenpolitik wird zu einem komplexen Bargaining-Prozeß, in dem die Belange einer Vielzahl von Interessenten Berücksichtigung finden müssen.
> - Neue Formen und Regeln des Internationalen Rechts, des diplomatischen Verkehrs und der multinationalen, kooperativen Problemlösung haben sich eingespielt und lassen außenpolitisches Entscheiden immer weniger zu einer rein nationalen Angelegenheit werden."[38]

---

37 Weltpolitik. Jahrbuch für Internationale Beziehungen 2, Frankfurt a.M. 1982, S.1.

38 Wolf-Dieter Karl/Joachim Krause, „Außenpolitischer Strukturwandel und parlamentarischer Entscheidungsprozeß", in: Helga Haftendorn u.a. (Hg.), Verwaltete Außenpo-

Aus drei Gründen sinkt demnach die Einflußmöglichkeit innenpolitischer Akteure auf auswärtige Politik: Zum einen schwindet die Bedeutung des nationalstaatlichen Bestimmungsrahmens, in welchem sie selber agieren und wirksam sein können. Zum anderen treten zusätzlich neue außenpolitische Akteure auf, die vorrangig die Kooperation der Exekutive für ihre Auslandstätigkeit suchen, nicht aber die anderer innenpolitischer Gruppierungen. Schließlich greift eine neue Unübersichtlichkeit in den vielfachen Gegenstandsbereichen, welche zudem den diplomatischen Kalender von Ereignissen dramatisch verdichtet – und Außenstehenden jede Teilhabe erschwert. Insgesamt ist eine – so Czempiel – sich „internationalisierende Politik“[39] zu erwarten, die ihren Ausdruck in zunehmender Einflußnahme internationaler und supranationaler Organisationen auf nationalstaatliche Entscheidungsgefüge findet, welche wiederum vorrangig von den nationalen Exekutiven bestückt werden. Ganz praktisch zeigt sich dies im graduellen Verzicht der europäischen Staaten auf die eigene Gestaltung von Politikbereichen zugunsten der Europäischen Gemeinschaft. Indem mehr und mehr zugunsten des hohen Zieles der Gemeinschaftsbildung Teilbereiche aus dem nationalen Politikprozess herausgenommen werden, vergrößert sich die Macht der einzelstaatlichen Exekutive gegenüber inneren Opponenten, weil die Regierung am Ende die Eurokraten in Brüssel kontrolliert. Die „Europäisierung„ der Politik in (West-)Europa folgt, betrachtet man sie herrschaftsanalytisch überaus deutlich der Spur, binnennationale Kontrolle abzuschütteln.

1.4 Zur Literatur

Die meisten Wissenschaftler, die sich mit internationaler Politik befassen, sind US-Amerikaner. Kurt Tudyka wertet deshalb das Fach, nur geringfügig überpointierend, als „nordamerikanische Disziplin“, und weist diese These am methodologischen Entwicklungsstand, an der Verbreitung in der Lehre sowie an der Zahl und dem Anspruch veröffentlichter Beiträge aus.[40]

Eine Vielzahl US-amerikanischer Untersuchungen stößt in der Bundesrepublik von vornherein auf wenig Interesse, weil sie methodisch mathematisierenden Verfahren verpflichtet sind, denen hierzulande Politologen schon aus Mangel an mathematischen Kenntnissen nicht zu folgen ver-

litik. Sicherheits- und entspannungspolitische Entscheidungsprozesse in Bonn, Köln 1978, S.56.

39 Vergl. Ernst-Otto Czempiel, „Internationale Beziehungen. Begriff, Gegenstand und Forschungsabsicht“, in: Manfred Knapp/Gert Krell, (Hg.), Einführung in die Internationale Politik, München 1990, S.10.

40 Kurt P. Tudyka, Internationale Beziehungen. Eine Einführung, Stuttgart u.a. 1971, S.7.

mögen. Die Barriere ist zwar nur geringfügig (im wesentlichen geht es um Kenntnisse der Korrelationsstatistik). Fähigkeiten dieser Art werden zwar im Studium anderer Sozialwissenschaften bis hin zu Psychologie vermittelt. Eine Mathematisierung, wie sie in der Nachkriegszeit die Volkswirtschaftslehre in der Bundesrepublik erfahren hat, ist jedoch der deutschen Politikwissenschaft weitgehend fremd geblieben, und nur eine Minderheit von Politologen verwendet hierzulande Analyseverfahren, die in den USA und damit bei der Masse der Publikationen repräsentativ sind. Die Ursache dieser Entwicklung ist in Deutschland in der Verpflichtung der älteren, tonangebenden Vertreter des Fachs gegenüber der geisteswissenschaftlichen Tradition und einem Stück Bequemlichkeit zu sehen, welches trotz aller Offenheit gegenüber allem Amerikanischen die Überwindung der geringen Hürde Mathematisierung nicht gestattete.

Das Leseangebot in deutscher Sprache gibt zunächst vorrangig einer inhaltlichen Richtung Raum, dem „Neorealismus"[41] und dessen Varianten. Das müßte diese mit demokratischem Selbstverständnis selber merkwürdig finden – erschöpft sich die Pluralität von Meinungen, von Unterschieden wissenschaftlicher Positionen (etwa aufgrund unterschiedlicher Ansätze) in den Arabesken der Debatte innerhalb dieses einen Konzeptes? In neuerer Zeit ist, sicher unter dem Eindruck der allgemeinen Entwicklung in den deutschen Sozialwissenschaften nach 1968, und methodische Schritte besonders der amerikanischen Debatte aufgreifend, eine offenere Diskussion dominant geworden.

Zuzugeben ist die Schwierigkeit, neuartige Ansätze wahrzunehmen. Im Gegensatz zu jener Phase, in der etwa ein aufstrebender arabischer Politikwissenschaftler allen Wert darauf legte, seine wichtigsten Beiträge in einer amerikanischen oder englischen Zeitschrift zu veröffentlichen, hat nach den Ölpreissteigerungen und der nachfolgenden Selbstaufwertung arabischen Selbstbewußtseins (begleitet von zahlreichen Universitätsgründungen) eben dieses Selbstbewußtsein dazu geführt, daß heute vorrangig von denselben Autoren auf arabisch veröffentlicht wird. Deutsche Fachzeitschriften über Rüstungsfragen beispielsweise schließen sich an und veröffentlichen nunmehr arabische Ausgaben, was politologische Journale schon aus wirtschaftlichen Gründen nicht können. Die Politologie in Indien zum Beispiel weist zahlreiche, zum Teil beeindruckende Fachvertreter auf, die hierzulande im Regelfall nicht wahrgenommen werden. Wer würde behaupten wollen, daß wissenschaftliche Aussagen über internationale Politik, die von den „restlichen" drei Vierteln des Globus kommen und die nicht dem Neorealismus oder einer anderen Variante

41 Zum „Neorealismus" u.a. Gottfried Karl Kindermann (Hg.), Grundelemente der Weltpolitik. Eine Einführung, München 1981.

des politischen Realismus verpflichtet sind, schlankweg übergangen werden können? Wissenschaft entsteht, besonders beim Lernenden, vor allem aus der Begegnung mit mehr als einer Auffassung – wie dies auf den folgenden Seiten versucht wird. Und ein deutscher Student wird auf dem Felde internationaler Politik vor allem erkennen müssen, daß sein Heimatland in den internationalen Beziehungen keine besonders wichtige Rolle spielt, daß die in seiner Sprache schreibenden Analytiker womöglich nicht die erhellendsten Untersuchungen vorlegen, und daß er vor allem bemüht bleiben muß, andere in anderen Sprachen zu verstehen.

Auf die Weiterungen des Theoriediskurses wird im Schlußabschnitt eingegangen (manche Autoren sprechen etwa von einer „zweiten" und nunmehr „dritten" Debatte neben der hier angezeigten). Für eine Einführung soll – wie im Vorwort angegeben – zunächst dieser Hinweis genügen.

KAPITEL 2 WISSENSCHAFTSGESCHICHTLICHE BETRACHTUNGEN

Eine der Hauptthesen dieser Einführung lautet: Mit Beginn der Neuzeit, der Herausbildung des modernen Kapitalismus und des bürgerlichen Nationalstaates, werden die Prinzipien der äußeren Politik dieser Gesellschaft formuliert. Hernach wird zu denen wenig grundsätzlich Neues vorgetragen.

Diese These impliziert, daß den Anfängen der Theoriebildung eindringlich nachgegangen wird, während weitere Entwicklungen als zweitrangig betrachtet werden. In der Tat wird ersichtlich werden, daß selbst ein so modern anmutender Begriff wie „friedliche Koexistenz" nicht (wie die östliche Literatur einst hervorhob) von einem neueren Autor wie Lenin stammt, sondern viel älter ist. Der Anfangsphase verdanken wir auch den Begriff „Politik" im heutigen Sinne. Die Zeitgenossen des Machiavell in Italien kennen ihn schon, zeitgenössische Übersetzungen ins Deutsche sprechen einigermaßen hilflos statt von „Politik" von – „polizey" (so die Übersetzung von Politik in Machiavells Hauptwerk, dem Fürsten, als „Machiavellis Policei"; gleichermaßen umschreibt eine deutsche Übersetzung des Decamerone von Giovanni Boccaccio (1313-1375) die Stelle „nelle pubbliche opportunità" mit „sunder ganczem gewalt vnser policey vnd regiment"; der Begriff „della ragione di Stato" bei dem Machiavell-Kritiker Giovanni Botero (1533-1617) gerät in der deutschen Übersetzung zur „Anordnung guter Policeyen und Regiments").[1] Die eigentliche Wurzel des Begriffs „Politik" liegt allerdings nach wie vor im Dunkeln. Ende des 16. Jahrhunderts soll er mit der Gründung einer Gruppe namens „Les politiques" während des französischen Bürgerkrieges erstmals breiter bekannt geworden sein. Der Idee nach sollte der König von Frankreich, die Inkarnation des Politischen, über dem Streit der konfessionellen Parteien stehen.[2]

1 Diese Verweise verdanke ich Hans Maier, Die ältere deutsche Staats- und Verwaltungslehre (Polizeiwissenschaft). Ein Beitrag zur Geschichte der Politischen Wissenschaft in Deutschland, Neuwied-Berlin 1966, S.125. Maier selber greift auf das Stichwort „Polizei" in Grimms Wörterbuch zurück. – Zu den Anfängen neuzeitlichen politischen Denkens vergl. auch Herfried Münkler, Im Namen des Staates. Die Begründung der Staatsraison in der Frühen Neuzeit, Frankfurt a.M. 1987.

2 Nach Erik Grawert-May, Das Drama Krieg. Zur Moralisierung des Politischen, Tübingen 1987, S.39.

Mit der Herausbildung des Nationalstaates und der kapitalistischen Ökonomie zu Beginn der Neuzeit entwickelt sich nicht nur der Begriff von Politik im Innern. Für die theoretische Behandlung der internationalen Politik ergibt sich, daß sogleich mit der Entstehung des Nationalstaates und der kapitalistischen Ökonomie die Regelabläufe in diesem System analysiert werden können, und daß die Ergebnisse bis heute Gültigkeit haben. Da die Grundstrukturen des internationalen Systems sich nicht wesentlich geändert haben, verändert sich auch nicht die Analyse dieser Grundbausteine.

Von Anbeginn ist die Beschäftigung mit internationaler Frage von der Frage nach Frieden zwischen den Staaten geprägt. Gleich zu Beginn der Neuzeit wird artikuliert, daß die Lehre vom gerechten Krieg überholt ist. *Erasmus von Rotterdam* schreibt 1517 in seiner Schrift „Querela Pacis" („Klage des Friedens"),[3] daß keine der vielen Fehden gerecht sei, und die Lehre vom gerechten Frieden zur Verschleierung benutzt würde. Auch verweist er auf die Schäden, die Kriege zeitigen. Andere (*Francisco de Vitoria* 1546) gehen so weit, die Schäden, besonders für die – wie wir heute sagen – Dritte Welt am Beispiel Lateinamerikas hervorzuheben.

Niccolò Machiavelli (1469-1527), Rudolf Augstein zufolge der „Vater aller Politologie",[4] gewinnt aus dem Studium der Geschichte, besonders der Bewunderung Roms, seine Theorie des modernen Staates und der außenpolitischen Raison dieses Staates. Aus dieser wiederum leitet sich das Außenverhalten des Staates ab.

Der Staat wird naturalistisch betrachtet, er ist vorrangig das Produkt von Bedürfnissen und Interessen. Aus dieser Sichtweise erklärt sich die Rücksichtslosigkeit, mit der nach Machiavelli Macht erworben und erhalten werden muß. Internationale Politik ist vor allem unter dem Gesichtspunkt des Interessenkampfes zu behandeln. Und dieser wird beeinflußt vom Gleichgewicht der Kräfte. Freilich wird der Gleichgewichtsbegriff bei Machiavelli noch recht grob gefaßt; es heißt zum Beispiel ohne weitere Präzisierung „Italia era in un certo modo bilanciata".[5]

---

3 Opera Omnia Desiderii Erasmi Rotterdami, Bd. IV-2, Amsterdam/Oxford 1977, S. 61-100 (vergl. auch die Einleitung von O. Herding, hier S.8f.) – Erasmus ist der erste einer Reihe von Autoren, die zu den „Irenikern" (Eirene griech. = Frieden) bei der Behandlung der internationalen Politik gerechnet werden. Vergl. zu dieser Einteilung Martin Wight, „Why is there no International Theory?", in ders. u. Herbert Butterfield, Diplomatic Investigations. Essays in the Theory of International Politics, London 1966, hier S.19.

4 Der Spiegel, Nr. 26/1980, S.124.

5 Der Fürst, Kapitel 20 (die von Friedrich Meinecke herausgegebene deutsche Ausgabe, Berlin 1923, S.110, übersetzt leider recht frei: „In jenen Zeiten, wo in Italien ein gewisses Gleichgewicht der Kräfte herrschte").

Die von Machiavell angesprochene Vorstellung vom Gleichgewicht reflektiert eines der umfassendsten Konzepte menschlichen Theoretisierens überhaupt. In analytisch anspruchsvollem Sinne wird sie in den Natur- wie in den Sozialwissenschaften sowie in der Ästhetik verwendet. Die Grundeinsicht besteht in der paradoxen Abhängigkeit der Harmonie von inneren Spannungen und Widersprüchen.[6] In der Sozialwissenschaft findet sich das Konzept seit ihren Anfängen in der europäischen Antike (so bei Aristoteles und außenpolitisch bei Thukydides) und der asiatischen Klassik (etwa dem indischen Staatsmann Kautilja, um 300 v. Chr.,[7] von Gleichgewichts- und Harmonievorstellungen erwies sich diese Tradition ungemein stärker geprägt als die europäische).

Politologisch durchschlagend erweist sich der Gedanke vom Gleichgewicht in Montesquieus (1689-1755) berühmter Abhandlung „Von der Verfassung Englands“, dem 6. Kapitel im XI. Buch der Schrift *Vom Geist der Gesetze*. Die Staatsgewalt in einer Gesellschaft soll geteilt bleiben, und ihre drei Teile sollen sich das Gleichgewicht halten:

> „Die gesetzgebende Körperschaft ist aus zwei Teilen zusammengesetzt, deren jeder den anderen durch ein wechselseitiges Vetorecht bindet. Beide sind gebunden durch die vollziehende Gewalt, die es ihrerseits wieder durch die Gesetzgebung ist. Aus diesen drei Gewalten müßte ein Zustand der Ruhe oder Untätigkeit hervorgehen. Aber da sie durch die notwendige Bewegung der Dinge gezwungen sind, fortzuschreiten, werden sie genötigt sein, dies gemeinsam zu tun.“[8]

Montesquieu hat mithin einen dynamischen Begriff vom Gleichgewicht. Dieser charakterisiert um so mehr die Beziehungen (besser: die Machtbeziehungen) zwischen Staaten, denen die Austragung ihrer Machtkämpfe nicht durch Verfassungen vorgezeichnet ist, wie sie die Legislative (in beiden Kammern), die vollziehende Gewalt und die Rechtsprechung binden. Untersuchungen zum Gleichgewicht beherrschen die Außenpolitikanalyse bis heute.

Geistesgeschichtlich gesehen blieben die Sozialwissenschaften lange einem naturwissenschaftlichen Begriff vom Gleichgewicht verhaftet. Dies wird am deutlichsten in der Übernahme von Folgekonzepten, etwa dem der Stabilität. So sieht man auch in der Politikwissenschaft im Stabilitätsbegriff der mechanischen Physik – sichtbar im Bild der Kugel in der

---

6 Vgl. Paul Seabury, „Gleichgewichtspolitik“, in: C.D. Kernig (Hg.), Marxismus im Systemvergleich, Band Geschichte 2, Frankfurt/New York 1974.

7 Sein Buch Vom Welt- und Staatsleben wurde dt. 1926 von J.J. Meyer herausgegeben.

8 Montesquieu, Vom Geist der Gesetze, dt. Ausgabe Ernst Forsthoff (Hg.), Tübingen 1951, S.226.

Halbschale – ein analytisch nach wie vor aussagekräftiges Konzept. In politikwissenschaftlichen Untersuchungen wird unter Stabilität, in Nähe zu dieser Verständnisweise, ein Zustand verstanden, der nicht oder nur schwer reversibel ist (etwa in bezug auf die Entwicklung von Parteisystemen). Ein solch rigider Begriff von Stabilität scheint analytisch wenig nützlich: Es handelt sich erkennbar um eine Skala mit nur einem Meßpunkt, „stabil", der als erreicht gewertet oder aber mit einem „nicht erreicht" oder (selten) „im Übermaß" erreicht gewertet wird. Für die Zwekke unserer Untersuchung scheint eine Stabilitätsdefinition nutzvoll, die weicher als die oben angegebene angelegt wird. „Stabilität" des internationalen Systems und der in ihm wirkenden Herrschaftsabläufe setzt voraus, daß alle Teilhaber auch die ihnen zugewiesene Rolle ausüben, im Zweifelsfalle auch als Absteiger – eine recht zweifelhafte Annahme. Unter Stabilität soll im folgenden eine zeitlich mittelfristige fortwährende Konstanz einer sozialen Konstellation verstanden werden, die in längeren Zeiträumen durchaus offen für Wandel bleibt.

Nach 1945 hat die traditionelle Vorstellung vom Gleichgewicht der Macht (oder der Mächte) sich verschoben zur Konzeption vom „Gleichgewicht des Schreckens"[9]. Der alte Streit darüber, ob Gleichgewicht im Sinne eines Äquilibriums tatsächlich besteht, oder ob eine vorfindliche Machtverteilung, bloß weil sie statisch fortdauerte, ein Gleichgewicht bilde, hat endgültig seinen Sinn verloren. Die Mehrfachtötungskapazitäten der beiden großen Nuklearmächte mussten nicht einander entsprechen, um das Gleichgewicht des Schreckens aufrecht zu erhalten. Derzeit sind die Strategen der Konzeption der Nuklearabschreckung auf der anhaltenden Suche nach neuen Mustern, wie nuklearen Zerstörungskapazitäten etwa in den Händen von Potentaten aus der Dritten Welt Paroli geboten werden könne.

Besonders in seinen „Discorsi sopra la prima decade di Tito Livio" (1531) leitet Machiavelli in klassischer Weise die beiden Grundmaximen der Staatsraison in der internationalen Politik ab: es geht darum, die territoriale Integrität des Staatswesens zu sichern und Staatsangehörige zu schützen, wenn sie sich außerhalb dieses Territoriums befinden. Berüchtigt wurde Machiavelli vor allem durch seine Beschreibungen, wie das Staatswohl im internationalen Verkehr maximiert werden kann, im *Fürsten* (Il Principe). Die Zwischentitel dieser Schrift besagen schon das ihre (Kapitel 18, „Inwiefern die Fürsten ihr Wort halten sollen"; Kapitel 21, „Was ein Fürst tun muß, um sich Ansehen zu erwerben"). Aufgrund der

9 So äußert der kanadische Friedensnobelpreisträger Lester Pearson: „The balance of terror has replaced the balance of power" (Rede zum 10. Jahrestag der Unterzeichnung der Charta der UN, Juni 1955, zit. nach Butterfield, a.a.O., S.153).

unausgesprochenen Annahme, daß ein jeder Staat notwendig durch seinen Machtwillen getrieben werde, agieren die Glieder der Weltgesellschaft „frei vom Gesetz" (*Hobbes*). Die zur Selbsterhaltung nötigen Schritte tut der Staat ohne Rücksicht auf Rechts- und Moralvorstellungen, sie rechtfertigen jede Treulosigkeit und jedes Verbrechen.

Francesco Guicciardini (1483-1540), Freund des Machiavelli, in seinen Schriften reflektierend, was das Wesen der Politik ausmache, formuliert als erster in einigem Detail die Lehre vom Gleichgewicht der Kräfte.[10] Vielen Analytikern schwebte damals vor, ein politikwissenschaftliches Gegenstück zu den Fortschritten in der Mechanik zu entwickeln, eine „soziale Physik", die ähnlich weitreichende Geltungsansprüche entfalten sollte wie die zeitgenössische Naturwissenschaft.[11] In der Entwicklung der volkswirtschaftlichen Theorie ist zum gleichen Zeitpunkt die Fassung des Gedankens vom Gleichgewicht der „Kräfte" Angebot und Nachfrage, auf Lokalmärkten zur Preisbildung oder auf der Ebene der Nationalwirtschaft, zu verzeichnen.[12]

Wurzel der Gleichgewichtstheorie ist der Versuch, die Verteilung von Macht auf verschiedene Staaten, nicht mehr wie zuvor auf einen Weltstaat oder einen hegemonialen Staat, und das Funktionieren dieser Staatenmacht analytisch zu fassen und als anhaltenden, zukunftsträchtigen Zustand zu erhellen.[13] Die Gleichgewichtstheorie ist ihrer Entstehung nach durchaus eine Rechtfertigungstheorie. Mit ihren der Mechanik entlehnten Aussagen von der Stabilität oder der Labilität eines Machtgleichgewichts oder dessen Indifferenz zeitigt sie sogleich Folgeprobleme, die die Analyse der internationalen Beziehungen bis heute beschäftigen.

---

10 Die Darstellung folgt hier der sehr lesenswerten Bearbeitung von Herbert Butterfield, a.a.O. – Martin Wight („The balance of power") prüft im gleichen Band frühere Schriften (S.149) und gelangt zu dem Befund, daß diese nicht das Gleichgewicht, sondern allenfalls eine Verteilung von Macht erörtern.

11 Butterfield (a.a.O., S.132) hebt diese Parallele hervor: „The whole order in Europe was a kind of terrestrial counterpart of the Newtonian system of astronomy." Er wiederholt diese Parallelisierung (S.145), einen Zeitungsartikel aus dem Jahre 1802 paraphrasierend: „The idea of the balance of powers was the result of the progress of science and the peculiar circumstances of the modern world. It was as unknown to the ancient Greeks and Romans as the teaching of Kepler and Newton."

12 Butterfield (ebd., S.141) nennt Francis Bacon als ersten Theoretiker des „Gleichgewichts" im Außenhandel und verweist darauf, daß zur selben Zeit der Gedanke vom Gleichgewicht im britischen Verfassungsverständnis auftaucht.

13 Das operative Verständnis von „Gleichgewicht" ist aus der Widmung der Übersetzung von Guicciardinis Arbeiten für Königin Elisabeth I. von England ersichtlich: „(God hath) put into your hands the ballance of power and justice, to peaze and counterpeaze at your will the actions and counsels of all the Christian Kingdomes of your time" (zit. nach Butterfield, a.a.O., S.164).

Der Gleichgewichtsbegriff wurde in Bezug auf die internationalen Beziehungen der europäischen Mächte untereinander gebildet. Für das 16. Jahrhundert wurde diese „balance of powers" so formuliert: kein Staat darf soviel Macht erlangen, daß ihm nicht die Vereinigung der übrigen europäischen Staaten das Gleichgewicht zu halten vermag. *Friedrich Gentz* (1764-1832), Schüler Kants, hat 1806 genauer gefaßt: „Gleichgewicht ist diejenige Verfassung nebeneinander bestehender und mehr oder weniger miteinander verbundener Staaten, vermöge derer keiner unter ihnen die Unabhängigkeit oder die wesentlichen Rechte eines anderen ohne wirksamen Widerstand von irgendeiner Seite und folglich ohne Gefahr für sich selbst beschädigen kann."[14]

Politischer Kern des Gleichgewichtsgedankens ist die Abwehr der Vorrangstellung eines Staates, der Versuch möglichster Herrschaftsfreiheit im internationalen System. Mit dem Stichwort „Gleichgewicht oder Hegemonie" brachte *Ludwig Dehio* das Konzept auf eine griffige Formel.[15]

Thomas Hobbes (1588-1679) unternimmt als erster den umfassenden Versuch, wie in der Naturwissenschaft seiner Zeit „more geometrico", gemäß (natur)wissenschaftlichen Prinzipien eine Staatstheorie zu bilden. Im Leviathan, besonders im 13. Kapitel, wird dieser Ansatz in der Verbindung euklidisch-geometrischer mit anthropologischen Mitteln besonders deutlich (s. Kapitel V).

Neben dem Begriff des Politischen und Gleichgewichtsmaximen bildet sich in jener Phase ein neuartiges Verständnis vom Staat selber heraus. Gemäß dem Menschenrechtsverständnis der Aufklärung (vor allem Emer de Vattel, 1714-67) wird die Freiheits- und Gleichheitsmaxime vom Bürger auf den Staat übertragen. Der nationale Staat wird zur „internationalen Person", welche sich in der Staatenwelt ganz so bewegt wie der Einzelbürger in der menschlichen Sozietät. Und wie der Einzelne in der Notwehr berechtigt ist, für sich selbst zu handeln, so kann der moderne Staat, wenn die Staatengemeinschaft es verfehlt, hinreichenden Schutz zu gewähren, zu seiner Verteidigung tätig werden.[16]

---

14 Friedrich von Gentz, Fragmente aus der neuesten Geschichte des politischen Gleichgewichts in Europa, Nachdr. 1967, S.63.

15 So der Titel seines Hauptwerkes, Erstaufl. Krefeld 1948.

16 Emer de Vattel, Le Droit des Gens ou principes de la loi naturelle appliqués à la conduite et aux affaires des nations et souverains, Orig. 1758. Hier wird die Übersetzung von Textausschnitten benutzt bei Ernst Reibstein, Völkerrecht – Eine Geschichte seiner Ideen in Lehre und Praxis, Bd. I: Von der Antike bis zur Aufklärung, Freiburg/München 1958.

Die Lehre von der summa potestas, der „Souveränität" des Staates, geht zurück auf *Jean Bodin* (1530-1596; Ökonomen ist Bodenius als Schöpfer der Quantitätstheorie des Geldes ein Begriff). Souveränität wird in seinem Hauptwerk Über die Republik naturrechtlich bestimmt als ein dem modernen Staat eigentümliches, höchstes Attribut.[17] Es ist allumfassend: der Staat hat nach innen und nach außen unbeschränkte Hoheitsgewalt (zum Beispiel mit der Folge des Monopols der Gewaltausübung durch speziell dafür eingerichtete Organe wie Heer und Polizei). Erheblich aktuelle Bedeutung hat das Konzept Souveränität für viele Entwicklungsländer: einer der Kernpunkte ihrer Forderung nach einer neuen Weltwirtschaftsordnung bleibt die Garantie ihrer „permanenten Souveränität" über Naturschätze. Im Vordergrund steht nunmehr der Schutz und die Nutzung von tropischen Wäldern sowie die Auseinandersetzung über die Verfügungsrechte an „genetischen Ressourcen", den Rohmaterialien der Biotechnologie.

Obwohl nach Bodin die Souveränität des Staates unbeschränkt und dauerhaft ist, ist nicht jeder Staat souverän. Das häufigste Beispiel sind Gliedstaaten eines Bundesstaates. Als geradezu Souveränität stiftend galt im traditionellen Politikverständnis das „Recht" des Staates auf Krieg. In einer neueren Untersuchung heißt es über die Entstehung des internationalen Völkerrechts: „Es war im wesentlichen Kriegsrecht".[18]

Neben der Betonung des souveränen Rechtes auf Krieg stand freilich auch immer die Bemühung um Frieden in der neuzeitlichen Staatenwelt. Nach dem Ende des Universalreiches des Mittelalters, in welchem zumindest der Vorstellung nach der Reichsfrieden des Kaisers galt, lag es nahe, erneut über die Möglichkeit einer Weltregierung nachzudenken.

Dieser „Konstitutionalismus„ genannte Versuch, Frieden durch internationale Organisation zu sichern, geht auf den Niederländer *Huig de Groot* oder Hugo Grotius (1583-1645) zurück. Es überrascht wenig, wenn mit diesem ein Niederländer (und nicht ein Autor aus dem die Meere beherrschenden England) ein Buch über *Die Freiheit der Meere* verfaßt.

Für das Verständnis der internationalen Politik grundlegend bleibt sein Werk *De jure belli ac pacis*. Grotius differenziert, wann eine Verteidigungsmaßnahme einer Seite möglicherweise Anlaß zu militärischen Gegenmaßnahmen geben darf und wann nicht:

---

17 Jean Bodin, Sechs Bücher über den Staat, dt. herausgegeben von P.C. Mayer-Tasch, München 1981 f.

18 So Norman Paech, „Das Völkerrecht in den internationalen Beziehungen", in: Heinrich Hannover/Martin Kutscha/Claus Skrobanek-Leutscher (Hg.), Staat und Recht in der Bundesrepublik, Köln 1987, hier S. 386.

> „Deshalb ist es keine gerechte Ursach zum Krieg, wenn der Nachbar, den kein Vertrag hindert, auf seinem Gebiet eine Festung oder ein anderes Verteidigungswerk anlegt, die schädlich werden können. Denn gegen solche Gefahr sind Gegenbefestigungen und ähnliche Mittel anzuwenden, aber nicht die Entfesselung eines Krieges."[19]

Sogar der so modern anmutende Begriff „Friedliche Koexistenz" zwischen verschiedenartigen Gesellschaftssystemen entstammt dieser Periode. Er wurde nicht, wie irrtümlich weithin angenommen,20 von Lenin gebildet, sondern von dem französischen Gelehrten und Mitglied der Akademie *Fénelon*. Dieser (genauer: Francois de Salignac de la Mothe, 1651-1715) hatte als Theologe und Prinzenerzieher vielfach mit der Glaubensspaltung in Frankreich zu tun: als Betreuer junger Konvertiten, in theologischen Kontroversen mit den Protestanten. Besonders in seinem Reise- und Liebesroman *Die Abenteuer des Telemachus* (1699) entwickelt Fénelon das Idealbild eines Königtums, aus dem Krieg (auch Glaubenskämpfe), Despotie und Luxus verbannt sind.[21] „Friedliche Koexistenz" sollte praktisch zwischen Gemeinwesen mit unterschiedlicher religiöser Grundlage (zwischen Katholizismus und Protestantismus) herrschen – in der Moderne soll das Konzept Staaten mit unterschiedlicher ideologischer Grundlage ein geregeltes Miteinander erlauben.

Mit diesen knappen Hinweisen sei der Beleg für die These abgeschlossen, daß die Grundbegriffe zum Verständnis des modernen Staatensystems gleichzeitig mit dessen Entfaltung entstehen – ehe im folgenden Kapitel diese Grundbegriffe weiter (und in moderner Fassung) erörtert werden.

---

19 Hugo Grotius, De jure belli ac pacis 1625, II 22 V 2, zit. nach Paech, a.a.O.

20 Vergl. Jean Laloy, Stichwort „Koexistenz", in: C.D. Kernig, Marxismus im Systemvergleich, Bd. 2 (Grundbegriffe), Frankfurt/New York 1973, bes. den Abschnitt B über „friedliche Koexistenz".

21 Ich folge der einfühlsamen Behandlung Fénelons durch Hans J. Morgenthau, Macht und Frieden. Grundlegung einer Theorie der internationalen Politik, Gütersloh 1963, S.191 f. und bes. S.307 f. Zu Fénelon ausführlicher Robert Spaemann, Reflexion und Spontaneität. Studien über Fénelon und seine Wirkungsgeschichte, Stuttgart 1963.

KAPITEL 3
GRUNDBEGRIFFE

Die Analyse der internationalen Politik kommt zumeist mit wenigen Grundbegriffen aus – Macht, nationales Interesse, Gleichgewicht. Neben diese klassischen Konzepte sind (von der Systemtheorie entlehnt) der Begriff vom internationalen System sowie aus ähnlicher Wurzel das Konzept des Handlungsspielraums einer Nation getreten. Bei näherer Betrachtung aktueller Verständnisweisen solcher Schlüsselkonzepte wird deutlich, wie sehr diese von der Vorgabe abhängig bleiben, die zu Beginn der neuzeitlichen Analyse von Außenpolitik gegeben wurde. Diese These soll einläßlich anhand der Schlüsselkategorie „Macht“ vorgeführt werden. An diesem Begriff soll zugleich gezeigt werden, wie sich die neuere politikwissenschaftliche Forschung bewegt.[1] Die anderen Kernbegriffe werden hernach kürzer abgehandelt.

3.1 Macht

3.1.1 Macht als ein Schlüsselbegriff der Analyse internationaler Beziehungen

Was für die Rechtswissenschaft die Norm und für die Volkswirtschaftslehre der Nutzen, ist für die Politikwissenschaft der Begriff der Macht. So bezeichnet beispielsweise Schwarz Macht als „Grundphänomen der internationalen Beziehungen“.[2] Außerhalb der Sozialwissenschaften gibt es vergleichbare Schlüsselbegriffe, etwa in der Physik den der Energie.[3]

---

1 Der folgende Abschnitt beruht wesentlich auf der Bearbeitung des gleichlautenden Stichwortes von Hartwig Hummel und mir für das von Volker Rittberger herausgegebene Sonderheft der Politischen Vierteljahressschrift 21/1990, Theorien der Internationalen Beziehungen. Bestandsaufnahme und Forschungsperspektiven.

2 Hans-Peter Schwarz, „Der Faktor Macht im heutigen Staatensystem „, in: Karl Kaiser und Hans-Peter Schwarz (Hg.), Weltpolitik, Strukturen – Akteure – Perspektiven, Bonn 1985, S.50-73, hier S.51.

3 Gottfried-Karl Kindermann führt als weiteren Vergleich an, daß der Begriff der Macht von gleicher Bedeutung für die Politikwissenschaft sei wie der der Energie für die Physik, was zuerst von Bertrand Russel formuliert worden sei (vergl. seine Einleitung zu Hans Morgenthau, Macht und Frieden, Gütersloh 1963). Vgl. auch Klaus von Beyme, Die politischen Theorien der Gegenwart, 6. Aufl. München 1986, S.54. – Richard A. Aliano, The Crime of World Power, New York 1978, S.77 benennt als Vergleichsgröße in der Ökonomie „wealth“.

Der Begriff der „Macht“ schillert in mannigfachen Facetten. Seine Bestimmungen fallen inhaltlich weit auseinander. Während eine verbreitete Sichtweise vor allem die relationale Dimension betont (Macht existiert nicht an und für sich, sondern lediglich in sozialen Beziehungen), haben andere einen nahezu substantiellen Begriff der Macht. Bernhard Niemann befindet im „Grundkurs Politische Theorie“: „Von einer Machttheorie sind wir noch sehr weit entfernt.“[4] Ähnlich negativ formulieren andere deutsche Autoren (etwa Czempiel: „Ihre zentrale Stellung in der Politik und in der Politikwissenschaft hat der Macht keine begriffliche Klärung eingetragen“).[5] Besonders in der amerikanischen Diskussion6 ist man jedoch in Bezug auf internationale Beziehungen gewisser, über hinlängliche Begriffsabklärungen zu verfügen.

Zwar kann Macht als Schlüsselbegriff der Politikwissenschaft betrachtet werden, doch fällt auf, wie sehr sich die vorherrschenden Machttheorien der internationalen Beziehungen von den Machttheorien unterscheiden, die bei der Untersuchung innergesellschaftlicher und innerstaatlicher Verhältnisse zugrundegelegt werden. In der politologischen Teildisziplin „Internationale Beziehungen“ prägt die Forschung nach wie vor das realistische Verständnis von „Machtpolitik“ einzelner „Mächte“ (Plural!) gegeneinander als Ausfluß von Gewalttätigkeit in der als anarchisch wahrgenommenen Staatenwelt.[7] Dagegen steht im innerstaatlichen Bereich die Untersuchung des pluralistischen Ringens um die politische „Macht“ (kein Plural!) im Vordergrund. Paradigmatische Differenzen – hier Realismus, dort Pluralismus – sowie inhaltliche Differenzen – Gewalttätigkeit vs. staatliches Gewaltmonopol – bestimmen mithin das divergente Machtverständnis dieser beiden Zweige der Politikwissenschaft.

In der Disziplin „Internationale Beziehungen“ zeichnet sich inzwischen ein Wandel ab. Die Aufmerksamkeit wendet sich neben den Regierungen auch anderen Ausübern internationaler Macht zu, besonders ökonomischen Akteuren und internationalen Zusammenschlüssen.[8] Ein anderer

---

4 Bernhard Niemann, „ Machttheorie“, in: Oscar W. Gabriel (Hg.), Grundkurs Politische Theorie, Köln und Wien 1978, S.289.

5 Ernst-Otto Czempiel, „Internationale Beziehungen: Begriff, Gegenstand und Forschungsabsicht“, in: Manfred Knapp/Gert Krell, Hg., Einführung in die Internationale Politik. Studienbuch, München/Wien 1990, S.17.

6 Stephen D. Krasner, Structural Conflict. The Third World Against Global Liberalism, Berkeley/Cal. 1985, S.14.

7 Vergl. den Beitrag von Volker Rittberger und Hartwig Hummel in dem erwähnten PVS-Sonderheft 21, S.17-47.

8 Ich habe dies breiter entfaltet in dem Aufsatz „Von der Ost-West- zur Südpolitik der Bundesrepublik“, in: Das Argument, Nr. 116, S. 513-522 (erweiterte Fassung: „The Policy of the Federal Republic of Germany towards ‚the South‘“, in: Ekkehart Krippendorff/Volker Rittberger (eds.), The Foreign Policy of West Germany. Formation

Umdenkprozeß beruht auf der These, daß durch eine langsam voranschreitende Zivilisierung sich „Macht“ auf immer höheren sozialen Ebenen konzentriert.[9] Das betrifft nicht nur den innergesellschaftlichen Bereich, in dem der Monopolisierungsprozeß der Macht weitgehend abgeschlossen ist, sondern auch die internationalen Beziehungen: Nicht jeder Staat wird mehr als „Macht“ betrachtet. Nur „Großmächte“, allenfalls noch „Mittelmächte“ oder zwischenstaatliche Bündnisse und Gemeinschaften werden einer ernsthaften Machtanalyse unterzogen.

„Macht“ zu analysieren, bleibt für die Politikwissenschaft allgemein ein schwieriges Unterfangen, weil „Macht“ zugleich explicandum und explicans der Disziplin abgibt. In der einschlägigen Literatur stehen häufig Fragen des Machtmanagements, der Machtkonfigurationen oder auch der Machtverteilungen im Vordergrund, während die diesen vorgelagerte Frage nach dem Begriff der „Macht“ selbst selten gestellt wird.

Neben konservativ-realistischen und liberal-pluralistischen Forschungsrichtungen haben sich auch von der kritischen Theorie oder dem Marxismus beeinflußte Analytikerinnen und Analytiker des Machtphänomens angenommen. Solche Studien haben ihre Aufmerksamkeit überwiegend auf Einzelphänomene der Macht gerichtet. Galtung zum Beispiel führt bei seinen Überlegungen zu „underdogs“ vor, daß Macht auch auf ganz immaterielle Weise ausgeübt werden kann. Der Mönch Martin Luther vor dem Reichstag zu Worms, der Physiker Sacharow in der Verbannung in Gorki mögen Symbol von Machtarmut sein, aber tatsächlich zwingt ihr Verhalten Machtträgern ein anderes Verhalten[10] auf. Indirekte Machtwirkungen thematisiert außerhalb des Bereiches der „hohen“ Politik etwa Erhard Eppler:

---

and Contents, Beverly Hills 1980, S.171-196). – Die Macht internationaler Organisationen wurde lange Zeit als gering eingeschätzt; dagegen argumentiert schon früh Volker Rittberger („International Organization and violence, with Special Reference to the Performance of the U.N. System“, in: Journal of Peace Research, vol. 10, 1973, S.217-226; sowie ders., „Aufgaben und Leistungen internationaler Organisationen“, in: Universitas, 39.Jg. 1984, S.183-193, hier S.187-188, Neudruck in: Lutz Franke (Hg.), Wir haben nur eine Erde, Darmstadt 1989, S.104-116). In der linken politökonomischen Diskussion fand ein Umdenken in dieser Frage erst mit der IWF-Debatte statt. Verwiesen sei hier auf den von Elmar Altvater et al. herausgegebenen Sammelband Die Armut der Nationen. Handbuch zur Schuldenkrise von Argentinien bis Zaire, Berlin 1987.

9 So besonders Dieter Senghaas, Konfliktformationen im internationalen System, Frankfurt/M. 1988, S.13.

10 Johan Galtung, „Violence, Peace and Peace Research“, in: Journal of Peace Research, 6.Jg. 1969, S.167-191.

„Seit Jahren sind die Chemiekonzerne dazu übergegangen, vor allem in der Dritten Welt, die Samenzuchtanlagen aufzukaufen und nur noch solches Saatgut zu züchten und auf dem Markt anzubieten, das ohne ein hohes Maß an chemischen Beigaben (Dünger, Fungiziden, Pestiziden und Herbiziden) gar nicht wächst. Mit dem Ergebnis, daß in weiten Gebieten den Bauern nichts anderes übrigbleibt, als eben mit diesem Saatgut und einer großen Menge Chemikalien ihre Landwirtschaft zu betreiben oder dann keine Ernten mehr zu bekommen. Hier wird also Macht ausgeübt über Millionen von Bauern.“[11]

Ein explizit formuliertes Machtkonzept ist überraschenderweise bei den schärften Kritikern internationaler Herrschaft, den Imperialismustheorien marxianischer Prägung, nicht auffindbar oder läßt sich allenfalls durch eine sorgfältige Textanalyse rekonstruieren. Die Beiträge der politischen und wissenschaftlichen Linken haben trotz der Forderung, eine marxistische Theorie der Macht zu entwickeln,[12] bislang für die Debatte über den Machtbegriff wenig Neues erbracht. Neuere marxistische Arbeiten setzen die Kritik von Marx an der Verteilung von Macht fort, ohne zu einer Bestimmung dessen beizutragen, was eigentlich Macht ist.[13]

Im folgenden werden zunächst die bislang in der politologischen Analyse der Internationalen Beziehungen dominanten Verständnisweisen von Macht einander gegenübergestellt und in Bezug auf ihre Aussagefähigkeit betrachtet. Danach wird vorgestellt, was die empirische Forschung zum Problem der Bestimmung internationaler Macht bislang erbracht hat. Schließlich wird die Frage nach den relevanten Machtakteuren gestellt.

3.1.2 Machtkonzepte

Macht als Potential zur Gewalttätigkeit

In der Antike und im Mittelalter stand in der Regel das „Streben nach dem höchsten Gut, dem Gemeinwohl“ im Zentrum des politischen Denkens.[14]

---

11 Erhard Eppler, „Innenräume der Macht“, Referat in Bern 1984, zit. nach: Friedenszeitung (Bern) Nr. 35/36 1984, S. 20. (Fungizide = Mittel zur Pilzbekämpfung; Pestizide = Mittel zur Bakterienbekämpfung; Herbizide = Unkrautvernichtungsmittel).

12 Ellen Meiksins Wood, „Die Trennung von Ökonomie und Politik“, dt. in: Das Argument, Nr. 131, 1982, bes. S.15ff. („Kapitalismus als Privatisierung der politischen Macht“).

13 Vgl. etwa Etienne Balibar, „Macht“, in: Wolfgang F. Haug (Hg.), Kritisches Wörterbuch des Marxismus, Band 5, Berlin 1986, S.807-813, oder das renommierte Philosophische Wörterbuch von Georg Klaus/Manfred Buhr, Leipzig 1965, S.317, in dem bei der Definition der Macht der Begriff „Macht“ einfach durch den ebenso offenen der Herrschaft ersetzt wird; hernach wendet sich das Philosophische Wörterbuch gleichfalls der Kritik der Machtverteilung zu.

14 So Karl Rohe in dem Stichwort „Macht“, in: Andreas Boeckh (Hg.), Internationale Beziehungen. Theorien – Organisationen -Konflikte, Pipers Wörterbuch der Politik, Band 5, München/Zürich 1984, S.305.

Mit Machiavelli begann die neuzeitliche Umorientierung der Perspektive. Die Frage der Machtbehauptung und -gewinnung wurde zur Hauptfrage der politischen Theorie.

Thomas Hobbes (1651) entledigte sich als einer der ersten Denker dieser neuen Orientierung der Aufgabe, Macht zu definieren. Im 11. Kapitel des *Leviathan* bestimmt er Macht durch eine anthropologische Setzung:

> „So halte ich an erster Stelle ein fortwährendes und rastloses Verlangen nach immer neuer Macht für einen allgemeinen Trieb der gesamten Menschheit, der nur mit dem Tode endet.“[15]

So haben seither Generationen von Politikanalytikern angesetzt, wortgewaltig etwa Friedrich Nietzsche:

> „Was der Mensch will, was jeder kleinste Theil eines lebenden Organismus will, das ist ein Plus von Macht.“[16]

Die kontinentaleuropäische Erfahrung einer ständigen Bedrohung der staatlichen Existenz und Souveränität durch andere Staaten[17] mag der Grund dafür sein, daß in gleicher, aus der Sicht der neueren wissenschaftlichen Anthropologie nicht haltbarer Weise Macht bis heute auf der Basis von anthropologischen Aussagen über den gewalttätigen Menschen definiert wird. Und es ist auch nicht verwunderlich, daß im angelsächsischen Raum erst mit dem „importierten“ und kontinentaleuropäisch geprägten Realismus sich ein solches Machtverständnis durchsetzte. Der wichtigste Vertreter des Politischen Realismus, Hans Morgenthau, formuliert paradigmatisch dessen Machtverständnis mit einem Appell an die Gemeinverständlichkeit seiner Aussage: „Jeder begreift, daß der Einzelne nach Macht strebt.“[18] So einfach ist das (oder soll dies sein) – Machtstreben ist

---

15 Thomas Hobbes, Leviathan, Erster und Zweiter Teil, Reclam-Ausgabe, Stuttgart 1970, S.91. (Ich übersetze hier die in der Fußnote wiedergegebene Originalfassung selber, da die Reclam-Übersetzung, obwohl den Urtext als „plastischer“ qualifizierend, den Halbsatz vom Tode nicht bringt. Gerade diese zweite Satzhälfte läßt sich im Nuklearzeitalter auch verstehen als Verweis auf den Tod der Menschheit (und nicht lediglich des Individuums). – Zu Beginn des 10. Kapitels bestimmt Hobbes substantiell: „Allgemein genommen besteht die Macht eines jeden in dem Inbegriff aller Mittel, die von ihm abhängen, sich ein anscheinend zukünftiges Gut zu eigen zu machen“ (Reclam-Ausgabe, S.79).

16 Friedrich Nietzsche, Der Wille zur Macht, II. Buch, Leipzig 1930, S.702.

17 Rohe, a.a.O., S.305. – Zu den „Anthropologischen Prämissen der Politik“ siehe einführend den gleichnamigen Abschnitt von Theo Stammen, „Grundlagen der Politik“, in: Theo Stammen u.a., Grundwissen Politik, Bonn 1991, S.17-22.

18 Morgenthau, a.a.O., S.124 (mit dieser Aussage eröffnet er den Teil seines Buches über „Nationale Macht“). Vergl. auch die Variation der Aussage bei Morgenthau: Politik sei „Handeln nach Interessen, definiert in Begriffen der Macht“. – Zum umfassenden Verständnis dieser Konzeption sei auf die Würdigung bei Kindermann im

dem Politischen Realismus selbstevident. Bezüglich der Anthropologie bewegt sich Morgenthau voll in der Gedankenwelt des 300 Jahre älteren Hobbes: Der existentiellen Unsicherheit im menschlichen Daseinsempfinden entspricht der Machttrieb. Dieser äußert sich im Unwillen des Einzelnen, Eigeninteressen hintanzustellen. Das Wesen des so gesehenen Menschen, welcher vom Streben nach Macht aus Gründen der Selbsterhaltung geprägt ist, spiegelt sich dem Politischen Realismus zufolge in den Grundzügen allen politischen Handelns. Es ist ein konstitutives Element der Politik und hat für Morgenthau den Charakter einer transhistorischen, objektiven Wahrheit.

Die Erfahrung der Machthaftigkeit der internationalen Beziehungen: im Sinne militärischer Gewalttätigkeit (Faschismus und Zweiter Weltkrieg) spielte eine wichtige Rolle bei den Begründern des Realismus. Sie forderten vor diesem Hintergrund eine „rationale" Theorie der Außenpolitik, die einerseits über idealistische Vorstellungen einer zwar wünschbaren, aber „unrealistischen", der Erfahrung nicht entsprechenden Politik ohne Gewalt hinausgeht, und die andererseits vernünftig und damit im Sinne einer „praktischen Moral", einer Verantwortungsethik, auch verantwortlich mit Macht umzugehen weiß.[19]

Macht, nicht zuletzt gemeint als Androhung oder Einsatz militärischer Gewalt, stellt in der Sicht des Politischen Realismus die Mittel bereit, nationale (Eigen-)Interessen rational-verantwortlich durchzusetzen. Das im Sinne von Machtakkumulation verstandene nationale Interesse stellt gleichfalls eine objektive Größe dar, ist also unabhängig vom Gesellschaftssystem:

> „Das hervorstechendste Wegzeichen, an dem sich der politische Realismus in weiten Gebieten der internationalen Politik orientieren kann, ist der im Sinne von Macht verstandene Begriff des Interesses."[20]

Morgenthau hat mit seinem Analyseansatz die Entwicklung der Disziplin „Internationale Beziehungen" in paradigmatischer Weise geprägt. Sein Ansatz ist aber auch auf heftige Kritik gestoßen. Vertreter des Morgenthauschen Ansatzes im deutschsprachigen Raum haben versucht, die Schwachstellen dieses Ansatzes zu überwinden. Einige der Kritikpunkte werden nachfolgend diskutiert.

---

gleichen Buch verwiesen, S.24-26. Über die Person: Alfons Söllner, „Hans J. Morgenthau – ein deutscher Konservativer in Amerika? Eine Fallstudie zum Wissenstransfer durch Emigration", in: Rainer Erb/Michael Schmidt (Hg.), Antisemitismus und Jüdische Geschichte, Berlin 1987.

19 So besonders Kindermann 1984, a.a.O.

20 Morgenthau, a.a.O., S.50.

Zunächst fällt an Morgenthaus Ansatz, Macht zu begreifen, die Unbefangenheit auf, mit der aus der Tradition des Rationalismus zu Beginn der Neuzeit stammende anthropologische Aussagen übernommen werden. Selbst konservative neuzeitliche Anthropologen verhalten sich hier skeptisch und verneinen die Möglichkeit so allgemeiner Aussagen über „den Menschen“. Der bleibt „das nicht festgestellte Wesen.“[21]

Ein psychologisch fundiertes Konzept der Macht hat als erster Alfred Adler vorgelegt. Unter dem Einfluß Nietzsches stellt er den „Machttrieb“ als eigenständigen Trieb vor, womit er die engeren Vorstellungen der Anthropologie deutlich überschreitet. Nach Adler und seinen Schülern rangiert in der Bedeutung für die menschliche Existenz der Machttrieb noch vor der Libido.[22] Diese Richtung der Debatte scheint in der Folge allenfalls in der Elitenforschung Beachtung gefunden zu haben.

Zweitens bildet die Leichtfertigkeit, mit der anthropologische Aussagen auf das Verhalten von Kollektiven, hier der Staaten, übertragen werden, eine Hürde für den Nachvollzug der Positionen Morgenthaus. Im Zeitalter des Absolutismus mag eine solche Übertragung gerechtfertigter gewesen sein als heute. Zumindest über die Bedingungen einer solchen Übertragung („Analogieproblem„) müßte etwas gesagt werden.

Drittens erschwert der Relativismus, welchen Hobbes und Nietzsche mit ihrer Machtaussage verbinden, den Nachvollzug der Definition: Macht wird nicht für bestimmte Zwecke, sondern für beliebige Zwecke, um ihrer selbst willen, akkumuliert.

Ein vierter Kritikpunkt liegt darin, daß ein solches Machtverständnis politisch perspektivlos bleibt. Eine Vorstellung vom Wandel der internationalen Beziehungen wie z.B. in Westeuropa nach 1945 oder 1989/90 hat diese Position nicht. Die realistische Schule theoretisiert den politischen status quo, dessen Fortschreibung und Stabilisierung ihr Leitbild bleibt.

Unter diesen Einwänden wiegt der erste besonders schwer: Ganz allgemein hat die Vernachlässigung der psychologischen Grundlagen von Politik zu schmerzhaften Lücken beim Verständnis solcher Phänomene wie dem der Macht geführt. Dabei setzen gerade die Exponenten des „herrschenden“, „mächtigsten“ Machtkonzeptes auf eben diese Dimension. Morgenthau zum Beispiel schreibt:

---

21 Arnold Gehlen, Der Mensch. Seine Natur und seine Stellung in der Welt, Frankfurt/Bonn, 7. Aufl. 1962, bes. S.10 f.

22 Dazu: Klaus von Beyme, Die politischen Theorien der Gegenwart, 6. Aufl. München 1986, S.153.

„Macht kann alles umfassen, was die Beherrschung von Menschen durch Menschen bewirkt und erhält. Unter den Begriff der Macht gehören alle gesellschaftlichen Beziehungen, die diesem Ziel dienen, von der physischen Gewaltanwendung bis zu den feinsten psychologischen Bindungen, durch die ein geistiger Wille einen anderen beherrschen kann. Macht ist die Herrschaft von Menschen über Menschen.“[23]

Diese „feinsten psychologischen Bindungen“ zu analysieren, die gesellschaftliche Beziehungen hierzulande im Regelfall bestimmen (und nicht die „physische Gewaltanwendung“), haben sich bislang aber nur Außenseiter des Faches vorgenommen. So besteht beim Realismus wenig Sicherheit in der Antwort auf die Frage, was denn allgemein Macht eigentlich ist, und wie die Eigentümlichkeit ihrer Wirkung nachzuvollziehen ist, wenigsten in theoretischer Hinsicht.

Im Unterschied zu den älteren Autoren differenziert der Politische Realismus allenfalls bei den Akteuren. Nicht alle Staaten, so Morgenthau,[24] strebten im gleichen Umfange nach Macht. Warum sie dies nicht tun, sucht Morgenthau verständlicherweise nicht anthropologischen Momenten, sondern anderen Einflüssen zuzuschreiben wie der geographischen Lage, bestimmten Herrschaftsformen, der „Einschätzung realer Chancen“ usw.

Die Weiterentwicklung des Politischen Realismus zum „Neorealismus“ verweist, so Kindermann,

„auf die Tatsache, daß sich die neue Forschungsrichtung nicht einfach mit der älteren Tradition des Politischen Realismus identifiziert, sondern auf Grund anderer Einflüsse und eigener Erwägungen neuen Forschungsstrategien zustrebt.“[25]

Als wichtigste „andere Einflüsse“ benennt Kindermann die Arbeiten Arnold Bergstraessers und spricht ferner von „außenpolitischen Entscheidungstheorien, von Systemtheorien der internationalen Politik und von bestimmten fachlich relevanten Ansätzen sozialpsychologischer Forschung“.[26] Mit anderen Worten, der Neorealismus versteht sich dieser Bestimmung zufolge als synkretistische Zusammenfassung mehrschichtiger Wissenschaftsentwicklungen, einschließlich psychologischer Erkenntnisse.

---

23 Morgenthau, a.a.O., S.55.
24 Ebd., S.52.
25 Gottfried-Karl Kindermann, Grundelemente der Weltpolitik. Eine Einführung, München 1981, S.25.
26 Ebd.

Tatsächlich war es weniger die wissenschaftsinterne Entwicklung, die den Neorealismus hervorgebracht hat, sondern die Verarbeitung des Bedeutungsverlusts militärischer Machtmittel bei gleichzeitig zunehmender Brisanz von Wirtschaftskriegen.[27] Macht wird nicht mehr vorrangig auf dem Feld der Politik auswärtiger Sicherheit thematisiert.

In den USA, wo der Neorealismus in der Disziplin „Internationale Beziehungen" dominierenden Einfluß ausübt und auch qualitativ weiter entwikkelt ist als im deutschen Sprachraum, können zwei Richtungen unterschieden werden: eine handlungstheoretische Richtung,[28] die sich weiterhin vor allem an der Verfolgung des „nationalen Interesses" orientiert, und eine systemtheoretische Argumentation etwa bei Waltz.[29] Dieser sieht das einzelstaatliche Handeln durch das internationale System bestimmt, ähnlich wie das Handeln der Wirtschaftssubjekte vom Marktsystem dominiert wird. Gemeinsam bleibt den verschiedenen Entfaltungsrichtungen des Neorealismus die Betonung der erfahrungswissenschaftlichen Dimension und die Modernisierung ihres Forschungsinstrumentariums.

Macht als Kompetenz zur Steuerung sozialer Beziehungen

Der Diskurs über Macht in der politologischen Teildisziplin Internationale Beziehungen wird zwar weiterhin allgemein von (neo-)realistischen Konzepten beherrscht, doch dominiert in der deutschen Politikwissenschaft der auf Max Weber sich stützende soziologische Ansatz. In einer vielzitierten Stelle in „Wirtschaft und Gesellschaft" definiert Weber Macht als

> „jede Chance, innerhalb einer sozialen Beziehung den eigenen Willen auch gegen Widerstreben durchzusetzen, gleichviel, worauf diese Chance beruht."[30]

Diesen Kerngedanken hat Weber mehrfach vorgetragen. Welche Bedeutung diese soziologische Position für die Politikwissenschaft hat, zeigt allein schon der Hinweis, daß sich politikwissenschaftliche Autoren höchst unterschiedlicher Orientierung in neuerer Zeit bei Erörterungen des Machtbegriffs fast ausschließlich auf Weber stützen.[31] Einwände gegen

27 Vgl. auch den Beitrag von Rittberger in dem erwähnten PVS-Sonderheft 21, a.a.O., S.9.

28 Robert Gilpin, U.S. Power and the Multinational Corporation, New York 1975, und Stephen Krasner, Defending the National Interest, Princeton, N.J. 1978.

29 Kenneth Waltz, Theory of International Politics, Readings, Cambridge, Mass. 1979.

30 Max Weber, Wirtschaft und Gesellschaft, 4. Aufl., 1. Halbbd., Tübingen 1956, S.28.

31 Dazu den Überblick bei Wilhelm Hennis,"Legitimität, Zu einer Kategorie der bürgerlichen Gesellschaft", in: Politische Vierteljahresschrift, 17, Sonderheft 7: Legitimitätsprobleme Politischer Systeme, 1976, S.9-38 und Günther Maluschke, „Machttheorien", in: Dieter Nohlen/ Rainer-Olaf Schultze (Hg.), Politikwissenschaft. Theorien-Methoden-Begriffe, Pipers Wörterbuch zur Politik 1, München/Zürich 1985, S.521-525.

das auf Weber beruhende Machtkonzept setzen an der für Weber typischen Manier an, soziale Beziehungen über die Bedingungen ihrer Möglichkeit zu definieren – für die empirische Forschung sicher nicht das praktischste Verfahren.[32] Auch der umfassende Anspruch, der Webers Definition zugrunde liegt, erweist sich bei näherem Hinsehen als wenig umsetzbar: Es geht ihm um „*jede* Chance", Gehorsam zu finden.

Der Weberschen Tradition folgend werden auch im Ausland fortwährend Neuansätze vorgeschlagen, etwa in Verbindung mit dem Behaviorismus. Merton hat 1949 den Grundstein dafür gelegt und Beobachtbarkeit und Vorhersagbarkeit als Kriterien der Machtanalyse eingeführt:

> „Mit Macht ... ist nichts weiter gemeint als die beobachtete und voraussagbare Fähigkeit, den eigenen Willen in einer gesellschaftlichen Handlung anderen aufzuzwingen, sogar gegen den Widerstand anderer, die an dieser Handlung teilhaben."[33]

Dahl hat eine ähnliche Definition veröffentlicht, die gerne zitiert wird:

> „A hat Macht über B in dem Ausmaß, wie er B veranlassen kann, etwas zu tun, was er sonst nicht tun würde".[34]

Eine gewisse Triftigkeit kommt dem von Bachrach/Baratz entwickelten Konzept vom „zweiten Gesicht der Macht" zu – jenen Vorgängen und Verhaltensabläufen, die eben nicht auf einen Befehl oder expliziten Willen wie bei Weber zurückgehen. Mit solchen Konzepten werden die vielfältigen „non-decisions" in der Politik faßbar, die auf latente und verborgene Machtstrukturen verweisen, und die dennoch wirkungsmächtig sind. Freilich erscheint bislang als fraglich, ob die wiederholt von Bachrach/Baratz revidierten Definitionen der „non-decisions" für die praktische Politikanalyse hinreichend nutzbar geraten sind.[35] Dieses Konzept erscheint jedoch für die Untersuchung struktureller Macht[36] als entwicklungsfähig.

32 Diese Betrachtung wird breiter ausgeführt bei Michael Peltzer, Sozialistische Herrschaft und materielle Interessen, Opladen 1987, S.14).

33 Robert K. Merton, Social Theory and Social Structure, New York 1968 (Erstaufl. 1948), S.426

34 Robert A. Dahl, „The Concept of Power", in: Behavioral Science 2/1957, S.201.

35 Peter Bachrach/Morton Baratz, „Two Faces of Power", in: American Political Science Review, 53/1962, S.947-952. Unter non-decisions verstehen Bachrach/Baratz (Macht und Armut. Eine theoretisch-empirische Untersuchung, Frankfurt a.M. 1977, S.78) jene Entscheidungen, „die in der Unterdrückung oder Vereitelung einer latenten oder manifesten Bedrohung von Werten oder Interessen der Entscheidungsträger resultieren".

36 Damit ist eine Analogie zu Johan Galtungs Begriff der strukturellen Gewalt gemeint.

In der Disziplin „Internationale Beziehungen“ haben neben anderen vor allem die US-amerikanischen Autoren Keohane und Nye das soziologische Machtkonzept aufgegriffen:

> „Macht kann man sich denken als Fähigkeit eines Akteurs, andere dazu zu bewegen, etwas zu tun, was sie ansonsten nicht tun würden (zu hinnehmbaren Kosten für den Akteur).“[37]

Die beiden Autoren schlugen eine Zweiteilung der Machtanalyse vor, die input-output-Betrachtungsweise der Volkswirtschaftslehre variierend: die Untersuchung von „power as control over resources“ und von „power as control over outcomes“:

> „Wir können auf die Machtressourcen zu Beginn schauen, die einem Akteur eine potentielle Fähigkeit verleihen; oder wir können auf den tatsächlichen Einfluß dieses Akteurs auf die Muster von Ergebnissen (outcomes) schauen.“

Für die empirische Analyse der Macht sind diese Ansätze wesentlich aussagekräftiger als der gewaltzentrierte realistische Machtbegriff. Sie weisen zu Recht auf die neuerdings thematisierte Erfahrung von Ineffektivität, Dysfunktionalität und Beschränkung des Einsatzes militärischer Gewalt als Machtmittel in modernen Gesellschaften hin.

Das soziologische Machtkonzept hat sich als besonders offen für Weiterentwicklungen erwiesen. – Die kybernetische Betrachtungsweise etwa hat den soziologischen Machtbegriff dadurch verfeinert, daß sie wie auch bei anderen Begriffen mit ihrem Verständnis der Macht beim Diskurs der Antike ansetzt. Macht wird gemäß dem griechischen Begriff „exousia“ als Seinsmächtigkeit, als Vollmacht, modern ausgedrückt: als Steuerungskapazität verstanden, bei der „Wollen, Können und Dürfen miteinander in Deckung liegen.“[38] Karl Deutsch „vertritt die Auffassung, daß es nützlich sein könnte, den Regierungsprozeß nicht so sehr als Problem der Macht, sondern eher als Problem der Steuerung zu betrachten.“[39]

Durch eine kybernetisch angelegte Machttheorie werden andere etablierte politikwissenschaftliche Ansätze wie die Entscheidungsprozeßanalyse augenscheinlich zweckmäßig erweiterbar. Die Verbindung besteht darin, daß Macht dem zugeschrieben wird, der über Entscheidungskompetenz verfügt (positionaler Machtbegriff). Macht geht ferner in administrativ

---

37 Robert O. Keohane/Joseph S.Nye, Power and Interdependence. World Politics in Transition, Boston/Toronto 1977 S.11.

38 Wilhelm F. Kasch, „Macht“, in: Theodor Schober/Martin Honecker/Horst Dahlhaus, (Hg.), Evangelisches Soziallexikon, 7. Aufl. Stuttgart/Berlin 1980, S.856.

39 Karl W. Deutsch, Politische Kybernetik. Modelle und Perspektiven, dt. Freiburg 1969, S.31.

vermitteltes Entscheidungshandeln ein. Kybernetisch gesehen stellen politische Entscheidungen in modernen Staaten nämlich Verarbeitungsabläufe von inputs dar. Diese Verarbeitungsabläufe hängen von bestimmten Variablen ab, unter denen eine, vielleicht die wichtigste, die Machtvariable ist.

Deutsch, Parsons und Luhmann haben auf der Grundlage sozialwissenschaftlicher Systemtheorien eine Anzahl von Einzelbestimmungen einer kybernetischen Machttheorie formuliert. Schon aufgrund des Allgemeinheitsgrades der Aussagen ist der politikwissenschaftliche Nutzen dieser Beiträge nicht immer einfach erkennbar. So bestimmt Luhmann[40] Macht als „symbolisch generalisiertes Medium der Kommunikation", oder Deutsch äußert, diese Größe stelle ein allgemeines „Zahlungsmittel" dar.[41] Mit Aussagen über die Chancen des Machterwerbs oder -verlustes werden allgemeine systemtheoretische Aussagen aufgefüllt. Besonders Luhmann versucht, die Disziplinierung des Verhaltens von Akteuren oder die Festigung von Institutionen durch die Vorstellung von einer katalytischen Wirkung der Macht oder durch verfeinerte Betrachtungen über Ursachen und Wirkungen der Macht genauer zu fassen.[42]

Allgemein führt der kybernetische Ansatz zu Konzepten, die Macht als vielschichtiges Phänomen und als ein gesellschaftliches Steuerungsmittel neben anderen ansehen. Die Systemtheorie mit ihren Vorstellungen von Wechselwirkungen und Rückkopplungsmechanismen und die Kommunikationstheorie, die mit Hilfe des Konzepts „Lernen" die Systemmodelle zu dynamisieren sucht, trugen ebenfalls zur Weiterentwicklung dieser Machtkonzepte bei. Die von der kybernetischen Diskussion beeinflußte kommunikationstheoretische Debatte über den Machtbegriff geht von der Beobachtung aus, daß ein „Befehl kommuniziert werden (muß), um befolgt werden zu können."[43] Dieses kommunikationstheoretische Verständnis der Macht stellt unter anderem in folgenden Punkten eine Erweiterung der bisherigen Ansätze dar:

---

40 Niklas Luhmann, Macht, Stuttgart 1975, S.3 u. 13. Weiter spricht Luhmann davon, daß „eine Machttheorie auf dem Umweg über eine Gesellschaftstheorie" (S.2) gesucht würde. Im Abschnitt über „Macht und physische Gewalt" kommt Luhmann zu dem folgenden allgemeinen Ergebnis: „Die am höchsten generalisierte Macht ist deshalb nicht die, die einem Machthaber beliebige Auswahl im größten Alternativbereich in die Hand gibt (so viel Komplexität kann er gar nicht selbst reduzieren), sondern diejenige, die ähnlich wie Geld größte Varietät durch Festlegung von Entscheidungsprämissen für andere zu übergreifen vermag. Und auch dafür liegt der Engpaß nicht in der Verfügung über Gewaltmittel, sondern in der Fähigkeit zu rationaler Kontrolle hochkomplexer Entscheidungszusammenhänge" (S.68).

41 Karl W.Deutsch, Nationenbildung-Nationalstaat-Integration, Düsseldorf 1972, S.13.

42 Luhmann, a.a.O. 1975, S.12.

43 Axel Görlitz, Politikwissenschaftliche Theorien, Stuttgart u.a. 1980, S.89.

- Durch Rückkoppelung werden Machtbeziehungen auch in offenen Systemen hergestellt und kontrolliert.
- Das Kommunikationsmodell gestattet Aussagen über Effekte der Machtausübung: Stabilisierungs- oder Legitimierungsvorgänge, prozeßhaft verstanden, werden in Bezug auf Machtinhaber einsichtig gemacht.

Bei den soziologischen Ansätzen kann allerdings der Eindruck entstehen, als würden Machtbeziehungen völlig losgelöst von konkreten Interessen und tatsächlichen Akteuren betrachtet und als würde der Herrschaftsaspekt von Machtbeziehungen vernachlässigt. Waltz hat deswegen relationale Machtdefinitionen insgesamt heftig kritisiert:

> „Die allgemein verbreitete relationale Definition der Macht berücksichtigt nicht die Art und Weise, wie Handlungen und Beziehungen durch die Handlungsstruktur beeinflußt werden. Und das entleert die Politik eines Gutteils ihres politischen Gehalts.“[44]

Wer Machtprozesse als Kern der Politik bestimme, verwechsle einen Vorgang mit dessen Ergebnis.

Auch Schreiber hat im Zusammenhang mit der Weiterentwicklung der soziologischen zu kommunikationtheoretischen Machtkonzepten mit Nachdruck auf das Akteurs- und Interessenproblem hingewiesen:

> „Macht und Kommunikation scheinen in diesem Sinne disjunkte Begriffe zu sein, daß Kommunikation tendenziell die Ausübung von Macht unnötig macht. Naiver Betrachtung mag sich auch die Anwendung militärischer Gewalt monokausal als Folge ungenügender oder technisch mißlungener Kommunikation ergeben. In einem perfekt organisierten Weltsystem optimaler Kommunikation müßten sich dieses Sinnes Macht und Gewalt verflüchtigen. Allen Ernstes ist kommunikationstheoretisch erwogen worden, die gestörte internationale Kommunikation von Staaten zur Vermeidung von Kriegen wie diejenige von Ehepaaren oder Familien therapieren zu lassen.“[45]

In eine ähnliche Richtung zielt die realistische Kritik, daß Macht in den internationalen Beziehungen (wie auch national in Form der Polizei) letztlich doch auf dem Potential zum Einsatz physischer Gewaltsamkeit, also auf militärischer Stärke beruhe.[46]

---

44 Waltz, a.a.O. 1979, S.192.

45 Erhard Schreiber, „Kommunikation und Macht“, in: Ekkehard Lippert/Günther Wachtler, (Hg.), Frieden. Ein Handwörterbuch, Opladen 1988, S.206

46 Vgl. etwa Schwarz, a.a.O. 1985.

Macht als Herrschaft

Der Herrschaftsaspekt der Macht ist bereits in den soziologischen Machtkonzepten angelegt. Weber läßt seine Überlegungen zur Macht in die Vorstellung von legitimer Herrschaft münden. Die Vorstellung einer Stabilisierung und Verfestigung von Macht zu Autorität und damit zu Herrschaft liegt letztlich auch dem Konzept der durch eine „overall power structure" bestimmten Hegemonialordnungen und internationalen Regime bei Keohane/Nye (1977) zugrunde, die dafür den ziemlich euphemistisch klingenden Begriff der „asymmetrical interdependence" geprägt haben.

Die auf ökonomischer, politischer und/oder normativ-ideologischer Macht beruhende internationale Herrschaftsordnung wird besonders von marxistischen Autoren kritisiert. Die marxistische und imperialismustheoretische Forschung hat sich allerdings weniger der Bestimmung der Macht, sondern mehr der Kritik an der extrem ungleichen Machtverteilung im internationalen System, besonders in den Nord-Süd-Beziehungen, zugewendet.

Eine auch die deutschsprachige Debatte über internationale Beziehungen nachhaltig beeinflussende Neukonzeption und damit verbunden fundamentale Kritik der Macht hat Galtung vorgelegt.[47] In seiner Bestimmung der Basis von Macht faßt er zusammen:

> „Macht kann Regeln setzend wirken, auf der Grundlage von Überzeugung; sie kann in der Verteilung von Prämien wirksam sein, auf Verhandlungsprozessen basierend; ...oder sie kann strafend wirken, auf Gewalt fußend."[48]

Mit der Bestimmung von Macht als sozialer Beziehung schloß sich Galtung soziologischen Machtkonzeptionen an:

> „Macht ist eine Beziehung, nicht ein Besitz oder Attribut von jemandem oder etwas. Macht muß ausfließen, um wirken zu können, sie muß ein Strom sein, nicht bloß ein Potential."[49]

Mit seinem 1969 entwickelten Konzept der strukturellen Gewalt geht Galtung jedoch über die bisher vorgestellten Machtkonzepte hinaus:

---

47 Diese Ausführungen wurden besonders von Pekka Korhonens Untersuchung inspiriert: Johan Galtung's Conception of Power, in: Tampere Peace Research Institute, Research Reports, 38, 1990.

48 Johan Galtung, The True Worlds. A Transnational Perspective, New York 1981, S.62.

49 Ebd. S.63.

> „Gewalt liegt dann vor, wenn Menschen so beeinflußt werden, daß ihre aktuelle somatische und geistige Verwirklichung geringer ist als ihre potentielle Verwirklichung.“[50]

Auf struktureller Gewalt in den internationalen Beziehungen beruhende Macht kann damit verstanden werden als Ursache der Differenz zwischen dem, was sein könnte, und dem, was ist.

Die auf das Galtungsche Konzept der strukturellen Gewalt zurückgehende Frage nach der Einschränkung des gesellschaftlichen Entwicklungspotentials durch Macht leitete lange Zeit vor allem die Debatte zu den Nord-Süd-Beziehungen. Ein wichtiges Ergebnis bleibt die Erkenntnis, daß das Machtproblem nicht nur durch Veränderungen der Beziehungen zwischen Staaten und Gesellschaften angegangen werden kann, etwa durch die Erweiterung von Machtressourcen (z.B. durch Aufrüstung) oder die Änderung des Machtmanagements (z.B. durch Allianzwechsel oder durch eine neue Weltwirtschaftsordnung). Andere Lösungen bestehen etwa in der Stärkung der Autonomie der einzelnen Akteure, in der Verringerung der Bedeutung, die die Beziehungen zu anderen Akteuren für sie und ihre Entfaltungsmöglichkeiten haben, wie besonders Senghaas programmatisch beschreibt.[51]

Im Vorstehenden sind Erklärungsansätze für Macht nach ihren immanenten Voraussetzungen klassifiziert worden – Macht als „Potential zur Gewalttätigkeit“, als „Steuerungskompetenz“, sowie als Herrschaftsmittel. Im folgenden wird vorgeführt, daß die Modi von Machtausübung ihrerseits dazu beitragen, den Begriff Macht zu konturieren.

3.1.3 Machtausübung

In der Literatur scheint Konsens darüber zu bestehen, daß die Bestimmung der Machtpotentiale allein nicht ausreicht, um das Phänomen der Macht in den internationalen Beziehungen analytisch hinreichend in den Griff zu bekommen. Morgenthau und andere Realisten betonten, daß zwischen politischer und militärischer Macht zwar eine enge Beziehung, aber keinesfalls eine Deckungsgleichheit besteht.[52] Die Neorealisten räumen ein, daß bei der Ausübung militärischer Gewalt Schranken wirksam sind, und daß wirtschaftliche Mittel unter Umständen funktionale Äquivalente

---

50 Johan Galtung, „Violence, Peace, and Peace Research“ (Orig. 1969), hier zitiert nach der dt. Übersetzung in: Dieter Senghaas (Hg.), Kritische Friedensforschung, Frankfurt a.M. 1971, S.57.

51 Dieter Senghaas, Weltwirtschaftsordnung und Entwicklungspolitik. Plädoyer für Dissoziation, Frankfurt a.M. 1977.

52 Vgl. Rohe, a.a.O. 1984, S.306.

physischer Gewalt sein können.[53] Keohane/Nye weisen auf die Bedeutung von „Übersetzungsverlusten" zwischen inputs und outputs hin, die bei der Anwendung von Machtpotentialen entstehen:

> „Es gibt selten ein Verhältnis von eins zu eins bei Macht, die gemessen wird in irgendwelchen Ressourcenarten, gegenüber der Macht, die an den Effekten von outcomes bestimmt wird. Gewöhnlicherweise sind politische Verhandlungsprozesse das Mittel, ein Potential in Wirkung umzusetzen, und bei dieser Übersetzung geht häufig viel verloren."[54]

Daher sollen in den folgenden Abschnitten sowohl Ansätze zur Bestimmung der Machtquellen als auch die Strategien der Umsetzung der Machtpotentiale in tatsächliche „power as control over outcomes" vorgestellt und miteinander in Bezug gesetzt werden.

Bestimmung von Machtquellen

Die realistische Schule führt neun Merkmale von Staaten an, um Unterschiede im Machtstreben sowie in der Machtverteilung verständlich zu machen: die geographische Lage, natürliche Ressourcen, industrielle Kapazität, Militärpotential, Bevölkerungsgröße, den Nationalcharakter, die „nationale Moral" (womit die Qualität der politischen Kultur eines Gemeinwesens angesprochen wird), die Qualität der Diplomatie sowie die Legitimität der Regierung.[55] In der konkreten Analyse unterscheidet Kindermann „Macht als Zustand relativen Mächtigseins im Rahmen einer sozialen Beziehung ... vom Machtstreben als Verhaltensweise",[56] auf den oben angeführten Nietzsche zurückgreifend. Diese Spielart des Neorealismus setzt nach Kindermann in den „Fragebereichen der Machtanalyse" an „Kodeterminanten" an, die einander vielfach überlagern:

- „Quantität, Qualität, Reichweite und Verwundbarkeit ihrer militärischen Gewaltmittel";
- die ältere Vorstellung von Souveränität und Autarkie schlägt durch: wer seine moderne Rüstung von außen beziehen muß, bleibt abhängig;
- es zählt „die ökonomisch-technische Produktivkraft, Verwundbarkeit (bzw. Abhängigkeit) und internationale Reichweite ihres Wirtschaftssystems";
- „das Maß der innerstaatlichen Zustimmung oder Opposition" im eigenen Land und in dritten (gegnerischen) Staaten;

53 Vgl. etwa Schwarz, a.a.O. 1985.
54 Keohane/Nye, a.a.O. 1977, S.11.
55 So Morgenthau, a.a.O. 1963; vergl. auch Kindermann, a.a.O. 1981, S.83-85.
56 Kindermann, a.a.O. 1981, S.80.

- „das Maß der praktischen Einsatzmöglichkeit potentiell vorhandener Machtmittel des Staates zum Zwecke außenpolitischer Interessenverwirklichung";
- „die Glaubwürdigkeit der Zusagen und Drohungen eines Staates gegenüber anderen";
- schließlich das Maß des Einflusses nichtmilitärischer und nichtökonomischer „Druckmittel" sowie der „Geschicklichkeit" der Akteure bis hin zu den Geheimdiensten.[57]

Schwarz hingegen beschränkt sich auf folgende „Machtinstrumente": die Streitkräfte bzw. Militärmacht, die Wirtschaftsmacht, Subversion, Propaganda und Diplomatie.[58] Allerdings widmet er seine nachfolgenden Ausführungen fast ausschließlich den militärischen und den diplomatischen Machtpotentialen.

Solche Aufzählungen von Machtquellen wirken allerdings analytisch hilflos. Eine theoretische Ordnung oder Systematik fehlt, und so wird aus ganz unterschiedlichen Evidenzbereichen an Machtaspekten angeführt, was plausibel erscheinen mag. Den Test der Plausibilität besteht nicht jeder der angeführten Machtindikatoren. Einzelne erweisen sich als einer Standpunktlogik verhaftet. Die „geographische Lage" zum Beispiel bleibt schwerlich allgemein umrechenbar: Jede Nation hat die Neigung, sich als im Kreuzpunkt der Windrose befindlich wahrzunehmen. Die realistischen Analytiker nehmen im Zweifelsfall eine Drehscheibenlage sogar von Ländern in geographischen Randlagen wie Afghanistan an. In Großbritannien wäre man beispielsweise sehr verwundert, von vornherein zur Peripherie des Weltgeschehens erklärt zu werden, bloß weil die britische Insel am Rande des europäischen Kontinents liegt.

In einer besonderen, von der allgemeinen Erörterung über „Macht" getrennten Weise spielt der Faktor Geographie eine in populären Debatten dennoch heute womöglich steigende Rolle: bei dem sogenannten „geopolitischen" Ansatz. Dieser geht auf den Schweden Rudolf *Kjellén* (1864-1922) zurück; in Deutschland wurde Karl *Haushofer* (1869-1946) als Vertreter dieses Konzeptes bekannter.[59] Die ältere geopolitische Schule erörtert etwa den Drang nach natürlichen Grenzen (Flüssen, Küsten, Gebirgen), nach der Gewinnung und Sicherung von Einflußsphären und de-

57 Ebd., S.84-85.

58 Schwarz, a.a.O. 1985, S.54,61.

59 Kjellén ist, was nicht überraschen sollte, nicht der Erfinder des Konzeptes, sondern setzt Anregungen um, die er vorfand, besonders die organizistischen Staatsvorstellungen des Geographen Friedrich Ratzel (1844-1904), v.a. der in der Hochzeit des Imperialismus 1897 veröffentlichten Politischen Geographie.

ren Grenzlinien, nach Militärstützpunkten und anderen strategischen Schlüsselstellungen. Bei Militärdiktaturen in der Dritten Welt bleiben geopolitische Auffassungen beliebt.[60] Die neuere geopolitische Schule[61] sucht die politischen Wirkungen etwa großer Migrationsbewegungen (Vertreibungen in und nach dem Zweiten Weltkrieg) zu fassen oder normativ zum Beispiel die in politischer Sicht optimale Größe eines Territorialstaates zu bestimmen. In der Fachdebatte werden besondere Erklärungsbeiträge in dieser methodologischen Richtung nicht vermutet, zumal die Entwicklung der Militärtechnik nach allgemeiner Ansicht die Ausgangsfrage nach der strategischen Bedeutung geographischer Räume relativiert hat.

Manche Staaten in der Dritten Welt besitzen, um einen weiteren Indikator anzusprechen, auf ihrem Territorium erhebliche Anteile oder gar Monopole an den Weltvorkommen von wichtigen Rohstoffen, ohne daß sich dies in Macht in der internationalen Politik umsetzen ließe. Die bevölkerungsreichsten Länder der Erde, um weiter den Indikator Bevölkerung zu betrachten, von China und Indien angeführt, nehmen keinesfalls Spitzenstellungen in der internationalen Machthierarchie ein. Die Kritik ließe sich fortsetzen, etwa in Bezug auf den Nationalcharakter oder die Qualität des diplomatischen Dienstes. Auch das Argument, jeder einzelne Indikator möge für sich wenig tauglich sein, ihr Ensemble mache aber Sinn, vermag nicht zu überzeugen.

Zelger hat Versuchen zur Bestimmung von Machtquellen eine enzyklopädische Monographie gewidmet.[62] Er ist bestrebt, ausgehend von der Alltagssprache – wozu er das Grimmsche Wörterbuch heranzieht – einen „Beitrag zur quantitativen Explikation des Begriffs Macht" zu liefern und diskutiert unter dem Aspekt der Quantifizierung von „Macht" ausgiebig verschiedene Beiträge. Aufgrund mannigfacher Beschränkungen und Hilfsbedingungen bleiben allerdings fast alle der von ihm angeführten Konzepte analytisch von geringem Wert und haben daher zu Recht kaum weitere Beachtung gefunden.

In vergleichbarer Weise hat Ray S. Cline, vormals Forschungsdirektor der amerikanischen Aufklärungsagentur CIA, Mitte der siebziger Jahre eine Formel vorgelegt, nach der die perzipierte Macht eines Staates sich aus dem Produkt von Bevölkerungsdichte, Wirtschaftskraft, Militärpotential

60 Vergl. den Übersichtsaufsatz von John Child, „Geopolitical thinking in Latin America", in: Latin American Research Review, XIV, Nr.2, S.89 (dort eine Reihe von Nachweisen spanischer Texte).

61 Zur Information sei als Beispiel verwiesen auf Kingsley Haynes/A. Stewart Fotheringham, Gravity and Spatial Interaction Models, London 1984.

62 Josef Zelger, Konzepte zur Messung von Macht, Berlin 1975.

und politischem Durchsetzungswillen berechnen läßt, gleichfalls ohne Erfolg.[63]

In der Vergangenheit war der Krieg die „natürliche" Machtprobe, die über die Größe von Macht entschied. So schrieb zum Beispiel 1911 der deutsche Staatsrechtler Erich Kaufmann:

> „Es kann, wenn nicht der eine freiwillig nachgibt, nur der Krieg entscheiden, welches Interesse das stärkere war, hinter welchem mehr sittliche (!) Energien standen: Und das ist kein Aufhören des Rechtszustandes, sondern der einzige in einem Koordinationsrecht denkbare letzte Rechtsnachweis ... So stellt sich auch für das Koordinationsrecht der siegreiche Krieg als Bewährung des Rechtsgedankens, als die letzte Norm heraus, die darüber entscheidet, welcher der Staaten Recht hat."[64]

Der erste Kanzler der Bundesrepublik, Konrad Adenauer (dem Kaufmann einst als völkerrechtlicher Berater diente), meinte zur Begründung der Wiederbewaffnung nach 1945:

> „Es wurde mir (1950) klar, daß in einer Zeit wie der unseren Politik soviel Kraft hat wie die Kraft bedeutet, die hinter ihr steht. Wenn man keine Kraft besitzt, kann man keine Politik machen. Ohne Kraft wird unser Wort nicht beachtet."[65]

Das Wort „Kraft" (= Macht) hatte für jene Generation noch einen direkten militärischen Sinn. Übertragen auf heutige Verhältnisse würde die Kaufmannsche Position lauten: der tatsächliche Test von Macht ist der Krieg, und Machtgleichgewicht (oder, wie dies häufig anders formuliert wird, „Gleichgewicht der Kräfte") herrscht, wenn keine Seite diesen Krieg zu gewinnen vermag – ein Test, der heute nicht mehr ausführbar ist.

Seit Computer verfügbar geworden sind, versuchten wiederholt nicht sozialwissenschaftlich vorgeprägte Analytiker, der Beherrschung ihres In-

---

63 Ray S. Cline, World Power Assessment. A Calculus of Strategic Drift, Boulder, CO 1975, S.11 (die Formel lautet: $P = (C+E+M)x(S+W)$, worin P=Power, C=Bevölkerung plus Territorium, E=Wirtschaftspotential, M=Militärpotential, S=stragischer Zweck, und W=Einsatzwille für die nationale Strategie sind). – Nach David M. Abshire, dem Leiter des Center for Strategic and International Studies der Georgetown University in Washington, wurde Clines Formel seinerzeit gar mit der Einsteinschen Formel zur Nuklearenergie gleichgesetzt (Vorwort in der gleichnamigen Neufassung des Buches, Boulder, CO 1977, S.ix; Cline befaßt sich in der Neufassung, Kritik aufnehmend, eingehender mit den Faktoren in seiner Formel, die hier auf S.34 erscheint).

64 Erich Kaufmann, Das Wesen des Völkerrechts und die clausula rebus sic stantibus, Tübingen 1911, S.179, 153. Es ist anzumerken, daß in späteren Festschriften (z.B. Rechtsidee und Recht, 1960 „mit Unterstützung des Auswärtigen Amtes" gedruckt) diese Passage nicht mehr vorkommt.

65 Zitiert nach Süddeutsche Zeitung vom 7. Januar 1960.

struments gewiß, sich makroquantitativ dem Machtphänomen zu nähern. So hat wiederholt der Aachener Experimentalphysiker Fucks Arbeiten veröffentlicht, in denen er mit korrelationsstatistischen Methoden das Phänomen Macht exakt einzukreisen sucht.[66] Sein Befund, Macht ließe sich aus der Verbindung von lediglich drei Variablen, der Produktion von Energie und Stahl mal der Kubikwurzel aus der Bevölkerungszahl ablesen, wird ein Kuriosum bleiben. Ähnlich hat der erwähnte CIA-Forschungsdirektor Ray S. Cline Mitte der siebziger Jahre über Computer seine Machtformel zu entwickeln versucht.[67]

Solche Rechenversuche verweisen deutlich in eine Richtung. Das tatsächliche ökonomische Potential, bei Fucks indiziert durch die Energie- und Stahlproduktion, sowie in geringerem Maße auch das Arbeitskräftepotential, bei Cline die „Wirtschaftskraft", korrelieren direkt mit der Rangstellung im internationalen System.

Es bleibt der Befund, daß die theorielose Aufzählung von Machtmerkmalen oder deren Konglomeraten deswegen fehlgreift, weil sie – wie an den angeführten Beispielen demonstriert – die Realität internationaler Machtausübung im internationalen System nicht in den Griff bekommt. Immerhin kann als Konsens festgestellt werden, daß Militärmacht ein zentrales Machtpotential in den internationalen Beziehungen darstellt. In dieser Betonung der Bedeutung der physischen Gewaltmittel dürfte der zentrale Unterschied zwischen der Innenpolitikforschung und der Forschung über internationale Beziehungen begründet sein, auf den die einleitenden Bemerkungen abgehoben haben. Allerdings könnten sich gerade die militärischen Machtpotentiale als impotent für die Umsetzung in tatsächliche soziale Machtausübung erweisen; dann müßte die Betonung der physischen Gewalt als analytische Überschätzung bezeichnet werden. Der folgende Abschnitt soll über diese Frage Klarheit verschaffen.

Strategien der Machtausübung

Die Frage der Umsetzung von Potentialen in Macht im Sinne erwünschter „outcomes" stellt sich besonders für die militärische Gewalt. Militärische Kräftevergleiche allein erweisen sich im Kernwaffenzeitalter zunehmend als wenig aussagekräftig. Deshalb ist die Forschung immer mehr gefordert, Handlungsmöglichkeiten oder Optionen, die diese Potentiale unter gegebenen Umständen tatsächlich eröffnen, kritisch zu untersuchen:

---

66 Wilhelm Fucks, Formeln zur Macht, Stuttgart 1965, u. ders., Mächte von Morgen. Kraftfelder, Tendenzen, Konsequenzen, Stuttgart 1978.

67 Ray S. Cline, World Power Assessment. A Calculus of Strategic Drift, Boulder, CO 1975, bes. S.11.

„Anstelle der Bewertung quantitativ aufrechenbarer Militärpotentiale muß nach der militärischen und politischen Wirkung der einsetzbaren Militärpotentiale gefragt werden. Welche Handlungsmöglichkeiten (Optionen) werden damit der einen oder anderen Seite eröffnet?“[68]

Diner vertritt weiterhin in der Sichtweise von Karl Deutsch die These von der politischen Bedeutung der Kernwaffen: diese Zerstörungsmittel seine „Maße und Gewichte globaler Machtwägung, eben politische Währung“.[69] Moderne Militärpotentiale, insbesondere Kernwaffen, werden nunmehr aber auch bei neorealistischen Analytikern wegen der Vollständigkeit der Vernichtung, wegen der langfristigen Schäden und wegen der Gefahr des globalen Holocaust als für die Machtausübung immer weniger einsetzbar angesehen.[70]

Zur Bestärkung des Arguments kann auf das Völkerrecht verwiesen werden. Nach dem Ende des Zweiten Weltkrieges hat die Charta der Vereinten Nationen den Grundsatz des „Gewaltverzichts“ international verbindlich festgelegt.[71] Erstaunlich bleibt nicht so sehr die dauernde Verletzung dieser Norm, als vielmehr die Tatsache, daß die Staaten sich überhaupt auf die Festlegung dieses Grundsatzes verständigt haben, der nach realistischem Verständnis eigentlich ihrem nationalen Interesse zuwiderlaufen müßte. Erklärbar kann das nur sein, wenn militärische Gewalt nicht mehr als das zentrale Machtinstrument in den internationalen Beziehungen angesehen wird. Ältere Studien hatten den Machtbegriff besonders auf die militärischen Machtmittel verengt. Inis L. Claude ging hier am weitesten und verstand unter Macht „diejenigen Elemente, die direkt oder indirekt zur Fähigkeit beitragen, zu zwingen, zu töten und zu zerstören.“[72] Nur: Eine Anhäufung von Machtmitteln beschert noch nicht notwendig Macht, das schuf schon damals, als Claude diese Zeilen formulierte, allenfalls die Voraussetzung.

Einschränkend muß festgehalten werden, daß Verzicht auf offene Gewaltanwendung oder gar den Einsatz von Kernwaffen kein Verzicht auf

---

68 Gerda Haufe, „Gleichgewicht“, in: Andreas Boeckh, (Hg.), Internationale Beziehungen, Pipers Wörterbuch zur Politik, Band 5, München 1984, S.174.

69 Dan Diner, „Imperialismus, Universalismus, Hegemonie. Zum Verhältnis von Politik und Ökonomie in der Weltgesellschaft“, in: Iring Fetscher/Herfried Münkler, (Hg.), Politikwissenschaft. Begriffe, Analysen, Theorien. Ein Grundkurs, Reinbek 1985, S.345-346.

70 Vergl. Schwarz, a.a.O. 1985, S.55-56.

71 Artikel 2 Abs.4 der Charta der Vereinten Nationen lautet: „Alle Mitglieder unterlassen in ihren internationalen Beziehungen jede gegen die territoriale Unversehrtheit oder die politische Unabhängigkeit eines Staates gerichtete oder sonst mit den Zielen der Vereinten Nationanen unvereinbare Androhung oder Anwendung von Gewalt.“

72 Inis L. Claude, Power and International Relations, New York 1962, S.6. – Claude bietet eine der ergiebigsten Auseinandersetzungen zu diesem Thema.

Machtpolitik im Sinne der Verfolgung von Herrschaftsinteressen ist, sondern lediglich die rationale Beschränkung des Einsatzes eines spezifischen Machtinstruments darstellt. – Über die Kernwaffenfrage hinaus wird von Keohane/Nye die Bedeutung militärischer Gewalt weiter relativiert:

> „Gewalt stellt häufig nicht den angemessenen Weg dar, um Ziele wie wirtschaftliche und ökologische Wohlfahrt zu erreichen, die immer bedeutsamer werden ... In den meisten Situationen sind die Wirkungen militärischer Gewaltanwendung teuer wie auch ungewiß."[73]

Die von diesen Autoren konstatierte Ineffektivität und die Kosten militärischer Machtausübung sowie die Existenz funktionaler Äquivalente zur militärischen Gewalt veranlaßten sie dazu, relativierend unterschiedliche Machtstrategien in verschiedenen „issue areas" zu verorten. Mit diesem Ansatz kommt der Beziehungscharakter der Machtausübung wieder mehr ins Spiel. Machtausübung kann nicht als einseitige Angelegenheit betrachtet werden, als Mittel zum Sieg über einen Gegner oder gar dessen Vernichtung, sondern sie schränkt die Handlungsfreiheit sowohl der Herrschenden wie der Beherrschten ein.[74] Dieser Aspekt der gegenseitig begrenzten und bedingten Machtausübung wird vor allem in spieltheoretischen Ansätzen detailliert untersucht.[75]

Nicht nur die Beziehung als solche, sondern auch ihre Intensität bildet überdies einen wichtigen Faktor für die Ausübung von Macht. Dies trifft besonders auf wirtschaftliche Macht zu:

> „Je intensiver die weltwirtschaftlichen Verflechtungen, desto wirkungsvoller sind die Einsatzmöglichkeiten von Wirtschaftsmacht, desto ambivalenter aber auch der Nutzen dieser Instrumente."[76]

Aus der system- und kommunikationstheoretischen Diskussion ergeben sich empirisch nutzbare Konzepte zum Verständnis der Umsetzung von Machtpotentialen, der Ausübung von Macht. Einzelne Analytiker gelangen zum Beispiel explizit zu Zyklusvorstellungen.[77] Auch andere Autoren analysieren Macht dynamisch. So schreibt Görlitz über Untersuchungen von totalitären Systemen, daß diese sich zwar in ihren Ursprüngen historisch unterschieden, daß sie sich aber aufgrund gleichartiger Machtausübungsprozesse im Laufe der Zeit immer ähnlicher geworden seien.[78]

---

73 Keohane/Nye, a.a.O. 1977, S.28.
74 Rohe, a.a.O. 1984, S.306.
75 Vgl. die Beiträge von Haftendorn und Zürn et al. in dem wiederholt angeführten PVS-Sonderheft 21/1990.
76 Schwarz, a.a.O. 1985, S.64.
77 vgl. den Beitrag von Bornschier/Suter in dem PVS-Sonderheft 21/1990.
78 Görlitz, a.a.O. 1980, S.89.

3.1.4 Ergebnisse

Besonders machtanalytische Untersuchungen des Nord-Süd- und Süd-Süd-Konflikts führen zu dem Befund, daß der schnelle Rekurs auf militärische Gewalt als Zeichen für gesellschaftliche und politische Unterentwicklung angesehen werden muß.[79] Für machtanalytische Untersuchungen erscheint daher eine Sensibilisierung in bezug auf die historische Bedingtheit militärischer Machtausübung als unumgänglich. Selbst neorealistisch orientierte Autoren fordern bei Analysen internationaler Machtkonstellationen mittlerweile einen „ganz offenkundigen Methodenpluralismus.[80] Für die Bestimmung von Macht kann bei der Analyse der Weltpolitik besonders nach dem Zerfall der UdSSR nicht mehr an der Dominanz militärischer Gewalt festgehalten werden.

Im Vorstehenden ist keiner der konfligierenden Auffassungen, wie Macht angemessen zu verstehen ist, die Palme zuerkannt worden. Kybernetisch-systemtheoretischen Ansätzen sowie kommunikationstheoretischen Versuchen ist im Gegensatz zu älteren, an herkömmlichen Disziplinen orientierten Bestimmungen allenfalls ein größeres Entwicklungspotential zugeschrieben worden.

Das Ergebnis überrascht politologisch nicht. Der Wahrheitsgehalt der Disziplin ist ein anderer, komplexerer als beispielsweise der in den Naturwissenschaften. „Wahrheit“ steckt möglicherweise in verschiedenen Verständnisweisen von „Macht“. Wahrheit einer Theorie in diesem Fach erweist sich (und ist nicht von Anbeginn gegeben) in der Erkenntniskraft eines Konzeptes. Ihre Aussagefähigkeit muß jede der konkurrierenden Theorien je neu am Gegenstand, der Machthaftigkeit von Politik, erweisen. Und dem Gegenstand sind Mischkonzepte und fragmentierte Aussagen durchaus angemessen.

Andererseits müssen Arbeiten kritisiert werden, die hinter den Stand der Debatte zurückfallen oder zurückzufallen drohen. Eine aussagekräftige Machtanalyse kann heute jedenfalls nicht mehr auf die Bestimmung militärischer Gewaltpotentiale von Nationalstaaten beschränkt bleiben. Andererseits ist davor zu warnen – hier haben die Realisten Recht – den Gewaltaspekt in der Analyse der internationalen Beziehungen zu vernachlässigen. Auch nichtmilitärische Machtausübung reflektiert Gewalt, „strukturelle Gewalt“ im Sinne Galtungs.

---

79 So Rohe, a.a.O. 1984, S.307, oder Klaus Jürgen Gantzel und Jens Siegelberg in dem PVS-Sonderheft 21/1990.

80 Schwarz, a.a.O. 1985, S.62.

Die Machtanalyse dürfte gerade für die deutschsprachige Forschung über internationale Beziehungen zukünftig an Bedeutung gewinnen, zumal mit ihren Hinweisen auf indirekte Machtausübung. Darauf deutet die politische und wissenschaftliche Auseinandersetzung über den künftigen internationalen Status der Bundesrepublik Deutschland hin.[81] Die Debatte über das angemessene Machtkonzept dürfte also nicht verstummen.

3.2 Interesse

Erfolgt Machtausübung nicht blind, sondern zweckgerichtet, so wird dieser Inhalt in der sozialwissenschaftlichen Analyse allgemein als „Interesse" gefaßt. Der Politik eines Nationalstaates wird zugeschrieben, daß sie das „nationale Interesse" verfolge. Die Formel „nationales Interesse" signalisiert keineswegs, wie häufig auch in wissenschaftlicher Literatur angenommen wird, eine in sich ruhende Identität. Sie reißt vielmehr ein Spannungsverhältnis zwischen den beiden Größen „Nation" und „Interesse" auf, die wiederum in sich selbst unbestimmt sind. Der Interessebegriff erschöpft sich weiterhin nicht im Materialistischen. Im Gegenteil erweist sich internationale Politik als hochgradig von immateriellen Interesseinhalten wie ideologischen Positionen geprägt.

Historisch geht die Formel vom „nationalen Interesse" auf die Entstehung des bürgerlichen Nationalstaates zurück. Forderungen im Namen nationalen Interesses sind einer Spezialuntersuchung[82] zufolge in Italien im 16. Jahrhundert und in England im 17. Jahrhundert nachweisbar. Sie lösten Begründungen wie „den Willen des Fürsten" oder „das Interesse der Dynastie" ab. Zunächst begründeten die politischen Akteure im bürgerlichen Staat ihre Forderungen auch mit anderen Formeln wie der „Ehre der Nation" oder dem „Interesse der Allgemeinheit". Das Konzept vom „nationalen Interesse" hat jedoch alle anderen Formeln überflügelt.

Die internationale Präsentation „nationaler Interessen" knüpft bis heute direkt an die absolutistische Geste an, mit der der Monarch sowohl als Individuum wie auch als Herrscher über seine Untertanen ohne Diskrepanz ein einheitliches Staatsinteresse, eine „Staatsraison„ in die zwischenstaatliche Politik hineintrug. Wenn der Bundesaußenminister öffentlich zum Beispiel vor den Vereinten Nationen die nationalen Interessen der Bun-

81 Schwarz (1985), der die „Machtvergessenheit" der Deutschen kritisiert, Hacke (1988), der die Bundesrepublik als „Weltmacht wider Willen" bezeichnet, und Rittberger (1990), der einen Weltmachtstatus oder europäischen Hegemonialmachtstatus der Bundesrepublik verneint, haben sich auf deutscher Seite als erste an dieses Thema gemacht.

82 Charles A. Beard, The Idea of National Interest: An Analytical Study in American Foreign Policy, New York 1934, S.22-23.

desrepublik darlegt, sagt er ganz selbstverständlich, daß nicht er persönlich, sondern „die Bundesrepublik Deutschland“ dies oder das meint, und daß „Deutschland“ so oder so zu handeln beabsichtige. Der Präsentation „nationaler Interessen“ auf internationaler Bühne eignet nach wie vor ein gewisses Pathos, und selbst Angehörige der Opposition meinen, im Ausland zur Vertretung der Politik der Regierung verpflichtet zu sein.

Natürlich bleibt es eine Fiktion, daß „das nationale Interesse der Bundesrepublik“ oder irgend eines anderen Staates die widerspruchsfreie Summe der Interessen der Bürger darstellt.[83] Ganz wie in der Innenpolitik läßt sich zwar auch in der Außenpolitik ein gemeinsamer Nenner von Auffassungen der politischen Parteien und Interessenverbände angeben, nur fällt dieser gemeinschaftliche Nenner notwendig so allgemein aus, daß er im Regelfall gar nicht die konkrete Ausgestaltung von Politik beeinflußt. Der Alltag der internationalen wie der Innenpolitik ist geprägt vom Kampf einander widerstrebender Interessen, und von der Herrschaft von Interessen einer Teilgruppe im Staat über die Interessen anderer Teilgruppen.

Dieser Tatbestand gibt der Analyse drei Hauptaufgaben vor. Die erste analytische Aufgabe der politikwissenschaftlichen Befassung mit „nationalen“ Interessen besteht darin zu fragen, welche Partialinteressen hier sich im Gewande von Gemeinschaftsinteressen verbergen.

Die zweite Hauptaufgabe besteht darin festzustellen, wer das „nationale Interesse“ faktisch definiert.

Die dritte Hauptaufgabe besteht in der Prüfung, welche Mittel zwecks Verfolgung des „nationalen Interesses“ eingesetzt werden.

Das mag sehr herrschaftskritisch klingen. Es ist dies nicht sonderlich. Denn selbstverständlich beobachten die innenpolitischen Akteure mit Argusaugen, wie ein derzeitiger Repräsentant auswärtiger Politik eines Staates international agiert, welche materiellen Interessen er – vermeintlich vom Pathos nationaler Einheit geweiht – voranbringt, welchen Versu-

83 Die „Realisten“ haben durchaus ein Gefühl von diesem Gegensatz. Morgenthau schreibt: „Unter Macht oder Außenpolitik der Vereinigten Staaten ist keinesfalls die Macht oder Außenpolitik aller Menschen zu verstehen, die der Nation ‘Vereinigte Staaten von Amerika’ angehören. Die Tatsache, daß die Vereinigten Staaten aus dem zweiten Weltkrieg als mächtigste Nation der Welt hervorgingen, hat die Macht der Bevölkerungsmasse Amerikas in keiner Weise berührt. Vergrößert wurde nur die Macht jener einzelnen, die Amerikas Außenpolitik leiten und das Land auf internationaler Ebene vertreten“ (Morgenthau, a.a.O., S.125). Morgenthau hätte auch den Alten Fritz zitieren können, der in seinem Antimachiavell einst schrieb: „Die neuen Eroberungen eines Herrschers machen die Staaten, die er schon besessen hat, weder opulenter noch reicher. Seine Völker profitieren nicht davon.“

chen zur Beeinflussung des nationalen Interesses er folgt, und welchen Rat zum Einsatz welcher Mittel er aufnimmt. Die politikwissenschaftliche Analyse sollte zumindest solchen Alltagsabläufen folgen – mit despektierlicher Demontage von Bekräftigungen von Allgemeinpositionen der Bürger hat dies nichts zu tun.

Die drei benannten Aufgaben bilden geradezu den politologischen Kern der Befassung mit Außenpolitik eines Gemeinwesens. Nicht die Prüfung der Rationalität einer äußeren Politik gemäß dem Verhältnis von vorgestellten Zielen und Mitteln ist Aufgabe von Wissenschaft (das können die Beamtenapparate der Außenministerien selber, und sie sind im Regelfall besser informiert als der außenstehende Analytiker). Auch eine bloße ideologiekritische oder von einem anderen äußerlichen Standpunkt vorgenommene Würdigung der internationalen Politik eines Staates träfe nicht den Kern der analytischen Aufgabe. Dieser besteht vielmehr darin, bei der Betrachtung der Besonderheiten internationaler Politikartikulation Gebrauch von den Standardmitteln politikwissenschaftlicher Untersuchung zu machen. Mithin: Wie suchen Partialinteressen, sich der Legitimität erheischenden Formel vom „nationalen Interesse" bedienend, besondere Durchsetzungschancen zu erlangen?

Wenden wir uns der ersten Hauptaufgabe zu.

Seine Würde bezieht der Begriff „nationales Interesse" ohne Zweifel vom ersten Teil des Doppelwortes. Gemäß westeuropäischer Denktradition konvergiert der Begriff „Nation" mit dem des „Staates". Der Ausdruck „nationales" zielt nicht auf volkhaft-kulturelles, dessen eigene Würde gar nicht gefragt ist, sondern auf den besonders der deutschen Tradition noch immer imponierenden Appell an den Rang des Staates als Überhöhung des Allgemeinwohls. In eben diesem Sinne hat die Formel vom „nationalen Interesse" nunmehr weltweite Achtung errungen: Sie dient Gesellschaften in der Dritten Welt bei der Suche nach Identität ebenso wie bei der Abweisung andersartiger Partizipationswünsche im Innern. Einem so vielfach nützlichen Konzept zollt man weltweit Beifall, so unterschiedlich auch die Motive sein mögen, aus denen man sich dieser Formel bedient.[84]

Konservative Autoren betonen besonders, daß mit der Proklamierung „nationaler Politik" nach außen der Interessen- und Parteienstreit, gemäß gängigem Politikverständnis die Grundlage der pluralistischen Demokratie, aussetzt. Morgenthau schreibt zum Beispiel:

---

84 Vgl. das Stichwort „Nation" von Heinz-Horst Schrey im Evangelischen Soziallexikon, a.a.O. 1980, S.938f.

> „Bei der Führung der Außenpolitik wird die Nation zum Rechtsverband, zum Staat, dessen Verantwortliche als Vertreter der Nation im internationalen Geschehen handeln. Sie sprechen in ihrem Namen, schließen für sie Verträge ab, bestimmen ihre Ziele, wählen die Mittel zu ihrer Erreichung und versuchen, ihre Macht zu erhalten, zu vergrößern und zur Schau zu stellen.“[85]

Das mag in Ordnung sein, wenn es tatsächlich ein Staatsvolk, eine einheitliche Nation gibt. Die Mehrzahl der Staaten, die heute existieren, ist aber gerade vom Gegenteil geprägt: Weil sich unterschiedliche Ethnien in einem Staate vereint finden, in dem selbst das sogenannte Staatsvolk nur eine Minderheit bildet (Beispiel: Iran), oder weil eine Ethnie sich auf unterschiedliche Staaten aufgeteilt findet (Beispiel: das Volk der Iren, die Kurden, die Paschtunen usf.). Die Folge: Es gibt eben – außer inhaltsleeren Grundinteressen – in zentralen Fragen kein gemeinsames und dann nationales Interesse. Die Kurden streben nach einem eigenen Gemeinwesen, dies ist ihr nationales Interesse, und dieses steht dem Interesse des türkischen, irakischen und iranischen Staates diametral entgegen. Beispiele lassen sich auch in Europa finden, sie füllen Handbücher.[86] Die gegensätzlichen politischen Bestrebungen von Flamen und Wallonen im Nationalstaat Belgien, von Basken in Spanien, Türken auf Zypern oder jüngst Serben und Kroaten in Jugoslawien verdeutlichen drastisch, daß die Formel vom „nationalen Interesse“ nicht die Frage nach „dem allgemeinen Besten“[87] beantwortet, sondern im Alltag Ausdruck von Herrschaft ist. Gewichtigen Teilgruppen in einem Staatswesen wird die Erfüllung des Wunsches vorenthalten, ein eigenes Gemeinwesen zu bilden, und über dieses ihre eigenen Interessen zu verfolgen.

Aber auch bei Nationen mit einheitlichem Staatsvolk (einer Minderheit von weniger als einem Drittel der Staaten) wird „das nationale Interesse“ keineswegs im Regelfall den Konsens aller ausdrücken, sondern die Interessenlagen von Herrschenden wiedergeben – und von Beherrschten, soweit diese Interessen kongruent sind oder zwecks Sicherung von Massenloyalität berücksichtigt werden müssen.

Der Begriff der Nation, von dem sich das „nationale“ Interesse und die in dessen Namen geführte auswärtige Politik herleitet, zerfällt zusehends. Ältere Autoren sehen sich noch in der Vorhand, wenn sie feststellen, „daß die übliche Auffassung, derzufolge Nationen ‘organisch’ keimen, bis sie

---

85 Morgenthau, a.a.O., S.125.

86 Vgl. Jochen Blaschke (Hg.), Handbuch der westeuropäischen Regionalbewegungen, Frankfurt a.M. 1980.

87 Als prominentes Beispiel für diese naive, nicht sachgerechte Verständnisweise das Stichwort „National Interest“ von James N. Rosenau in der renommierten International Encyclopedia of the Social Sciences, herausg. von David L. Sills, vol. 11, London u.a. 1968, S.34.

‚erwachen', unhaltbar ist. Unsere heutigen ‚Nationen' sind Menschenwerk. Sie zerfallen unter dem Gesichtspunkt ihrer Entstehung in dynastische, ideologische und Verwaltungsnationen, wozu gemischte Typen kommen".[88] Derselbe Autor verweist darauf, daß es in der Geschichte „Völker und Staaten (gab), aber es gab noch keine ‚Nationen'". Heute gelte ein pragmatischer Begriff von Nation: „Eine ‚Nation' ist demnach eine Gruppe von Menschen, die einen eigenen Staat wegen seiner Souveränität gegenüber anderen Staaten verlangt."[89]

Dieser Definitionsversuch mit seiner Verbindung der Gedanken des Staates und der Souveränität hat Bestand, wenn man an das Streben zahlreicher Minderheiten nach Eigenstaatlichkeit denkt. Blaß bleibt er gegenüber der Herrschaftsfrage: Selbst in der kleinsten möglichen Gruppe von Menschen werden nicht alle mit dem gleichen Nachdruck nach einem eigenen Staat streben. Es wird Betroffene geben, die von einem solchen Unterfangen mehr profitieren als andere. Auch die Bedeutung des Ideologischen wird nicht weiter untersucht.

Wenn unter der würdevollen Bezeichnung „nationales Interesse" schlecht verbrämt Gruppeninteressen daherkommen, so lohnt es sich, sich die Eigenheiten solcher organisierter Interessen vor Augen zu führen. Grundsätzlich suchen alle organisierten Interessen Einfluß auf Entscheidungsprozesse zu nehmen, auch in der auswärtigen Politik. Weiter werden organisierte Interessen zum einen eine Politik begünstigen, die ihren Zielen nahekommt, und in dieser ihre Teilziele voranzubringen suchen. Gegen ihren Interessen nicht entsprechende Konzepte setzen organisierte Gruppen Widerstand, der vielfältige Formen anzunehmen vermag – ihre Möglichkeiten, eine bestimmte Politik zu verhindern, erscheinen weitaus größer, als ihre eigene Politik durchzusetzen. Schließlich bleibt Merkmal von Interessengruppen, daß sie selten ihr Partialanliegen im Alleingang voranzubringen suchen, sondern in aller Regel Bündnisse eingehen. Es ist mithin auf die oligopolistische Taktik solcher Interessenkonglomerate zu achten.

Diese läßt sich besonders an der Intensität ausmachen, mit der einzelne Interessen konkret in die gesamten „nationalen Interessen" eingehen. Das persönliche Interesse von Bürger Meier an einem gewissen, kaum je näher bestimmbaren Maß von militärischem Schutz des Gemeinwesens fällt im Regelfall unterschiedlich aus, wenn Bürger Meier Besitzer größerer Ka-

88 So faßt Walter Sulzbach die wesentliche Aussage seine Buches Imperialismus und Nationalbewußtsein später einmal zusammen (in: Die Zufälligkeit der Nationen und die Inhaltslosigkeit der internationalen Politik, Berlin 1969, Vorwort).

89 Beide Zitate ebd., S.12.

pitalien oder aber Lohnabhängiger ist. Außenpolitik, die Umsetzung der „nationalen“ Interessen, tritt jedoch dem einzelnen Staatsbürger als kollektives Gut entgegen: Er kann sich nicht von der Zulieferung ausschließen, die Teilhabe von weiteren Individuen an diesem Gut mindert weiter seine Teilhabe nicht.[90] Wenn die Bundeswehr gemäß einem Werbeslogan „Sicherheit“ produziert, so hat der Einzelne keine Möglichkeit, für sich selber ein bißchen mehr oder weniger davon haben zu wollen, als die Bundeswehr gerade bietet.

Kollektives, „nationales“ Gut für die eigenen Bürger ist alles an output in der internationalen Politik eines Staates. Da andererseits innenpolitisch der Widerspruch von Interessen und nicht deren Harmonie den Alltag politischer Ordnungen bestimmt, erhebt sich die Frage, welche Partialinteressen aus welchen Gründen sich bei der Artikulierung der auswärtigen Politik eines Gemeinwesens durchsetzen. Diesem Prozeß der Durchsetzung kommt selbst ein bemerkenswertes Gewicht zu: Würde die Interessendarstellung eines Staates, den inneren Interessenkampf fortwährend spiegelnd, oszillierende Prioritäten wiedergeben, so wäre keinem Partialinteresse genutzt. In der Realität erweisen sich die Interessenpräsentationen der internationalen Akteure als außerordentlich stabil und (so ein Lieblingswort der deutschen Eliten) „berechenbar“. Innere Herrschaft setzt sich in der äußeren Politik fort. Das überwältigende Interesse der Masse der Bürger, am Leben zu bleiben, und dies zweitens zu auskömmlichen Umständen, setzt keineswegs die Prioritäten der äußeren Politik irgendeines Nationalstaates – sonst würden diese wie von Furien zur Rüstungsminderung gejagt.

Nicht daß die Lebensinteressen der Bürger hintangestellt würden. Diese gelten jedoch als zu vordergründig, um den Austrag der hohen internationalen Politik zu bestimmen. Aber wenn nicht die Mehrheitsmeinung in den Bürgerwünschen, was bestimmt dann die zwischenstaatliche Politik?

Die erste Antwort gibt der Verweis auf „objektive“, vom Meinungsstreit freie Interessen. An ihrer Spitze steht das Interesse der Systemerhaltung – jeder Staat agiert präventiv gegen den Wandel seiner Eigenart. Werner Sulzbach nimmt sich als einer von wenigen die Freiheit, angesichts des Selbsterhaltungsinteresses der Staaten an die Stirn zu klopfen und festzustellen:

90 Etwas ausführlicher über die Theorie „kollektiver Güter“: U. Albrecht, „Die Struktur von Rüstungsausgaben“, in Leviathan, 1. Jg., Nr.1/1973, S.47. Als neuere Zusammenfassung der Literatur: John R. Oneal, „The Theory of collective action and burden sharing in NATO“, in: International Organization, 44, 1990, S.378-402.

> „Es gibt keine Organisation außer dem Staat, von der je im Ernst behauptet worden ist, daß ihre hauptsächliche Pflicht darin bestehe, sich selbst zu erhalten."[91]

Unstreitig hat auswärtige Politik objektive Grundlagen. Die objektiven 'nationalen' Interessenlagen der Herrschenden im internationalen System ergeben sich aus ihrer Stellung in der weltgesellschaftlichen Arbeitsteilung, aus der Verteilung politisch-sozialer Verfügungsgewalt in den drei konstitutiven Handlungsbereichen Politik, Wirtschaft und Ideologie. Objektive Interessen lassen sich zudem ableiten aus den Reproduktionserfordernissen der Struktur des internationalen Systems.[92]

Verschiedene Staaten verfolgen, etwa in der Rohstoffpolitik, gruppenhaft gleiche Ziele. Die Rohstoffbesitzer erstreben hohe Erlöse, die Rohstoffverarbeiter das Gegenteil, und dies möglicherweise als Angehörige der gleichen Nation. Interessen sind somit in erheblichen Bereichen nicht „national", sondern anders gebunden, augenscheinlich an die Stellung in der Weltarbeitsteilung. „Nationale" Qualität gewinnen solche Interessen allenfalls, wenn eine Interessenorientierung dominiert und Staaten, um beim Beispiel zu bleiben, miteinander um den Absatz von oder den Zugang zu Rohstoffen konkurrieren.

Die marxistische Diskussion zeigte sich besonders an Kapitalinteressen als objektiver Grundlage von auswärtiger Politik interessiert. Aber Kapitalinteressen sind in sich nicht widerspruchsfrei, sie haben nur wenige gemeinsame Nenner. Dies verleiht dem Staatsapparat, der konkret Außenpolitik zu treiben hat, eine beachtliche Selbständigkeit. Die Diplomatie kann allzu begehrlich vorgetragene Einzelinteressen gegeneinander ausspielen, sie hat einen begrenzten Freiheitsraum. Ralph Miliband spricht von einer „Bestimmungsfreiheit", die der Staat auch in Wirtschaftsdingen gegenüber dem Kapital in den auswärtigen Beziehungen genieße.[93]

Die Akteure, welche Außenpolitik betreiben, sind in den seltensten Fällen von dem Ehrgeiz motiviert, ein möglicherweise abstrakt ableitbares „nationales Interesse" lupenrein in Außenpolitik umzusetzen. Viel mehr spricht für die Vermutung, daß auch auf diesem Politikfeld eine Vielzahl von Motiven, Wahrnehmungen und Zwängen am Werke ist, der gegen-

---

91 Sulzbach 1969, a.a.O., S.125.

92 So eine leichte Adaption einer grundsätzlichen Definition bei Gerd Meyer in seinem herrschaftsanalytisch sehr reflektierten Buch Bürokratischer Sozialismus, Stuttgart-Bad Cannstatt 1977, hier S. 200.

93 Vgl. Ralph Miliband, Der Staat in der kapitalistischen Gesellschaft, dt. Frankfurt a.M. 1972.

über jede Abstraktion vom „nationalen Interesse“ im schlechten Sinne akademisch bleibt.

Angesichts dieser Tatbestände gibt sich die wissenschaftliche Literatur zum Begriff verwirrt und orientierungslos. Die Ideologiehaftigkeit des Begriffes „nationales Interesse“ hat einzelne Beobachter dazu geführt, die analytische Nützlichkeit des Konzeptes insgesamt zu bestreiten.[94] Mit ähnlichem Ergebnis argumentieren Funktionalisten wie Karl Kaiser/Roger Morgan, die den Begriff vom „nationalen Interesse“ aufgrund der fortschreitenden internationalen Verflechtung für sinnentleert halten.[95] Die Behauptung, „daß die nationalen Interessen aller Staaten weitgehend ähnlich sind“, äußert auch Joseph Frankel in seinem Standardwerk zu dieser Frage.[96] Wird der Begriff dementsprechend gefaßt, dann wird er als Instrument zur Untersuchung tatsächlicher einzelstaatlicher Politik wenig taugen.

Konservative Autoren hingegen haben den Begriff des „nationalen Interesses“ nie aufgegeben. Karl Carstens sieht zwar wie Kaiser/Morgan eine zunehmende Deckung der Interessen assoziierter Staaten, stellt jedoch eine volle Identität der Interessen in Abrede.[97] Die realistische Schule bleibt überzeugt von der „Objektivität“ des nationalen Interesses, und zwar unterschiedlicher Interessen der verschiedenen Nationen. Georg Kindermann meint exponiert, von Morgenthau beeindruckt, das jeweilige nationale Interesse sei „objektiv, dauerhaft und unveränderlich“.[98] Eine solche statische Sichtweise wird heute selbst von konservativer Seite nicht geteilt. Eine Arbeitsgruppe der Deutschen Gesellschaft für Auswärtige Politik will unter „nationalem Interesse“ – demokratisch bemerkenswert offen – verstehen, „was die Bundesrepublik Deutschland und das heißt, was die hier lebenden Menschen als außenpolitisch erstrebenswert ansehen“.[99]

---

94 K.P. Tudyka, Internationale Beziehungen, Stuttgart 1971, S. 118. – Friedrich Kratochwil sprich in einer der gehaltvollsten Untersuchungen zu diesem Thema gar von einem „Mythos“ („On the notion of 'interest' in international relations“, in: International Organization, vol. 36, No. 1, Winter 1982, S.2).

95 K. Kaiser/R. Morgan, „Gesellschaft und Außenpolitik – Implikationen für Theorie und Praxis“, in: (dies.), Strukturwandlungen der Außenpolitik in Großbritannien und der Bundesrepublik, München 1970, S.20f.

96 Joseph Frankel, Nationales Interesse, dt. München 1971, S.15.

97 Karl Carstens, „Zusammenfassung und Stellungnahme“, in: Außenpolitische Perspektiven des westdeutschen Staates, Bd. 3, Der Zwang zur Partnerschaft, München 1972, S.255.

98 G.K. Kindermann, „Hans Morgenthau und die theoretischen Grundlagen des politischen Realismus“, in: a.a.O., S.27.

99 Carstens, a.a.O., S.27.

Die wirkliche Trennlinie scheint somit nicht mit dem politischen Rechts-Links-Spektrum verbunden. Auf der einen Seite stehen vielmehr Positionen, die der amerikanische Politologe Rosenau „objektivistisch" nennt,[100] und die wie Kindermann von der ehernen Konstanz äußerer Interessen eines Staates ausgehen. Im Extremfall scheint selbst ein Systemwechsel im Innern wie zum Beispiel die russische Revolution (vom Zarenreich zur Sowjetunion und von dieser zum heutigen Rußland) in dieser Sicht keine Bedeutung zu haben – wenn nämlich der Außenpolitik dieses Landes unterstellt wird, sie verfolge einzig „die ewigen Ziele Rußlands".[101]

Die These, daß der soziale Gehalt von internationaler Politik gleichgültig sei, daß die Staaten im Grunde sowohl kapitalistisch wie kommunistisch sein könnten, formuliert schon früh Georg Schwarzenberger:

> „Solange Staaten in einer internationalen Gesellschaft, in der jeder Staat sich in erster Linie um seine eigenen Interessen kümmert, nebeneinander existieren, macht es verhältnismäßig wenig aus, ob ein Staat autokratisch oder demokratisch, kapitalistisch oder sozialistisch, christlich oder atheistisch organisiert ist."[102]

Auf der anderen Seite der Trennlinie sind Auffassungen zu finden, die im wesentlichen von der Entwicklung des Inhalts „nationaler" Interessen im Zeitverlauf ausgehen, und denen zufolge das nationale Interesse hinter der Politik eines Staates analytisch je neu zu bestimmen ist. Als eigenständige Größe hätte dann die Chiffre „nationales Interesse" eigentlich auch in diesem Falle ausgedient.

Vor solch einem disparaten Hintergrund wundert nicht, daß die einflußreichsten Positionen in der aktuellen Literatur eine diffuse, analytisch wenig ergiebige Mittelposition einnehmen. Joseph Frankel mit seiner zentralen Schrift Nationales Interesse argumentiert pragmatisch dafür, das Konzept beizubehalten, weil darum „unser Denken über den Zweck von Außenpolitik und über das internationale Verhalten im allgemeinen gruppiert werden kann".[103] Arnold Bergsträsser entledigt sich der Definitions-

---

100 Rosenau, a.a.O., S.35.

101 Dazu ausführlicher Ursula Schmiederer, „Die 'ewigen' Ziele Rußlands. Hintergründe der gegenwärtigen sowjetischen Außenpolitik", in: Weltpolitik: Jahrbuch für internationale Beziehungen, 1, Frankfurt a.M., New York 1981. Ähnlich auch Waldemar Besson/Gotthard Jasper: „So haben die Regierungen der Sowjetunion nicht selten die Außenpolitik des zaristischen Rußland mit neuem Elan fortgesetzt" (Das Leitbild der modernen Demokratie. Bauelemente einer freiheitlichen Staatsordnung, Neuaufl. Bonn 1990, S.57).

102 zit. nach Sulzbach, a.a.O., S.153.

103 Frankel, a.a.O., S. 26 f. Ähnlich der Ertrag bei zwei neueren deutschen Studien: Ulrich von Alemann/Erhard Forndran (Hg.), Interessenvermittlung und Politik, Opladen

aufgabe in *Herders Staatslexikon* mit vergleichbarem Ertrag durch eine enorme Ausweitung des Analyserahmens:

> „Unter Interesse wird verstanden die der Bildung des politischen Willens zugrundeliegende Sorge um Gegenwart und Zukunft der Daseinsstruktur des außenpolitisch vertretenen Volks- und Gesellschaftskörpers. Was also im Einzelfall als Interesse gilt, ist das Ergebnis konkreter Daseinslagen einerseits und geistig bestimmter Auffassungen vom Sinn und Ziel der Außenpolitik andererseits."[104]

Autoren, die die Oszillation des Inhalts von „nationalem Interesse" wahrnehmen, suchen das Konzept zu retten, indem sie ihm mehrere inhaltliche Bestimmungen geben. Frankel sieht eine analytische und eine praktische Aufgabe des Konzeptes:

> „Zu analytischen Zwecken wird er (der Begriff) verwendet, um die Ursprünge und die Adäquanz der Außenpolitik eines Staates zu beschreiben, zu erklären und zu bewerten. In der Politik dient der Begriff 'nationales Interesse' dem Zweck, politische Verhaltensweisen zu rechtfertigen, zu verurteilen oder anzubieten."[105]

Die Antwort auf die Frage, ob ein „nationales Interesse" substantiell existiert oder nicht, vermeidet Frankel bezeichnenderweise (wie andere Autoren auch). So bleibt zumindest mißverständlich, ob nun diese Größe bloße Zuschreibung, lediglich Instrument zur „Erläuterung, Auswertung, rationalen Begründung und Kritik"[106] von Politik, gleichsam eine Erfindung ist oder nicht. Insgesamt scheint die Literatur eher zu resignieren. Ein Rezensent bescheinigt dem Buch von Frankel, es bringe immerhin „Konfusion ins Chaos".[107] Frankel selber meinte im Nachhinein, das Konzept „nationales Interesse" bleibe „steril".[108]

Warum beschäftigen wir uns mit einem so zweifelhaften Begriff wie dem „nationalen Interesse"? Auch wenn das Konzept ein fragwürdiges Schema bleibt, so hat es doch sozialwissenschaftlich Bedeutung (hier gilt Frankels Argument); vor allem aber aufgrund seiner Rolle in der praktischen Poli-

---

1983, sowie Henning Behrens/Paul Noack, Theorien der Internationalen Politik, München 1984.

104 Arnold Bergsträsser, „Auswärtige Politik", in: Herders Staatslexikon, Freiburg, Bd. 1, S.761.

105 Frankel, a.a.O., S.12 (Klammer hinzugefügt).

106 Ebd., S.34.

107 Werner Levi, „Review of Joseph Frankel, 'National Interest',„ in: The American Political Science Review, September 1971, S.588.

108 Joseph Frankel, „National Interest: A Vindication", in International Journal, Autumn 1969, S.717ff.

tik bleibt die analytische Verwendung dieses so unbefriedigend geklärten Begriffes unabweisbar.[109]

Die Antwort auf die zweite Hauptfrage, wer denn das nationale Interesse definiert, liegt nach konservativer Ansicht auf der Hand. Morgenthau verbindet in seinen „Sechs Grundsätzen des politischen Realismus“ Macht und Interesse durch eine Annahme: „Wir nehmen an, daß Staatsmänner im Sinne eines als Macht verstandenen Interesses denken und handeln.“[110] Northedge bestimmt genauer:

> „Die Hauptaufgabe der zuständigen Politiker ist es somit, die auswärtigen Interessen des Landes zu formulieren und nach ihrer relativen Wichtigkeit in eine Rangfolge zu bringen.“[111]

Nicht „Staatsmänner“ (so die heroische Sicht bei Morgenthau), sondern „zuständige Politiker“ sind förmlich mit der Gestaltung der auswärtigen Politik betraut. Ihr Hauptinstrument ist dabei die Diplomatie. Die permanente Neubewertung nationaler Interessen, die Überprüfung, in welcher Weise angesichts außenpolitischer Realitäten die Rangfolge neu zu bestimmen ist, bleibt das schwierigste Problem des Apparates. Häufig sind Interessentenwünsche, die an die außenpolitischen Akteure herangetragen werden, inkompatibel. Konkrete Außenpolitik wird einzelne Interessen aussetzen müssen, sich auf eine Seite schlagen müssen.

Im Gegensatz zum vorherrschenden „Objektivismus„, der die Notwendigkeit der Frage nach dem, der die „Interessen“ artikuliert, zurückweist, hält Northedge an einem mit subjektiven Momenten besetzten Konzept fest. Er versteht unter Interessen eine „Kombination von Wünschen, Bedürfnissen und Forderungen des Staates im Hinblick auf das internationale Geschehen“.[112] Die Artikulation der „nationalen Interessen“ ist nach Northedge zumindest zweifach subjektiv rückgebunden: zum einen können der Außenminister und sein Diplomatenstab sich irren und die ‘objektiven’ Interessen eines Landes inkorrekt wahrnehmen. Zum anderen erinnert Northedge an den Politikprozeß, in den jeder Mandatsträger eingebunden bleibt. Er setzt den zitierten Satz fort: es ginge um eine Definition von Interesse, „die im Innern jenen Konsens schafft, der den für den Staat draußen handelnden Minister hinreichend zu stützen vermag“.[113] Diese Aus-

109 „The term has clearly retained currency, among practitioners of foreign policy“ (Fred A. Sondermann, „The Concept of the National Interest“, in: Orbis, vol 21, No. 1, Spring 1977, S.121).

110 Morgenthau, a.a.O., S. 49. – Die Aussage wird wiederholt paraphrasiert, etwa S.57 und S.54.

111 Northedge, a.a.O., S.21.

112 Ebd.

113 Ebd.

sage bezieht sich keineswegs nur auf Demokratien. Ein Außenminister eines realsozialistischen Staates, dessen Interessenwahrnehmung nicht im Innern, etwa im Politbüro, Konsens schuf, mußte dort gleichermaßen seinen Hut nehmen.

Die Frage, was „nationale Interessen" in der internationalen Politik sind, ist – so die These – nur zu beantworten, wenn diejenigen in die Analyse mit einbezogen werden, die die jeweils konkrete Antwort geben. Das überläßt die Bestimmung von nationalem Interesse keineswegs einem hemmungslosen Subjektivismus. Jede auswärtige Politik bleibt bis zu einem bestimmten Maß – einem hohen Maß – an objektive Interessen gebunden. Die Herrschaftssynthese im Innern einer Gesellschaft erlaubt von vornherein Grobbestimmungen darüber, welche Partialinteressen in einem solchen Interessensatz dominant sein werden. Die Bestimmung der objektiven Interessen, um die sich der „politische Realismus" so sehr bemüht, stellt somit nur einen ersten, allerdings notwendigen Schritt in der Interessenanalyse dar. Denn die Morgenthauschen „Staatsmänner" lesen diese objektiven Interessen eben nicht mit cartesianischer Klarheit am Firmament des Staatenhimmels. In der konkreten Interessenaustragung bricht sich das, was analytisch als „objektives" Anliegen eines Staates ausmachbar sein mag, vielfältig in den Politik betreibenden Individuen – den Herrschenden mit ihren eigenen Auffassungen davon, was dem Gemeinwesen frommt, sowie den nicht auf Fehlerfreiheit patentierten Apparaten. „Objektivisten" fassen somit allenfalls die Hälfte konkreter internationaler Politik – sie suchen diese zu verstehen, ohne einen hinreichenden Begriff des Politischen in Ansatz zu bringen.

Als dritte Untersuchungsaufgabe verbleibt zu bestimmen, welche Mittel zur Realisierung eines „nationalen Interesses" eingesetzt werden. Diese Aufgabe übersteigt bei weitem die Prüfung einer Ziel-Mittel-Relation, etwa um aus den Mitteln der auswärtigen Politik auf die Ziele (Interessen) rückschließen zu können. Am Extremfall, der Schlüsselentscheidung für Krieg, soll zunächst das Argument demonstriert werden.

Um die Hierarchisierung von auswärtigen Interessen konkret vorzunehmen und die Frage nach den Gründen für Kriegsentscheidungen heute zu beantworten, hat Donald Nuechterlein eine Matrix vorgeschlagen.[114] Mit ihr werden vier in der Sicht dieses Autors grundlegende Interessen, die jeder Staat verfolgt, mit vier Intensitätsstufen gekreuzt:

114 Donald E. Nuechterlein, „The Concept of 'National Interest': A Time for New Approaches", in: Orbis, Spring 1979, S.73-92.

Interessenmatrix

	Intensität des Interesses			
Grundinteresse	überlebens-wichtig	vital	stark	gering
Verteidigungsinteressen				
Wirtschaftsinteressen				
Systeminteressen				
Ideologische Interessen				

Unter „Verteidigungsinteressen" versteht Nuechterlein sowohl den Schutz vor militärischer Aggression wie auch vor von außen inspirierten Anschlägen auf das nationale politische System. Unter „Wirtschaftsinteressen" wird die Förderung der Volkswirtschaft durch wirtschaftliche Beziehungen mit anderen Staaten verstanden. „Systeminteressen" meint, daß die Staaten eine Weltordnung gemäß dem eigenen politischen und wirtschaftlichen System anstreben, so daß sich ihre Staatsangehörigen und der Handel lukrativ auch außerhalb der Landesgrenzen bewegen können. Ideologische Interessen schließlich dienen dem Schutz und der Förderung von Werten, die in einem Nationalstaat für die Weltgesellschaft insgesamt als förderlich erachtet werden.

Auch wenn diese Benennung von grundlegenden Interessen nicht voll zu überzeugen vermag (das Ideologieinteresse scheint Bestandteil des Systeminteresses zu sein), so soll doch durch die Vorführung zweier Anwendungsbeispiele die Leistungsfähigkeit solcher Ansätze betrachtet werden.

Als erstes sei die britische Entscheidung thematisiert, 1956 in der Suezkrise militärisch einzugreifen. Präsident Nasser von Ägypten hatte kurzfristig den Suezkanal nationalisiert, und die britische konservative Regierung Eden stand vor der Frage, einen Kompromiß zu suchen oder der ägyptischen Politik einen Riegel vorzuschieben. Aufgrund seiner Analyse der britischen Entscheidung gelangt Nuechterlein zu dem Schluß, daß die Engländer (exakt: die britische Regierung) ihre außenwirtschaftlichen Interessen bei einer möglichen Schließung des Kanals so gefährdet sahen, daß sie meinten, ein Kompromiß sei nicht mehr möglich. Daneben wurde das nasseristische Regime als Bedrohung von westlich orientierten Regierungen in der Region angesehen. So illustriert Nuechterleins Matrix, wie die britische Regierung ihre Interessenlage wahrnahm, und es läßt sich aus dieser Wahrnehmung ableiten, daß eine militärische Antwort wahrscheinlich war.

„Nationale Interessen" Großbritanniens in der Suezkrise

	Intensität des Interesses			
Grundinteresse	überlebens-wichtig	vital	stark	gering
Verteidigungsinteressen	.	.	.	X
Wirtschaftsinteressen	.	X	.	.
Systeminteressen	.	X	.	.
Ideologische Interessen	.	.	X	.

Die Aussagefähigkeit der Nuechterleinschen Matrix wird größer, wenn die unterschiedlichen Interessenlagen zweier oder mehrerer Länder in ein und demselben Vorgang betrachtet werden. Die Kubakrise von 1962 (der vergebliche Versuch der Sowjets, Mittelstreckenraketen des Typs SS-4 auf Kuba zu stationieren) wird von Nuechterlein in der folgenden Matrix bewertet:

Sowjetische (SU) und amerikanische (US) Interessen in der Kubakrise

	Intensität des Interesses			
Grundinteresse	überlebens-wichtig	vital	stark	gering
Verteidigungsinteressen	.	US	SU	.
Wirtschaftsinteressen	.	.	US	SU
Systeminteressen	.	US	SU	.
Ideologische Interessen	.	SU	US	.

In der Sicht Nuechterleins erklärt die Asymmetrie der Interessenintensität, daß der amerikanische Präsident die Entscheidung wagen konnte, den Aufbau einer sowjetischen Raketenbasis mit Mittelstreckenwaffen auf Kuba durch eine militärische Maßnahme zu unterbinden.

Angesichts der Unsicherheit bei der Bestimmung solcher Intensitäten zeichnet sich im Ergebnis der Debatte eher Zurückhaltung ab. Fred Sondermann, einer der geistreichsten Analytiker des Begriffes „nationales Interesse", gelangt im Ergebnis zu dem Vorschlag, auf das Eigeninteresse zurückzugehen, wie es Adam Smith in seiner Schrift über den Reichtum der Nationen definiert hat.[115] Daneben schlägt er Bescheidenheit bei Versuchen vor, die Sicht Dritter von ihrem Eigeninteresse von außen zu be-

115 Sondermann, a.a.O., S.137.

stimmen, sowie Zurückhaltung bei der Verfolgung „nationaler Interessen" zwecks Rücksicht auf kollektive Interessen der Menschen.[116]

3.3 Akteure

Die Frage nach dem Akteur und den Akteuren in der internationalen Politik wird Verwunderung hervorrufen. Wer anders als zuallererst die Regierungen, so dürfte die erstaunte Gegenfrage lauten, „macht" die äußere Politik? Dem Fortschritt der Disziplin verpflichtete Politologen werden zurückfragen, ob mit der an Personalisierungen in der Analyse von internationaler Politik erinnernden Formulierung vom „Akteur" die „realistische Schule" eine späte Referenz erhalten soll – wimmelt es in deren Texten doch eben von diesem Begriff. Empirische Untersuchungen zur internationalen Politik, auch von neueren und kritischen Richtungen nahestehenden Autoren, greifen aber mit großer Selbstverständlichkeit (warum eigentlich?) auf das Akteurskonzept zurück.[117]

Als analytische Aufgabe bleibt jedoch die Leitfrage dieses Abschnittes ergiebig. Sie thematisiert zunächst eine Kontroverse: Wird internationale Politik tatsächlich von den Akteuren „gemacht" oder finden sich diese in vielfachen Handlungszwängen, zumindest eingeengten Handlungsspielräumen, so daß der output internationaler Politik eher vom System als vom eher bescheidenen Beitrag eines Akteurs bestimmt wird? Das ist weniger eine Frage der angemessenen Ansatzhöhe der Analyse,[118] sondern zielt substantiell – was ist die prima causa, die wichtigere Ursache?

Von der Antwort auf diese Frage hängt die weitere Art des analytischen Vorgehens ab. Entscheidet man sich vorrangig für eine systemische Sichtweise und folgt der berühmten Vermutung von Karl Marx, daß sich die Prozesse eher „hinter dem Rücken der Akteure" abspielen, so wird man eine Untersuchung einzelner politischer Vorgänge vom System der internationalen Beziehungen her anlegen. Dieses System ist nicht begrenzt auf die der Diplomatieanalyse wohlbekannten auswärtigen Beziehungen. Wenn von einer „Weltwirtschaftsordnung" gesprochen wird (wie sie die „Gruppe 77" von ebenso vielen Entwicklungsländern einst forderte), so ist eben eine solche systemische Struktur gemeint, die keineswegs als besonders ordentlich, sondern im Gegenteil als hierarchisch wahrgenommen wird. Daran knüpft sich die Forderung nach einer „neuen" Weltwirtschaftsordnung – die systemischen Strukturen sollen nach wechselseitigen

116 Ebd., S.138.

117 So überraschenderweise etwa Ernst-Otto Czempiel, Machtprobe. Die USA und die Sowjetunion in den achtziger Jahren, München 1989.

118 So Klaus Jürgen Gantzel, System und Akteur. Beiträge zur vergleichenden Kriegsursachenforschung, Düsseldorf 1972.

Interessenlagen rational verändert werden. In anderen Evidenzbereichen wird von einer „Weltinformationsordnung„ (und deren Reform) oder auch von einer zu verändernden „Weltmilitärordnung„ gesprochen.

Ferner wird das Gegensatzpaar System ./. Akteur aufgehoben durch neuere empirische Ansätze, besonders durch die bürokratietheoretisch orientierte Forschung. Diese bewegt sich zwischen dem von Max Weber (1864-1920) angegebenen idealtypischen Konzept einer „rationalen" modernen Bürokratie[119] auf der einen Seite und Darstellungen „irrationaler" bürokratischer Prozeduren, vor allem in der amerikanischen Organisationstheorie,[120] auf der anderen Seite. In einem der Standardwerke dieser Richtung, dem Buch Bureaucratic Politics von Morton Halperin,[121] wird am Ende die Frage aufgeworfen, ob es auch nur in einer solchen Spezialfrage wie der, ob ein Raketenabwehrsystem gebaut werden sollte oder nicht, überhaupt die oder eine Entscheidung gebe – die zahlreichen Agenturen und Entscheidungsvorbereiter, die an der Antwort auf eine solche Frage mitwirkten, erweckten eher den Eindruck, daß sich aller Aktionismus wechselseitig aufhebe, zumeist aufgrund peripherer Motive, und daß am Ende eine „non-decision" beliebiger Art stehe.

Von der Interdependenzdiskussion her kommend fragt Beate Kohler-Koch kritisch, ob nicht weithin ein „verkürztes Akteurskonzept„ zu wenig reflektiert genutzt werde: „Staaten werden als geschlossene Handlungseinheiten behandelt, deren Aktivitäten vorzugsweise jenseits jener fiktiven Demarkationslinie zwischen Innen- und Außenpolitik verfolgt werden. Auch jene Ansätze, die systematisch den binnenpolitischen Handlungskontext einzubeziehen suchen, lösen sich dabei noch nicht von dem geschlossenen Akteurskonzept."[122] Internationale Politik bleibt offenkundig eine – so Czempiel – „Summe von Handlungszusammenhängen"[123] höchst unterschiedlicher Akteure.

119 Max Weber, Wirtschaft und Gesellschaft, 5. Aufl. Tübingen 1972, „Wesen, Voraussetzungen und Entfaltung der bürokratischen Herrschaft" (S.551-579), auch: „Die Typen der Herrschaft" (bes. S.128ff.).

120 Zu dieser Charakterisierung Peter J. Katzenstein, „Introduction", in dem von ihm herausgegebenen Band Between Power and Plenty. Foreign Economic Policies of Advanced Industrial States, Madison, Wisc. 1978, S.14. Dort auch Verweise auf die amerikanische Literatur.

121 Morton H. Halperin, Bureaucratic Politics and Foreign Policy, Washington D.C., 1974.

122 Beate Kohler-Koch, „Inselillusion und Interdependenz: Nationales Regieren unter den Bedingungen von 'international governance'„ in: Bernhard Blanke/Hellmut Wollmann, (Hg.), Die alte Bundesrepublik. Kontinuität und Wandel, Opladen 1991, S.50.

123 Ernst-Otto Czempiel, Internationale Politik. Ein Konfliktmodell, Paderborn 1981, bes. S.22f.

Das Analysefeld „Akteur" fächert sich weiter auf, wenn neben der Identifikation politisch Handelnder nach deren politischer Legitimation gefragt wird. Neben die Regierungen und diplomatischen Apparate treten mehr und mehr Akteure auf die politische Bühne wie die großen international agierenden Wirtschaftsunternehmen, bewaffnete Sezessionsbewegungen, Nicht-Regierungsorganisationen oder Touristenströme, die nicht von den Staatsvölkern ihrer Länder formal zu solchem Treiben legitimiert wurden. Früher als Randerscheinungen betrachtet, haben sich solche unkonventionellen Akteure dermaßen in den Vordergrund geschoben, daß die Frage laut wird, ob ihr politisches Handeln (oder die politischen Wirkungen ihres Handelns), gemessen an der Bedeutung, nunmehr die Aktionen der eingesessenen außenpolitischen Akteure überflügelt. Außenpolitik wird so nicht mehr als bloße zwischenstaatliche Politik erklärbar. Unter Außerachtlassung des staatlichen Apparates findet tatsächlich mehr und mehr ein beträchtlicher Teil der internationalen Kommunikation zwischen Parteien, Kirchen, Wirtschaftsunternehmen, Verbänden und Individuen und deren vielfältigen Gruppierungen statt. Diese Praxis ist nicht völlig neu. Vergleichbares hat es immer gegeben. Neu ist zweierlei: zum einen das Ausmaß dieser Interaktionen, zum anderen die Ausweitung des Kreises der Beteiligten, besonders durch neue übernationale Einrichtungen. Greenpeace oder Amnesty International sind herausragende Beispiele solcher neuer „global player", mit denen sich Regierungen eine Generation zuvor nicht abgeben mußten, und die ihnen heutzutage wirksam im Nakken sitzen.

Eine vierte (die politische Diskussion beherrschende) Dimension liegt in der Deutung der Entwicklung der Verbindungen und Verflechtungen der herkömmlichen Regierungsakteure miteinander. In dieser Sichtweise ist, etwa aufgrund der Einbindungen nationalstaatlicher Außenpolitik in eine „Europäische Politische Zusammenarbeit" (EPZ) und die vielfältigen Wirkungen der europäischen Integration auf die Interessenwahrnehmung in der internationalen Politik, heute in Europa eher von „transnationaler„ Politik zu reden. Auch wenn formale Integrationsgemeinschaften nicht allzuviel Eigengewicht entfalten, so diese Sichtweise, würden nationale Interessen doch gruppenhaft wahrgenommen und verfolgt. Folglich müsse die Analyse adäquaterweise nicht nationalstaatlich vorangehen, sondern über diesen herkömmlichen Analyserahmen hinausgreifen. Damit ist in etwa umrissen, was der Rahmen der „Gemeinsamen Außen- und Sicherheitspolitik" (GASP) der Europäischen Union künftig sein könnte.

Am klarsten läßt sich zunehmende Abhängigkeit auf wirtschaftlicher Ebene ausmachen. Die einzelnen Volkswirtschaften und ihre regionalen Integrationssysteme werden von Krisen in anderen Regionen mit betroffen, amerikanische Hochzinspolitik oder Preisentwicklungen für nahöstliches Rohöl schlagen unmittelbar auf andere Regionen durch. Die Möglichkeiten, mit den Mitteln nationaler Wirtschaftspolitik, den Werkzeugen des souveränen Staates immerhin, hier entgegenzuwirken, bleiben beschränkt.

Eine weitere Entwicklung weg vom Politikmonopol des Nationalstaates hin zur systemischen Struktur wird von den Akteuren selber durch die Gründung internationaler Organisationen in die Wege geleitet, denen Teilaufgaben der Regierungen übertragen werden. Eva Senghaas-Knobloch sieht internationale Strukturen zunächst in der Welt der Nationalstaaten entstehen: „Internationale Organisationen sind das Produkt einer zwischenstaatlichen Ordnung, die auf dem Prinzip des Nationalstaates aufbaut." Die Regierenden hätten das gemeinsame Interesse, fährt sie fort, „die Oppositionellen im eigenen Machtbereich wie im Ausland 'zur Räson' zu bringen."[124] Ferner gebe es neuartige Probleme aufgrund der technischen Entwicklung, vor allem im Verkehrs- und Kommunikationswesen, die internationale Organisationsmaßnahmen erforderten. Vor 130 Jahren verzeichnet Senghaas-Knobloch die Gründung der ersten internationalen Organisationen für solche Zwecke. Erheblich älter sind freilich internationale private – oder, wie es im Politologendeutsch heißt, nichtgouvernementale – Organisationen für solche Zwecke. Wichtigstes Anliegen waren ihnen (so Senghaas-Knobloch) das Problem „von Krieg und Militarismus". Dieses Spannungsverhältnis hat sich bis heute erhalten: Private trauen der Kompetenz des Staates nicht, das Friedensproblem zu lösen.[125] Senghaas-Knobloch umreißt schließlich die Grenzen, an die internationale Vereinigungen stoßen: „Internationale Organisationen sind der institutionelle Ausdruck einer *technischen* Entwicklungsstufe, in der Kommunikation über staatliche Grenzen hinweg nicht nur möglich, sondern zum Teil unausweichlich geworden ist, sowie einer *politischen* Situation, in der politische Ziele nicht um jeden Preis gegen den Willen anderer durchsetzbar sind."[126] Schließlich wird darauf verwiesen, daß „kaum eine internationale Organisation ernsthaft als Instrument der Umverteilung von Gütern (finanziellen, technischen, ökonomischen, kommunikativen) eingesetzt wurde" – ein deutlicher Hinweis auf die bisherigen Begrenzungen von Internationalisierung.

Wenden wir uns nach diesem Kurzüberblick den konkurrierenden Akteursvorstellungen im einzelnen zu.

---

124 Eva Senghaas-Knobloch, „Internationale Organisationen", in: Ekkehart Krippendorff u.a., Probleme der internationalen Beziehungen, Frankfurt a.M. 1975, S.103.

125 Ebd., S.105.

126 Ebd., S.132.

3.3.1 Legitimierte politische Akteure

Jede souveräne, am diplomatischen Verkehr der Staaten und staatlichen Organisationen teilnehmende Regierung ist innerstaatlich legitimiert (ob sie sich auch der Legitimität erfreut, d.h. eine allgemeine Unterstützung ihrer Bürger aufgrund von deren Legitimitätsglauben genießt, steht auf einem anderen Blatt). Die Regierung Chinas ist legitimer Teilnehmer an internationaler Politik. Ob die Mehrzahl der Bürger dieses Staates ihr für die von ihr verfolgte Politik Legitimität zuspricht, ist sehr viel schwerer feststellbar.

Aber auch in demokratisch legitimierten Gesellschaftsordnungen bleibt die wissenschaftliche Behandlung auswärtiger Politik selbst bei der Bestimmung der tatsächlichen Akteure mit Problemen besetzt. Die Artikulation der nationalen Interessen ist allgemeiner Auffassung zufolge Aufgabe der Diplomatie. Um dieser Aufgabe umfassend nachzukommen, müßte das Beamtencorps der Diplomaten und des Apparates heute zunächst einmal von den Bestrebungen von mehr und mehr nichtgouvernmentalen Akteuren informiert sein – eine im Zeitalter der multinationalen Konzerne und der Beziehungen zwischen mannigfachen Gruppen in verschiedenen Nationen schon unter diesem Blickwinkel unerfüllbare Forderung. Zwar beschränkt sich die Interessenartikulation der Diplomatie nicht auf rein staatliche Zwecke, besonders in den internationalen Wirtschaftsbeziehungen. Faktisch wird die Definitionsmacht der Diplomatie jedoch mehr und mehr ausgehöhlt.

Äußerlich ist das internationale System durch eine rasche Ausweitung der Zahl souveräner Staaten gekennzeichnet. Am Ende des Zweiten Weltkrieges wurden lediglich 51 Nationalstaaten als Gründungsmitglieder der Vereinten Nationen gezählt. Besonders aufgrund der Dekolonialisierung stieg diese Zahl in einem Vierteljahrhundert auf das Doppelte (1970 werden 105 Nationalstaaten verzeichnet). Knapp anderthalb Jahrzehnte später hat sich die Zahl souveräner Staaten erneut um die Hälfte ausgeweitet (1990 zählten die Vereinten Nationen 159 Mitglieder). Nunmehr ist die Zahl souveräner Staaten auf rund 190 angestiegen. Die sich abzeichnende weitere Balkanisierung Europas, auch der mögliche weitere Zerfall der in der „Gruppe Unabhängiger Staaten“ (GUS) vereinten Nachfolgestaaten der vormaligen Sowjetunion, dürfte diesen Trend fortsetzen.

Obwohl dem Nationalstaat in der Literatur zumeist wenig Zukunft vorausgesagt wurde, Souveränität (so seinerzeit ein bekannter Buchtitel)[127] für anachronistisch erklärt wurde oder im staatsozialistischen Osten mit

127 Ernst-Otto Czempiel, Die anachronistische Souveränität, Opladen 1969.

dem Verschwinden des Staates eine allgemeine Internationalisierung des öffentlichen Lebens vorausgesagt wurde, erweist sich der Nationalstaat doch als bemerkenswert lebensfähiger politischer Akteur. Offenbar verstanden es die Nationalstaaten, mit der Nukleardrohung als wirksamster Anfechtung ihrer Existenz zurande zu kommen (und sei dies auch nur dadurch, daß sie diese ignorierten), und andere Herausforderungen wie das Auftreten neuartiger Akteure geschmeidig aufzufangen. Die internationale Politik erfuhr zwar im Verlauf des Jahrhunderts manche Veränderung, als wichtigstes Beispiel in der Herausbildung zweier (atomarer) Supermächte und der nachfolgenden Auflösung dieser Bipolarität, ihr Grundmuster blieben aber allem Anschein nach erhalten. Folglich kehrten die Analytiker zum gewohnten Alltag ihrer Branche zurück.

Diese soeben zum zweitenmal umrissene Entwicklung, welche ausschlaggebend für den weiteren Diskurs über internationale Politik bleiben wird, läßt sich vertiefter anhand der Frage beantworten, ob der primäre Akteur und damit die primäre Analyseeinheit der Vergangenheit, der Nationalstaat, für die Untersuchung beibehalten werden kann oder nicht. Überraschenderweise (dies aus mehreren Gründen) ist dies der Fall. Für Westeuropa oder zum Beispiel für den arabischen Raum bleibt bezeichnend, daß Nationalstaaten nicht (wie zunächst vielfach erwartet, ja heiß erstrebt) in umfassenderen politischen Einheiten aufgingen. Im Gegenteil wird mehr und mehr sichtbar, daß regionale Zusammenschlüsse oder funktionsspezifische Kartellierungen wie die Organisation erdölproduzierender Staaten eben nicht durch die „Transnationalisierung„ von Politik, sondern im Gegenteil durch die Dominanz der nationalstaatlichen Interessenauseinandersetzung charakterisiert bleiben.

Die – in der Literatur nicht erwartete – Vitalität des Nationalstaates als gewichtiger politischer Akteur verschärft die im vorigen Kapitel aufgeworfene Frage nach der Identität dieses Akteurs und der Legitimität der von diesem verfolgten Interessen.

Nicht jedes souveräne Gebilde, welches heute als UN-Mitglied dem Analytiker entgegentritt, beansprucht aus zureichenden Gründen die Bezeichnung „Nation“. Sulzbach weist auf die Bedingtheit von Nationwerdung hin:

> „Die Dynastien bewahrten und erweiterten ihren Landbesitz und ihre Macht durch Kriege und dynastische Heiraten. Die demokratische Version der abgesetzten oder in ihrer Machtausübung reduzierten Dynastien wurden nun die ‘Nationen’, die, den Argumenten ihre intellektuellen Führer darin folgend,

selbst bestimmten oder bestimmen wollten, welches die Grenzen ihrer eigenen 'nationalen' Staaten sein sollten."[128]

Was bestimmt, was eine „Nation" ist, und zwar politologisch, nicht gemäß der etablierten kulturnationalen oder sprachorientierten Sichtweise? Es gibt Völker, es gibt Staaten, zum Beispiel vormals zwei real existierende deutsche Staaten, die nach wie vor ein Volk bildeten – aber war das die deutsche Nation? An diesem deutschen Beispiel sollte sichtbar werden, daß das Konzept „nationales Interesse" eine staatlich artikulierte Äußerungen transzendierende, urdemokratische Kraft aufweist. Diese ist nicht maximalistisch zu verstehen – so als ob jede mögliche Nationenvorstellung in der größten benennbaren Zahl ihrer Gliederungen aufgeht (die Folge wäre eine Verbeugung hin zu den verschiedensten Nationalismen). Gesagt sein soll lediglich, daß diejenigen, die namens einer Nation oder eines „nationalen Interesses" medienwirksam das Wort ergreifen, damit auf ein urdemokratisches Moment anspielend, sich gerade deswegen werden Fragen gefallen lassen müssen in bezug auf ihre Legitimation.

3.3.2 Nicht international legitimierte Akteure

Nicht allen Staaten, die sich auf eine innere Legitimation berufen, wird eine solche Legitimation von außen, von Seiten dritter Staaten zuerkannt. Die Vorenthaltung von Anerkennung ist geradezu Mittel der internationalen Politik, um bestimmte Akteure mit Erschwernissen zu belegen. Die Bundesrepublik Deutschland hat lange Zeit die Legitimierung der Regierung der DDR nicht akzeptiert (sog. „Hallstein-Doktrin„). Weitaus extensiver als die Regierung der Bundesrepublik hat besonders die US-Regierung das Instrument der Nichtanerkennung eingesetzt. Davon betroffen war eine Vielzahl von Staaten, in denen Befreiungsbewegungen eine Umkehr traditioneller innerer Machtstrukturen erfochten hatten, allen voran für lange Zeit China.

Nicht international legitimierte staatliche Akteure streben mit allem Nachhalt auf die Beseitigung ihres inferioren Status hin. Es läßt sich gar als Regel festhalten (wie das Beispiel der DDR in den beiden ersten Jahrzehnten ihrer Existenz illustriert), daß die allgemeine Anerkennung ihrer Gleichwertigkeit als Staaten das wichtigste „nationale Interesse" bildet. Eine naive Meinung mag sich deswegen wundern: Am Alltag der Bürger ändert sich wenig, wird die volle völkerrechtliche Legitimierung ausgesprochen, der Einfluß der Politik eines solchen Landes steigt nicht sprunghaft, bloß weil diese Dritten diesen Staat legitimieren. Faktisch wird die äußere Sicherheit eines solchen Staates im Atomzeitalter nicht

128 Sulzbach, a.a.O., S.11.

gebessert, gleichgültig, ob er in der internationalen Gemeinschaft legitimiert ist oder nicht.

Und doch bildet die äußere Legitimation die Krone der Souveränität eines Gemeinwesens. Ein Volk mag sich einhellig für souverän erklären oder eine Regierung mag Legitimität beanspruchen – wenn diesem Anspruch die Zustimmung der Staatengemeinschaft vorenthalten wird, fehlt diesem Gemeinwesen vieles, vor allem Sicherheit (die Geschichte ist voll von Beispielen, welche dramatischen Wirkungen die Vorenthaltung von Legitimität haben kann). Sicherheit als Staatsmaxime deswegen an erster Stelle, weil die Legitimitätszusage Dritter den Einschluß in eine Kollektivgemeinschaft der Staaten beeinhaltet, deren einfachster Nenner eben der Gedanke an die Fortexistenz dieses Kollektives ist. Umgekehrt ist keine Hand verpflichtet, sich zu rühren, wenn ein Staat, der keine allgemeine Legitimität genießt, in Schwierigkeiten gerät. Mit Blick auf die Entwicklung in der GUS und in ex-Jugoslawien wird derzeit die unmittelbare praktische Bedeutung dieses Zusammenhanges sichtbar.

Die tatsächliche Wirkung der Nichtanerkennung bleibt strittig. Es scheint, daß ähnlich wie in monastischen oder auch bürgerlichen Ehen illegitime Kinder zu einem Nullum erklärt werden können, diese nichtsdestotrotz lauthals und wie jedes andere Glied des Gemeinwesens auch ihre Existenz merken lassen und eigentlich nicht übergehbar sind. Der Analytiker stößt hier einmal mehr auf die Gegensätze zwischen deklarierten und tatsächlichen Zuständen, die eben in ihrer Wechselbeziehung ein besonderes Problem bilden, die aber an der lebenskräftigen Realität für die betroffenen Bürger wenig ändern.

3.3.3 Politisch nicht legitimierte Akteure

Neben den gouvernementalen Akteuren – seien diese allgemein oder nur zum Teil von außen anerkannt – wird die internationale Politik bestimmt von Handlungsträgern, die nicht als legitimiert (im Sinne von: durch Bürger in irgendeinem System delegierter Verantwortung beauftragt) zu betrachten sind. Deren Beteiligung am internationalen politischen Verkehr erschöpft sich keineswegs in Randereignissen. Ein Mitarbeiter des Denk-Tanks des Auswärtigen Amtes, der Stiftung Wissenschaft und Politik, befindet gar, „daß sich der materielle Gehalt und damit die Intensität der politischen Beziehungen in den letzten Jahren auf die substaatliche Ebene der transnationalen Akteure verlagert hat.“[129]

129 W. Grabendorff, in: Hans J. Petersen (Hg.), Die Beziehungen zwischen der Europäischen Gemeinschaft und Lateinamerika, Baden-Baden 1983, S.166.

Nach einer von Hartmut Weisert[130] vorgenommenen Dreiteilung ist in der internationalen Politik zu unterscheiden zwischen Vertrags-, Delegations- und Investitionsdiplomatie politisch nicht legitimierter Akteure. Die Reihenfolge gibt an, daß aufsteigend eine Dominanz nicht allgemein-politischer Interessen zu verzeichnen ist.

Vertragsdiplomatie, der Verkehr durch völkerrechtlichen Vertrag, ist nach konservativer Ansicht das unstreitig wichtigste Instrument der Diplomatie. Und doch hat, zunächst aus Opportunitätsgründen, der politisch legitimierte Akteur, hier die Bundesregierung, gelegentlich ersatzweise zu privaten Akteuren gegriffen und völkerrechtliche Verträge über diese geschlossen. Eine besondere Rolle hat in der ersten Phase dieser Entwicklung der „Ostausschuß der deutschen Wirtschaft“ eingenommen. 1953 schloß die deutsche Seite einen ersten Handelsvertrag mit einem Ostblockland, Rumänien. Damals war die Bundesrepublik nicht souverän. Als Surrogat für den fehlenden deutschen souveränen Partner schloß der Ostausschuß, ein Wirtschaftsverband, den Handelsvertrag, der nachher vom Bundeskabinett förmlich übernommen wurde. Später, nach der Erlangung der Souveränität, wurde der Ostausschuß als (Ersatz-) Vertragspartner benutzt, um der Konzeption der Nichtanerkennung der DDR zu dienen. So ist z.B. der Abschluß eines Handelsvertrages durch den Ausschuß im Jahre 1957 mit der Volksrepublik China, als volkreichstem Staat der größte potentielle Markt überhaupt, zu verstehen.

Der zunächst formal bemerkenswerte Aspekt, daß der politisch legitimierte Akteur aufgrund eines Teilzieles (der Hallstein-Doktrin der Behinderung der Anerkennung der DDR) selber sein Monopol auf Vertragsabschlüsse gelegentlich auflöst, und nicht politisch legitimierte Akteure wie den Ostausschuß der deutschen Wirtschaft als Kontraktpartner agieren läßt, soll gewiß nicht überbewertet werden. In neuerer Zeit wiederholt sich der Vorgang nicht. In der Substanz allerdings (im Gegensatz zur Form) vollzieht sich ein nachhaltiger Wandel, der Anlaß zu weitgehenden Überlegungen zu geben vermag.

Die zweite von Weisert klassifizierte Art politisch nicht legitimierter Diplomatie, die sogenannte Delegationsdiplomatie, gibt dafür gewichtige Hinweise. Diese Delegationsdiplomatie wird sichtbar, wenn die bekannten vielköpfigen Verhandlungsdelegationen von Industriellen, formell geführt von Politikern, in die Dritte Welt fliegen, um über reale Geschäfte zu ver-

130 Hartmut Weisert, Die Ausübung von auswärtiger Gewalt durch Privatpersonen, Diss. Tübingen 1973 (vergl. Dieter Piel, „Die außenpolitische Rolle der Wirtschaftsverbände“, in: Hans-Peter Schwarz (Hg.), Handbuch der deutschen Außenpolitik, München 1975, dem ich diesen Hinweis verdanke).

handeln. Ein Analytiker beschreibt die verschiedenen Rollen der (formal nicht kompetenten) Geschäftsleute und der (formal kompetenten) Regierungsvertreter:

> „Nicht der Bundeswirtschaftsminister, sondern sie (= ‚eine mehr als hundert Köpfe zählende Delegation deutscher Industrieller', so der Text zuvor, U.A.) waren die letztlich kompetenten Gesprächspartner ihrer staatlichen persischen Gastgeber; das hatten diese auch selbst, durch den vorangehenden Besuch ihres Ministerpräsidenten beim Bundesverband der Deutschen Industrie (BDI), anerkannt."[131]

Es lohnt sich, dieses Zitat reflektierend nachzuvollziehen. Nicht so sehr wegen der staatsrechtliche Akte anpeilenden Sprache („durch den Besuch ihres Ministerpräsidenten ... anerkannt"). Der Akzent der Darstellung liegt auf der Wertung „... letztlich kompetenten Gesprächspartner", und dies korrekt: Selbst Regierungsspitzen reden lediglich über Wirtschaftsentscheidungen, die sie selber nicht vollziehen. Das Selbstverständnis der Politik in diesem Bereich ist, daß Investitionen vorbereitet, möglicherweise begünstigt, gar eingebettet in eine allgemeine politische Strategie stattfinden – aber am substantiellen Entscheidungsprozeß über Investitionen im Ausland nimmt amtliche Außenpolitik nicht direkt teil.

Die Investitionsdiplomatie bildet in ihrem Beitrag zur Gestaltung der auswärtigen Beziehungen das Arkanum der Industrie. Diese Investitionspolitik beschränkt sich keinesfalls im Sinne nur einer einzigen Wirkrichtung auf die politische Vorklärung und Absicherung ohnehin geplanter Industrievorhaben.

Die Bestimmung der Rangstellung eines Staates im internationalen System folgt nach einer um sich greifenden Überzeugung vor allem aus ökonomischer Stärke. Wirtschaftliche Macht trägt heute mehr denn je zur Positionsbestimmung im internationalen System bei. Das macht sich besonders am Beispiel der ökonomisch rasch erstarkten Bundesrepublik bemerkbar. Livingstone vermerkt, daß der Aufstieg der Bundesrepublik „zu einem Zeitpunkt erfolgt, wo wirtschaftliche Leistungsfähigkeit und Macht zunehmend die Beziehungen unter den Nationen bestimmen."[132] Schon damals verfügte die Bundesrepublik über doppelt so hohe Währungsreserven in Devisen wie die USA (1976 waren dies 35 Milliarden Dollar). Ein höherer Beamter im US-Handelsministerium spekulierte, daß „besonders die USA Deutschland als wahrscheinlichen Adressaten für einige der in-

---

131 Piel, ebd., S.209.

132 R. G. Livingstone, „Germany steps up", in: Foreign Policy, No. 22 (Spring 1976), S.114.

ternationalen Verpflichtungen der USA betrachten."[133] Dieser Beamte gibt drei Bereiche „für eine Rolle der Bundesrepublik in ausgewählten Bereichen" an, für die sich – so seine Wortschöpfung – eine *Bigemonie*, eine Zweierherrschaft, etablieren könnte. Bigemonie bestünde „in einem expliziten Bilateralismus, der die Vorrangstellung dieser beiden Länder in der Weltwirtschaft widerspiegelt".

Gegen diese ökonomistische Sichtweise der Rangstellungen in der internationalen Politik regt sich Widerstand. Der Amerikaner Ellsworth ist einer der wenigen, die sich gegen die Auffassung wehren, es gäbe neuerdings erweiterte Möglichkeiten, ökonomisches Potential außenpolitisch zu instrumentieren:

> „Ökonomische Macht ist noch nie als wirksam bei irgendeinem Austrag von Kräftegleichgewichten beobachtet worden. Sie hat nie Hegemonie verhindert; sie hat nie Krieg verhindert; sie hat obendrein nie die Grundlage für eine internationale Ordnung ergeben (außer im Bereich ihres engeren Kontextes: des Handels und der Finanzen). Dies ist ein wichtiger Punkt, da viele in der etablierten derzeitigen Führungsschicht in den USA und in Westeuropa das Gegenteil für wahr halten. Sie meinen, daß wirtschaftliche Macht militärische Macht als Schiedsrichter von internationalen Vorgängen zu ersetzen beginnt, daß es ein ökonomisches Kräftegleichgewicht gebe, und daß ökonomische Macht tatsächlich eine Grundlage für die Rangordnung der Nationen abgebe."[134]

Neben den Akteuren werden zugestandenermaßen Konzepte internationaler Politik von den *Inhalten* geprägt – verständlicherweise gibt es Form-Inhalt-Probleme, die Akteure sind nicht gänzlich frei von ihren Taten zu sehen. Neben den Inhalten werden die *Formen* erhebliche Gestaltungsvermögen einbringen – ob die Beziehungen eines Landes eng verflochten sind mit Dritten oder aber verhältnismäßig selbständig. Hier ist der angemessene Platz, um die „Transnationalisierung„ von Politik etwa in den Europäischen Gemeinschaften zu studieren. Es handelt sich vor allem um eine neue Form der Außenbeziehungen, substantiell nicht mehr. – In verfestigter Gestalt werden Formen zu *Strukturen*, die natürlich den internationalen Beziehungen ihr Gepräge aufdrücken. Die ökonomischen Strukturen, mit einem anderen Begriff als Weltarbeitsteilung bezeichnet, geben den Anlaß zu umfassenden Debatten. Die Gesamtheit aller Strukturen der internationalen Politik wird schließlich als *System* betrachtet, mit einem im Vergleich zu naturwissenschaftlichen Systemen (etwa dem periodi-

---

133 C. Fred Bergsten, „The United States and Germany. The imperative of economic bigemony", in: Towards a new international economic order, Lexington, Mass. 1975.

134 R. Ellsworth, „New Imperatives for the old Alliance", in: International Security, Spring 1978, S.136.

schen der Elemente nach Mendeljeew) zugestandenermaßen „weichen“ Begriff von System.

Gegen die Auffassung vom raschen Wandel der internationalen Politik, die sich auf der Erscheinungsebene in der Tat auf raschen Wechsel berufen kann, ist auf die Konstanz der verschiedenen Elemente zu verweisen. Multinationale Konzerne zum Beispiel, welche als Formalelement in Debatten über das Weltwirtschaftssystem neuerdings eine herausragende Rolle spielen, gab es schon vor dem Ersten Weltkrieg. Als Strukturfrage ist weiterhin die Imperialismusthese, als einseitige Vorteilsnahme durch geographische Expansion, lebendig. So scheint es, daß weniger die Einführung neuartiger Elemente auf den verschiedenen angegebenen (Analyse-) Ebenen, sondern vielmehr deren unterschiedliche Mischung und Gewichtung über die Zeit den Wandel der internationalen Politik ausmachen.

Die Grundaussage bei der Betrachtung der diversen Akteure in den internationalen Beziehungen, nimmt man diese als Gesamtheit, ist die von Hierarchisierung, von Herrschaftsstrukturen. Ob dieses internationale System, wie Dieter Senghaas meint, sich erst nach 1945 schrittweise entwikkelt hat, oder ob es zuvor schon existierte, bleibt eine weniger bedeutsame Auseinandersetzung. Konsens herrscht weithin über Disparitäten und Schichtungsphänomene in einem internationalen System, welches in diplomatischer Sicht von der Fiktion der Gleichheit aller Akteure lebt. Solche Schichtungen finden sich politisch, ökonomisch und militärisch. Sie führen zu asymmetrischen Interaktionen der Beteiligten, zur Penetrierung von Staatengebilden, welche nicht über hinreichende Möglichkeiten zur Zurückweisung solcher Ansinnen verfügen, zur „Peripherisierung„ oder (wie dies soziologisch benannt würde) Marginalisierung bestimmter Gesellschaften. Es gibt eine Vielzahl von Versuchen, solche Manifestationen von Herrschaft in den internationalen Beziehungen auf den Begriff zu bringen. Üblicherweise wird mit Gegensatzpaaren gearbeitet, um die Herr-/Knecht-Beziehung zu fassen. Mit dem der Geophysik entlehnten Bild des Satelliten meinte man in der Vergangenheit auf westlicher Seite, die enge Bindung sozialistischer Staaten an Moskau angemessen wiederzugeben. Erneut physikalisch gesprochen, hatte in dieser Sicht die Außenpolitik zum Beispiel der DDR gegenüber der UdSSR keinerlei Freiheitsgrade, sie wurde von Moskau auf eine vorgegebene Bahn gezwungen. – Der Geometrie wurde in Lateinamerika das eindrucksvollere Bild vom Zentrum und der Peripherie entnommen: Die industriell potenten Staaten des Nordens als Zentren oder Metropolen ordnen sich die Länder der Dritten Welt ebenso wirksam zu, wie ein Kreismittelpunkt die Lage eines Kreises bestimmt. In der lateinamerikanischen Diskussion wurde dieses Bild – herrschaftskritisch und damit analytisch recht ergiebig – mit dem soziologischen Begriffspaar von Dominanz und Dependenz (Herrschaft:und Abhängigkeit) verbunden. Johan Galtungs Konzept von struktureller Gewalt versus personaler Gewalt stellt nur einen (den womöglich intelligentesten) Versuch dar, das Phänomen von internationaler Herrschaft auf den Begriff zu bringen. Sein Zentrum-Peripherie-Modell (genauer: seine Adaption und Spezifizierung von Gedanken, die er der lateinamerikanischen Debatte entnimmt, dies souverän und diese zuspitzend) führt zu der Frage, ob internationale Politik mit analytischem Gewinn nicht vorrangig vom System her, herrschaftsanalytisch, zu studieren ist – weil das Konzept der „strukturellen Gewalt" das klarste Beispiel von Herrschaftsausübung ohne sichtbaren Akteur, somit die raffinierteste und womöglich stabilste Art von Herrschaft, darstellt. Diese Fragestellung wird die zweite Hälfte dieser Einführung beherrschen.

KAPITEL 4
FEMINISTISCHE REPLIKEN[1]

Was bisher über Macht, Interesse und Akteure in den internationalen Beziehungen gesagt wurde, ist von feministischer Seite fulminanter Kritik unterzogen worden, die seit etwa zehn Jahren auch in Deutschland Fuß faßt. Es geht um weit mehr als um Kritik aus einem bestimmten Blickwinkel (auch wenn diesen die eine Hälfte der Menschheit einnehmen mag). J. Ann Tickner, eine der wichtigsten Autorinnen zum Thema, klagt nicht weniger ein als „die Demokratisierung sowohl der Theorie wie auch der Praxis der internationalen Beziehungen."[2]

Das folgende Kapitel gibt eine Übersicht dazu, was feministische Ansätze für die Analyse internationaler Politik bisher erbracht haben und auf welche Gegenkritik diese Bemühungen gestoßen sind. Der ideengeschichtlich-genetischen Grundorientierung dieser Einführung folgend wird zudem versucht zu erhellen, wie der feministische Diskurs über internationale Politik ins Leben trat, welche Faktoren ihm Auftrieb gaben, wem er Wichtiges entnahm – auch als exemplarische Übung für den Nachvollzug dessen, wie es zu grundsätzlicher Innovation in der Analyse internationaler Politik kommt. Schon um die Breite des Diskurses anzuzeigen, sind die Literaturverweise in diesem Kapitel ausführlicher als sonst gehalten.

---

1 Dieses Kapitel basiert im wesentlichen auf der Auswertung zweier an der FU ausgeführter Literaturrecherchen: Heike Dilßner, Bibliographie zu Gender und internationale Politik, mit dem Schwerpunkt auf post-kommunistischen Transformationsgesellschaften und dem Wandel der Geschlechterverhältnisse, Berlin (Zentraleinrichtung zur Förderung von Frauenstudien und Frauenforschung an der Freien Universität Berlin), Extra-Info 21, Berlin 1977; Sabine Friedel, Engendering Development Co-operation. A selected bibliography on the institutionalization of gender in development organisations. With an introduction by Claudia von Braunmühl, Berlin (Arbeitspapiere des Instituts für Internationale Politik und Regionalstudien 16) 1997 (kann gegen Voreinsendung von DM 6,-- in Briefmarken sowie eines frankierten DIN A4-Rückumschlages ebd. bestellt werden; Postanschrift: Kiebitzweg 3, 14195 Berlin). Verwiesen sei auf das Internet als weitere Quelle (E-mail: FEMISA [„A list for feminism and gender issues"], listserv. csf.coloradu.edu; World-Wide Web: http://sunsite. unc.edu/cheryb/women/wresources.html). – Für kritische Reaktionen auf das Rohmanuskript dieses Kapitels bleibe ich Claudia von Braunmühl und Christiane Lemke verpflichtet.

2 J. Ann Tickner, Gender in International Relations. Feminist Perspectives on Achieving Global Security, New York 1992, S.9.

Anlaß für den neuen Diskurs ist nicht lediglich der in der feministischen Literatur breit thematisierte Tatbestand, daß Frauen in der praktischen Außenpolitik, im Diplomatischen Corps und in den Stäben der multinationalen Konzerne bei weitem unterrepräsentiert bleiben,[3] trotz aller Gleichstellungspläne. Diese Feststellung als sattsam bekannt beiseite zu wischen, stellt andererseits dem Demokratieverständnis der Agierenden ein schlimmes Zeugnis aus. Ob Frauen von Diskriminierung im Politikfeld internationale Beziehungen über die Maßen betroffen sind (Indizien sprechen dafür), oder ob sie hier wie anderswo im gleichen Maße hintanstehen, müssen genauere Untersuchungen erheben.

Es geht weiterhin bei der Aufnahme feministischer Ansätze in ein Kompendium zum Studium von Politik nicht um einen Akt von „political correctness“,[4] mit dem etwa eilfertig weibliche Benennungen in den Text aufgenommen oder (zu) wenig beachtete weibliche Beiträge zum allgemeinen Diskurs stärker in den Vordergrund gerückt würden. Solche Korrektheit würde an den Zuständen in der Sache nichts ändern.

Es geht vielmehr darum, den Beitrag von *homo et femina sapiens* (auch zu fassen als *vir et mulier*)zur Analyse und damit zur Besserung internationaler Politik voll zur Entfaltung zu bringen – denn diese hat solches dringend nötig. Die „geschlechtskritische Inspektion der Kategorien einer Disziplin“[5] (so ein neuer Untertitel) hat nämlich Bemerkenswertes ans Tageslicht gefördert. Zudem rührt der feministische Wissenschaftsimpuls,

---

3 Als Grundlagentext gilt: Rosabeth Kanter Moss, Men and Women of the Corporation, New York 1977. Die Diskussion hat weiter Kathleen Staudt mit ihren Beiträgen („Gender Politics in Bureaucracy: Theoretical Issues in Comparative Perspective“; „Context and Politics in the Gendered Bureaucratic Mire“) in dem von ihr herausgegebenen Sammelband stark beeinflußt, Women, International Development and Politics – The Bureaucratic Mire, Philadelphia 1990. – Ferner: Jeff Hearn et al. (eds.), The Sexuality of Organization, London et al. 1989; Cynthia Cockburn, In the Way of Women. Men's Resistance to Sex Equality in Organizations, London 1991 (dt. Ausgabe: Blockierte Frauenwege – Wie Männer Gleichheit in Institutionen und Betrieben verweigern, Hamburg 1993); Marie-Luise Angerer u.a. (Hg.), Auf glattem Parkett – Feministinnen in Institutionen, Wien 1991; Mike Savage/Anne Witz (eds.), Gender and Bureaucracy, Oxford 1992 (darin besonders der Beitrag der beiden Herausgeber, „The Gender of Organizations“). – Verwiesen sei schließlich auf die beredte Klage und Hinweise bei Tickner, a.a.O., bes. das Vorwort, hier S.X f.

4 So die Replik von Birgit Locher („Feminismus ist mehr als 'political correctness'. Anmerkungen und Ergänzungen zu Gert Krells Literaturbericht“, in: Zeitschrift für Internationale Beziehungen 3/2, 1996, S.381-397) auf den in Deutschland das Thema erstmals breiter einführenden Grundsatztext von Gert Krell („Feminismus und internationale Beziehungen“, in: ebd., Nr. 3/1, 1966, S.149-181).

5 Eva Kreisky/Birgit Sauer (Hg.), Das geheime Glossar der Politikwissenschaft. Geschlechtsspezifische Inspektion der Kategorien einer Disziplin, Frankfurt a.M./New York 1997.

„Neugierde als erkenntnistheoretische Praxis“ (Marysia Zalewski),[6] aus den Anfängen von Wissenschaft überhaupt her – er gehört mit dieser Neugierde seit Anbeginn dazu und ist nichts der Wissenschaft neuerdings Aufgesetztes. Donna H. Haraway bringt diesen Ansatz auf die fröhliche (und resignative) Formel: „Feministische Objektivität eröffnet im Kernbereich aller Wissenschaftsproduktion Räume für Überraschungen und Ironisierungen. Wir sind nicht dazu da, die Welt zu ändern. Wir leben einfach hier und trachten danach, nicht-unschuldige Diskurse aufzumischen.“[7]

Selten ist ein neuer wissenschaftlicher Ansatz emphatischer angekündigt worden. Nach Birgit Locher geht der Anspruch des feministischen Ansatzes immerhin so weit, „ein neues Verständnis der internationalen Beziehungen zu erschließen.“[8] Ferner meint diese Autorin, daß „das Hauptanliegen feministischer Ansätze nicht primär in einer direkten Konkurrenz mit anderen Theorien besteht, sondern daß es vielmehr um ein Umdenken bezüglich dessen geht, was die Internationalen Beziehungen tatsächlich umfassen.“[9] Auch männliche Fachgenossen äußern weitreichende Erwartungen an die Innovationskraft dieses Ansatzes: „Das Aufkommen der gender-Perspektive wird die erkenntnistheroretische Reflexion in der Disziplin weiter beleben, ihre ideologiekritische Kompetenz stärken und ihr aufklärerisches Potential erhöhen“, schreibt Gert Krell und sieht gar eine „feministische Revolution“ im Anmarsch.[10] Ähnlich zuvor einer der tonangebenden Autoren der Disziplin, Robert O. Keohane: „Dieses Analyseverfahren würde anstreben, unser Verständnis der vorfindlichen Praxis der internationalen Beziehungen auszuweiten, indem Schlüsselkonzepte der internationalen Beziehungen daraufhin überprüft würden, wie diese durch die Genderstruktur der Weltgesellschaft beeinflußt werden. Wie haben eindeutig männliche Werte sowie Gesellschaftsstrukturen, in denen männlichen Werten Vorrang gegeben wird, jene Konzepte bestimmt, die in der internationalen Kommunität entwickelt worden sind? Kurz, in welchem Ausmaß sind die Ansätze der Theorie internationaler Beziehungen androzentrisch gewesen?“[11]

---

6 Marysia Zalewski, „The Women/'Women' Question in International Relations“, in: Millenium. Journal of International Studies, vol. 233, No.2/1994, S.412.

7 Donna H. Haraway, „Simians, Cyborgs, and Women“, London 1991, zit. nach Harcourt, a.a.O., S.11.

8 Locher, a.a.O., S.382.

9 Ebd., S.386 (hier bezieht sich Locher auf die soeben angeführte Marysia Zalewski).

10 Gert Krell, a.a.O., S.174.

11 Robert O. Keohane, „International Relations Theory: Contributions of a Feminist Standpoint“, in: Millenium, vol 18, No.2, S.245 f.

Auch die Ziele internationaler Politik, an erster Stelle die Erhaltung von Frieden, sollen durch den feministischen Diskurs gefördert werden. „Wirklich umfassende Sicherheit kann nicht erreicht werden, solange nicht Genderbeziehungen von Herrschaft und Unterwerfung beseitigt sind,“ schreibt etwa die tonangebende feministische[12] Autorin zu Themen der Außen- und Sicherheitspolitik, J. Ann Tickner.[13]

4.1 Ausgangspunkte

Feminismus ist sowohl eine politisch-praktische Bewegung wie auch eine – mit dieser verknüpfte (wie verknüpfte?) – wissenschaftliche Bewegung. Diese Doppelbestimmung gilt für andere sogenannte Neue Soziale Bewegungen auch und liefert ein erstes Indiz dafür, wieso es im Wissenschaftsraum gegen herrschende Lehre zu Innovationen kommt. Wären sie nicht auf eine breite soziale Bewegung gestützt gewesen, hätten weder die Autoren der Arbeiterbewegung oder – um willkürlich ein weiteres Beispiel anzusprechen – die der Umweltbewegung je Einfluß auf den akademischen Diskurs über Politik oder gar auf Politik selber erlangt. Dissente wissenschaftliche Meinungen und Konzeptionen kennt die Wissenschaftsgeschichte im überreichen Maße, auch solche, die sich im Nachhinein als ungemein hellsichtig, ja der herrschenden Lehre überlegen erweisen. Nur: Wirkliche Bedeutung gewannen solche Dissidenten im Regelfall erst, wenn sich ihre Ideen mit einer politischen Bewegung verbanden. Internationalität hat die neue Frauenbewegung erst spät gewonnen und somit erst in neurer Zeit thematisiert – was erhellt, warum im Diskurs über internationale Politik so lange nicht vom Feminismus die Rede war.[14]

Claudia von Braunmühl konstatiert die Allgemeinheit des Phänomens: „Es gibt kaum eine mir bekannte Wissenschaftsdisziplin, zu der nicht eine feministische Perspektive entwickelt worden ist – und zwar von innen heraus, d.h. nicht nur von Verwertung und gesellschaftlicher Nutzung her, sondern aus dem Diskurs der jeweiligen Wissenschaft selber.“[15] Der fe-

12 Sprachliche Wendungen auf „...istisch“ zeigen zumeist Überbetonungen, gar Ideologisierungen an. Die Verwendung des Adjektivs „feministisch“ dient im folgenden vor allem dazu, den Bewegungscharakter zu zeigen, welchen die Autorinnen anstreben.

13 Tickner, a.a.O., S.23 (vergl. auch S.53).

14 Vergl. Christine Sylvester, „The Emperor's Theories and Transformations. Looking at the Field Through Feminist Lenses“, in: Dennis Pirages/Christine Sylvester (eds.), Transformations in the Global Political Economy, London 1990, S.230. – Die späte Öffnung des Diskurses über internationale Politik für feministische Ansätze thematisiert daneben v.a. Halliday (vergl. Anm.189).

15 Claudia von Braunmühl, „Zur Rezeption feministischer Theorieimpulse im Wissenschaftsbetrieb“, in: VDW Info (Vereinigung Deutscher Wissenschaftler), Nr.1/1997, S.22.

ministische Angriff erfolgt auf breiter Front: er gilt den Fragestellungen, Begriffsbildungen und Methoden der Fachdisziplinen allgemein.

Praktischen Auftrieb erhielt der feministische Diskurs in den internationalen Beziehungen, als es bei der kritischen Erörterung von Entwicklungspolitik zur – wie es später hieß – Entdeckung der „unsichtbaren Frau" kam. Sheila Rowbotham hat 1973 in einer für die Geschichtswissenschaft wegweisenden Studie erstmals davon gesprochen, daß Frauen und ihre sozialen Rollen der Historie bislang „verborgen" geblieben seien.[16] Seither ist es in einer Vielzahl von Disziplinen und Politikebenen zur Thematisierung der Figur der „unsichtbaren Frau" gekommen (warum gerade zu diesem Zeitpunkt?). Für die Disziplin Internationale Politik hat später besonders Fred Halliday diesen Ansatz aufgegriffen und wissenschaftspolitisch wirksam umgesetzt.[17]

Für den Aufstieg des Gender-Themas sollte zumindest in der Frühphase das Generalsekretariat der Vereinten Nationen eine gewisse Bedeutung erlangen. 1946 war förmlich die UN Commission on the Status of Women ins Leben getreten, ohne freilich zunächst sonderlich Beachtung zu finden. Das änderte sich, als auf Betreiben der Commission Wissenschaftlerinnen die Möglichkeit gegeben wurde, ihre Befunde und Thesen einem breiteren Publikum vorzulegen. So erzielte besonders die 1970 veröffentlichte Untersuchung von Ester Boserup über die Rolle von Frauen im Entwicklungsprozeß ein breites Echo.[18] Boserup tat zunächst wenig mehr als sekundäranalytisch eine Anzahl von Einzel- und Fallstudien zur Situation von Frauen in Afrika, Asien und in Lateinamerika auszuwerten. Ihr Befund: Die gängige Vorstellung, in der Modernisierung würden beide Geschlechter halbwegs gleichmäßig von „trickle down"-Effekten profitieren, erweist sich als grundfalsch. Im Gegenteil mußten gerade Frauen in den jüngsten Dekaden dezidierter Entwicklungspolitik gravierende Einbußen ihres Status hinnehmen, sie wurden gesellschaftlich wie ökonomisch zunehmend marginalisiert.

Die Boserup-Studie verursachte zunächst UN-intern unter politisch aktiven Frauen erhebliche Unruhe, die später ein breites internationales Echo fand. Auf solchen Druck hin wurde im Generalsekretariat das Projekt ak-

---

16 Sheila Rowbotham, Hidden from History: Thirty Years of Women's Oppression and the Fight against it, London 1973.

17 Fred Halliday, „Hidden from International Relations: Women and the International Arena", in: Millenium, vol.17, No.3, S.419-428. – Die feministischen Themen der Schwerpunkthefte der renommierten Zeitschrift 1988 und 1989 sind in Verbindung mit dem Engagement dieses Leiters des Departments für Internationale Politik an der LSE zu sehen.

18 Ester Boserup, Women's Role in Economic Development, London 1970.

zeptiert, anläßlich des 25. Jahrestages der Gründung der Vereinten Nationen ein internationales „Jahr der Frau" auszurufen, für 1972 (was in Deutschland wenig wahrgenommen wurde). Erstmals wurde als Stellvertreterin des Generalsekretärs eine Frau, Helvi Sipila, benannt. Diese bestimmte die Vollversammlung der Völkergemeinschaft zwei Jahre später, für 1975-1985 unter dem Motto „Gleichheit – Entwicklung – Frieden" eine Frauendekade (nicht nur ein entsprechendes Jahr) anzusetzen, mit Weltkonferenzen im Fünf-Jahresabstand (Mexiko/1975, Kopenhagen/ 1980, wahrgenommen wurde vor allem die Abschlußkonferenz in Nairobi/1985). Seither haben die Weltfrauenkonferenzen, mit Gegengipfeln von Nichtregierungs-Frauen, einen festen Platz im diplomatischen Kalender (zuletzt, breit beachtet, Peking 1995). In UN-Texten findet sich seither die oft zitierte (und programmatische) Feststellung, Frauen „leisten zwei Drittel der Arbeit, verdienen insgesamt ein Zehntel des globalen Einkommens und besitzen ein Prozent von Grund und Boden."[19]

Hausarbeit und „weibliche" Subsistenzwirtschaft gerieten zudem mit Neuansätzen in der Förderpolitik der Weltbank und des Internationalen Währungsfonds verstärkt ins Blickfeld der Entwicklungspolitiker. Bald war von einer „Feminisierung der Armut"[20] die Rede. Die im entwicklungspolitischen Diskurs sprichwörtlich werdenden „Ärmsten der Armen" waren, schaute man ihnen ins Gesicht, zumeist Frauen, nicht Männer.

Neben der Entwicklungspolitik und der sie tragenden Bewegung hat in der neueren Entwicklung das Thema Frieden und die mit diesem verbundene Gruppe neuer sozialer Bewegungen entscheidende Impulse zum Auftrieb des feministischen Diskurses in der Disziplin eingetragen. Bemerkenswert bleibt das Engagement von Frauen gegen die sogenannte Nachrüstung mit Mittelstreckenraketen in der ersten Hälfte der achtziger Jahre. Ein erster, damals wenig beachteter Kristallisationspunkt für solche neuen Ansätze in der Disziplin Internationale Politik bildete sich seinerzeit in der Friedensforschung.[21]

---

19 Der Spiegel, Nr.9/1998 vom 23.2.1998, S.125 (dort ohne Quellenangabe wiedergegeben). Vgl. auch Tickner, a.a.O. S.75.

20 Dazu informativ die frühe Schrift von Maria Mies, Patriarchy and Accumulation on a World Scale. Women in the International Division of Labour, London 1986. Zur Feminisierung von Armut im Norden: Ruth Köppen, Armut und Sexismus, Berlin 1994.

21 Als erster feministischer Beitrag in der Disziplin Internationale Beziehungen gilt ein (damals nicht sonderlich beachteter) Aufsatz von Berenice Carroll aus dem Jahre 1972, „Peace Research: The Cult of Power" im amerikanischen Journal of Conflict Resolution, 16.Jg., S.585-616. – Besonders zu Ende der achtziger Jahre erfolgt in den USA ein Produktionsschub einschlägiger Literatur, vergl. Linda Rennie Forcey (ed.), Peace: Meanings, Politics, Strategies, New York 1989; Adrienne Harris/Ynestra King (eds.), Rocking the Ship of State: Toward a Feminist Peace Politics, Boulder, CO

Parallel entfalteten sich in der internationalen Politik frauenbezogene Gruppierungen und Institutionen. Stilbildend wirkte die „UN-Frauen-Dekade“ (1975-1985). Die nationalen Ratifizierungen von UN-Konventionen zu Frauenproblemen führten zur Einrichtung spezieller Ministerien, von Frauenbüros und ähnlichen Institutionen, zumindest zu besonderen Förderrichtlinien für Frauen.[22] Der rasche Anstieg der Zahl von Frauen-NGOs in der internationalen Menschenrechts-, Umwelt- und Friedenspolitik erbrachte eine wachsende Lesenachfrage, was wiederum der Theorieerarbeitung der Feministinnen Auftrieb gab.

In beiden Politikfeldern, der Entwicklungs- wie der Menschenrechtspolitik, wurde sattsam deutlich, daß Internationale Beziehungen kein „gender“-neutrales Gebiet sind.

Neben der Entwicklungs- und Friedenspolitik gab drittens der internationale Diskurs über Menschenrechte und deren Schutz erheblichen Schub für feministische Kritik.[23] Auf die Agenda der Diplomaten gerieten neuerdings Themen wie Frauenhandel, Zwangsprostitution, die Verstümmelung weiblicher Geschlechtsorgane in islamischen Gesellschaften oder auch befohlene Massenvergewaltigungen im Krieg im vormaligen Jugoslawien.

Im feministischen Diskurs über internationale Politik[24] werden breit allgemeine Positionen der neueren feministischen Analyse genutzt, die gewissermaßen als allgemeine Untersuchungswerkzeuge dienen. Die wichtigste Figur ist die Bestimmung von „Gender„ als Chiffre für soziale Binarität – der Unterscheidung von „männlichem“ und „weiblichem“ Sozialcharakter. Die Wahl des Wortes „Gender“ im Gegensatz zum biologisch bestimmten „Geschlecht“ (Sexus) soll anzeigen, daß es sich um die Unterscheidung von sozialen Rollen handelt, die Männer und Frauen üblicherweise erwerben und ausüben, ohne daß das Individuum und seine Kollektive im Regelfall pur in einer dieser Rollen aufgehen. Da der Begriff „Gender“ aus dem angelsächsischen Diskurs stammt, sei eine einschlägige

---

1989; Birgit Brock-Utne, Feminist Perspectives on Peace and Peace Education, New York 1989.

22 Als kritische Übersicht: Hilkka Piettila, Making Women Matter: The Role of the United Nations, London 1990.

23 Zu Menschenrechtsverletzungen an Frauen als Überblick: Amnesty International, Frauen in Aktion – Frauen in Gefahr. Weltweite Kampagne gegen Menschenrechtsverletzungen an Frauen, Bonn 1995. Weiterführend: Katarina Tomasevski, Women and Human Rights, London 1993; Rebecca C. Cook (ed.), Human Rights for Women: National and International Perspectives, Philadelphia, PA 1994.

24 Das Literaturfeld schwillt nunmehr auch in Deutschland rasch an: Birgit Locher, „Internationale Beziehungen aus der Geschlechterperspektive“, in: Internationale Politik und Gesellschaft, H.1/1997, S.5-24.

(und frühe) Autorin mit ihrer (heute so kaum mehr verwendbaren) Definition zitiert:

> „Sex ist ein biologischer Begriff, Gender ein psychologischer und kultureller. Der gesunde Menschenverstand legt nahe, beides als lediglich zwei Sichtweisen auf ein und dieselbe Teilung zu betrachten, und jemanden, der beispielsweise dem weiblichen Geschlecht zugehörig ist, automatisch dem korrespondierenden (weiblichen) Gender zuzuordnen. Tatsächlich ist dem nicht so. Mann oder Frau, Junge oder Mädchen zu sein, ist ebenso sehr eine Funktion der Kleidung, der Gestik, des Berufs, des sozialen Umfeldes sowie der Persönlichkeit wie der Besitz eines einschlägigen Satzes von Genitalien.“[25]

In einer neueren lexikalischen Definition verweist Hannelore Bublitz auf gesellschaftsspezifische und historisch gebundene Aspekte, neben dem Tatbestand der Konstruktion:

> „Der angelsächsische Begriff ‘gender’ bezeichnet die kulturelle und institutionalisierte Form, mit der biologischen Geschlechterunterschieden innerhalb einer Gesellschaft und in einer bestimmten Phase soziale Bedeutung verliehen wird.“[26]

Die Unterscheidung von natürlicher und sozialer Geschlechterrolle wurde hinfort, nach Differenz und Gleichheit fragend, zur genaueren Bestimmung von „männlichem“ und „weiblichem“ Verhalten genutzt, welches nunmehr als konstruiert und eben nicht natürlich vorgegeben begriffen wurde.[27] Mehr noch, solche Konstruktionen wurden thematisiert als aufgeherrscht und „durchgezogen“.[28] Nun war der Weg nicht mehr weit, gewillkürte Hierarchie als durchschlagendes Ordnungsprinzip „männlich“ geprägter sozialer Beziehungen zu erkennen, und Subordination und Ausgrenzung als Folgen solcher Konstruktionen zu verstehen.

Die Erkenntnis, daß das Sozialverhalten von Männern und Frauen allgemein Stereotypen folgt, die gesellschaftlich verankert und getragen werden, war eine der Ureinsichten der Feministinnen.[29] Für die Analyse von internationaler Politik folgt: Die Grundbegriffe Macht, Interesse und Ak-

---

25 Ann Oakley, Sex, Gender and Society, London 1972, S.158.

26 Hannelore Bublitz, „Geschlecht“, in: Hermann Korte/Bernhard Schäfers (Hg.), Einführung in die Hauptbegriffe der Soziologie, Opladen 1992, S.68 f.

27 Tickner (a.a.O., S.21) referiert mit einer gewissen Strenge, daß „alles Wissen sozial konstruiert ist und in der Zeit, dem Ort und dem sozialen Kontext des Untersuchenden verwurzelt ist.“

28 Die Figur des „constructed and sustained“ findet sich besonders bei Tickner, einsetzend S.8.

29 Sandra Harding (The Sience Question in Feminism, Ithaca, NY/London 1986, S.17 ff.) bestimmt in einer vielfach zitierten Definition „gender“ dreifach: als Symbol, als Struktur, sowie als individuelle Idendität.

teur – so die feministische Kritik – sind mitnichten (wie bisher stillschweigend angenommen) geschlechtsneutral, sondern in sie gehen bislang nicht erkannte Vormeinungen, ja gar bewußt angelegte soziale Konstruktionen ein. Die Kritik der Feministinnen am dominanten Diskurs über Internationale Politik, dessen Analyse bleibe unvollständig, enthält zugleich ein Versprechen: diese Analyse in innovativer Weise anzureichern. Der Prüfung dieses Versprechens gilt dieses Kapitel. Ferner lautet die feministische Kritik summarisch, Aussagen der Theorie seien durchwegs androzentrisch, männerbezogen, was zu Einseitigkeiten und Verzerrungen führe. Solcher Kritik muß nachgegangen werden.

Der Diskurs des Feminismus erfolgt idealtypisch in einem Dreischritt. Neben Grundmustern Hegelscher Philosophie werden mit der Sequenz Kritik – Dekonstruktion – Rekonstruktion ältere Ansätze von Jacques Derrida aufgenommen.[30] Am Anfang steht die Kritik, was die feministischen Ansätze mit dem Aufbruch von 1968 eint. Christiane Lemke umreißt diesen ersten Schritt folgendermaßen: „Kritik an Auslassungen, Verzerrungen oder Fehlinterpretationen in der bisherigen Theorie und Forschung."[31]

Es folgt Dekonstruktion: Wenn in den Sozialwissenschaften Wirklichkeit eben nicht abgebildet, sondern gar (dominant männlich) konstruiert worden ist, so steht im Gegenzug als erstes Dekonstruktion an. Vorfindliche Fragestellungen, Begriffe und Methoden werden kritisch hinterfragt, vermeintliche Selbstverständlichkeiten und Natürlichkeiten überprüft, es geht um Demystifizierung. Das Anliegen sei, so V. Spike Peterson programmatisch, auch in den Internationalen Beziehungen „das 'unsichtbare' Gender zu enthüllen sowie die Falschheiten, welche der androzentrische Bias erzeugt hat, zu identifizieren und zu 'korrigieren'."[32] So wird etwa nach historischen Veränderbarkeiten und Veränderungen von Schlüsselkonzepten gefragt. Begriffe wie Staat, Macht, Sicherheit, nationales Interesse werden daraufhin abgeklopft, welche Gender-Arrangements in den diesen geltenden Theorieaussagen stecken. Besonders sollen hierarchische Machtverteilungen und deren Verschleierungen aufgedeckt werden.

---

30 Jacques Derrida, Of Grammatology, Baltimore, MA 1976. – Vergl. zur Rezeptionsgeschichte den Übersichtsartikel von Lisa Walker, „Deconstruction and Feminism" in: Cathy N. Davidson/Linda Wagner-Martin, (eds.), The Oxford Companion to Women's Writing in the United States, Oxford u.a. 1995, S.240-243.

31 Christiane Lemke, „'Women and the Welfare State'. Zur Rolle des Staates in der amerikanischen Frauenforschung", in: Leviathan, H.2/1990, S.241. – Der Dreischritt wird bei dieser Autorin gefaßt als „Kritik, Korrektur und Re-Konstruktion" (ebd.).

32 V. Spike Peterson (ed.), Gendered States. Feminist (Re)Visions of International Relations Theory, Boulder, CO/London 1992, S.2.

Drittens geht es den Feministen um Rekonstruktion. Die wissenschaftliche Realität soll aus feministischer Perspektive und mittels feministischer Epistomologien neu konstruiert werden. Das bedeutet vor allem Theoriearbeit. Feministische Dekonstruktion und Rekonstruktion werden als einander komplementäre Prozesse verstanden – die Rekonstruktion baut auf den Ergebnissen der Dekonstruktion auf. Neben Dekonstruktion und Rekonstruktion der Theorien der internationalen Beziehungen benennt Christine Sylvester als inhaltliche Schwerpunkte feministischer Wissenschaft von der internationalen Politik die Krieg-/Friedensproblematik sowie die Situation der Frauen in Ländern der Dritten Welt.[33]

Ein erster direkter Angriff gilt folgerichtig der herrschenden Lehre. Diese wird als „mainstream" apostrophiert, mit dem Hintergedanken, daß es neben diesem weitere Ströme gebe, und der Rückfrage, warum diese nicht die gleiche Aufmerksamkeit erhalten. Die Antwort erfolgt mit einem zweiten bildhaften Begriff, der im Englischen ein Wortspiel enthält: Der mainstream bewege sich als „malestream„ fort – als Männerstrom und als mißgünstiger, böswilliger Mahlstrom, der Frauen und ihre Wissenschaft vehement zu konterkarieren sucht. Galt in der älteren Wissenschaft noch als Leitbild das Verhalten des Anselmus von Canterbury (1033-1109), der als Bischof stets Wert darauf legte, daß sein Beweis von der Existenz Gottes mit dem Gegenbeweis eines unscheinbaren Mönches, des Gaunilo, zusammen weitergegeben werde, so schiebe im modernen Wissenschaftsbetrieb der malestream feministische Beiträge mit männlich-brachialer Gewalt beiseite, und unterdrücke diese. Nicht die Schärfe des Arguments, sondern die gesellschaftliche Rolle – Mann oder Frau – führe zur Anerkennung (einem den Diplomaten wichtigen Begriff) in der Wissenschaft, sehr zum Schaden für diese.

Wie vieles an Neuerung im Diskurs der Sozialwissenschaften entspringt auch diese Innovation US-amerikanischen Wurzeln (was ihr, bei der US-Bezogenheit der Politikwissenschaft vor allem in Deutschland, eigentlich sogleich einen Bonus hätte einbringen müssen). In dieser Einführung ist es nicht möglich, dem breiten Strom des amerikanischen feministischen Diskurses auch nur zu den Internationalen Beziehungen eine ihm gebührende Aufmerksamkeit zukommen zu lassen.[34] Überlegenswert bleibt dennoch, was die Ursache der Lebendigkeit des amerikanischen wissen-

33 Christine Sylvester, „Feminist Theory and Gender Studies in International Relations", in: International Studies Notes, 17. Jg., Nr.1/1992, S.32-38.

34 Eine Schlüsselrolle im Themenbereich Internationale Politik scheint das Buch der zuvor als Militärkritikerin bekannten Cynthia Enloe auszuüben (Bananas, Beaches, and Bases. Making Feminist Sense of International Politics, Berkeley 1990). Grundlegend ferner der wiederholt zitierte Band von Tickner (laut Hayward Alker/MIT ist dieses Buch „von jedem zweiten amerikanischen Studenten der IR gelesen worden").

schaftlichen Diskurses etwa gegenüber der Situation in Deutschland ausmacht. Vor den Deutschen nahmen beispielsweise britische Kollegen im Bereich Internationale Beziehungen die feministische Herausforderung an (warum nicht umgekehrt?), mit eindrucksvollen Beiträgen.[35]

Ein Caveat: Wie bei neueren Ansätzen üblich, kann bei dem facettenreichen feministischen Diskurs über internationale Politik nicht über geschlossene Theoriekomplexe oder ähnlich ausgereifte Strukturen gesprochen werden. Das Urteil über diverse Beiträge bleibt explorativ. Sowieso gilt Fabrikationsverdacht für die Aussage, es handele sich um einen Diskurs – zu bruchstückhaft bietet sich bislang das Meiste dieser Texte dar.

4.2 Feministische Kritik am Politischen Realismus

Eines der ersten und leichtesten Opfer feministischer Dekonstruktion wurde der Politische Realismus. Hans Morgenthau definiert sein politisches Subjekt ohne jeden Skrupel als „political man". Macht ist ihm zufolge „the control of man over man". Machtbeziehungen charakterisieren alle Lebenssphären, von der Familie bis hin zum Staat, und diese Beziehungen stellte sich Morgenthau ohne Umschweife als solche „von Mann zu Mann" vor.[36] Kenneth Waltz exponiert sich mit seinem Buchtitel (nicht dem folgenden Text, wenn man den daraufhin prüft) „Man, State and War" in der feministischen Sicht noch eindeutiger als sein Vormeister Morgenthau.[37] Es fiel den Feministinnen nicht schwer nachzuweisen, daß „man" bei den führenden Autoren der Disziplin vorrangig als „Mann" gedacht worden war, vor allem da die Ausübung von Macht – in der Gender-Differenzierung sozialer Rollen – primär auf „männliche" Attribute rekurriert.[38] Die Rollenstereotype von Männlichkeit werden von den Realisten, so die feministische Kritik, ohne weitere Reflexion auf den Staat projiziert, strategisches Machtstreben in der internationalen Politik wird mit dem Verhalten des (männlichen) Individuums gleichgesetzt. Diese Gleichsetzung finden die Realisten sehr einleuchtend, eben weil sie Männer sind.

---

35 Zu nennen ist an erster Stelle das Sonderheft 3/1988 von Millenium, der Zeitschrift des renommierten London School of Economics and Political Science (darin besonders die Beiträge von Fred Halliday, „Hidden from International Relations. Women and the International Arena", sowie Philip Windsor, „Women and International Relations. What's the Problem?"). – Die Zeitschrift bleibt auch in der Folgezeit das wichtigste Journal für Beiträge zu Feminismus und Internationale Politik.

36 Morgenthau, a.a.O., Kapitel 1 , hier S.14.

37 Kenneth Waltz, Man, State and War. A Theoretical Analysis, New York 1959.

38 So als eine der ersten Nancy C.M. Hartsock, Money, Sex and Power. Toward a Feminist Historical Materialism, Boston 1983, S.210.

Die intelligenteste und umfassendste feministische Kritik/Dekonstruktion des Realismus hat die in Amerika lehrende Engländerin Ann Tickner vorgelegt. Elemente eines stereotypisch männlichen Sozialcharakters würden projiziert auf Machtkalküle und Machtbestrebungen der Staaten, so die herrschende realistische Schule, vorgeblich um den Nationen Sicherheit zu erbringen. Tickner erkennt eine grundsätzliche „Verbindung zwischen Realismus und Maskulinität."[39] „Dieser sozial konstruierte Typus von Maskulinität ist in der westlichen politischen Theorie, von den Griechen bis hin zu Machiavelli (Traditionen, auf denen sich der heutige Realismus mit seinen Ansätzen schwerpunktmäßig bezieht) auf das internationale Verhalten der Staaten projiziert worden", so Ann Tickner weiter.[40]

In der Zurückweisung unmännlicher, eben weiblich codierter Rollenelemente (Ausgleichspolitik, Friedensbindung) erblicken die Feministinnen Machtausübung, deren Verstetigung zu patriarchaler Herrschaft, zum Patriarchat führt. Am krassesten findet dieser Gegensatz im „Prinzen" („Krieger-Prinzen", so Tickner)[41] des Machiavelli seinen Niederschlag. Gegen die „virtù", männlich definierte Aktivität und Tüchtigkeit,[42] stellt Machiavelli zum Abschluß seiner Schrift (vor dem Aufruf, Italien in die Freiheit zu führen) „fortuna", die Launenhaftigkeit des Schicksals, und schreibt, daß „das Glück ein Weib ist, mit dem man nicht auskommen kann, wenn man es nicht prügelt und stößt."[43]

Machiavelli hat sich ferner in einem langen, nicht beendeten Gedicht mit „fortuna" beschäftigt, welches die Aufmerksamkeit von Feministinnen erregt hat.[44] Ann Tickner übersetzt: Das Bild der Fortuna „ist ähnlich der Ungeordnetheit oder gar Anarchie des internationalen Systems, wie diese von den Realisten porträtiert wird. Faßt man den Kern von Realpolitik ..., so ist für Machiavelli Politik ein fortwährender Kampf um Macht und Unabhängigkeit; der bedingt die Präsenz eines Feindes zu jedem Zeitpunkt, denn wenn der fehlen würde, entfielen alle Anreize zur Größe bei der Bekämpfung des Gegners, und die Polity würde kollabieren."[45]

---

39 Tickner, a.a.O., S.30.

40 Ebd., S.37.

41 Ebd., S.38.

42 Tickner hebt hervor: „virtu ... bedeutet wörtlich männliche Tätigkeit" (Ebd., S.38).

43 Niccolò Machiavelli, Der Fürst, XXV (hier zit. nach der Ausgabe von Herfried Münkler, N.M., Politische Schriften, Frankfurt a.M. 1990, S.120). – Eine der ersten Kritikerinnen in dieser Richtung: Hannah F. Pitkin, Fortune is a Woman: Gender and Politics in the Thought of Niccolò Machiavelli, Berkeley, CA 1984. Vergleiche zur selben Stelle auch Tickner, a.a.O., S.39.

44 Pitkin, a.a.O., S.127.

45 Tickner, a.a.O., S.47.

Ein zweiter im Diskurs herausragender Argumentationsstrang gilt der feministischen Thematisierung einer Grundfigur der modernen Staatslehre, dem Gesellschaftsvertrag, und dessen Bedeutung für internationale Beziehungen. Carole Pateman (jüngst Präsidentin des Weltverbandes der Politologen, der International Political Science Association) schreibt gemeinsam mit einer Co-Autorin, man habe lediglich „die vertrauten Texte der politischen Theorie examiniert", und dieses Wiederlesen zeitige „revolutionäre Implikationen nicht nur für das Verstehen dieser Bücher, sondern für zentrale politische Kategorien wie Bürger sein, Gleichheit, Freiheit, Gerechtigkeit, das Öffentliche und das Private, sowie Demokratie."[46] In einem wegweisenden Beitrag hat Pateman[47] herausgearbeitet, daß jeder Gesellschaftsvertrag zugleich einen „sexual contract" beinhaltet, die Festschreibung von weiblicher Unterordnung. Es handelt sich nicht um Verträge unter Gleichen (eine alte Vermutung in den internationalen Beziehungen), die Geschlechterdifferenz wird zur politischen Differenz. Die innergesellschaftliche Unter- und Nachordnung der Frau setzt sich, so die feministische Kritik, im Außenverhältnis der Staaten fort: Der Staat als „main organizer of gendered power" (Robert W. Connell)[48] kann gar nicht anders, als seine Gegnerschaft zu Frauen auch in der Außenpolitik fortzusetzen.

Die feministische Kritik an der Theorie der internationalen Beziehungen richtet sich insgesamt gegen den ungebrochenen Anspruch auf Objektivität der Aussagen, auf die Trennung von Subjekt und Objekt, sowie auf die Staatszentriertheit. Die Zurückweisung des Weiblichen durch das Patriarchat, so die feministische Kritik, führe im Ergebnis zum Ausschluß von Politik. Die lange zu verzeichnende Exklusion von Frauen etwa von Wahlen, aber auch politischen Ämtern wird so nicht als merkwürdiger historischer Zufall, sondern als folgerichtiges Verhalten der Herrschenden begreifbar.

Für die Analyse der internationalen Politik folgert der feministische Diskurs, daß die Untersuchung sich nicht auf die Thematisierung der Staatstätigkeit beschränken kann. Dieser Gegenstand ist nicht nur breit zu kontextuieren, sondern darüber hinaus kommt dem Einbezug von gesellschaftlichen Akteuren, von sozialen Bewegungen und nichtstaatlichen Organisationen erhebliche Bedeutung zu.

---

46 Carole Pateman/Mary Lyndon Shanley, „Introduction", in: dies. (Hg.), Feminist Interpretations and Political Theory, University Park, PA (Pennsylvania University Press) 1991, S.1.

47 Carol Pateman, The Sexual Contract, Stanford, CA 1988.

48 Robert W. Connell, „The State, Gender, and Sexual Politics. Theory and Appraisal", in: Theory and Society, vol.19, 1990, S.520.

4.3 Kritik an neueren Theorieansätzen

Der feministische Diskurs befaßt sich auch erheblich kritisch mit neueren Theorieangeboten, die von manifest patriarchalischen Momenten auf den ersten Blick frei zu sein scheinen. So ist die Idee einer „Weltgesellschaft" oder auch „Gesellschaftswelt", einer eben nicht von den Staaten und Regierungen her bestimmten internationalen Kommunität, in neurer Zeit von John W. Burton,[49] bald darauf in Deutschland von Klaus Jürgen Gantzel und Ernst-Otto Czempiel thematisiert worden. – Von feministischer Seite wird an Burton kritisiert, daß das Absehen von sozioökonomischen Grundlagen oder auch Machthierarchien und die Betonung sozialpsychologischer Verfestigungen in Konflikteskalationen zum einen ahistorisch sei (das Verständnis etwa für die Entwicklung der Minderpositionen von Frauen ausschließe), und zum anderen keine wirkliche Handhabe zu einer Änderung der für Frauen mißlichen Herrschaftssituation biete. Konflikte seien mit den Burtonschen „problem-solving workshops" möglicherweise beilegbar, aber diese entfalteten keine Möglichkeiten für sozialen Wandel.

Selbst neue und neueste Theorieangebote wie diejenigen zum Phänomen der Globalisierung (vergl. Kap. 12) verfallen feministischer Kritik. Ann Tickner attestiert dem Globalismus durchgängigen Androzentrismus seiner Prämissen: die Gender-Kodierung der Arbeitsteilung etwa würde nicht thematisiert.50 Auch wenn Immanuel Wallerstein mittlerweile die „unsichtbare" Arbeit von Frauen in Subsistenzökonomien diskutiere, so wird ihm doch vorgehalten, daß er die extrem unterschiedlichen und auch widerspruchsvollen Lebenserfahrungen und Interessen von Frauen nicht spezifisch genug reflektiere.[51]

Auch wohlgemeinte taktische Konzepte wie das von Robert O. Keohane offerierte „bringing women in"[52] finden wenig Gegenliebe. Mit ethnischen oder religiösen Minderheiten wollen die Feministinnen/Frauen sich nicht auf eine Stufe stellen, bloß kompensatorische Strategien gehen ihnen nicht weit genug.

---

49 John W. Burton, World Society, Cambridge 1972. In seinen späteren Texten beschäftigt sich Burton vor allem mit den Möglichkeiten, die sein Ansatz für die konstruktive Bearbeitung von Konflikten eröffnet.

50 Tickner, a.a.O., S.90 f.

51 Vergl. Uta Ruppert, „Kriegsfähigkeit, Verhandlungsmacht und ungleiche Arbeitsteilung. Bedingungen der Geschlechterpolitik in den internationalen Beziehungen", in: Kreisky/Sauer, a.a.O., S.267.

52 Robert O. Keohane, „International Relations Theory: Contributions of a Feminist Standpoint", in: Millenium, No.2/1989, S.245-254, hier S.250 f.

4.4 Rekonstruktionsversuche

Die Frage nach dem Positiven wird von feministischen Analytikerinnen unterschiedlich beantwortet. „Das wäre so, als wenn ein engagierter Marxist aufgefordert würde, eine Fabrik erfolgreicher zu managen als deren kapitalistischer Eigentümer," äußert sarkastisch Marysia Zalewski.[53] Die Sache ist in der Tat schwierig: Es soll weitgehend von Negativbefunden her Theorie zu einem positiven Nirgendwo entworfen werden.

Was an Rekonstruktionen konkret vorgelegt wird, knüpft in der Umkehrung direkt an die Befunde der Destruktionen an. Wenn Frauen als in internationalen Gremien weitgehend unterrepräsentiert befunden wurden, so wird besonders gegenüber Institutionen wie Verteidigungsministerien und internationalen Sicherheitsapparaten wie der NATO und der WEU thematisiert, wie diese Beschäftigungspools für Männer zugunsten von Frauen aufgebrochen werden könnten – und was dies theoretisch impliziert. Radikalere feministische Positionen stellen solche Einrichtungen von „high politics" grundsätzlich in Frage und streben nach funktionalen Äquivalenten, die auf anderen Auffassungen darüber beruhen, was Schutz und Sicherheit sind.

Wenn zweitens die feministische Kritik sich den im herrschenden Diskurs vielfach „unsichtbaren" Frauen gewidmet hat, so folgt daraus, daß es schwerpunktmäßig darum geht, den tatsächlichen Beitrag und Stellenwert von Frauen im sozialen Prozeß erkennbar zu machen und den politischen Münzwert der so korrigierten Lagekarte einzufordern. Eindrucksvoll ist dies besonders mit Bezug auf die Männerdomäne Militär betrieben worden: Diese Apparate funktionieren nur deswegen, weil Frauen in einer Vielzahl von wenig beachteten Rollen, Freundinnen und Ehefrauen als Claqueurinnen, Frauen als Zivilangestellte der Streitkräfte, als Krankenschwestern, Marketenderinnen und Prostituierte vielfältige Mitarbeit für das Funktionieren dieses Systems erbringen.[54] Und ähnlich wie in der Sicht der Strategen der Soldat am Waffensystem nur Schlußglied einer gewaltigen Kette an Logistik und militärischen Infrastrukturen ist, die selber ungleich mehr Aufwand erfordert als die eigentliche kämpfende Truppe, erscheint unter diesem Blickwinkel die Kollaboration von Frauen im Militärwesen als ungleich bedeutsamer für das Funktionieren der Gewaltapparate als der Waffengebrauch selber.

---

53 Marysia Zalewski, „Feminist Theory and International Relations", in: Mike Bowker/Robin Brown (eds.), From Cold War to Collapse. Theory and World Politics in the 1980s, Cambridge 1993, S.138.

54 Astrid Albrecht-Heide/Utemaria Bujewski-Crawford, Militärdienst für Frauen? Frankfurt a.M./New York 1982, v.a. S.43 ff.

Dieser Ansatz, die Frauenverantwortung für soziale Reproduktion, das weibliche Engagement „to sustain life", ist von Ann Tickner grundsätzlich gegen das männliche Politikleitbild vom Kämpfer gestellt worden. Geduld, Empathie und Sensibilität, in der Rollenstereotypie dezidiert weiblich codierte Eigenschaften, ruft sie als Charakteristika eines anderen, alternativen Politikleitbildes ab, des „Mediators„.[55] In diesem Verständnis sind internationale Beziehungen sowohl der Ort von Konflikt (so v.a. die herkömmliche Linie) wie auch der von Kooperation, und letztere gilt es in feministischer Sicht entscheidend aufzuwerten. Daß eben dies genuin feminin sei, wird bestritten. Da Tickners Position Auffassungen von Keohane oder auch Krasners Konzeptionen von Internationalen Regimen nahekomme, so Gert Krell, sei ihr Versuch künstlich.[56]

Dem Ansatz von Ann Tickner ähnlich ist das Projekt „emphatische Kooperation" von Christine Sylvester, „um neue Gesichtspunkte einzubringen und wechselseitige Beziehungen des Seins und Wissens zu schaffen."[57] – Wendy Harcourt geht es in einem ähnlichen grundsätzlichen Beitrag darum, in der Debatte über nachhaltige Entwicklung „die feministische Perspektive zu situieren".[58]

Verständlicherweise haben Feministinnen sich besonders bemüht, die zentrale Kategorie Macht neu zu konstruieren, als Denk- und Praxisform. So schlägt Nancy Hartsock in einem frühen Beitrag vor, Macht als Potential, als Energie zu werten, die neben dem eigenen Ich anderen Menschen zuteil gemacht werden kann, und die in Formen gegenseitiger Machtübertragung Ausdruck findet.[59] Jane Jaquette führt an, daß Frauen aufgrund ihrer Exklusion von Politik in der Vergangenheit in ihrer Wirksphäre Macht eher als Potential zur Überredung und zur Bildung von Koalitionen betrachtet haben, mit einschlägigen Implikationen für heutige Politik.[60] Dahinter wird Hannah Arendts Definition von Macht sichtbar, nämlich „der menschlichen Fähigkeit, nicht nur zu handeln oder etwas zu tun, sondern sich mit anderen zusammenzuschließen und im Einvernehmen mit ihnen

---

55 Tickner, a.a.O., S.139-141.

56 Krell, a.a.O., S.163, sowie dort Fußnote 24.

57 Christine Sylvester, Feminist Theory and International Relations in a Postmodern Era, Cambridge 1994, S.96.

58 Wendy Harcourt, „Negotiating Positions in the Sustainable Development Debate: Situating the Feminist Perspective", in: dies. (ed.), Feminist Perspectives on Sustainable Development, London 1994.

59 Nancy C.M. Hartsock: „Political Change: Two Perspectives on Power", in: Quest. A Feminist Quarterly, vol.1, No.1 (1974).

60 Jane S. Jaquette, „Power as Ideology. A Feminist Analysis", in: Judith H. Stiehm (ed.), Women's Views of the Political World of Men, Dobbs Ferry 1984, bes. Kapitel 2.

zu handeln."[61] – Größere Bedeutung fand für die Frauenpolitik die breit in der angelsächsischen politischen Kultur, aber auch in der lateinamerikanischen Theologie der Befreiung sowie im Diskurs von Frauen in der Dritten Welt wurzelnde Konzeption von „empowerment„ wie Claudia von Braunmühl übersetzt, „Zuwachs an Gestaltungsmacht".[62]

Ein weiterführender Beitrag des feministischen Diskurses besteht in Reflexionen über politische Identität. Die Frage nach einer eigenen Identität, gegen männlich betriebene Setzungen, läßt sich gar als Ausgangspunkt überhaupt der Neuen Frauenbewegung markieren. Im Vordergrund steht dabei ein Kollektivansatz (welche Idendität haben Frauen als Gruppe), weniger solipsistische (allein auf das Ich bezogene) Konzepte. Zum Verständnis der Begehren ethnischer Gruppierungen, sich als anders als dominante Herrschaftsgruppen zu definieren, tragen solche Ansätze fruchtbar bei. Es dürfte kein Zufall sein, daß das Thema „identity politics" etwa mit bezug auf die Frage der „citizenship„ in der Europäischen Union vorrangig von weiblichen, feministisch engagierten Autorinnen behandelt wird.[63]

Der Neuartigkeit der Argumentation ist geschuldet, daß Konkretionen der Rekonstruktion zur Theorie internationaler Beziehungen in den Anfängen stecken. Freche Weitungen bekannter Schlachtrufe (wie Cynthia Enloe dies mit der Parole „Das Persönliche ist politisch" hin zu: „The personal is international"[64] betreibt) geben eine Richtung an, bedürfen aber der theoretisch-materialen Füllung. Für Christine Sylvester betreibt Enloe allenfalls „everyday feminist theorizing",65 vorerst nicht mehr. Über das hinaus, was etwa Enloe zur tendenziellen Auflösung der Trennung von privater und öffentlicher Sphäre für die internationalen Beziehungen vorgetragen hat, zeichnen sich Theorieperspektiven besonders beim Studium der Tätigkeit internationaler NGOs ab.

---

61 Hannah Arendt, Macht und Gewalt, München/Zürich 1970, S.45. – Hervorzuheben ist, daß die feministische Rezeption ihres Machtverständnisses recht kontrovers ausfällt, worauf in dieser Einführung freilich nicht näher einzugehen ist.

62 Claudia von Braunmühl, Von Männern und Frauen und nachhaltiger Entwicklung, Man. Berlin 1998, S.3. – Der im feministischen Diskurs vielfach verwendete Begriff „empowerment" hat Wurzeln in der lateinamerikanischen Theologie der Befreiung, in der US-amerikanischen Bewegung der Black Panthers, und allgemein in der politischen Kultur angelsächsisch geprägter Länder.

63 Vergl. etwa wiederholt zum Thema Christiane Lemke, etwa: „Citizenship and European Integration", in: World Affairs, vol. 160.4 (spring 1998), S.212-217.

64 Cynthia Enloe, Bananas, Beaches and Bases, a.a.O., S.195. (Vergl. konventioneller Tickner, a.a.O., S.18).

65 Christine Sylvester, „The Contributions of Feminist Theory to International Relations", in: Steve Smith/Ken Booth/Marysia Zalewski (eds.), International Theory. Positivism and Beyond, Cambridge 1996, S.263.

Die eingangs zitierte Claudia von Braunmühl bleibt skeptisch: „Die Herausforderung feministischer Theorieansätze wird von der patriarchal strukturierten scientific community nicht angenommen. Die Debatte mit feministischer erkenntnistheoretischer Kritik findet nicht statt. Die Begriffskritik aus der Perspektive von in die Begriffe unerkannt eingehender sozialer Geschlechterkonstruktionen erhält keine Entgegnung. Feministische Wissenschaftsansätze kommen im Zitierkartell nicht vor.“ Später im gleichen Text, bitterer: „Die partriarchale Wissenschaftskultur verweigert ihren weiblichen Counterparts die Anerkennung der wissenschaftlichen Satisfaktionsfähigkeit. Zu einer Diskussion über Triftigkeit oder Dürftigkeit der Ansätze kommt es auf diese Art erst gar nicht.“[66]

Solche Skepsis wird auch durch aufgeklärteste Zeitgenossen fortwährend bestätigt.[67]

Meine eigene Schlußfolgerung: Der Genderansatz bringt eine neue, ja neuartige Perspektive in die Analyse der internationalen Politik ein. Er bereichert die Disziplin, besonders, wo sie am Phänomen von Herrschaft interessiert ist. Negativ beschrieben: Die Kategorie Geschlecht sollte nicht das neue Zentrum von Gesellschaftsanalyse bilden – sie bietet, hier ist Agnes Dietzen zu folgen,[68] neben Konzepten wie Klasse oder Schicht einen, aber eben nur einen neben anderen, Schlüssel zum Zugang zu zentralen Tatbeständen sozialwissenschaftlicher Arbeit. Die Bedeutung des Genderdiskurses erschöpft sich gewiß nicht darin, eine Perspektive zu geben. Er ist mehr – eine Kraftlinie im Felde der Sozialwissenschaft, gar ein Pol von Kräften.

66 Von Braunmühl 1997, a.a.O., S.22 f.

67 Horst Eberhard Richter, „Rettung durch die Frauen?“, in: Als Einstein nicht mehr weiter wußte. Ein himmlischer Krisengipfel, Düsseldorf/München 1997, schreibt: „Ich meine, daß wir speziell die Rolle und die Situation der Frauen ungenügend oder sogar völlig falsch eingeschätzt haben“ (S.157), gelangt aber in der Schlußfolgerung zu einem konventionellen Wissenschaftsprogramm: man solle „zu der Hauptfrage zurückkehren, nämlich ob die von der westlichen Kultur ... produzierten neuen Risiken die Menschhheit demnächst umbringen“ (S.174).

68 Agnes Dietzen, Soziales Geschlecht, Opladen 1993, bes. S.11.

KAPITEL 5
PERZEPTION

Eine der wichtigsten Voraussetzungen, die wir bisher stillschweigend als erfüllt betrachtet haben, ist diejenige, daß die Akteure rational handeln, gemäß Interessen. Besonders für die Entscheidung über Krieg, die „ultima ratio regis", den letzten Schluß der Herrscher, sollte diese Voraussetzung ohne Abstrich gelten.

Die empirische Forschung berichtet berichtet allerdings eher vom Gegenteil. In einer Übersicht wird befunden:

> „Die Frequenz von Irrtümern und Fehleinschätzungen war vor allem bei solchen Entscheidungen hoch, aufgrund derer Regierungen große kriegsähnliche Aktionen einleiteten oder eskalierten. Von allen staatlichen Entscheidungen, die den Ausbruch großer Kriege seit 1910 zur Folge hatten, erwiesen sich etwa drei Fünftel als falsch, und zwar sowohl in der Einschätzung der Fähigkeiten und Intentionen der anderen großen Staaten zum Zeitpunkt des Kriegsbeginns als auch in Bezug auf die tatsächlichen Folgen bei Kriegsende."[1]

Eine zweite Beobachtung veranlaßt Deutsch und Senghaas, die Autoren dieser Übersicht, zu Skepsis: Die Außenpolitik der großen Staaten ist gar nicht so kontinuierlich, wie die rationale Verfolgung von Interessen vermuten lassen müßte. Sie wenden sich gegen die Vorstellung von quasi zeitunabhängiger „Staatsraison", die äußere Politik leite, da man ansonsten erkennen müßte „einen höheren Grad an Kontinuität in der Außenpolitik der Großmächte, als tatsächlich festzustellen ist. In den vier Jahrzehnten zwischen 1930 und 1970 haben die USA, Großbritannien und die Sowjetunion alle die Grundziele ihrer Außenpolitik geändert, sowohl im

1 Karl-W. Deutsch und Dieter Senghaas, „Die brüchige Vernunft von Staaten", in: Dieter Senghaas (Hg.), Kritische Friedensforschung Frankfurt a.M. 1971, S.105. Deutsch und Senghaas geben als Beleg: „Errechnet nach Daten über 50 internationale Kriege, 1815-1965, gesammelt von J. David Singer, Melvin Small und Susan Jones, demnächst veröffentlicht in The Wages of War, New York 1970" (ebd., S.159). Der Kernsatz findet sich fast wortgleich später bei Gert Krell („Von allen staatlichen Entscheidungen, die den Ausbruch großer Kriege seit 1910 zur Folge hatten, erwiesen sich etwa 3/5 als falsch und zwar sowohl in der Beurteilung der Fähigkeiten und Absichten der anderen Großmächte zum Zeitpunkt und der Kriegsfolgen"), vgl. „Zur Theorie der Rüstungsdynamik", in: Klaus-Dieter Schwarz (Hg.), Sicherheitspolitik. Analysen zur politischen und militärischen Sicherheit, 3. Aufl., Bad Honnef-Erpel 1978, S.244. Krell meint weiter, „daß die Neigung zu Fehlwahrnehmungen und Fehlentscheidungen besonders in Krisensituationen ansteigt" (ebd.).

Hinblick auf die wichtigsten Methoden und Strategien als auch in Bezug auf einzelne Ziele. Die Vereinigten Staaten und England haben ihre hauptsächlichen außenpolitischen Ziele geändert, und auch die Sowjetunion hat an die Stelle ihrer eingeschworenen politischen Ziele die offizielle Anerkennung der Doktrin der friedlichen Koexistenz gesetzt.“[2]

Die beiden Autoren sprechen im Ergebnis von der „brüchigen Vernunft von Staaten“. Bei der „Suche nach rationalen Modellen für irrationales Verhalten“ landen sie freilich bei der Individualanthropologie Freuds und laden sich so das Analogieproblem aller Ethologie auf: Woher wissen wir, daß das, was wir vom Tier- oder Einzelmenschenverhalten erfahren können, auch für Staaten gilt?

Die Unsicherheit von Informationen bildet allenfalls die Hälfte unseres Problems. Zugleich sind die Akteure nach Kräften bemüht (und verstehen vorrangig darin das Geschäft des Politischen), ihre eigentlichen Absichten zugunsten taktisch eher erreichbarer (erreichbar scheinender) Zwecke zu verbergen. Wie schon Machiavell befand: „Doch muß man sich darauf verstehen, die Fuchsnatur gut zu verbergen und Meister in der Heuchelei und Verstellung zu sein.“[3]

Hobbes galt die Wahrnehmung des Machtpotentials durch die möglichen Gegenspieler als genauso wichtig wie das Machtpotential selbst. Von dieser Aussage her lassen sich eine Vielzahl von Beobachtern der internationalen Politik anführen, die auf die Bedeutung von Wahrnehmungen oder vielmehr Fehlwahrnehmung, auf die Inkongruenz von Objekt und Wahrnehmung verweisen. Der zitierte Nuechterlein geht in seiner Definition so weit, nur noch die Perzeption nationaler Interessen zu benutzen und die Frage nach dem objektiven Gehalt dieser Interessen offen zu lassen: Nationale Interessen sind „die perzipierten Bedürfnisse und Wünsche eines souveränen Staates in Bezug auf andere souveräne Staaten, welche seine äußere Umgebung bilden“.[4]

In der Gegenüberstellung von Wahrnehmungsschwächen bei Akteuren einerseits und dem Nebel, den diese selber zwecks Trübung der Wahrnehmung ihrer selbst versprühen, erschöpft sich freilich das Problem nicht.

2 Ebd., S.105f. – Die Begründung der These scheint Deutsch/Senghaas schwächer zu geraten als die These selber: Wieso ein Wechsel der „wichtigsten Methoden und Strategien“ der genannten Staaten einem Wechsel der „Grundziele ihrer Außenpolitik“ gleichkommt, bleibt schwer verständlich, und was die „eingeschworenen politischen Ziele“ der UdSSR im Gegensatz zur Politik der friedlichen Koexistenz sein mögen, bleibt der Vermutung (oder dem Vorurteil?) des Lesers überlassen.

3 Machiavelli, Il Principe, Stuttgart 1973, S.72.

4 Nuechterlein, a.a.O., S.75.

Um dem Thema mehr als eine vereinfachende Gegenüberstellung von Realität und deren Wahrnehmung abzugewinnen, sind einige Reflexionen nötig.

Das Wahrnehmungsproblem ist auf mehreren Ebenen thematisierbar. Die Bezeichnung „internationale *Beziehungen*" verweist zum ersten auf die kommunikationstheoretische Dimension, auf ein Problem zwischen Sendern und Empfängern. Hier wird eine objektive Wurzel des Perzeptionsproblems sichtbar – die Akteure versuchen zum Teil (aber zu welchem Teil?), ihre tatsächlichen Beweggründe und ihre Handlungen in der internationalen Politik zu verschleiern. Diese werden zweitens aufgrund informationeller Filter (welcher Filter?) beim Gegenüber nicht adäquat (zu ihrem Selbstbild) wahrgenommen. Der Kommunikation:Prozeß zwischen diesen Polen gibt der Frage Auftrieb, wie rational klar er denn verlaufe.

Die Rückfrage reicht eine dritte Stufe weiter. Die Akteure selber werden keineswegs von cartesianischer Klarheit in ihren Entscheidungen geleitet. Außenpolitik ist vielmehr, gleich, welche Gesellschaftsverfassung gilt, Resultante vielfältiger innenpolitischer Prozesse, denen reine Interessenrationalität zu unterstellen denn nun doch eine arge Vereinfachung bliebe.

„Das Politische" im Verhalten der Akteure, so es nicht auf reine Interessenwahrnehmung reduzierbar ist, erschöpft sich nicht in der prozessualen Dimension der Politikartikulation. Hierzu tritt ein auf allen drei verzeichneten Ebenen vorführbares Element, welches wir das Ideologische nennen wollen.

Mit dieser Zuweisung haben wir es ganz generell mit dem Ideologieproblem in der internationalen Politik zu tun: mit willentlichem oder unwillentlichem Vorenthalten von Wahrheit, welches zu falschem Bewußtsein führt. Über diese allgemeinste Bestimmung hinaus gilt: Angesichts fehlender allgemeiner Akzeptierung von Normen, von allgemein geübten Verhaltensweisen gegenüber womöglich existierenden Normen erringt das Ideologische in der auswärtigen Politik gegenüber der Innenpolitik einen besonderen Stellenwert.

Der Nachweis des grundsätzlich ideologischen Verhaltens in der internationalen Politik fällt leicht. Das Bild vom selbstlosen Staatsmann, der nur und lediglich im überindividuellen Interesse, als Diener seines Gemeinwesens, handelt, ist von vornherein als fabriziert zu erkennen. Die Pose der Diplomatie, dem Gemeinwohl in Gestalt des nationalen Interesses zu dienen, entstammt der Ära des Obrigkeitsstaates, der zu wissen vorgibt, was dem Volke frommt – mit einer pluralistischen Demokratie ist so etwas vom Ansatz her nicht verträglich. Wir werden also auch nach der Selbstwahrnehmung fragen müssen.

Das Perzeptionsproblem (oder, kritisch gewendet, das Ideologiehafte) setzt sich fort in Schlüsselkonzepten der internationalen Beziehungen. „Bedrohung“ wird, obgleich von den Akteuren vor allem als objektives Moment verstanden, geradezu zum Schlüsselkonzept zum Verständnis des Problems. Es sei zugestanden, daß es objektiv wechselhafte Bedrohungen gibt, existentieller Art – nur die Art und Weise, wie mit diesen Bedrohungen umgegangen wird, läßt Gestaltungsmöglichkeiten weiten Raum. Vormeinungen, ideelle Bindungen, Werte – alles das geht in Bedrohtheitswahrnehmungen, in alle Wahrnehmungen der Akteure ein.

Diese Durchmengung bringt ein Handbuchartikel auf den Begriff: Internationale Politik sei in Wirklichkeit die „Interaktion von Staaten, die sich der Ideologien bedienen, und von Ideologien, denen die Staaten dienen; Gemenge von gleichen Interessenlagen, die mit unterschiedlichen Ideologien verknüpft sind, und von gleichen Interessenlagen, die sich mit den gleichen Ideologien verbinden; Wechselwirkung von Innen- und Außenpolitik; Mischung von ‘richtigem’ und ‘falschem’ Bewußtsein; Spiegelung und Widerspiegelung, Produktion und Reproduktion aller dieser verschiedenen Komponenten“.[5]

Mangelnde analytische Klarheit solcher Zusammenhänge führt besonders bei Untersuchungen internationaler Beziehungen dazu, Begriffe aus anderen Disziplinen auszuborgen, besonders der politischen Metereologie („günstiges politisches Klima“, „politische Großwetterlage“ usf.). Analytisch sind solche Analogien nicht ergiebig, sie zeigen vor allem Wahrnehmungen an.

Um Mißverständnissen vorzubeugen, ist der hier verwendete Ideologiebegriff zu erläutern. Unter „Ideologie“ wird verstanden ein System von Denkweisen und Wertvorstellungen, zugeordnet einem Satz gesellschaftlicher, wirtschaftlicher und politischer Interessen. Dieses wird in der verwirrenden Welt der äußeren Politik benutzt bei der Aufgabe, Komplexität zu reduzieren (Niklas Luhmann).

Diese Aussage würde fehlverstanden als Thematisierung von Ideologisierung als „falsches Bewußtsein“ in dem Sinne, daß ein reines, nicht fabriziertes erhältlich wäre. Dies gibt es nicht, alle Beziehung, nachgerade in der internationalen Politik, beruht auf Wahrnehmungsvorgängen, die frei

5 Erwin Häckel, „Ideologie und Außenpolitik“, in: Wichard Woyke (Hg.), Handwörterbuch Internationale Politik, Opladen 1977, S.130.

nicht ausführbar sind. Insofern ist das Konzept der Ideologiekritik nicht ein Konzept moralischer Kritik. Für die eigenständige, soll heißen, von den Wahrnehmungssuggerierungen freie, Analyse kompliziert sich die Regelaufgabe von Sozialwissenschaft, die Ideologiekritik, in den internationalen Beziehungen um ein Mehrfaches. Zunächst ist es nicht möglich, die Haltung eines Akteurs einer direkten Ideologiekritik zu unterwerfen – die Akteure handeln vielmehr unter der wechselseitigen Vermutung ihrer Wahrnehmungen. Kommunikationstheoretisch gefaßt, handelt es sich um eine interferierende Rückkoppelung von Wahrnehmungen. Diese erzeugen einen Grauschleier, den zu durchstoßen einer einfachen Bewertung nicht möglich ist. Gerade Positionen wie jene, es gehe um die „Berechenbarkeit" und damit um die Transparenz einer nationalstaatlichen Politik, bleiben hochgradig ideologieverdächtig. Es handelt sich um ein Musterbeispiel von Ideologieproduktion gemäß der Maxime, wie man am liebsten wahrgenommen werden möchte.

Selbst wenn es gelänge, die Darstellung der Position eines Akteurs aller Artefakte zu entkleiden, bliebe das zusätzliche Allgemeinproblem, daß diese Position Resultante vielfältiger innenpolitischer Kompromißbildungen, Ergebnis des Wettstreits divergierender Interessen wäre – welches klarsichtig von außen aufzulösen das Vermögen jedes Analytikers übersteigt.

„Ideologie" hat keineswegs stets einen abwertenden Klang. Die in neuerer Zeit an Boden gewinnenden Konzepte zur Neuordnung des internationalen Systems („Neue Weltwirtschaftsordnung") sind schließlich hochgradig von Wertvorstellungen geprägt, sind ideologischer Art.[6]

Bemerkenswerterweise hält vor allem das Selbstbild, welches die Akteure in die internationale Politik tragen, einer strikten Rationalitätsprüfung nicht stand. Die empirische Forschung ist im Ergebnis von der Ideologiehaftigkeit der Selbstbilder überzeugt:

> „Die verschiedenen Faktoren tragen zu einem Selbstbild bei, in welchem die Realität, Erwartungen und Rollenprojektion sich zu einem Bewußtseinsmuster verbinden, welches nicht mit der Wirklichkeit übereinstimmt."[7]

Dieser Autor schränkt seinen Befund sogleich ein: Was ist denn dann noch Wirklichkeit? Aber er betont als Grundlage seines Ansatzes:

---

6 Vgl. dazu ausführlich: R.B. Walker (Hg.), Culture, Ideology, and World Order, New York 1984; Samuel S. Kim, The Quest for a Just World Order, New York 1984.

7 Bart Landheer, „The role of the image of man in international relations", in: Norbert Achterberg/Werner Krawietz/Dieter Alyduckel (Hg.), Recht und Staat im sozialen Wandel. Festschrift für Hans Ulrich Scupin zum 80. Geburtstag, Berlin 1983, S.39.

„Diese Bilder (images) sind es schließlich, die das Banner abgeben, unter dem sich eine gesellschaftliche Gruppe zusammenfindet."[8]

Die verschiedenen Wahrnehmungen fallen nämlich nicht gänzlich individuell aus: Es gibt „shared images" innerhalb der Eliten sowie in den ideologischen Lagern. Halperin führt für die USA der sechziger Jahre als die drei grundsätzlichen „shared images" an:

(1) Das herausragende Element der internationalen Politik ist der Ost-West-Konflikt;
(2) Jedes Land, welches Neigungen in Richtung Moskau zeigt, stärkt in der Ost-West-Auseinandersetzung das kommunistische Lager;
(3) Der einfachste Weg, amerikanische Interessen zu fördern, besteht in Opposition zum Kommunismus.[9]

Einzelne ideologische Konzepte werden allgemein geteilt. Die am weitesten verbreitete Ideologie bleibt die des Nationalstaates. Sie sei „universal anerkannt, fest anerkannt wie kein anderer Gedanke".[10]

Ideologie ist zweifelsohne ferner auch notwendiges Element von Politik. Ein reines Machtinteresse ist nicht vermittelbar, es bedarf der Verbrämung. Häckel faßt zusammen:

> „Herrschaftsinteressen sind nämlich jene politischen Interessen, die einer Rechtfertigung, Verhüllung und Verbrämung bedürfen und sich deshalb zu allen Zeiten ideologischer Argumente bedient haben. Jeder Herrschaftsanspruch steht deshalb unter Ideologieverdacht, und jede Ideologie muß sich befragen lassen, welchen Herrschaftsinteressen sie dient."[11]

Die Forschung hat sich, besonders in den USA, weniger den Inhalten von Ideologie in den internationalen Beziehungen zugewandt, sondern dem Vorgang der Ideologisierung selber. Dabei spielen psychosoziale Ansätze unterschiedlicher Art eine große Rolle. Die Kategorien 'Weltbild', 'Selbstbild' oder auch 'Feindbild' provozieren nachgerade eine derartige Analyse.

Peter Christian Ludz hat vor zwanzig Jahren vermeint, eine breite Zuwendung zur psychoanalytischen Vertiefung solcher Konzepte wie „images",

---

8 Ebd.

9 Morton. H. Halperin, Bureaucratic Politics and Foreign Policy, Washington, D.C., 1974, S.11/12. Halperin beginnt das erste substantielle Kapitel seines Buches über „nationale Sicherheitsinteressen" mit der einfachen Setzung, daß solche „shared images" seit Beginn des Kalten Krieges von einer Mehrzahl amerikanischer Regierungsmitarbeiter (wie auch in der amerikanischen Öffentlichkeit) geteilt worden seien.

10 Häckel, a.a.O., S.126.

11 Ebd.

„belief systems“ usf. feststellen zu können. „Für die Analyse des Verhaltens des politischen Akteurs“, so Ludz weiter, werde „immer weniger an der Fiktion eines rationalen Verhaltens“ festgehalten.[12] Ludz bemüht sich besonders um eine eher kommunikationspraktisch orientierte Richtung psychosozialer Analyse von internationalen Beziehungen .

Ludz präsentiert ein Tableau von vier Begriffsgruppen, die psychopolitologisch angegangen werden sollten:
(1) Begriffe wie ‚Identität‘, ‚Intentionalität‘, ‚Erfahrung‘, ‚Erwartung‘;
(2) ‚Interaktion‘, ‚Austausch‘, ‚Reziprozität‘ usf.;
(3) ‚Situation‘, ‚Milieu‘, ‚Umwelt‘ usf.
(4) schließlich Begriffe wie ‚Kommunikation‘, ‚Information‘, ‚Signal‘, ‚Symbol‘.

Da sich das Alltagsverhalten der internationalen politischen Akteure im Verbalverhalten kristallisiert, leuchtet der Vorschlag ein, dieses nicht als Nebensächlichkeit (so der „Politische Realismus“) abzutun, sondern von diesem Ansatz her die Untersuchung überhaupt zu konzipieren. Es gibt auch spezifische Vorschläge, wie ein solches analytisches Vorhaben konkretisiert werden könnte: etwa durch Verwendung der Konzepte, mit denen Erving Goffmann Rituale, Rollenspiele, Droh- und Gefahrensituationen des Alltagslebens phänomenologisch-psychologisch im Bereich der individuellen Aktion zu erfassen sucht.[13] Von einem entfalteten Ansatz ist vor allem bei Robert Jervis[14] zu reden. Mit Begriffen wie „Perzeption“ und „Fehlperzeption“ bearbeitet Jervis die Frage, wie Staaten die Wahrnehmung, die andere von ihm haben, beeinflussen können und somit Einfluß ausüben, ohne die eigene Politik wesentlich zu verändern. Ferner fragt Jervis nach den Mechanismen, mit welchen nach Erhalt neuer Informationen eine Wahrnehmung nachkorrigiert wird. Unter Rückgriff auf Goffmanns Konzept der „totalen Institutionen“[15] (eine „totale Institution“ ist eine Kaserne, ein Kloster) thematisiert Jervis die Weltpolitik. Er geht von der Prämisse vollständiger Feindseligkeit zwischen den beiden damaligen Supermächten aus und stellt eine „Wettlauf in der Risikoübernahme“ zwischen diesen fest.[16]

12 Peter Christian Ludz, „‘Alltagsleben’ und ‘Strategic Interaction’. Bemerkungen zu einem neuen Ansatz in der Theorie der internationalen Beziehungen“, in: Peter Raina (Hg.), Internationale Politik in den siebziger Jahren, Frankfurt a.M. 1973, S.182.

13 Erving Goffmann, Interaktionsrituale, dt. Frankfurt a.M. 1971, sowie Interaktion: Spaß am Spiel/Rollendistanz, dt. München 1973.

14 Robert Jervis, The Logic of Image in International Relations, Princeton, N.J., 1970.

15 Erving Goffmann, Asyle. Über die soziale Situation psychiatrischer Patienten und anderer Insassen, dt. Frankfurt a.M. 1973.

16 Jervis, a.a.O., S.238.

So läßt sich eine Typologie der Verhaltensweisen von Staaten(gruppen) herausarbeiten, der von ihnen erzeugten „Images“ und der Härte, mit denen an diesen „images“ festgehalten wird.

Jervis versteht sein Konzept als durchaus handlungsleitfähig, er entwickelt es zu einer „Theorie der Täuschung“ (theory of deception). In ähnlicher Richtung ist ein Führer für Verhandlungstechnik („How nations negotiate“) vom Chef der US-Abrüstungsbehörde vorgelegt worden.[17] Ludz umreißt diesen Ansatz wie folgt:

> „Den Gegenspieler täuschen, heißt vor allem, die Grundzüge der eigenen Verhaltensstrategie unter geringst möglichem Kostenaufwand aufrechtzuerhalten. Die Minimierung von Kosten manifestiert sich in der Produktion von Selbstdarstellungen, die der Gegenspieler in der erwünschten Weise zum erwünschten Zeitpunkt kalkulierbar akzeptiert und bei seiner eigenen Strategie maßgeblich berücksichtigt.“[18]

Insgesamt scheint in der analytischen Vertiefung in psychologischer Richtung die bedeutsamste Erweiterung des Studiums der internationalen Politik zu liegen. Eigenständige Beiträge aus Deutschland gibt es hierzu wenig. Dieter Senghaas' brillante Dissertation über die Pathologie des Wettrüstens hat keine vergleichbaren Parallelarbeiten gezeitigt. In jüngerer Zeit beeindrucken Arbeiten, die die Theorie vom Alltagsbewußtsein von Massen mit der Friedensproblematik verbinden. Das Gros der Vertreter des Faches steht jedoch nach wie vor fest auf dem Boden der von Machiavelli dargelegten Prämissen. Nur, mit den Chuzpe-Regeln dieses Altmeisters, mit mechanistischen und „realistischen“ Analysen allein, läßt sich internationale Politik am Ende des 20. Jahrhunderts nicht befriedigend erklären.

---

17 Fred Charles Iklé, How Nations Negotiate, New York 1967.
18 Ludz, a.a.O., S.199.

KAPITEL 6
INTERNATIONALE POLITIK ALS KRIEGSSYSTEM

„In ein bis zwei Tagen wird es zur großen Schlacht kommen, der die ganze Armee mit Verlangen entgegensieht. Ich selbst freue mich auf diesen Tag, wie ich mich auf meinen Hochzeitstag freuen würde, wenn er mich so glücklich machte, segnend jener Hand verbunden zu werden, von der ich den Ring trage.“

Karl von Clausewitz, Brief an seine Braut 1806

Der Inhalt von internationaler Politik, wenden wir uns von Grundbegriffen zu ihrem Verständnis, von Akteuren und deren Wahrnehmungen ab, läßt sich vor allem mit dem Gegensatzpaar Krieg und Frieden, weniger dramatisch gefaßt, mit dem Gegensatz zwischen Dissoziation und Assoziation in der internationalen Politik bestimmen. Den Alltag bezeichnet bisher vor allem Kriegs-, nicht Friedenspolitik, und dieser Alltag kennzeichnet die Geschichte der neuzeitlichen Staatenwelt. Ernst-Otto Czempiel stellt fest:

> „Krieg ist ... das häufigste Prozeßmuster der internationalen Politik geblieben, hat sich über unterschiedliche Zeiten, Kulturen und Entwicklungsstände erhalten.“[1]

Die Klassiker politologischer Analyse beklagen – in zumeist wenig bekannten Partien großer Texte (warum sind diese wenig bekannt?) diesen Zustand. Montesquieu zum Beispiel beschreibt das internationale System des Wettrüstens im „Geiste der Gesetze“ in recht modern anmutender Weise:

> „Eine neue Krankheit hat sich in Europa ausgebreitet. Sie hat unsere Fürsten befallen und läßt sie eine unmäßige Zahl von Truppen unterhalten. Sie hat ihre Höhepunkte und wirkt notwendig ansteckend. Denn wenn ein Staat das, was er seine Truppen nennt, vermehrt, vermehren die anderen sofort die ihrigen, so daß niemand etwas anderes erreicht als das allgemeine Elend. Jeder Monarch hat so viel Truppen auf den Beinen, wie er benötigen würde, wenn seine Völker in Gefahr wären, vom Erdboden vertilgt zu werden, und diesen Zustand der Spannung aller gegen alle nennt man Frieden.“[2]

---

1 Ernst-Otto Czempiel, Internationale Politik. Ein Konfliktmodell, Paderborn u.a. 1981, S.217.

2 Montesquieu, Vom Geist der Gesetze, dt. Tübingen 1951, XIII. Buch, Kap. 17, S.305.

In einer Fußnote zu diesem „Zustand der Spannung" merkt Montesquieu an:

> „Es trifft zu, daß dieser Zustand der Spannung wesentlich das allgemeine Gleichgewicht aufrecht hält, weil er die großen Mächte lahm macht."[3]

Bezeichnenderweise läßt Montesquieu das Kernkapitel seines Buches, die berühmte Interpretation der Verfassung Englands und der Gewaltenteilung, mit der Militärfrage enden – wie die Streitkräfte als Träger der bewaffneten Macht der Exekutive zugeordnet sein müssen,[4] um eine moderne Regierung zu ermöglichen.

Es läßt sich eine Anzahl von Schriften politologischer Klassiker anführen, die in gleicher Manier sich der inhaltlichen Grundfrage internationaler Politik, dem Ausbruch offener Gewalt unter Zivilisierten, zuwenden. In diesem Abschnitt soll jedoch das Schema unterbrochen werden, die Entfaltung eines Gedankens mit Hilfe verschiedener Beiträger nachzuzeichnen (die dann notwendig jeweils knapp mit einem Kurzverweis abgehandelt werden müssen). Statt dessen soll ein einzelner klassischer Analytiker in diesem Abschnitt einmal etwas einläßlicher zu Worte kommen – schon um dem Studenten der internationalen Politik den Reichtum an Gedanken bei einem Großen und deren Wirkungsmächtigkeit bis zu diesem Tage vorzuführen. Bei der Suche nach einem geeigneten Text fällt die Wahl nicht schwer. Thomas Hobbes hat im 13. Kapitel des Leviathan in bis heute gültiger Weise das Problem umrissen. Sein Text hat angesichts des Kriegsproblems von heute, dem innerstaatlichen oder ethnosozialen Krieg, vielleicht sogar noch mehr Erklärungskraft als zu Zeiten des Kalten Krieges.

Zunächst sei dieser Autor kurz charakterisiert: Hobbes, Sohn eines Pfarrers (1588-1679) war ein hochbegabter und gut informierter Beobachter seiner Zeit – er kannte Galilei und Bacon, bereiste das Ausland, mußte 1640 vor der Revolution nach Paris fliehen, und kam 1651 unter Cromwell nach England zurück (danach entsteht der „Leviathan„). Nach der Restauration der Stuarts 1660 erhält Hobbes eine Pension. Die Bürgerkriegserfahrung ist wesentlich für die Bemühung Hobbes', Politik zu verstehen und ihre Grundmuster zu analysieren. Er tut dies im wesentlichen in drei Schritten. Zunächst erfolgt eine anthropologische Aussage (die in der von ihm geprägten Weise bis heute von Analytikern der internationalen Politik wiederholt wird); zur Verifizierung dieser Setzung appelliert Hobbes an die Erfahrung des Individuums; schließlich wird in einer Ana-

3 Ebd.
4 XI. Buch, Kap.6, a.a.O., S.227f.

logie die Analyse auf Großgruppen, die Staatenwelt, übertragen. Sein Motiv artikuliert Hobbes beeindruckend in der Widmung seiner Schrift:

> „Was tue ich in der Tat anderes, als die bürgerliche Gewalt, so sehr ich es vermag, zu steigern ... Ich diskutiere nicht das Recht der einen oder anderen, sondern das Recht schlechthin; und wie einst die Gänse des Kapitols, so schreie ich nur beim Lärm derjenigen, die hinaufsteigen wollen.“[5]

Nach Auffassung Hobbes‘ ergibt sich aus der Betrachtung des Menschen der Staat, die Staatenwelt und Politik. Im 13. Kapitel (dem von Politikwissenschaftleraugen wahrscheinlich am meisten gelesenen Abschnitt des sehr umfangreichen Werkes) des 1. Teils ist die anthropologische Fixierung evident. Hobbes teilt diese mit anderen Klassikern politikwissenschaftlicher Analyse. Montesquieu zum Beispiel schreibt im „Geist der Gesetze“:

> „Das Leben der Staaten gleicht dem der Menschen: wie diese im Fall der Notwehr das Recht zu töten haben, so haben jene das Recht, für ihre Selbsterhaltung Krieg zu führen.“[6]

Das Analogieproblem der neuzeitlichen Forschung (was berechtigt den Analytiker, eine solche Gleichsetzung zu vollziehen; wo findet diese ihre Grenzen; was sind überhaupt die Übertragungsbedingungen, unter denen sich menschliches Einzelverhalten mit der Politik eines Staates vergleichen läßt?) hat solche Paralellisierung noch nicht erfaßt; Montesquieu und Hobbes argumentieren mit der Augenscheinlichkeit ihrer These für das Individuum – die bei diesem gegeben sein mag, nicht aber beim Staat.

Hobbes beruft sich auf ein zweites paralleles Element, welches das menschliche Individuum ebenso wie den Staat betreffe, den objektiven Gehalt des rationalen Denkens:

> „Alles Nachdenken gründet sich auf Erfahrung und wird von Natur einem jeden zur selben Zeit bei denselben und gleich aufmerksam betrachteten Gegenständen auch gleichmäßig mitgeteilt.“[7]

Diese beiden ersten Schritte nutzt Hobbes, um zu seiner Grundfrage, der Behandlung von Konflikten, zu gelangen: „Sooft daher zwei ein- und dasselbe wünschen, dessen sie aber nicht zugleich teilhaftig werden können, so wird einer des anderen Feind.“[8] Die Bezeichnung „Feind“ und nicht

---

5 Thomas Hobbes, Leviathan, nach der Reclam-Ausgabe, Stuttgart 1970, S.3.

6 Montesquieu, a.a.O., Zehntes Buch („Von den Gesetzen in ihrer Beziehung zur Angriffsstärke“), 2. Kapitel, S.190. Montesquieu spricht weiter ausdrücklich vom „Recht zum Kriege“, besonders kleinerer Staaten.

7 Hobbes, a.a.O., S.113.

8 Ebd., S.114.

etwa „Gegner“ und „Rivale“ erfolgt bewußt. Die Ziele gesellschaftlichen Handelns, welche „mit der Selbsterhaltung immer verbunden“ sind, erfordern nach Hobbes, „sich dem anderen entweder unterwürfig zu machen oder ihn zu töten“.[9] Herrschaft oder Tod, das ist in bezug auf die (noch zu bestimmenden) Ziele der Selbsterhaltung der Imperativ. Damit ist Hobbes bei seinem zentralen Thema:

> „Bei dieser großen Furcht, welche die Menschen allgemein gegeneinander hegen, können sie sich nicht besser sichern als dadurch, daß einer dem anderen zuvorkommt oder so lange fortfährt, durch List und Gewalt sich alle anderen zu unterwerfen, als noch andere da sind, vor denen er sich zu fürchten hat.“[10]

Pazifismus ist nach Hobbes kein Ausweg („Wenn diejenigen, welche mit mäßigem Besitz zufrieden sind, nur sich und das ihrige zu verteidigen, nicht aber ihre Macht dadurch zu vermehren suchen, daß sie andere selbst angreifen, so würden sie nicht lange bestehen können“).[11] Andere, Nicht-Pazifisten, „die sich entweder aus Machtgefühl oder aus Ruhmsucht die ganze Erde gern untertan machen möchten“, würden einem solchen Verhalten die Grundlage rauben. „Deshalb muß jedem auch die gewaltsame Vermehrung seiner Besitzungen um der nötigen Selbsterhaltung willen zugestanden werden“.[12]

Sein großes Thema verwendet Hobbes mit gezielter Absicht: Es geht ihm darum, den Königsweg aus dieser Misere zu zeigen – im Innern einer Gesellschaft ist dies der Staat, in der internationalen Politik übernimmt diese Funktion das Gleichgewicht der Kräfte. „Wäre folglich keine Macht da, welche allen das Gleichgewicht halten könnte, so wäre das Leben der Menschen nebeneinander natürlich nicht bloß freudlos, sondern vielmehr auch höchst beschwerlich“. Beide Aussagen werden wiederholt, sowohl die Drohung, wie das Leben aussähe, wenn es keine Obergewalt gäbe („tausendfaches Elend; Furcht, gemordet zu werden; stündliche Gefahr; ein einsames, kümmerliches, rohes und kurz dauerndes Leben“), wie vor allem auch die Notwendigkeit der Obergewalt:

> „Hieraus ergibt sich, daß ohne eine einschränkende Macht der Zustand der Menschen ein solcher sei wie er zuvor beschrieben wurde, nämlich ein Krieg aller gegen alle. Denn der Krieg dauert ja nicht etwa nur so lange, wie fakti-

9 Ebd.
10 Ebd.
11 Ebd.
12 Ebd.

> sche Feindseligkeiten, sondern so lange, wie der Vorsatz herrscht, Gewalt mit Gewalt zu vertreiben."[13]

Entgegen einer verballhornten Fassung dieser Aussage, Hobbes behaupte, menschliche Existenz bestünde im Krieg aller gegen alle, ist sorgfältig auf das Bedingungsverhältnis der Aussage zu achten: Wenn es keinen Staat gäbe, eine zu Hobbes und unseren Zeiten real nicht mögliche Konzeption, dann träte eben dieser Umstand ein. Weiter wird „Krieg" nicht an „faktische Feindseligkeiten" gebunden, sondern an den Vorsatz, Gewalt mit Gewalt zu vergelten. Die Situation der internationalen Politik der Nachkriegszeit, die wechselseitige Abschreckung mit infernalischen, unklaren Gewaltdrohungen, würde Hobbes folglich mit „Krieg" bezeichnen.
Hobbes gibt auch, lange vor z.B. Galtung, die Negativdefinition von Frieden:

> „Die Zeit aber, in der kein Krieg herrscht, heißt Frieden."[14]

Die Einwände, die Hobbes selber gegen seine Aussage stellt (es hat niemals einen Krieg aller gegen alle gegeben), sollen hier nicht näher verfolgt werden. Unser Kronzeuge räumt gern ein, daß es unter Zeitgenossen Ausnahmen von diesem allgemeinen Zustand gab. Hobbes betont jedoch die Gültigkeit seiner Aussage für die „hohe" Politik („Gab es auch gleich niemals eine Zeit, in der jeder eines jeden Feind war, so leben doch die Könige und die, welche die höchste Gewalt haben, miteinander in ständiger Feindschaft").[15] Damit ist auch hier eine erste Spur gelegt für das Kernanliegen dieser Einführung, die Frage nach den Wirkungen von Herrschaft in der internationalen Politik. – Die nähere Fassung dieser Feindschaft beeindruckt als Vorgriff auf eine Beschreibung der Situation, in der sich die beiden Abschreckungsgesellschaften in Ost und West gegenüberstanden:

> „Wie Fechter stehen sie gegeneinander, beobachten sich genau und halten ihre Waffen in Bereitschaft, ihre Festungen und Kriegsheere an den Grenzen und ihre geheimen Kundschaften im Feindesland. Ist das nicht wirklicher Krieg?"[16]

13 Ebd., S.115.

14 Ebd. – Vergleiche Johan Galtung: „Frieden ist Abwesenheit von Gewalt" („Gewalt, Frieden und Friedensforschung", in: Dieter Senghaas (Hg.), Kritische Friedensforschung, Frankfurt a.M. 1971, S.56).

15 Hobbes, a.a.O., S.117.

16 Ebd.

Hobbes verweist auch auf „altes Elend“, welches mit einer solchen Politik einhergeht; er meint freilich, „dennoch konnte auf keine andere Art für das Wohl der Untertanen gesorgt werden.“[17]

In der Schlußfolgerung wendet sich Hobbes der Frage zu, wie denn Frieden als Residuum der Zeit zwischen Kriegen politisch erzielt werden kann. In beeindruckender Nähe zum „Abschreckungsfrieden“ unserer Tage formuliert er, daß Frieden vorrangig auf Furcht beruhe: auf „Furcht, überhaupt und insbesondere die Furcht vor einem gewaltsamen Tod; ferner das Verlangen nach den zu einem glücklichen Leben erforderlichen Dingen und endlich die Hoffnung, sich diese durch Anstrengung wirklich zu verschaffen“.[18]

In der Sicht von Hobbes lassen sich vor diesem Hintergrund einige Grundsätze formulieren, die zum Frieden führen. Diese behandelt er näher im 14. Kapitel:

> „Also ist folgendes eine Vorschrift oder allgemeine Regel der Vernunft: Suche Frieden, solange noch Hoffnung darauf besteht; verschwindet diese, so verschaffe dir von allen Seiten Hilfe und nutze diese.“[19]

Den ersten Teil dieser (so Hobbes) „Regel“ nennt er „das erste natürliche Gesetz“: „Suche Frieden und jage ihm nach“. Hier paraphrasiert Hobbes direkt die Bibel (Philipperbrief III, 12: „Nicht, daß ich es schon ergriffen hätte oder schon zu Vollendung gekommen wäre; ich jage ihm aber nach“). – Die zweite Hälfte seiner Regel wertet Hobbes als „Inbegriff des Naturrechts“: „Jeder ist befugt, sich durch Mittel und Wege aller Art selbst zu verteidigen.“[20] Der Gedanke der Einhegung des Krieges, der Beschränkung der Mittel, ist Hobbes noch fremd.

Sind allerdings ein gewisser Rechtszustand erreicht und – so Hobbes – die Selbsterhaltung gesichert und wird dieser Zustand allgemein akzeptiert, dann „muß auch jeder von seinem Recht auf alles ... abgehen und mit der Freiheit zufrieden sein, die er den übrigen eingeräumt wissen will“.[21] Damit ist eine für das Rechtsverständnis und das Gerechtigkeitsempfinden bis heute grundlegende Aussage getroffen.

Hobbes hat die Schwierigkeit seines Ansatzes gesehen, daß der Souverän schwach bleiben müsse, wenn dem einzelnen Mitglied der Gesellschaft so

---

17 Ebd.
18 Ebd., S.118.
19 Ebd,. S.119.
20 Ebd. (Hervorhebung U.A.)
21 Ebd.

weitgehende Rechte zur Selbstverteidigung gegeben werden. Übertragen auf die Staatenwelt: Da das Recht des Einzelstaates auf volle Verteidigung unbestritten sei, gebe es geringe Chancen, irgendeinen Weltsouverän zu etablieren, der für genügenden Schutz anderer Sorge tragen könnte. In der angelsächsischen Debatte zu diesem Punkt werden die Gegenvorschläge von Hobbes auf ihre Tragfähigkeit hin erörtert: Kann die Theologie helfen, bringt der Verweis auf die Rationalität von Friedenserhaltung mehr, ist an den Großmut der Beteiligten zu appellieren? Befriedigende Ergebnisse dieser Debatte liegen leider nicht vor.[22]

Hobbes begründet eine sozialwissenschaftliche Tradition, die den Staat positiv begründet, weil er die Alternative zum Chaos, zum allgemeinen Krieg sei. Es gibt zugleich die genau gegenteilige Auffassung, daß alle politische Organisation zuvörderst durch militärische Zwecke begründet sei.

Die radikalste Position hat der deutsche Historiker Otto Hintze 1906 in einem berühmten Vortrag über „Staatsverfassung und Heeresverfassung" vertreten. In „ein paar orientierende(n) Bemerkungen allgemeinen Inhalts", die er vorausschickt, verbindet Hintze rundheraus Staatszweck und Militärfrage:

> „Alle Staatsverfassung ist ursprünglich Kriegsverfassung, Heeresverfassung; das darf man wohl als ein gesichertes Resultat der vergleichenden Völkergeschichte betrachten."[23]

Der Satz verdient es, unter verschiedenen Blickwinkeln geprüft zu werden. Am wenigsten eindrucksvoll ist die zweite Hälfte: „gesichertes Resultat der vergleichenden Völkergeschichte" ist die Kernthese vom Zweck des Staates keineswegs – wo ist denn der Korpus „vergleichender Völkergeschichte", der die These zwingend ableitet? Ergiebiger als der vermeintliche Stützbeleg vom „gesicherten Resultat" ist die wuchtige These vom Ursprung des Staates. Hintze führt dazu näher aus:

> „Der festere staatliche Zusammenhang größerer Menschengruppen ist in erster Linie auf Abwehr und Angriff gerichtet; mit der kriegerischen Organisation entsteht erst eine strengere Obrigkeit als Zwangsgewalt gegenüber den

22 Vgl. als Übersichtsartikel: Geraint Morgan, „Hobbes and the right of self-defence", in: Political Studies, 30. Jg., Nr.3. Mit Gewinn läßt sich nunmehr hierzu auch die Habilitationsschrift von Helmut Schelsky aus dem Jahre 1940 lesen: Thomas Hobbes. Eine politische Lehre, Berlin/München 1981.

23 Otto Hintze, „Staatsverfassung und Heeresverfassung", hier zit. aus dem Nachdruck Volker R. Berghahn (Hg.), Militarismus, Köln 1975, S.61.

einzelnen, und sie bildet sich um so kräftiger aus, je häufiger Kriege geführt werden.“[24]

Hintze ist keineswegs als Propagandist der vor dem Ersten Weltkrieg verbreiteten wilhelminischen Ansichten über die Natürlichkeit des Militarismus zu werten. Er versteht sich als historischer Soziologe und Staatskundler („Die Frage, auf die es ankommt, ist die: welche Stellung nimmt die Heeresverfassung in der allgemeinen Staatsverfassung ein? In welchem Maße beeinflußt sie die Gesamtheit der politischen Einrichtungen? In welchem Maß sind die Anforderungen des Kriegerstandes auf Beherrschung des öffentlichen Lebens durch die wirtschaftlichen Existenzbedingungen der Gesamtheit oder auch einzelner Klassen eingeschränkt worden?“).[25] An dieser Stelle interessieren nicht die ausführlichen historischen Belegversuche Hintzes, sondern seine Kernthese, mit der er schließt.:

„Es wird wohl in absehbarer Zukunft bleiben, wie es bisher gewesen ist in der Völkergeschichte, nämlich daß Form und Geist der Staatsverfassungen nicht allein durch die wirtschaftlich-sozialen Verhältnisse und Interessenkämpfe, sondern in erster Linie durch die Notwendigkeit von Abwehr und Angriff, d.h. durch die Kriegs- und Heeresverfassung, bedingt sind.“[26]

In jüngster Zeit hat Ekkehart Krippendorff diese Argumentation energisch aufgegriffen. Die Staatsraison des bürgerlichen Nationalstaates müsse nunmehr als Pathologie hin zum Rüstungswesen begriffen werden. Als „eigentlichen Gegenstand der Kriegsfrage, nämlich die militärisch, d.h. aus der Gewalt entstandene und mit monopolisierter Gewalt gesicherte Herrschaft“ bestimmt er „den Staat.“ Des weiteren spricht er von den „Zwillingsinstitutionen Staat und Militär, die synonym für Herrschaft und organisierte Gewalttätigkeit stehen.“[27] Vergleichbare Überlegungen finden sich, weniger breit ausgearbeitet, in anderen Untersuchungen zur Genesis des Staates, etwa bei Wolf-Dieter Narr.[28]

Diese Kernaussagen entzünden nicht nur die Diskussion hierzulande. Im angelsächsischen Ausland läßt sich so etwas wie eine Hintze-Renaissance verzeichnen, überwölbt von der bangen Frage: Hängen auch weiterhin Staatszweck und Krieg so eng zusammen, wie dieser Deutsche es postu-

---

24 Ebd.

25 Ebd., S.62.

26 Ebd., S.85.

27 Ekkehart Krippendorff, Staat und Krieg. Die historische Logik politischer Unvernunft, Frankfurt a.M. 1985, Vorbemerkung, S.10-11.

28 Wolf-Dieter Narr, „Physische Gewaltsamkeit, ihre Eigentümlichkeit und das Monopol des Staates“, in: Leviathan, 8. Jg. (1980), H. 4, S.541-573. Vergl. auch H.J.M. Claessen und P. Skalnik, The Early State, Den Haag 1978; Anthony Giddens, The Nation State and Violence, Cambridge 1985.

liert? Und wenn Krieg im Zeitalter der Kernwaffen unter den hochindustrialisierten Staaten nicht mehr möglich ist, welche Folgen hat dies für den Staat?[29]

In moderaterer Form als bei Hintze läßt sich die Aufforderung, moderner Staat und Kriegsrüstung stünden in einer eigentümlichen Wechselbeziehung, bis in die Anfänge der Politikwissenschaft zurückverfolgen. Machiavelli zum Beispiel meint:

> „Das Fundament aller guten Staaten ist ein gutes Heerwesen. Wo es fehlt, kann es weder gute Gesetze noch irgend etwas anderes Gutes geben."[30]

Den Realitätsanspruch dieser These hält Machiavell für nicht bestreitbar („Auf jedem Blatt der römischen Geschichte ist diese Wechselbeziehung zu lesen"). Wir wollen hier diese Argumentationslinie nicht weiter nachzeichnen. Es soll auch nicht weiter erörtert werden, welcher Sichtweise mehr Berechtigung zukommt, der Hintzeschen vom Staatszweck Militär oder der Hobbes-Tradition vom Staatszweck der Verhinderung der Austragung von Gewalt. Wenn der Nationalstaat in diesen unterschiedlichen Sichtweisen so vorrangig von der Kriegsfrage her begründet wird – wie stellt sich die Antwort auf die gleiche Frage für die Gesamtheit der Staatenwelt, das internationale System?

Vor einer Antwort ist eine Zwischenbemerkung erforderlich. Die Sicht, daß die Addition der nationalstaatlichen Akteure eine übergeordnete Einheit ergibt, hier mit der Chiffre „internationales System" bezeichnet, ist neueren Datums. Die Vorvermutung lautet, daß ein solches „internationales System" friedfertiger ausfällt, als die anarchische Agglomeration von einzelnen Staaten, daß sich ein Vorverständnis gemeinsamer Belange und von möglichen Regelungen für Konflikte entwickelt. Die mehr als 180 Kriege seit 1945 mit 17 Millionen Toten haben allerdings der Frage Auftrieb gegeben, ob die offene Anwendung von Gewalt in der internationalen Politik wie bislang als Ausnahme, Extremsituation („*ultima* ratio") gesehen und analysiert werden dürfe, oder ob nicht umgekehrt Krieg systematisches Element eben dieses internationalen Systems ist. Klaus Jürgen

29 Vergl. bes. Peter Paret, „Armed Forces and the State: the Historical Essays of Otto Hintze", in dem Jahrbuch War and Society. A Yearbook of Military History, vol. 2, Hg. Brian Bond u. Ian Roy, London 1977. Hintzes Arbeiten wurden erst in den siebziger Jahren auf Englisch publiziert. Paret spricht davon, daß seine Bedeutung mehr und mehr erkannt würde.

30 Machiavelli, Discorsi sopra la prima decade di Tito Livio, III, zit. nach der von Carlo Schmid besorgten Auswahl und Einleitung, Frankfurt und Hamburg 1956, S.183. Für Interessenten sei auf die neue Ausgabe durch Herfried Münkler verwiesen, Niccolò Machiavelli. Politische Schriften, Frankfurt a.M. 1990.

Gantzel stellt in langwieriger empirischer Untersuchung ein Anhalten, ja Ansteigen der Kriegshäufigkeit fest:

Häufigkeit von Kriegen seit 1945

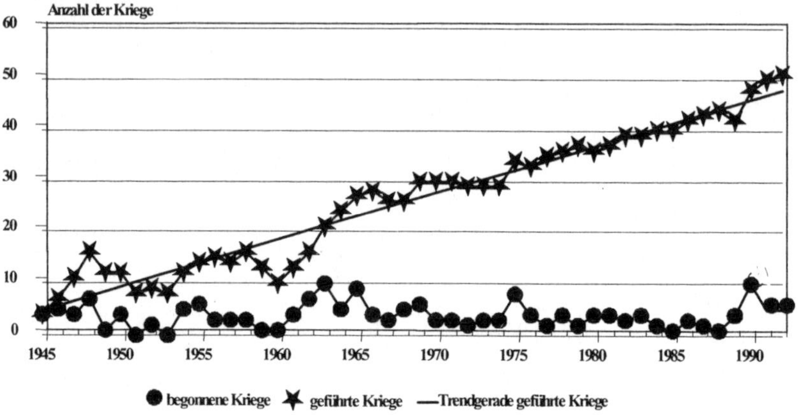

Vgl. die Daten bei Klaus Jürgen Gantzel/Torsten Schwinghammer, Die Kriege nach dem Zweiten Weltkrieg 1945-1992, Hamburg 1995, Grafik entnommen S.89.

Die Frage wird weiter verschärft durch die Entwicklungsproblematik, dem Ausbleiben über nunmehr drei „Entwicklungsdekaden" von breiter Wohlfahrtssteigerung in der Mehrzahl der Länder der Dritten Welt, sowie jüngst der Stagnation in den ehemals staatssozialistischen Ländern. Sich fortsetzende Unterentwicklung und Stagnation stellen das Vermögen von (internationaler) Politik bei Verteilung und Korrektur von Weltmarktprozessen mit Nachdruck in Frage – dies ist neben Krieg die zweite Art politischer Katastrophe, mit der sich auch die Disziplin internationale Politik auseinanderzusetzen hat. In der Folge verbinden sich beide Katastrophenlinien: Eine Woche Gefechte mit Panzern in Ungarn 1956, die Invasion alliierter Panzerarmeen in die CSSR 1968, der blutige Bürgerkrieg in Nordirland, Kämpfe im Kaukasus in den neunziger Jahren (um nur wenige Ereignisse anzuführen) lassen Verweise auf „50 Jahre Frieden in Europa" schal werden.

Nach allgemeiner Ansicht bestimmte der Ost-West-Konflikt zuvörderst die Weltpolitik der Nachkriegszeit:

> „Als wirkungsmächtigster Strukturkonflikt der Gegenwart muß ... der Ost-West-Konflikt bezeichnet werden, also das Verhältnis zwischen den beiden ungleichgewichtigen, ungleichartigen und auf eine neue, die herkömmlichen Kategorien von Machtpolitik übersteigende Weise miteinander verfeindeten Weltführungsmächten USA und UdSSR samt ihren jeweiligen (mehr oder

> weniger freiwilligen) Verbündeten. Der Ost-West-Konflikt hat sich inzwischen weitgehend globalisiert. Oder anders gesagt: die Akteure dieses Konflikts definieren ihren Handlungsraum global, so daß auch und gerade die Dritte Welt von diesem Konflikt erfaßt wird."[31]

Das zweite große inhaltliche Moment, welches eher auf offene Konfliktaustragung denn auf diplomatischen Interessenausgleich deutet, wird mit der Chiffre „Nord-Süd-Gegensatz„ umschrieben. Diese zeigt nicht nur die Umverteilungswünsche aus der Dritten Welt an. Auch das Interesse der Industriestaaten, weiterhin ungehindert Zugang zu Rohstoffen für ihre Industrien, vor allem und zunehmend aber zu Energie in Form von Öl, zu bekommen, gehört hierher. Das Verteidigungsweißbuch der Bundesregierung präzisierte:

> „Die deutsche Wirtschaft deckt ihren Bedarf an Rohöl zu etwa 60 Prozent durch Lieferungen der OPEC-Länder, davon allein etwa 30 Prozent durch Lieferungen der Staaten der Golf-Region. Sie ist bei einigen wichtigen mineralischen Rohstoffen in hohem Maße auf Importe aus der Dritten Welt angewiesen."[32]

In bezug auf die zunehmende Bedeutung der ökonomischen Grundlagen von Macht (s. Kapitel 3) erlangt auch die wirtschaftliche Basis der Rüstung der Staaten erhöhte Bedeutung – politische, militärische und wirtschaftliche Macht sind heute weitaus stärker als früher verflochten. Ein mittlerer oder gar kleiner Staat hat es heute weitaus schwerer, effiziente Streitkräfte in politischen Einfluß umzumünzen, wenn er nicht zugleich auch wirtschaftlich und technisch eine Spitzenstellung einnimmt.

Krieg ist eine Art der politischen Katastrophe – wenn die diplomatischen Mechanismen und andere Strukturen des Interessenausgleichs nicht hinreichend wirken. Sich fortsetzende Unterentwicklung stellt gleichermaßen das Gestaltungsvermögen von (internationaler) Politik, hier bei Verteilung und Korrektur von Weltmarktprozessen, mit Nachdruck in Frage – dies ist die zweite Art politischer Katastrophe, mit der sich die heutige internationale Politik vorrangig auseinanderzusetzen hat. Einzelne Protagonisten sehen die Gegensätze in der Entwicklungsfrage als so stark an, daß sie vom „Entwicklungskrieg" sprechen.

Es zeichnet sich mehr und mehr eine dritte Katastrophe ab, die die internationale Politik fordert, womöglich überfordert: die der Umwelt. Ozon-

---

31 Wilfried von Bredow, Moderner Militarismus. Analyse und Kritik, Stuttgart 1983, S.93.

32 Der Bundesminister der Verteidigung (Hg.), Weißbuch 1983. Zur Sicherheit der Bundesrepublik Deutschland, Bonn 1983, S.22. – In dem Weißbuch wird in Tabellen auf die Rohstoffabhängigkeit von Ost und West von der Dritten Welt verwiesen.

löcher, nunmehr über beiden Erdpolen, Waldsterben, die Abholzung von Tropenwäldern, der Treibhauseffekt und ähnliche Vorgänge stellen zuallererst eine auf der Ebene der internationalen Politik zu behandelnde Sachproblematik dar. Die Interessengegensätze, wirtschaftlich zumindest, geraten auch auf diesem Politikfeld zwischen den Akteuren so scharf, daß eher militante, dissoziative Muster des Konfliktverhaltens zu erwarten sind als das Gegenteil (vergl. Kapitel 9).

Alle drei politischen Katastrophen sind miteinander verknüpft, und auch die Lösungskonzepte sind miteinander verbunden. Die einfache Vorstellung von dieser Verbindung äußert sich in der verbreiteten Auffassung, Rüstung und Unterentwicklung seien invers miteinander verknüpft. Ausgabensteigerungen für Militär und Krieg gingen direkt zu Lasten von Entwicklung. Besonders Studien der Vereinten Nationen haben diese Zusammenhänge differenziert und konkretisiert.[33] Versagt die internationale Politik auch nur in einer dieser Katastrophen, so entfällt ihre künftige Grundlage.

Die Erhellung der Frage, ob Krieg nicht kontingent, sondern mit ungewisser Notwendigkeit auftritt, genießt mithin eine mehrfache Priorität. Das anhaltende Herausführen aus dem Wettrüsten, nachdem dieses in seinen Triebkräften verstanden und diese Einsicht allseits angenommen worden ist, bleibt Voraussetzung (eine Voraussetzung, wohl die wichtigste) für positive Entwicklungsstrategien.

Daß Krieg zwischen hochindustrialisierten Staaten nach 1945 ausgeblieben ist, spricht nicht für die Friedfertigkeit des politischen Systems. Die beiden Supermächte intervenierten regelmäßig mit Waffengewalt, nach amerikanischen Auszählungen (vorgenommen von der Brookings Institution) jeweils rund 200 mal.[34]

Die Durchmilitarisierung des Globus nach dem Zweiten Weltkrieg, die betonte Entwicklung hin zum „Kriegssystem", ist Produkt von Strukturen, an denen Appelle zur Rüstungsbegrenzung notwendig abgleiten müssen. Die nordamerikanische Strategie, nach dem Zweiten Weltkrieg einen

33 Die jüngste der seit nunmehr 20 Jahren wiederholt vorgelegten Studien über „Economic and Social Consequences of the Arms Race" (UN-Jargon: ESCAR-Studien) wurde unter dem Titel The Relationship between Disarmament and Development 1981 vorgelegt (A+36/356, Sales No. E.82.IX.1; verschiedene dt. Übersetzungen).

34 Barry M. Blechmann/Stephen S. Kaplan, Force without War. U.S. Armed Forces as a Political Instrument, Washington, D.C., 1978, zählen 215 solcher „Vorfälle"; Stephen S. Kaplan, Diplomacy of Power. Soviet Armed Forces as a Political Instrument, Washington, D.C., 1981, kommt in dieser Parallelstudie auf 190 „Vorfälle" seit dem 2. Weltkrieg.

Gürtel von „forward defense countries" rund um die UdSSR zu legen, mit mehreren Allianzsystemen (NATO, SEATO, CENTO) hat besonders in Entwicklungsländern dem Militär einen Förderungsschub erbracht, mit welchem parallel angesetzte zivile Institutionen nicht mitgehalten haben. Auf der anderen Seite des „Eisernen Vorhangs" nahmen das Militär und Sicherheitskräfte traditionsgemäß einen hohen Stellenwert ein. Die Frage lautet, ob diese Entwicklungen als mehr oder minder zufällig, als kontingent, zu werten sind – oder aber ob sie auf ein allgemeines Muster verweisen.

Aus der Entwicklung der Weltgesellschaft, besonders des Nord-Süd-Gefälles, und aus der Entwicklung der Rüstungsstrukturen wird systematisch die Entstehung einer „Weltmilitärordnung„ gefolgert. Kernthese dieses Ansatzes ist die Aussage, daß die verschiedenen Rüstungs- und Gewaltvorgänge in West und Ost, aber auch in den Staaten der Peripherie nicht angemessen analysiert werden, wenn nicht das allgemeine Strukturmuster von Militarisierung von Politik mit einbezogen wird. Dieses „Kriegssystem" oder, wie sie benannt wird, diese „internationale Militärordnung" wird als Einfluß- und Abhängigkeitsstruktur betrachtet, die hierarchisiert aufgebaut und in dieser Hinsicht stabil ist. Andererseits bleibt diese Struktur Wandlungen unterworfen, nicht zuletzt durch die Entfaltung militärischer Technologie. In ihrer Ausstattung mit relativ moderner Rüstung (Überschalljäger, Raketen, U-Boote) verfügen z.B. eine Vielzahl von armen Ländern der Dritten Welt über Staatsinstrumente, die die gleichen Länder in anderen Sektoren in vergleichbarer Modernität nicht aufweisen.

Verständlicherweise wird von einigen Akteuren eine Revision dieser Grundstruktur internationaler Beziehungen gefordert, eine – wie Dieter Senghaas dies nennt – „Neue internationale Militärordnung".[35] Einige Entwicklungsländer könnten aufgrund ihrer Reichtümer an Ressourcen mit Erfolgsaussicht versuchen, ihre Position im internationalen Tausch nachdrücklich zu verbessern. Solche Neukonkurrenz könnte durchaus mit außerökonomischen Mitteln der Auseinandersetzung, auch mit Gewaltdrohungen, bekämpft werden – die Erhaltung von Arbeitsplätzen und wirtschaftlicher Leistungsfähigkeit zählt in den Industriestaaten sehr wohl zu den vitalen Interessen in den Außenbeziehungen.

Dieses kriegsorientierte Arrangement von Entwicklungen schlägt nicht notwendig in Gewaltanwendung um. Ausschlaggebend bleibt, wie Hobbes betont, welchen Begriff von der Situation die Akteure haben. Diese Um-

35 Dieter Senghaas, Weltwirtschaftsordnung und Entwicklungspolitik. Plädoyer für Dissoziation, Frankfurt a.M. 1977, S.224.

setzung nachzuzeichnen ist nicht Aufgabe unserer Einführung. Ein einziger Hinweis auf die Nähe gewaltförmiger Lösungen soll genügen. Als sich die US-Regierung 1983 entschloß, die Karibik-Insel Grenada zu besetzen, weil dort eine kommunistische Regierung die Macht übernommen habe, stellte die britische Premierministerin Thatcher fest, durchaus den Kern der Sache treffend:

> „Wenn es ein neues Recht geben soll, wonach die Vereinigten Staaten überall einmarschieren sollen, wo der Kommunismus gegen den Willen des Volkes regiert, dann wird man schreckliche Kriege in der Welt haben."

Ein Mitherausgeber der „Frankfurter Allgemeinen Zeitung" darauf, die Gegenposition umreißend:

> „Die Bemerkung fällt durch ihre Maßlosigkeit auf, durch die Verallgemeinerung ins Unsinnige und durch die Wiederholung der von Anfang an gewählten Verengung prinzipieller Fragen auf eine einzige und das Urteil, die Feststellung einer Souveränitätsverletzung ... In dieser Öffentlichkeit aber wächst die Neigung, Politik nicht mehr nach der Richtigkeit ihrer Ziele und der Zweckmäßigkeit ihrer Mittel zu beurteilen, sondern die Mittel zum Maßstab der Beurteilung, vorwiegend einer moralischen Bewertung zu machen. Alles was ‚Recht' oder ‚Gewalt' bedeutet, ist da schon verurteilt. Gewaltlosigkeit ist zum Kennzeichen des Moralischen avanciert."[36]

36 Beide Zitate Frankfurter Allgemeine Zeitung vom 29. Oktober 1983.

KAPITEL 7
INTERNATIONALE POLITIK
ALS INTEGRATIONSSYSTEM

Assoziative Prozesse, die Herausbildung größerer politischer Entitäten als der herkömmlichen Nationalstaaten, bilden den alternativen Fluchtpunkt für die Austragung von Interessengegensätzen. Innerhalb von Integrationsgemeinschaften tritt im Regelfalle ein, was aus der innerstaatlichen Politik bekannt ist: Es bildet sich ein Gewaltmonopol bei einem „Oberherrn“ (dort dem Staat) heraus, dessen Mitteln der Konfliktregulierung sich die Kontrahenten freiwillig oder unfreiwillig unterwerfen. Bei übernationalen Integrationsgemeinschaften ist analog zu beobachten, daß Außenverhalten zur Innenpolitik wird, mit der für diese charakteristische Verschiebung der Konfliktaustragung auf Mittel nicht gewaltförmiger Art. Die Befürworter einer einheitlichen Weltregierung sehen in dem erwarteten Vorgang, daß alle Politik Weltinnenpolitik würde und der Krieg verschwände, das Hauptargument für ihre Idee.

7.1 Politische Integration

Assoziative Prozesse in der internationalen Politik sind nicht lediglich institutionell oder gar an staatliche Vereinigungen gebunden zu denken. Die informellen Integrationsprozesse, mit welchen zum Beispiel multinationale Konzerne Länder der Dritten Welt überziehen, oder halboffiziöse Integrierungen, wie sie etwa der Weltwährungsfonds (IMF) auf die schwachen Volkswirtschaften einer Anzahl von Staaten ausübt, dürften mindest ebenso wirksam ablaufen wie öffentlich-institutionelle Integrationsbewegungen. Diese sollen, weil sich landläufig der Begriff der Integration mit ihnen verbindet, zunächst betrachtet werden.

Die UNO als Staatengemeinschaft

„Wir, die Völker der Vereinten Nationen“, mit dieser ungestümpathetischen Formel setzt die Charta der Völkergemeinschaft in der Präambel an, kaum verhüllt die Verfassung der Vereinigten Staaten und deren Demokratiegebot aufnehmend („Wir, das Volk der Vereinigten Staaten ...“). Der Unterschied bleibt jedoch gewaltig. Im Gegensatz zur amerikanischen Demokratie sind die Vereinten Nationen zuallererst eine Assoziation von Regierungen, und nicht von Völkern – was etwas völlig anderes ist. Denn nicht eigentlich die Völker, wie es im gleichen Anfangssatz der Präambel weiter heißt, „haben beschlossen, in unserem Bemühen um die Erreichung dieser Ziele zusammenzuwirken," sondern das haben sich deren Regierungen vorbehalten. Und von denen ist nur eine Minderheit demokratisch legitimiert und hat andere Ziele, als Mehrheiten anzustreben. Die zentrale Rückfrage an das vorfindliche System der Vereinten Nationen lautet deshalb, ob die UNO deswegen so schlecht funktioniert, weil sie so undemokratisch organisiert ist. Bei der Behandlung der Weltorganisation auf den folgenden Seiten ist somit ein doppelter Standard anzusetzen: Was sollte, könnte die „Organisation der Vereinten Nationen" leisten, wenn sie gemäß dem Auftakt der Charta strukturiert wäre, und was kann sie allenfalls leisten, nimmt man den Alltag, den Regierungsklub, bzw. noch blasser, dessen diplomatischen Abglanz?

Hauptziel der Vereinten Nationen bleibt unstreitig die Wahrung des Weltfriedens. In der Präambel ihrer Charta äußern die Vereinten Nationen (folgen wir dieser liebenswürdigen Fiktion) sich „fest entschlossen, künftige Geschlechter vor der Geissel des Krieges zu bewahren, die zweimal zu unseren Lebzeiten unsagbares Leit über die Menschheit gebracht hat." Wer möchte dem nicht folgen? Streitigkeiten unter den Mitgliedsstaaten, so die Leitidee der Charta, sollten künftig auf nicht-gewaltförmigem Wege, friedlich gelöst werden. Der Krieg sollte tatsächlich und sogleich sowie auch tatsächlich beseitigt werden. In der Präambel unterstreichen weitere Aussagen diese Friedensbindung der Völkergemeinschaft: die Mitglieder haben „Duldsamkeit zu üben und als gute Nachbarn in Frieden miteinander zu leben". Auch sind sie gehalten, ihre „Kräfte zu vereinen, um den Weltfrieden und die internationale Sicherheit zu wahren". Ferner sollen sie (so weiterhin die Präambel) immerhin „Grundsätze annehmen, die gewährleisten, daß Waffengewalt nur noch im gemeinsamen Interesse angewendet wird." Hinter diesem Satz verbirgt sich ein wenig gesehenes Prinzip der Charta der Vereinten Nationen: in der Perfektionierung der Friedenssicherung ist das UN-Grundgesetz nach vorn offen.

Die Logik der Charta, prüft man diese als Text, spiegelt die Hauptaufgabe ungebrochen wider. Das Kapitel I des Dokuments über die Ziele und Grundsätze der Völkergemeinschaft weist erneut der Friedenswahrung Priorität zu. Den Kern der Charta bilden die Kapitel VI und VII, auch in ihrer Ausführlichkeit die detailliertesten Abschnitte dieses Dokumentes. Davor finden sich die erforderlichen Regularien über Mitgliedschaft und Organe. Andere Kapitel, etwa das über den heute so mächtig erscheinenden Generalsekretär (XV), haben schon von ihrer Stellung in der Charta her minderen Rang.

In der Vergangenheit galt, daß die UNO kaum eine Chance hatte, weil die wichtigste Voraussetzung, fortwährender Konsens unter den Mächten der Anti-Hitler-Koalition als ständigen Mitgliedern des Sichehrheitsrates, im aufbrechenden Kalten Krieg verloren gegangen war.[1] Die beiden Supermächte blockierten Entscheidungen der UNO nicht nur durch die häufige Anwendung ihres Vetorechtes, sondern auch in der Charta vorgesehene kooperative Strukturen wie den gemeinsamen Militärstab der fünf ständigen Ratsmitglieder (Artikel 47) oder Spezialvorschriften wie die über eine eigene UNO-Luftwaffe (Artikel 45). Für eine auf Vertrag gegründete internationale Organisation führt es zu einer entscheidenden Schwächung, wenn zentrale Bestimmungen in ihrem Grundlagendokument – hier der Friedenserzwingung – über Jahrzehnte hinweg übergangen wurden.

Aus den Zwangslagen des Kalten Krieges heraus haben findige Generalsekretäre zwischen die beiden Charta-Kapiteln VI („Die friedliche Beilegung von Streitigkeiten“) und VII („Maßnahmen bei Bedrohung oder Bruch des Friedens und bei Angriffshandlungen“) Hilfsmaßnahmen eingeschoben, die der Charta nicht bekannten Blauhelm-Einsätze (Insider-Jargon in der UNO: „Kapitel VI 1/2“). Nach dem Ende des Kalten Krieges stellt sich die Frage, ob die UNO von solchen halben Maßnahmen abgeht und entweder endlich die in der Charta vorgesehenen Mittel zur Friedenswahrung einsetzt, oder aber nach einem halben Jahrhundert die mittlerweile gewonnenen Erfahrungen in einer umfassenden Revision der Charta umsetzt. Die Hinwendung Rußlands zur Demokratie und die neue Beweglichkeit Chinas auch in sicherheitspolitischen Belangen von Ländern der Dritten Welt[2] scheinen solche weitgehenden Schritte möglich zu machen.

Aus einer Reihe von Gründen stellte sich recht bald heraus, binnen weniger Jahre nach der weltpolitischen Wende, daß beide Optionen für die UNO nicht tragen. Der neuerliche Konsens der permanenten Mitglieder des Sicherheitsrates reicht nicht hin, um die UNO nach fünf Jahrzehnten auch nur mit den in der Charta vorgesehenen Instrumenten auszurüsten. Zu groß bleiben die wechselseitigen Vorbehalte der fünf Mächte unterein-

1 Franz Ansprenger hat in einer Bilanz zu den Blauhelmeinsätzen der UNO die Frage aufgeworfen, „ob in der Gründungsphase der VN, in Dumbarton Oaks 1944 oder in San Francisco 1945, irgendjemand zur Sprache brachte, daß die Ächtung des Krieges mißlingen, die Schlichtungsdiplomatie versagen, die Bestrafung eines Aggressors blockiert werden könnte – allen Bestimmungenin Kapitel VI und VII der Charta zum Trotz.“ Sein Prüfergebnis: Niemand hatte ein solches Versagen in Erwägung gezogen („Blauhelme – Markenzeichen und Alpdruck der Vereinten Nationen“, in: Klaus Hüfner (Hg.), Die Reform der Vereinten Nationen. Die Weltorganisation zwischen Krise und Erneuerung, Opladen 1994, S.56).

2 Die chinesische Regierung tolerierte beispielsweise 1990/91 die Golfkriegspolitik der USA.

ander. Selbst in beschränkteren Fragen, etwa die Ausfuhr von Waffen an dritte Staaten kooperativ zu regeln, versagt das Maß an Kooperationswillen der fünf Staaten, die zugleich die fünf Hauptlieferanten der Welt für Rüstungsgüter sind.[3]

Ansätze der UNO, nach dem Ende des Ost-West-Konfliktes zu neuen Ufern zu gelangen, haben trotz stolzer Etikettierungen („Agenda für den Frieden" von 1992, „Supplement zur Agenda für den Frieden" 1995, auch das UNESCO-Programm „Kultur des Friedens") nicht zu wesentlichen Verbesserungen geführt. So bleibt die Frage, ob Integration das Friedensproblem zu lösen vermag, auf Subebenen des internationalen Systems verwiesen.

Europäische Integration

Die Urväter der Idee sowie prominente Analytiker haben nach dem Zweiten Weltkrieg durchaus die Wechselbeziehungen zwischen Integration und Kriegsfrage gesehen. Karl Deutsch spricht ganz allgemein von der Herausbildung von „Sicherheitsgemeinschaften" als Keim der Nationalstaaten (und nunmehr überstaatlicher Politik). Die Herausbildung einer Sicherheitsgemeinschaft ruft die Schaffung wirksamer Gesetze, eines Rechtswesens sowie von Streitkräften zur Durchsetzung des Gemeinschaftswillens hervor. In bezug auf die allmähliche Lösung der Kriegsfrage schreibt Deutsch:

> „Routinevorbereitungen für die Verteidigung einer Grenze (können) weitergehen, obwohl der Konflikt selbst bereits nicht mehr vorstellbar ist. Selbst in solch seltenen Situationen schließt die Schaffung einer Sicherheitsgemeinschaft etwas mit ein, was wir das Überschreiten einer Schwelle nennen können, nämlich eine Situation, in der der Krieg zwischen den betroffenen Einheiten möglich erscheint und vorbereitet wird, und einer anderen Situation, wo beide Möglichkeiten nicht auftreten. Das Überschreiten dieser Schwelle und die damit verbundene Einrichtung einer Sicherheitsgemeinschaft nennen wir Integration."[4]

Besonders im kriegszerstörten Nachkriegseuropa war die Hoffnung lebendig, daß durch eine Vereinigung der Länder des alten Kontinents eine

3 Dazu regelmäßig das Stockholm International Peace Research Institute (SIPRI) mit seinem Jahrbuch und Spezialveröffentlichungen (http://www.sipri.se/sipri/address.html). Die Bundesrepublik Deutschland hat in der ersten Hälfte der neunziger Jahre dieses Fünftett gestört, weil die Bundesregierung nach der Wiedervereinigung Altwaffen der vormaligen Nationalen Volksarmee der DDR in beträchtlichem Umfang an dritte Staaten weitergegeben hat, was Deutschland gelegentlich zu einem 2. Weltrang in der Liste der Rüstungsexporteure verhalf – aber dies bleibt voraussichtlich Episode.

4 Karl W. Deutsch, Nationenbildung – Nationalstaat – Integration, Hg. A. Ashkenasi und P. Schulze, Düsseldorf 1972, S.74.

Wiederholung von Krieg ausgeschlossen würde. Winston Churchill brachte 1946 mit einer berühmten Rede in Zürich diese Hoffnung auf eine zündende Formel: Die Leiden Europas sollten durch ein Mittel geheilt werden, welches, „wenn es von allen und sofort angewandt, wie ein Wunder die ganze Szene verändern und in wenigen Jahren ganz Europa oder den größeren Teil davon so frei und so glücklich machen würde, wie die Schweiz es heute ist.“[5]

Das Rezept war einfach:

> „Was ist dieses souveräne Heilmittel? Es ist, die europäische Familie, oder soviel davon möglich ist, wiederherzustellen und sie mit einer Struktur zu versehen, unter der sie in Frieden und Sicherheit und Freiheit leben kann. Wir müssen eine Art Vereinigte Staaten von Europa schaffen.“[6]

Das Hauptinstrument, durch welches das souveräne Heilmittel wirken sollte:

> „Der Prozeß ist einfach. Notwendig ist lediglich die Entschlossenheit mehrerer Hunderter Millionen Männer und Frauen.“[7]

Bei Churchill gibt es eine klare europäische Identität („die europäische Familie“), die „wiederherzustellen“, so der restaurative Gedanke, die aber auch „mit einer Struktur zu versehen“, zu gestalten ist, so der Zukunftsaspekt. Die voluntaristische Vorstellung von der „Entschlossenheit Hunderter Millionen Männer und Frauen“ hat freilich bisher die Vereinigten Staaten von Europa nicht ins Leben gebracht. – Näher an der Realität nennt Deutsch sechs Motive für den europäischen Integrationsprozeß, die – obwohl der Durchschnittsbürger kaum Einfluß auf den Gang der Ereignisse hatte – von einem großen Maß an Konsens getragen wurden und populär waren.

Als erstes Motiv für die europäische Integration nennt Deutsch die Besorgnis, daß große Teile Europas ohne einen solchen Schritt wirtschaftlich zusammenbrechen könnten. Die Zerstörung und Armut, die der Weltkrieg hinterlassen hatte, Erinnerungen an die Weltwirtschaftskrise der Vorkriegszeit, der Verlust traditioneller Handelsverbindungen und von überseeischen Märkten trugen zu Ängsten bei, daß die kriegszerstörten Volkswirtschaften sich nie wieder würden erholen können, wenn nicht besondere Maßnahmen ergriffen würden.

---

5 Sir Winston Churchill, Rede in Zürich 1946, zit. nach Deutsch, a.a.O., S.185.
6 Ebd.
7 Ebd.

Ein zweites Integrationsmotiv war nach Deutsch gleichermaßen ökonomischer Natur. Mit Blick auf die industrielle Leistungskraft, womöglich auch die sowjetische, gab es Befürchtungen, Europa würde in eine nicht aufholbare Rückständigkeit geraten. Angesichts der Frage, wie die kleinen europäischen Länder je diesen Wirtschaftsmächten würden Paroli bieten können, wie sie je die Hilfsquellen aufbringen könnten, um im Konkurrenzkampf mithalten zu können, schien nur eine europäische Union ausreichende Märkte bieten zu können, um die neuen Technologien der Massenfertigung zweckmäßig einsetzen zu können. Ökonomen mochten die optimale Größe von Wirtschaftsräumen sehr viel geringer ansetzen – der Zeitgeist schien in der Meinung der Mehrzahl nach einem Zusammenschluß mehrerer Staaten, ja von ganz Europa zu verlangen.

Der Verfall der Anti-Hitler-Koalition, die nach 1946 spürbare politische und militärische Unsicherheit, besonders in Ost- und Südeuropa (Ausscheiden kommunistischer Kabinettsmitglieder aus den Regierungen in Frankreich und Italien, Ende der Mitwirkung bürgerlicher Kräfte wie der Bauernpartei in der polnischen Regierung im folgenden Jahr, Bürgerkrieg in Griechenland usf.), eine unbestimmte Angst vor den Zügen der sowjetischen Politik trugen drittens zur Popularität des europäischen Einigungsprojektes bei. Nur eine europäische Integration, die Sammlung aller von kommunistischen Umstürzen gefährdeten Nationen in einem Lager – so die allgemeine Auffassung – würde genügend Schutz vor der Anziehungskraft kommunistischer Ideen bieten, die besonders unter Jugendlichen wahrgenommen wurde.

> „Nur eine europäische Föderation, so schien es, könnte die militärische Stärke und Zielgemeinschaft schaffen, um die Institutionen und Traditionen Westeuropas gegen die Möglichkeit einer militärischen Eroberung durch die Sowjets zu erhalten.“[8]

Verständlicherweise stellte man sich viertens nach der politischen Katastrophe des Zweiten Weltkrieges die besorgte Frage, wie eine Wiederholung, besonders in Gestalt eines deutschen Revanchekrieges, zu verhindern war.

> „Die Aussicht auf eine nie endende Wiederholung solcher Zusammenstöße, besonders zwischen Frankreich und Deutschland, schien untragbar. Schon zweimal hatte Europa sich selbst in Stücke gerissen, und nur irgendeine Art Vereinigte Staaten von Europa schien fähig zu sein, ein Wiederaufleben des ständigen nationalistischen Hasses und das eventuelle Entstehen eines dritten innereuropäischen Krieges zu verhindern, der wahrscheinlich alles zerstören würde, was bis dahin noch übriggeblieben war,“

8 Ebd, S.186.

faßt Deutsch zusammen.[9]

Ein fünftes Motiv galt den Kolonien der europäischen Länder. Weder das neu entstehende Frankreich, noch besonders die wieder erstehenden Kleinstaaten Belgien und Holland konnten gewiß sein, daß sie ihre Vorkriegskolonien, den „belgischen" Kongo oder Niederländisch-Ostindien (heute: Indonesien) erneut zugesprochen bekämen. Die USA galten als Anti-Kolonialmacht, der andere Hauptsieger des Weltkrieges, die UdSSR, mit Sicherheit als desgleichen. Einige der „Europäer" der ersten Stunde, vor allem Georges Bidault und Paul Henri Spaak, erblickten im Projekt einer europäischen Einigung das wichtigste Instrument zur Rettung der Kolonien für die „Mutterländer". Die „kolonialen Nationalisten", wie die Vertreter der Unabhängigkeitsbewegungen in der Dritten Welt damals genannt wurden, würden durch ein geeintes Europa ganz anders eingeschüchtert als durch die einzelnen, kriegsgeschwächten Nationalstaaten. Belgien und Holland besonders mochten hoffen, daß – wenn sie schon als neue Nationalstaaten zu schwach wären, ihren historischen Anspruch auf überseeische Besitzungen durchzusetzen – dies über ein Gemeinschaftspatronat möglich sein würde.

Schließlich gab es bemerkenswerte Vorerwartungen an die Folgewirkungen einzelner Integrationsschritte. Jeder gelungene Schritt hin zu europäischen Einigung, so eine allgemeine Erwartung, würde sogleich die Notwendigkeit für weitere Intensivierungen der Bildung der Vereinigten Staaten von Europa erweisen. Mit den ersten Schritten würde dieser verbreiteten Auffassung zufolge ein mächtiger Prozeß in Gang gesetzt, dem die Bevölkerungen begeistert zustimmen würden.

Als allgemeine Bedingung für den relativen Fortschritt der Einigungspolitik Mitte der fünfziger Jahre ist darüber hinaus zu sehen, daß in den Kernländern Frankreich, Italien und Bundesrepublik mit Schumann, de Gasperi und Adenauer konservative Politiker mit gemeinsamen Wertvorstellungen die Richtlinien der Politik bestimmten. Die Integrationsempirie bleibt seither überzeugt, daß die weitere Einigung Europas vor allem bei konservativen Regierungskonstellationen Fortschritte macht. Jüngster Beleg sind die Fortschritte hin zur Europäischen Union in der Ära Kohl (in den Jahren der vorangehenden sozialliberalen Koalition war die Formel von einer „Eurosklerose„ im Schwange).

Es ist schwer zu sagen, warum die ursprünglichen euphorischen Erwartungen auf eine rasche Integration Europas, diese „Entschlossenheit Hunderter Millionen" zwischenzeitlich in Butterbergen und anderen Agrar-

9 Ebd., S.186/187.

überschüssen stecken geblieben ist. Auch ist eine Bewertung schwierig, ob die ausweislichen Erfolge in der Entwicklung Europas auf die relative Integration zurückgehen oder nicht. Die Frage ist, ob die Verbesserungen ebenso auf rein nationalem Wege hätten erreicht werden können. Diese Wertefrage läßt sich besonders hinsichtlich des wirtschaftlichen und technologischen Aufbaus Europas stellen.

Auch daß kein Krieg in Europa zu verzeichnen war, ist nicht auf die Tätigkeit irgend einer supranationalen Kontrollbehörde, sondern auf den Unwillen breitester Schichten zurückzuführen, eine solche Möglichkeit auch nur in Erwägung zu ziehen. In allgemeiner Sicht gibt es in Europa keine Kriegsgründe und keine Kriegsziele mehr, besonders nach dem Ende des Ost-West-Systemkonflikts.

Neben den genannten, allgemein unterstützten Zielen für die Bemühungen zur Integration Europas wird es nichtgenannte, möglicherweise ebenso wirksame Ziele geben, die in diesem Abschnitt betrachtet werden sollen. In der Sicht von Gewerkschaften bildet der Integrationsprozeß mit seinen vielfältigen Vorteilen für die Kapitalseite einseitige Begünstigungen – die Internationalisierung von gewerkschaftlichen Interessenvertretungen ist viel schwieriger als die Internationalisierung der Produktionsmittel.

Die erste Dekade aktiver Nachkriegspolitik schien die europäischen Wunschträume zu erfüllen. 1947 setzten mit der Marshallplanhilfe an die europäischen Staaten (diese waren gleichermaßen Empfänger von Rohstoffen, von Warenlieferungen und von Kapital) und mit dem in Genf abgeschlossenen „General Agreement on Tariffs and Trade“ (GATT), einer wirksamen Vorkartellierung der Handelsströme, zumindest indirekt wirksame Schubmomente für übernationale Entwicklungen ein. 1948 wird der Europäische Wirtschaftsrat OEEC (Vorläufer der OECD) gebildet, der für weitere Institutionalisierungen der Initialzündung abgeben sollte. Mit der Haager Konferenz erlebt die Europa-Bewegung im gleichen Jahr einen Höhepunkt. „Zur Wahrung des europäischen Erbes und des sozialen Fortschritts“ wird 1949 in London der Europa-Rat gegründet, mit einer aus den europäischen Länderparlamenten gebildeten Beratenden Versammlung, einem „Rat der Außenminister“ usf. Zunächst schien dieser Schub hin zu Bildung eines Geeinten Europa anzuhalten, wie vermeintlich an der Einrichtung weiterer Institutionen abzulesen war: mit der Bildung einer „Europäischen Zahlungsunion“ im Jahre 1950, der Gründung eines Gemeinsamen Marktes für Kohle und Stahl und einer „Hohen Behörde“ zu dessen Verwaltung. Vor allem mit der Bildung einer „Europäischen Gemeinschaft für Verteidigung“ (EVG), die die Schlüsselinstrumente nationalstaatlicher Souveränität, das Militärwesen, unter ein gemeinsames Joch zwingen sollte, war nach allem menschlichen Ermessen der Kurs auf ein geeintes Europa jenseits der nationalen Einzelstaaten gesetzt. Und als die europäische Integration mit der Gründung von Euratom gar die modernste Industrie, die Kernenergie, erfaßte, erschien diese so vielfach ersehnte Entwicklung hin zu einem geeinten Europa nicht mehr aufhaltbar.

So zieht sich durch die fünfziger Jahre eine eindrucksvolle Kette von Institutionengründungen, wie diese als gemeinsame Unternehmen von Nationalstaaten zuvor nicht bekannt waren. 1957 wird die Europäische Wirtschaftsgemeinschaft gegründet (nach zehn Jahren sollte ihr Ministerrat ab 1967 mit Mehrheit entscheiden können!). Die Atomforschungsgemeinschaft Euratom wurde auf einem Felde gebildet, von dem man sich vor allem künftige wirtschaftliche Erfolge erhoffte. 1958 nimmt in Straßburg das Europäische Parlament seine Tätigkeit auf. Es wird ein Wirtschafts- und Sozialrat von Arbeitgebern und Arbeitnehmern gebildet. Diese Aufzählung ließe sich fortsetzen: 1959 wird das Europäische Währungsabkommen (EWA) abgeschlossen, welches die Währungspolitik Europas regeln sollte, 1961 wird mit der Bildung der OECD angestrebt, die Koordinierung der Entwicklungshilfen auf eine europäische Basis zu stellen.

Besonders die politischen Integrationsinstitutionen traten nie aus einem Schattendasein heraus. Die Wirtschaftsgründungen waren teils rasch überholt (etwa das EWA) oder funktionieren lediglich, wenn streng die nationale Eigenstaatlichkeit der Mitgliedsstaaten beachtet wurde. Die zahlreichen europäischen Institutionen, die heute agieren, sind eben nicht der Ausdruck fortschreitender Integration, sondern dienen der funktionalen Interessenabstimmung von Nationalstaaten. Die „europäische" Entwicklung hat diese Nationalstaaten gestärkt, diese haben kein substantielles Stück ihrer Souveränität abgegeben – und werden dies auch auf absehbare Zeit nicht tun.

7.2 Integrationstheorie

In dieser Situation richtet sich der Blick auf das Leistungsvermögen politischer Theorie. In der europäischen Integration rivalisieren im wesentlichen zwei Schulen miteinander. Die föderalistische Schule stellt sich den Bau Europas in Analogie zu einem bundesstaatlichen Zusammenschluß vor: Aufgrund eines Willens zur Vereinigung erfolgt eine bewußte Übertragung von Souveränitätsrechten der Beteiligten, und die neu geschaffene Körperschaft findet die ihr eigentümlichen Funktionen hernach („function follows form"). Bellers beschreibt das voluntaristische Element dieses Ansatzes:

> „Die Föderalisten/Konstitutionalisten meinen, daß die Integration am ehesten gelingt durch die bewußte (macht-)politische Entscheidung von Politikern und Völkern, die integrierte neue Einheit auf der Grundlage gemeinsamer Zielsetzungen und Werte, eines 'Gemeinschaftsbewußtseins' ... anzustreben, was sich dann in einer supranationalen Verfassung (Konstitution) niederzuschlagen habe, wie es die frühen Verfassungsväter der USA und der Schweiz vorpraktiziert hätten."[10]

Ähnlich wie bei der Vorgabe des Grundgesetzes in der Entstehung der Bundesrepublik denken die Konstitutionalisten elitär. Auch wenn sie durchaus eine „Volksbewegung" für ihre Ziele erwägen, wird ihr Ansatz nicht demokratischer – der Volkswille wird instrumentiert gedacht, als Hilfsmittel zur Erreichung ihres Zieles. Von funktionalen Sachzwängen her komme man nicht zur Integration, da diese nicht den Kern politischer Macht erfaßten.

Vom generischen Standpunkt her engegengesetzt denkt die funktionalistische Schule. Im Freilauf wirtschaftlicher und sozialer Kräfte über nationale Grenzen hinaus erwüchsen Funktionen, die hernach zu institutionellen Festigungen führen würden („form follows function"). Hochkomplexe Industriegesellschaften – so referiert Bellers – „seien nicht mehr (wie früher Agrargesellschaften) wesentlich durch den Charakter ihrer territorialen Organisation bestimmt, sondern durch miteinander verflochtene Funktionen, die mit sozialen und wirtschaftlichen Interessen und Bedürfnissen von Gruppen verbunden sind und denen zur Stabilisierung eines sozialen Systems entsprochen werden muß."[11]

Ein paralleler Bedarf der Abstimmung der Politik in der Wirtschaftsführung, der Rüstung, der Umwelterhaltung, der Entwicklungshilfe führt nunmehr regelmäßig zu Gipfelkonferenzen der führenden westlichen Industriemächte. Von dieser recht wirkungsvollen Form indirekter Integration von Politik wird niemand erwarten, daß sie zu einer förmlichen Institutionalisierung führt. Zwar entwickelt die internationale Politik immer weitere Verflechtungen und Verbindungen, auf informeller und – aber das bleibt zweitrangig – förmlicher Ebene. Eindrucksvoll bestätigt sich in diesen Entwicklungen jedoch die Konstanz der Grundeinheit des internationalen Systems, des bürgerlichen Nationalstaates. Die Analyse der internationalen Politik wird sich statt der auf den ersten Blick so bequemen formalen Integration auch künftig den weitaus komplexeren Koordinations- und Abstimmungsmechanismen widmen müssen, die eben nicht den Nationalstaat ablöst, sondern dessen Aktionen erweitert.

---

10 Jürgen Bellers, „Integrationstheorien", in: Wichard Woyke, (Hg.), Europäische Gemeinschaft, Bd. 3 von Pipers Wörterbuch zur Politik, München 1984, S.355.

11 Ebd., S.356.

Integration, ob formell oder informell, steht nicht nur in Europa auf der Tagesordnung. Auch in anderen Kontinenten sind große, potentiell wichtige Integrationsgemeinschaften (Beispiel: die North American Free Trade Associaton (NAFTA) in Amerika) gebildet worden.

Die regionale Integration von Ökonomien ist besonders in Entwicklungsländern als eine wesentliche Möglichkeit für die Verbesserung der Situation betrachtet worden. Vordergründigster Ausweis ist die Gründung einer Anzahl von Integrationsgemeinschaften. Der geringe Bekanntheitsgrad ihrer Bezeichnungen kann als Indiz für ihre begrenzte Bedeutung dienen: Neben der ALALC (so die Selbstbezeichnung der lateinamerikanischen Freihandelszone Asociacion Latinoamericana de Libre Comercio; etwas bekannter ist die englische Abkürzung LAFTA), sind die MCCA (der gemeinsame mittelamerikanische Markt mit dem Ziel einer Zollunion, CARICOM (die Carribean Community, umfaßt die karibischen Kleinstaaten), in Lateinamerika ferner der Andenpakt (Wirtschaftsgemeinschaft zwischen Bolivien, Chile, Kolumbien, Ekuador und Peru) zu erwähnen. In Afrika ist auf die inzwischen nicht mehr existierende EAC (East African Community, eine Wirtschaftsgemeinschaft zwischen Kenia, Tanzania und Uganda) sowie auf die westafrikanischen Ecowas (Economic Community of West African States, bislang ebenfalls magere Ergebnisse) zu verweisen. Als relativ bedeutendster Integrationsversuch erweist sich der Verband südostasiatischer Staaten ASEAN (Association of South-East Asian Nations) mit allerdings beschränkten Integrationszielen.

Es überrascht nicht, wenn diese Kopien von Integrationspolitik in den abhängigen, beherrschten Regionen der Erde noch weniger Eigenleben gewannen als die Vorbilder im Norden. Am allerwenigsten vermochten diese Integrationsgemeinschaften die (gelegentlich geringe) Substanz an Nationalstaatlichkeit in der Dritten Welt aufzulösen. Ob „schwacher Staat" oder voll ausgebildeter Staat im Norden – das Ergebnis der Integrationsbewegungen der Nachkriegszeit scheint eindeutig, eben in der Konstanz des Nationalstaates.

7.3 Militärische Integration

Wenn die Kraft ökonomischer Verhältnisse nicht zum Tragen kam, dann blieb als eine Möglichkeit, das Arkanum staatlicher Macht, die Streitkräfte, als Vorreiter von Integration einzusetzen. Das politische Schicksal der Integrationsbemühungen läßt sich so – neben der ökonomischen Sphäre – gleichermaßen an den Bemühungen zur Vereinigung nationaler Militärapparate ablesen.

Zweifelsohne das ambitionierteste Projekt stellt die Schaffung einer „Europäischen Verteidigungsgemeinschaft" zu Beginn der fünfziger Jahre dar. In einem amtlichen Bericht zu den Verhandlungen heißt es:

> „Das Endziel ist die Verschmelzung der Streitkräfte der Teilnehmerstaaten unter gemeinsamen supranationalen Organen ... Die sittliche Kraft und der europäische Charakter dieser Verteidigungsstreitkräfte sollen in dem mit den militärischen Notwendigkeiten zu vereinbarenden Ausmaß durch eine möglichst vollständige Integrierung der menschlichen und materiellen Faktoren, die sich im Rahmen einer einzigen europäischen politischen und militärischen Gemeinschaft zusammenfassen, gewährleistet werden."[12]

Im EVG-Vertrag hieß es in Artikel 1, daß die neue Gemeinschaft „ihrem Wesen nach überstaatlich" sei: „Sie hat gemeinsame Organe, gemeinsame Streitkräfte und einen gemeinsamen Haushalt."[13]

Wie das Scheitern der EVG im französischen Parlament 1954 deutlich machte, waren diese Integrationsziele bei weitem zu hoch gesteckt. Die NATO als Ersatzlösung bot für Integrationspolitik wenig Raum, weil die Allianzführungsmacht USA nicht gesonnen war, die mit einem solchen Konzept verbundene Minderung ihres Einflusses in Westeuropa hinzunehmen. Wenn in neuerer Zeit mit dem Versuch der Belebung der Westeuropäischen Union integrationistische Aspekte der westeuropäischen Militärpolitik betont werden, bleibt das Ergebnis abzuwarten. Auch im militärischen Bereich ist – so das Fazit – von wirksamer Integration in Westeuropa wenig zu sehen.

Eine Antwort auf den Mangel an Integrationsfortschritt in der ökonomischen und der militärischen Sphäre lautet, beide Bereiche miteinander zu verbinden. Auch wenn sich besonders die französische Regierung gegen eine „Wirtschafts-NATO"[14] wehrt – der Begriff, das Konzept ist da.

Diese anhaltende Situation erfordert eine grundsätzliche Interpretation. Augenscheinlich dienen diese sogenannten Integrationsgemeinschaften vorrangig dem Ziel der Nationalstaaten, ihre einzelstaatlich nicht mehr oder nicht hinreichend wahrnehmbaren Funktionen kooperierend doch noch weiterhin zu erfüllen. Integrationsgemeinschaften bieten den Nationalstaaten ein Forum neuer Art zum wechselseitigen Austrag ihrer wech-

---

12 Bericht der sechs Teilnehmerstaaten der Pariser Verhandlungen vor dem NATO-Rat über eine Europäische Verteidigungsgemeinschaft vom 22.2.1952, zit. nach Klaus von Schubert (Hg.), Sicherheitspolitik der Bundesrepublik Deutschland. Dokumentation 1945-1977, Teil 1, Köln 1978, S.128.

13 Vertrag über die Gründung der Europäischen Verteidigungsgemeinschaft vom 27.5.1952, Text zit. nach v. Schubert, a.a.O., S.129.

14 International Herald Tribune, 16. Dezember 1982.

selseitigen Ansprüche aneinander, einen Ort für Bemühungen zum Interessenausgleich, für die kleineren Mitglieder besonders auch eine Kampfbahn zur kollektiven Abwehr von Herrschaftsansprüchen führender Mächte. Die Bildung von Integrationsgemeinschaften verschiedener Länder sowie das Auftreten neuartiger Akteure wie internationaler Organisationen oder multinationaler Konzerne mag das Bild verschleiert haben – bei Klärung der Sicht tritt der Nationalstaat als primärer Akteur nur um so heller hervor.

Diese Entwicklung hat tiefreichende Ursachen, deren Verdeutlichung den Rahmen dieser Einführung überschreiten würde. Soviel sei nur angedeutet, daß alle funktionalen Erfordernisse, wie sie sich anscheinend in Zweckverbänden wie Wirtschafts- und Militärgemeinschaften niederschlagen, an den Identitätsbestrebungen von Großgruppen wie Völkern und einem urigen Willen zur eigenen Bestimmung des politischen Weges brechen. Die historische Erfahrung belehrt die Zeitgenossen, daß die eigene politische Gemeinschaft, der Nationalstaat, das am wenigsten schlechte Mittel zu diesem Zwecke bereitstellt. Die großen Bürokratien, welche Integrationsgemeinschaften unabdingbar hervorbringen, gelten augenscheinlich nachgerade als Schreckvisionen für jede Diskussion alternativer Entwicklungen. Der Nationalstaat bietet so anscheinend eine „optimale Betriebsgröße" zur Mediatisierung der verschiedenen Anliegen, die von innen, von Seiten der Bürger wie auch zum Beispiel von der Ökonomie, wie auch von außen kommend aufeinanderprallen.

7.4 Friedensordnung und Integration

Das Versagen der vorfindlichen Integrationspolitik, zu tatsächlichen Sicherheitsgemeinschaften und damit zu einer Friedensordnung zu führen, besagt nicht, daß es eine solche nicht geben könnte. Zwar ist einzuräumen, daß zum Beispiel die westeuropäische Integration eben in dieser Richtung verstanden worden ist. 1973 beschrieb z.B. Gerda Zellentin „als intuitive, normative Vorschau: Ein Zielbild – hier die Europäische Friedensordnung (EFO)", die ihrer Ansicht nach 1985 erreichbar sein sollte.[15] Fehlprognosen stehen jedoch nicht der Möglichkeit einer solchen europäischen (oder regional anderen) Friedensordnung entgegen. Mit Verweis auf die Geschichte soll knapp analysiert werden, was die Bedingungen für eine solche Friedensordnung sein könnten.

15 Gerda Zellentin, Europa 1985, Bonn 1973, S.9 (in dem Text wird ausgeführt, welche Strategien, welche Bedingungen und welche wünschenswerten Entscheidungen für dieses Ziel anzusetzen sind).

Unter den historischen Friedensordnungen haben besonders der römische Friede („Pax Romana") unter Kaiser Augustus sowie der Reichsfriede im Heiligen Römischen Reich Deutscher Nation („Pax Christiana") Interesse gefunden, unter der Fragestellung, welche Strukturmomente damals Frieden ermöglichten. Kritischem sozialwissenschaftlichem Zugriff halten diese Friedens'ordnungen' wenig stand:

> „Daß die relativ kurze augustische Ära eine Periode des Friedens wurde, hatte also nichts mit dem friedensstiftenden Charakter des Prinzips zu tun. Der Friede war keineswegs garantiert durch die einheitliche Reichsgewalt, sondern hing teils am dünnen Faden des friedlichen, weil kriegsmüden Charakters des princeps, teils mit der Unwilligkeit des Grundeigentums zusammen, das Geld für die Beschaffung von Sklaven mittels Kriegszügen vorzuschießen."[16]

Johannes Agnoli, der Urheber dieser Bewertung, gibt eine Reihe von Einzelbelegen für dieses summarische Urteil. Zugleich findet er in der mittelalterlichen „Pax Christiana" keine Realität, sondern allenfalls „die Philosophie der nicht vorhandenen Institutionen".[17] Schuld am Ausbleiben solcher Friedensinstitutionen sei der Gegensatz zwischen Kaiser und Papst gewesen:

> „Die Friedensfrage fiel in der Tat mit der Frage zusammen, wer denn der Friedensrichter sei – im Grunde (und darin liegt das wesentliche Scheitern der pax christiana), weil es gar nicht darum ging, wer den Frieden verteidigen sollte, sondern darum, wer in einer auf unmittelbarer Herrschaft begründeten Gesellschaft der *Herr des Friedens* sei."[18]

Auch der Blick in die Historie gibt mithin wenig Anlaß zu der Hoffnung, das Friedensproblem durch die Bildung großer Integrationsgemeinschaften sozusagen zu unterlaufen, oder – allgemeiner ausgedrückt – eine politische Frage technisch lösen zu wollen. Auf politische Probleme, unter denen das des nichtkriegerischen Austrags von Interessengegensätzen obenan steht, müssen politische Antworten gefunden werden.

Auch die Herrschaftsfrage, das zweite Schlüsselproblem von Politik, vermag Integration nicht aus der Welt zu schaffen. In förmlichen Integrationsgemeinschaften stellt sich die Herrschaftsfrage allenfalls anders, aber nicht grundsätzlich neu. Es scheint, daß die Integrationsbewegungen die

16 Johannes Agnoli, „Von der Pax Romana zur Pax Christiana. Zum institutionellen Scheitern zweier Weltfriedensversuche", in: Christian Fenner/Bernhard Blanke, Systemwandel und Demokratisierung. Festschrift für Ossip K. Flechtheim, Frankfurt a.M. 1975, S.89. Vgl. allgemeiner die Kapitel „Pax Romana" und „Pax Christiana" des Stichworts „Frieden" von Claus D. Kernig in dem von diesem herausgegebenen Handbuch Marxismus im Systemvergleich, Frankfurt/New York 1973.

17 Agnoli, a.a.O., S.96.

18 Ebd., S.105 (Hervorhebung im Original).

Führungsmächte des internationalen Systems begünstigen (eben weil sie sich selber begünstigen) – sehr im Gegensatz zu dem Versprechen der Mediatisierung von Herrschaft, welches kleinere Mächte zum Engagement in solchen Bewegungen motiviert. Diese müssen sich mehr und mehr nach den Mustern verhalten, welche ihnen vorgeprägt für ihre Politikentscheidungen gegeben werden. „Anachronistische Souveränität", so die Formel, welche von der Transnationalisierung politischer Inhalte herrührt, gibt es tatsächlich, nämlich als Verlust an faktischer Entscheidungskompetenz kleinerer, schwächerer Nationen gegenüber integratorischen, diffuseren Mächten. Was nur den Willen der Kleinen, am Nationalstaat als wesentlichem Mittel der Selbstverwirklichung festzuhalten, um so mehr verstärkt.

KAPITEL 8
INTERNATIONALE POLITIK UND INTERNATIONALE ÖKONOMIE

Der Begriff „Weltwirtschaft“ wurde um die Wende zum 20. Jahrhundert geprägt, auf dem Höhepunkt der Ära einer liberalen Ordnung des Weltmarktes.[1] Die Analytiker begannen allgemein, die internationalen Wirtschaftsbeziehungen als einheitliches Ganzes zu betrachten, und nicht lediglich als Summe der Außenwirtschaften der Nationalstaaten. Auf diesem Welt-Markt gab es eine Leitwährung, damals selbstverständlich das britische Pfund, sowie eine in heutiger Sicht erstaunliche Mobilität der Wirtschaftssubjekte und von Kapital.

Besonders der Sozialhistoriker Fernand Braudel hat umfassend und überzeugend herausgearbeitet, daß die Chiffre „Weltwirtschaft“ als Hülle große Gebiete umschließt, in denen ökonomisch-funktional lebhaft Prozesse ablaufen, daß es jedoch unterschiedliche Zonen wirtschaftlicher Aktivität in einer solchen Weltwirtschaft gibt, und daß es historisch regelmäßig Zentren solcher Weltwirtschaften gab.[2] In Beziehung zu dem Leitthema dieser Einführung gesetzt: Auch die internationale Wirtschaft erweist sich als geprägt von Herrschaft, und diese Feststellung provoziert heute die Frage, wer denn die Diener dieser Herren sind.

Schon aufgrund seiner anhaltenden Expansion beansprucht der Weltmarkt weiterhin die Aufmerksamkeit der Analytiker. Der Welthandel expandiert rascher als die Produktion, er hat sich in den vergangenen anderthalb Jahrzehnten mehr als verdoppelt:

Welthandel (in Mrd. US $)

	1980	1984	1988	1992	1996
Welthandel	1997	1909	2827	3661	5350

Quelle:
IMF, Direction of Trade Statistics Yearbook, Washington, D.C. (versch. Jahrgänge)

1 Vergl. Horst Werner, „Weltwirtschaft, Weltwirtschaftsordnung“, in: Theodor Schober/Martin Honecker/Horst Dahlhaus (Hg.), Evangelisches Soziallexikon, 7. Aufl. Stuttgart/Berlin 1980, S.1417.

2 Fernand Braudel, Sozialgeschichte des 15.-18. Jahrhunderts. Aufbruch zur Weltwirtschaft, München 1986. Der Autor spricht von „tendenziellen Regeln“, die im Text verkürzend wiedergegeben werden.

Eine Anzahl von Ländern reproduziert sich ökonomisch mehr und mehr über internationale (und nicht nationale) Märkte. Die Bundesrepublik bleibt – vor Japan und nach den USA – der Welt zweitgrößter Exporteur (der Anteil dieser drei Staaten am gesamten Welthandel betrug 1982 knapp 28 Prozent). Die Entwicklung der internationalen Transfers der Bundesrepublik demonstriert kontinuierliches Wachstum, weit über die Inflationsraten hinaus. 1950 exportierte die junge Bundesrepublik für 8 Milliarden DM, Ende der sechziger Jahre wurde in der Ausfuhr eine nächste Größenordnung von 100 Milliarden DM erreicht, und 1995 betrug das Exportvolumen (nur alte Bundesländer) 735 Milliarden DM. Die Handelsquote[3] der Bundesrepublik ist fortwährend gestiegen:

Handelsquote der Bundesrepublik (%)

	1950	1960	1970	1980	1990	1995
Handelsquote	12,1	18,7	21,6	28,7	30,8	31,7

Quelle:
Stiftung Entwicklung und Frieden, Globale Trends 1998, Frankfurt a.M. 1997, S.222.

Die anhaltend hohen Exportüberschüsse sicherten der Bundesrepublik eine international starke Stellung bei Handelsgesprächen, Umschuldungsverhandlungen oder auch Verhandlungen über internationale Währungsfragen.

Wichtige Sektoren dieses Weltmarktes sind hochpolitischer Natur. Dies gilt besonders für den internationalen Waffenmarkt, „the world's fastest growing business" (so einst das amerikanische Magazin *Time*). Vor zwanzig Jahren (1965) wurde sein Volumen mit 3,7 Milliarden Dollar angegeben. 1975 hatte sich das Volumen auf 12,3 Milliarden Dollar mehr als verdreifacht (in laufenden Preisen; 1985 wurden 15 Milliarden Dollar genannt – die internationale Schwäche der Wirtschaften macht auch vor diesem Sektor nicht halt). Mit dem Ende des Ost-West-Konfliktes sind freilich die internationalen Rüstungsmärkte zusammengebrochen (heute wird ein Marktvolumen von ca. 5 Milliarden Dollar genannt).

Eine Verdreifachung des sektoralen Volumens binnen einer Dekade bleibt in der Außenwirtschaft ein Rekord. Übertroffen wurden die Wachstumsraten des Waffenhandels lediglich von denen bei Rohöl (besonders in den siebziger Jahren) und bei Drogen:

3 Darunter wird das arithmetische Mittel von Export- und Importwert verstanden, bezogen auf das Bruttoinlandsprodukt, angegeben in Prozent.

Ausweitung des Weltmarktes für Rohöl (Zuwachsrate in Prozent)

	1970-1975	1975-1980	1978-1980	1979-1980
Zuwachsrate in Prozent	42.2	23.2	46.4	43.0

Quelle:
United Nations (Dept. of International Economic and Social Affairs), 1981; Statistical Yearbook, New York, S.928

Seither hat dieses Wachstum nachgelassen (im Jahrfünft 1985-90 betrug die Steigerungsrate 13 Prozent), und stagniert wertmäßig in diesem Jahrzehnt.

Die dramatische Steigerung der Preise für Rohöl, die hinter diesen Zahlen steckt, stellt die vielleicht wichtigste Entwicklung in der internationalen Ökonomie in der jüngsten Vergangenheit dar. Für die Vielzahl der nicht Öl fördernden Staaten – ein merkwürdiger Sprachgebrauch nennt sie „nicht ölproduzierend“ – zeitigten die abrupten Preisänderungen schwerwiegende Anpassungsprobleme, besonders für devisenschwache Entwicklungsländer.

Über die Dynamik der internationalen Drogenmärkte gibt es keine genaueren Daten. Das Gesamtvolumen soll bei Beginn der neunziger Jahre mehrere 100 Milliarden Dollar betragen haben (die konkretesten Aussagen belaufen sich auf 500 Milliarden Dollar).[4] Der Bundesnachrichtendienst gibt etwas niedriger an, daß 1990 der Gesamtwert des Drogenhandels auf den wichtigsten Märkten, den USA und Westeuropa, mehr als 260 Milliarden Dollar betragen habe.[5]

Der Drogenmarkt hat den Waffenhandel nach Expertenschätzungen in der Höhe der Wachstumsrate längst überholt und scheint nunmehr in der Expansionsrate die Nr.1 zu sein. Bedeutung kommt dem Drogenmarkt auch zu, weil seine Illegalität die Schranken formal legitimierter Politik (einfacher ausgedrückt: von amtlicher Politik) wirksam durchbricht. Auch Rüstungsverkäufe in politisch heiklen Bereichen spielen sich zu einem er-

---

4 In der mittlerweile recht umfangreichen Literatur informieren relativ aktuell und präzise spezialisierte Forschungseinrichtungen, etwa: Alison Jamieson, Global Drug Trafficking, Washington, D.C. (RISCT Conflict Studies No. 234) 1990, sowie Publikationen der UN (Economic and Social Council, UN Convention against illicit traffic in narcotic drugs and psychotropic substances, New York, E/Conf.82/15, 1988. Die höchste Angabe („600 Milliarden bis eine Billion Dollar pro Jahr“) findet sich ohne weitere Quellenangabe bei Muriel Mirak-Weißbach, Der gerechte Krieg: Das Rauschgiftkartell besiegen, Wiesbaden 1990, S.39.

5 Zit. nach Der Spiegel, Nr.2/1992, S.125.

heblichen Teil in einer Grauzone ab. Sie erfolgen nicht politikfrei, sind jedoch der Steuerung durch Politik kaum ausgesetzt.

Eine Anzahl von Analytikern mißt der Entwicklung der internationalen Ökonomie, trotz oder wegen ihrer ungewöhnlichen Ausweitung, den Rang eines herausragenden Auslösers von Krisen zu. Elmar Altvater stellt fest:

> „Schließlich waren alle Aggregatformen des Kapitals globalisiert: das produktive Kapital im 'Markt für Produktionsstandorte' und das Geld und der Kredit auf dem monetären Weltmarkt. Die ökonomische Rationalität des Marktes setzt sich gegen andere, konkurrierende Ordnungsprinzipien in der Weltgesellschaft durch, keine Region, keine Gesellschaft sind davon unberührt geblieben. Eine Folge der Globalisierung, Modernisierung und Rationalisierung waren (und sind) ökonomische Krisen, soziale Not breiter Massen (heute in erster Linie in der Peripherie der Metropolen) und die ökologische Degradation von Lebenssphären des Planeten Erde."[6]

Die politischen Folgen weltwirtschaftlicher Krisen fallen nach André Gunder Frank einigermaßen dramatisch aus:

> „Während der letzten Krisenperiode dieser Art – von 1914 bis 1945 – fanden zwei Weltkriege statt, zwei große sozialistische Revolutionen, die dazwischen liegende große Depression der 30er Jahre (deren Wurzeln allerdings früher lagen), der Aufstieg des Faschismus und die endgültige Verdrängung der britischen durch die amerikanische Vorherrschaft. Die vergleichbare Krise des vorangegangenen Jahrhunderts begann 1873 und wurde begleitet vom Aufstieg des Monopolkapitalismus, des klassischen Imperialismus und der Erneuerung des Kolonialismus."[7]

Ob man die These von der Verknüpfung dieser politischen Katastrophe mit dem Fortgang der internationalen Wirtschaftsentwicklung teilt oder nicht – das Argument vom Rang internationaler ökonomischer Entwicklungen erzwingt die Stellungnahme eines jeden Analytikers. Dies um so mehr, als Wirtschaftsauseinandersetzungen heutzutage militante Formen annehmen (können). Ihre wirtschaftlichen Auseinandersetzungen begreifen die Protagonisten des internationalen Systems durchaus – als Kriege. Das Wort vom Handelskrieg, bei Einzelfragen gar mal vom „Hähnchenkrieg", geht ihnen rasch von den Lippen. US-Agrarminister John Block äußerte zum Beispiel 1982:

> „Wir haben nur eine Möglichkeit, nämlich zeitweise von unserer Haltung des freien Marktes abzuweichen und kostspielige kurzfristige *Handelskriege* zu unternehmen. Wenn das unabdingbar ist, um die Prinzipien freier Märkte zu

6 Elmar Altvater, Die Zukunft des Marktes, Münster 1991, S.339.

7 André Gunder Frank, Die europäische Herausforderung. Friede und Arbeit durch europäische Entspannung, Stuttgart 1983, S.6.

erreichen, dann werden wir anfangen müssen, ernsthafter in diese Richtung zu denken und ganz massiv ein Dreimilliarden-Dollar-Paket der umfangreichen amerikanischen Vorräte von Agrarprodukten auf den Weltmarkt zu werfen, bis die Europäer aufgeben."[8]

Es fällt schwer, bei solcher Rhetorik nicht an die marxistische Polemik über den Wirtschaftskrieg aller gegen alle zu denken. In seinen „Pariser Manuskripten" beschreibt Marx die Konkurrenz als den „Krieg unter den Habsüchtigen"[9] und sieht die Industrie auf den Weltmärkten „im Zustand des Eroberungskrieges".[10]

Ein erstes Gegenkonzept besteht in der Propagandierung ordnungsspolitischer Vorstellungen. So wie eine nationale Volkswirtschaft ordnungspolitischen Maximen folgt, sollte auch die Weltökonomie rational gestaltet werden – auch und vor allem, um ihr den Konfliktkeim zu nehmen.

Der erneut vergleichende Blick auf die Innenpolitik lehrt rasch, daß nunmehr auch in der internationalen Politik eine ordnungspolitische Debatte ausgebrochen ist: Nach welchen Grundsätzen soll das Wirtschaftsleben in der internationalen Sphäre politisch gestaltet werden? Welcher Rahmen ist für die Transaktionen der Wirtschaft anzustreben? Derartige Forderungen kommen nicht nur aus den Entwicklungsländern. Angesichts der internationalen Verschuldung und der Wirtschaftsschwäche führender Industrienationen wird auch von dieser Seite nach ordnungspolitischen Schritten verlangt. Von einer neuen „Weltfinanzordnung„, die die alte, wenig funktionsfähige ablösen sollte, sprach z.B. der amerikanische Außenminister anläßlich einer Europareise 1982.[11]

8.1 Die Entwicklung des Konzepts

Wie in der Innenpolitik der Staaten ist das Verhältnis von Politik und Ökonomie auch im internationalen System näher zu fassen. Im Gegensatz zur klassischen Tradition der Diplomatie, die mit der Vorstellung der völligen Souveränität zugleich die Möglichkeit zur willkürlichen Festlegung von Politikinhalten beliebiger Art verbindet, scheint heute auch in der Analyse der internationalen Politik die These vom Vorrang der Ökonomie auf Konsens zu stoßen. Carl Böhret formuliert in einem Lexikonbeitrag:

8 Financial Times, 23. November 1982 (Hervorhebung v.V.).
9 MEW EB I, S. 511.
10 Ebd., S. 482.
11 Financial Times, 11. Dezember 1982.

„Politische Entscheidungen werden von der Ökonomie mitbestimmt oder gar determiniert.“[12]

Im Blick auf die Geschichte ist eine solche Sichtweise alles andere als selbstverständlich. Erst mit der Herausbildung des modernen Nationalstaates, mit dem Aufstieg des Absolutismus im 17. Jahrhundert, wird das kommerzielle Leben Teil der staatlichen Politik. Im wirtschaftspolitischen System der Epoche, dem Merkantilismus (von französisch „mercantile“ = kaufmännisch) spielt die Außenwirtschaft sogleich die herausragende Rolle: Ziel war eine aktive Handelsbilanz, und deswegen wurden Gewerbe, Handel und Verkehr gefördert. Hauptantrieb für das neuartige Engagement des Staates in der Wirtschaft war der Geldbedarf, der durch den Unterhalt großer stehender Heere sowie – in geringerem Maße – eines Corps von Berufsbeamten als Exekutoren der staatlichen Hoheit entstand. Es wundert nicht, wenn die Förderer der neuen staatlichen Wirtschaftspolitik (neben dem Erfinder Colbert im Frankreich Ludwigs XIV., der bezeichnenderweise seine Finanzkarriere als Minister der Kriegsmarine abschloß) alle historisch als große Kriegsherrn bekannt sind: Cromwell in England, in Preußen der Große Kurfürst, der Soldatenkönig Friedrich Wilhelm I. sowie Friedrich II.

Der Begründer der wissenschaftlichen Analyse des Außenhandels, David Ricardo (1772-1823), weist mit seiner Theorie komparativer Kosten nach, daß ungehinderter Handel allseitige Vorteile erbringt. Unter gewissen einschränkenden Bedingungen kann auch ein in jeder Produktionsbranche kostenmäßig unterlegenes Land vorteilhaft Außenhandel betreiben.[13] Die derzeitige Situation des Nord-Süd-Handels scheint allerdings eher das Gegenteil von Ricardos Prognose einer allgemeinen Wohlfahrt für alle am internationalen Tausch beteiligten Länder zu demonstrieren.

Solche und andere Widersprüche verlangten eine andere Erklärung für das Wachstum der internationalen Wirtschaftsbeziehungen, als sie die klassische politische Ökonomie zu geben vermochte. Für eine andere Antwort gab es zwei Möglichkeiten: die Verfeinerung des ökonomischen Ansatzes (so die Antwort der Neoklassik) oder aber die Einführung politischer

12 Carl Böhret, „Politische Ökonomie“, in: Evangelisches Soziallexikon, Hg. Th. Schober u.a., 7. Aufl., Stuttgart u. Berlin 1980, S. 1006.

13 David Ricardo, Über die Grundsätze der politischen Ökonomie und der Besteuerung, dt. von Gerhard Bondi, Berlin (DDR) 1959, Kap. 7. – Über ökonomische Einwände gegen Ricardo ist hier nicht zu reden (das Modell trifft nur für Fälle substitutiver Arbeitsteilung zu; die Annahme immobiler Produktionsfaktoren gilt am wenigsten für Kapital; die Annahme konstanter Grenzkosten ist unrealistisch; die Marxsche Kritik an Ricardos Auffassung von der Quantitätstheorie und seine Gleichsetzung von Zahlungsbilanz und Handelsbilanz). In dieser Einführung geht es um Verbindungen zwischen Ökonomie und Politik im Außenhandel.

Aspekte in die Analyse (so z.B. die These vom „ungleichen Tausch"). Beide Ansätze sollen kurz vorgeführt werden.

In der neoklassischen ökonomischen Theorie wurde vor allem mit dem Faktorproportionen-Theorem der Versuch unternommen, Ricardos Ansatz der Theorie der komparativen Kostenvorteile weiter zu entwickeln (sogenanntes Heckscher-Ohlin-Theorem).[14] Diesem Ansatz zufolge ist das mengenmäßige Verhältnis in der Ausstattung mit den beiden Produktionsfaktoren Kapital und Arbeit und daher deren Preis von Land zu Land verschieden. Eine Vielzahl von Arbeitskräften führt zu vergleichsweise niedrigen Löhnen usf. Jedes „Land (hat) einen Vorteil in der Erzeugung von Gütern, in die viel von Produktionsfaktoren eingeht, welche in diesem Land reichlich vorhanden und billig sind" (Ohlin).[15] Ursache und Bedingungen des internationalen Handels liegen im ungleichen Preis der Produktionsfaktoren, der aus ungleicher Faktorausstattung hervorgeht. Die Spezialisierung auf die Produktion und die Ausfuhr von Gütern, in die der jeweils billigere Produktionsfaktor reichlich eingeht, führt im Ausfuhrland zu einem Anstieg des Preises des ursprünglich billigen Produktionsfaktors, während der im Importland zunächst knappere und damit teurere Produktionsfaktor nunmehr weniger nachgefragt und damit preiswerter wird. Die relativen Knappheiten und mit ihnen die Preise der Produktionsfaktoren gleichen sich in beiden am Handel beteiligten Ländern einander an.

Der internationale Tausch wirkt so dem Heckscher-Ohlin-Theorem zufolge auf einen Ausgleich der Preise für Produktionsverfahren hin. „Die Beweglichkeit der Güter gleicht daher bis zu einem gewissen Grad das Fehlen der internationalen Beweglichkeit der Produktionsfaktoren aus" (Ohlin).[16]

Auch diese Differenzierung befriedigt wenig. Leontieff hat in einer umfangreichen empirischen Untersuchung demonstriert, daß die besonders reich mit Kapital ausgestatteten USA keineswegs kapitalintensive Waren ausführen, sondern umgekehrt solche einführen („Leontieff-Paradoxon"). Ferner überzeugt dieser Ansatz wenig, um daraus Vorschläge für die Produkt- und Ausfuhrpolitik in Entwicklungsländer abzuleiten: Der Schluß, wegen des Überangebots an billigen Arbeitskräften sollten Entwicklungsländer sich auf die Erzeugung arbeitsintensiver Güter verlegen, greift

14 Vgl. Anton Zottmann, Theorie und Politik der Außenwirtschaft, Stuttgart 1967, S.24f.

15 Bertil Ohlin, „Die Beziehungen zwischen internationalem Handel und internationalen Bewegungen von Kapital und Arbeit", in: Klaus Rose (Hg.), Theorie der internationalen Wirtschaftsbeziehungen, Köln 1966, S.34.

16 Ebd., S.37. – In neueren Beiträgen wird angenommen, daß es zu einer vollständigen Angleichung der Faktorkosten kommt.

zu kurz, weil kapitalintensive Industriestaaten aufgrund des technischen Fortschritts solche Güter noch billiger herstellen.

Eine in neuerer Zeit breiter werdende kritische Richtung der politischen Ökonomie lehnt den gesamten Ansatz komparativer Kosten und deren neoklassische Weiterungen zur Erklärung der Entfaltung des Weltmarktes ab. Arghiri Emmanuel betont, daß so das Entwicklungsgefälle zwischen Erster und Dritter Welt nicht erklärt werden kann. Seiner These nach sind die internationalen Handelsbeziehungen durch ungleichen Tausch charakterisiert, und dieser sei Ursache anhaltender wirtschaftlicher Unterentwicklung. Um seine These zu untermauern, entwirft Emmanuel ein abstraktes Modell vom Handel zwischen den Industrieländern und Entwicklungsländern. Als Prämisse wird gesetzt, daß die Arbeitskräfte immobil sind, d.h. nicht von den Entwicklungs- in die Industrieregionen ziehen können. Die Mobilität von Kapital sei hingegen ausreichend, um aufgrund international unterschiedlicher Produktionspreise größere Bewegungen zu vollführen. Schließlich wird der Lohn in bezug auf den Preis als unabhängige Variable gesetzt. Unter Verwendung der Marxschen Kategorien Mehrwert und Profitrate sucht Emmanuel zu zeigen, daß „die Ungleichheit der Löhne als solche, wenn alle anderen Faktoren gleich sind, den ‚ungleichen Tausch‘ verursacht“.[17]

Auch derartige Erklärungsversuche der politischen Ökonomie zeigen wenig Bestand gegenüber empirischer Kritik. Schon die Prämisse von einer hinreichenden Kapitalmobilität zwischen Industrie- und Entwicklungsländern ist mit Fragezeichen versehen. Der freie Kapitalmarkt ist auf bestimmte Länder beschränkt. Aber auch wenn die Prämisse in der Vergangenheit Gültigkeit besessen haben soll, hätten große Kapitalien in die Entwicklungsländer fließen müssen. Empirisch steht dagegen, daß der Anteil der Entwicklungsländer an den internationalen Direktinvestitionen sinkt, während zugleich der Welthandel kräftig expandiert (sogenanntes „Emmanuel-Paradoxon“).

Schließlich wurden beide Ansätze verschiedentlich miteinander verknüpft, indem Bestandteile neoklassischer Konzepte (die Quantitätstheorie und die Gleichgewichtswechselkurstheorie) mit Marxscher Analyse verbunden wurden. Die so gebildete These von der „Modifikation des Wertgesetzes auf dem Weltmarkt“ hat sich in der neueren Theoriediskussion als zumindest anregend erwiesen.[18]

---

17 Arghiri Emmanuel, L'echange inegal, Paris 1969, S.111.

18 Klaus Busch, Die multinationalen Konzerne. Zur Analyse der Weltmarktbewegung des Kapitals, Frankfurt a.M. 1974. Siehe weiter: Sozialistische Studiengruppen (SOST), Kapitalistische Weltwirtschaft, Hamburg 1981.

Eine andersartige Verständnisweise geht auf die Schriften von Friedrich List zurück und verleiht diesen überraschende Aktualität. List kritisiert nach umfangreichen Studien die (von ihm so bezeichnete) „kosmopolitische“ Wirtschaftslehre von Adam Smith, die von einer „utopischen“ Universalsituation ausgehe. Er plädiert für eine „politische“ Ökonomie, die den Entwicklungstand der einzelnen am Weltmarkt agierenden Nationen berücksichtigt. Die freie Konkurrenz zwischen zwei Nationen wirke nur dann positiv für alle Beteiligten, wenn diese „sich ungefähr auf einem gleichen Standpunkt der industriellen Bildung“ befänden. Volle Handlungsfreiheit als Leitwert sei nur erreichbar, wenn sich zuvor die einzelnen Nationen auf einen solchen Entwicklungsstand hin industrialisieren, wobei sie ihre Binnenmärkte durch Schutzzölle gegen wohlfeilere Konkurrenz absichern sollten.[19]

Von besonderer Bedeutung für die Debatte der Strukturen der Weltökonomie ist die sogenannte „Stufenlehre“. List zeigt als erster systematisch auf, daß es nicht nur Verlaufsmuster ökonomischer Entwicklung gibt, sondern daß unterschiedliche Entwicklungsphasen zeitgleich nebeneinander her existieren. Der Welthandel zwischen Ländern auf solchen phasenverschobenen Entwicklungsstufen wirft besondere Probleme auf. Nichtindustrialisierte Länder (List: „Agrikulturstaaten„) bleiben ökonomisch und politisch-militärisch in einer schwächeren Position gegenüber den Industriestaaten. Diese tauschen landwirtschaftliche Produkte gegen Industriegüter und bestimmen so, wieviel die Landwirtschaft in vorindustriellen Regionen überhaupt ökonomisch produziert. Die heute als Entwicklungsländer bezeichneten Staaten (der „heißen Zone“, List) sollten übrigens nach Ansicht dieses Klassikers von Industrialisierungsbemühungen Abstand nehmen. Die aktuelle Debatte fragt hingegen gerade nach den Folgerungen, die sich aus dem Ansatz von List für die Entwicklungspolitik ergeben. Dieter Senghaas gibt hier eine absolute Prognose:

> „Ohne Zweifel wird die Theorie Friedrich Lists (bzw. die von ihm vermittelte analytische und praktische Perspektive) in dem Maße aktuell werden, wie sich die Massen in peripheren Gesellschaften gegen das überkommene, von ihren eigenen Eliten mitgetragene System internationaler Wirtschaftsordnung wenden.“[20]

19 Friedrich List, Das nationale System der politischen Ökonomie, Frankfurt a.M. 1974. Siehe weiter: Das natürliche System der politischen Ökonomie, Hg. Günter Fabiunke, Berlin (DDR) 1961. Senghaas schreibt in bezug auf List: „Dabei ist es erstaunlich, wie wenig sein grundlegender Beitrag in der heutigen außenhandelstheoretischen und entwicklungspolitischen Diskussion berücksichtigt wird“ (Dieter Senghaas, Weltwirtschaftsordnung und Entwicklungspolitik. Plädoyer für Dissoziation, Frankfurt a.M. 1977, S.77).

20 Senghaas, a.a.O., S.87.

Der Satz wird so nicht stehen bleiben können. „Ohne Zweifel“ hat kaum etwas in der Wissenschaft Bestand, und auf den populistisch-heroisch angekündigten „Aufstand der Massen“ wird man in dieser Gestalt lange warten müssen. Als Verweis auf die Möglichkeit der Revolte gegen das vorfindliche internationale System taugt der Satz jedoch.

Das Verhältnis von Ökonomie und Politik, hier des Weltmarktes und der internationalen Politik, faszinierte seit mehr als hundert Jahren besonders die politische Linke. Im „Kommunistischen Manifest“ heißt es 1848:

> „Die große Industrie hat den Weltmarkt hergestellt, den die Entdeckung Amerikas vorbereitete. Der Weltmarkt hat dem Handel, der Schiffahrt, den Landkommunikationen eine unermeßliche Entwicklung gegeben.“[21]

Den Drang des Bürgertums auf Expansion und Internationalität fassen Marx und Engels im gleichen Text in erregten Bildern:

„Das Bedürfnis nach einem stets ausgedehnten Absatz für ihre Produkte jagt die Bourgeoisie über die ganze Erdkugel ... Die Bourgeoisie hat durch die Exploitation des Weltmarktes die Produktion und die Konsumtion aller Länder kosmopolitisch gestaltet ... An die Stelle der alten lokalen und nationalen Selbständigkeit und Abgeschlossenheit tritt der allseitige Verkehr, eine allseitige Abhängigkeit der Nationen voneinander.“[22]

Eine Theorie der Weltmarktbeziehungen haben Marx und Engels nicht vorgelegt, sieht man von den skizzierten Andeutungen ab (in den *Grundrissen der Kritik der politischen Ökonomie* begreift Marx den Außenhandel als sekundäres Produktionsverhältnis und spricht vom „Einspielen hier internationaler Verhältnisse“ auf „abgeleitete, übertragene, nicht ursprüngliche Produktionsverhältnisse“).

Die Expansion der Weltmärkte blieb hinfort über Jahrzehnte Ansatzpunkt weitreichender Theoriekonzepte der politischen Linken. Höhepunkte, die bis heute die Debatte (weniger hierzulande, aber mit Macht in der Dritten Welt) bestimmten, setzen ein mit Rosa Luxemburg (*Die Akkumulation des Kapitals*, 1910), Nikolai I. Bucharin (*Imperialismus und Weltwirtschaft*, 1915) und in der Wirkung v.a. Lenin (*Der Imperialismus als höchstes Stadium des Kapitalismus*, 1916). Kernaussage dieser „Imperialismuskritik“ blieb die Darstellung monopolistischer Marktbeherrschung und der Machtbestimmung internationaler Arbeitsteilung. Weniger die Lösungsstrategien solcher Krisentheorien (im reifenden Kapitalismus gehen Wachstumstendenzen und Untergangsentwicklungen Hand in Hand), als

21 MEW 4, S.463.
22 Ebd., S.465 f.

die Kritik an der gar nicht so ordentlichen, auch nicht in Ordnung erachteten „Weltwirtschaftsordnung" hat solchen Ansätzen nachhaltig Aktualität verliehen. Neuere Konzepte wie die Mitte der sechziger Jahre sich entfaltende Dependencia-Debatte berufen sich gelegentlich ausdrücklich auf diese alten Kampfschriften.[23] Das erwähnte Konzept vom „Ungleichen Tausch", dem nicht-äquivalenten, politisch erzwungenen Tausch zwischen Industrie- und Entwicklungsländern, bleibt deutlich Lenins Thesen vom Extra-Profit verpflichtet.

Das außenwirtschaftliche Verhalten sozialistischer Länder wurde nach Aussage eines Handbuches von solchem marxistischen Gedanken tatsächlich angeleitet: Außenhandel und seine Handhabung durch das internationale Finanzkapital fördere Bestrebungen zu Unabhängigkeit. „Dieser Gedanke spielt auch heute noch eine gewisse Rolle in der Politik kommunistischer Staaten gegenüber den Entwicklungsländern."[24]

Die analytische Schwäche findet ihr praktisches Pendant in der geringen Bedeutung, die internationale Transfers für marxistisch orientierte Staaten hatten. Die Nichtbeachtung der Eigenständigkeit internationalen Wirtschaftslebens brachte 1955 ein chinesischer Außenhandelsminister (sein Name war Yeh Tschi-chuang) auf die prägnante Formel:

> „Ausfuhren dienen der Einfuhr, und die Einfuhr dient dem sozialistischen Industrieaufbau des Landes."[25]

Damit ist nun in der Tat wenig in bezug auf eigenständige Außenbeziehungen zu machen.

Diese vorbereitenden Klärungen abschließend ist analog zu der eingangs aufgeworfenen Alternative: „Außenpolitik" (des Nationalstaates) oder „internationale Beziehungen" hinsichtlich der Weltökonomie zu fragen: „Außenwirtschaft" oder „Weltmarkt"? Das Geflecht der internationalen Transfers, mit dem Bilde eines umfassenden Weltmarktes gefaßt, signalisiert noch stärker als das Bild „Weltpolitik" oder „internationale Beziehungen" eine Gesamtheit, von der her Einzelpolitik nicht nur ihre Rahmenbedingungen, sondern mehr und mehr auch ihren Inhalt vorgegeben bekommt. Sicher bleibt es möglich und bisweilen analytisch ergiebig,

---

23 Einführend zur Dependenz-Debatte (die besonders in Lateinamerika die sozialwissenschaftliche Diskussion lange geradezu monopolisierte): Dieter Senghaas (Hg.), Imperialismus und strukturelle Gewalt. Analysen über abhängige Reproduktion, Frankfurt a.M. 1972. In diesem Sammelband schreibt z.B. Johan Galtung, daß sich seine komplexe Definition „weitgehend an Lenin anlehnt" (S.36).

24 Bela Balassa, „Außenhandelstheorie", in: C.D. Kernig (Hg.), Marxismus im Systemvergleich, Bd. Ökonomie 1, Frankfurt/New York 1973, S. 118.

25 Zit. nach Neue Zürcher Zeitung vom 10.4.1973, Fernausg. Nr. 98, S.5.

vom Einzelstaat her „Außenpolitik“ bzw. „Außenwirtschaftspolitik“ zu analysieren. Besonders in der Sphäre der Ökonomie wird man aber zur Kenntnis nehmen müssen, daß es Weltmarktpreise, terms of trade, eine Kohorte von internationalen Konkurrenten gibt – alles Phänomene, die sich auch, wenngleich verhüllter, auf der Ebene der „reinen“ Außenpolitik studieren lassen.

In neurer Zeit hat die Ökonomisierung der internationalen Beziehungen zu der übergreifenden Formel von der „Globalisierung„ geführt, auf die im Schlußkapitel eingegangen werden soll.

8.2 Das Ordnungsproblem im Welthandel

Die Betrachtungen der Weltwirtschaft unter ordnungspolitischem Gesichtspunkt in diesem Abschnitt erfolgt mit der Frage, was diese für die internationale Politik insgesamt an Verallgemeinerungen abwirft. Dabei sind brachiale Parallelisierungen mit Skepsis zu betrachten. Dem Macht- und Herrschaftsphänomen allerdings begegnet der Analytiker in der ökonomischen Sphäre gleichermaßen: Schlüsselbegriffe wie „Marktmacht“ oder „ungleicher Tausch“ signalisieren vor allem einen politisch als schmerzhaft empfundenen Tatbestand, nicht aber einen ökonomisch-rechnerischen Befund.

Wenn die internationalen Wirtschaftsbeziehungen dem Nationalstaat auf diese Weise Kosten verursachen, so stellt sich die Frage, warum internationaler Handel? Die Rentabilität einzelner Transfers für Wirtschaftssubjekte zwingt den Staat noch keineswegs, eben den Weg internationaler Reproduktion zu betreten und derartige Handelsgeschäfte zu akzeptieren. Aber eben diese Aussage ist falsch. Die Staaten, ihre Repräsentanten, finden sich mehr und mehr konfrontiert mit Strukturdaten eben des internationalen Wirtschaftssystems, die sie allenfalls angemessen erkennen und umsetzen können. Je geringer die Stellung eines Gemeinwesens im internationalen System ausfällt, um so abhängiger wird es von solchen Strukturdaten in seiner Wirtschaftspolitik sein.

Von Wirtschaftswissenschaftlern wird im internationalen Bereich grundsätzlich ein spezifisches Verhältnis zwischen Politik und Ökonomie gesehen. Altvater schreibt bündig:

> „Politik ist wesentlich national und Ökonomie wesentlich global ... Der Monetäre Weltmarkt konnte ... gerade wegen der Abwesenheit von politischer Regulierung explosiv expandieren.“[26]

Die Art und Weise, in der der Nationalstaat durch die Weltökonomie auf seine Schranken verwiesen wird, nimmt mehrere Gestalten an. Daß die regionale Währung Austauschrelationen unterliegt, verweist auf einen ersten Bruch. Einzelne Wirtschaftssubjekte ziehen es zudem vor, ihr Kapital nicht im Inland, sondern in Übersee zu investieren. Für den Nationalstaat ein zweifelhaftes Unterfangen: Zum einen entgehen dem Nationalprodukt Beiträge, zum anderen sprechen Auslandsinvestitionen als Folgeeffekt möglicherweise interessante Hebelwirkungen für ökonomische Pressionen.

Den Test dafür, ob es nun tatsächlich ein Wirtschaftssystem (als eigenständige Größe mit gewissem Eigenleben) gibt, oder ob dieses sogenannte System bei jeder Prüfung auf eine Summe von Nationalwirtschaften zurückfällt, liefert die Frage, ob es zu einem „Weltgeld“, einem übernationalen Zahlungsmittel kommt. Das Leitwährungssystem der Vergangenheit bietet dazu keine Antwort, drückt es doch lediglich die Dominanz der (jeweiligen) Vormacht aus. Die Ausgabe eigener Banknoten stellte in der Tat den Ausdruck eigener Souveränität dar. Ein solcher Schritt bleibt sicher derzeit Illusion. Nimmt man jedoch die eigentlichen Geldfunktionen, nämlich Verrechnungsmaßstab und Wertaufbewahrungsmittel zu sein, so haben die internationalen Quasi-Gelder, die „Verrechnungseinheiten“ und „Sonderziehungsrechte“ tatsächlich zu Teilen die Funktionen eines Weltgeldes übernommen – ihr Beitrag ist für eine Vielzahl von schwachen Volkswirtschaften gewichtiger als derjenige der nationalen Zahlungsmittel.[27] Es handelt sich erkennbar um eine Übergangssituation. Die alte Einrichtung nationaler Banknoten und Währungen funktioniert (im Sinne von: erfüllt angemessen Alltagsanforderungen) vielfach nur aufgrund der Internationalität des Weltwirtschaftssystems. So werden Surrogate bereitgestellt, die funktionstüchtig sind, denen aber jede politische Legitimation abgeht. Diese Surrogate würden mißverstanden als neues „Weltgeld“ – in Rivalität zum Papiergeld der souveränen Nationalstaaten begeben sie sich eben nicht. Der Zwang der Verhältnisse räumt solchen „Kunstwährungen“ nunmehr jedoch einen gewissen Rang ein.

---

26 Altvater, a.a.O., S.341. Etwas später akzentuiert Altvater den Gegensatz zwischen Politik und Ökonomie erneut: „Der Autoritarismus, der die staatsbürgerlichen Freiheiten einengt, ist ... immer an den Nationalstaat gebunden. Die ökonomischen Freiheiten beziehen sich auf den globalen Raum, sie sind universell, weltbürgerlich“ (S.355).

27 Bei Redaktionsschluß waren die Einführung des „Euro“ und deren mögliche Folgen nicht hinreichend absehbar.

Auch das Begehren nach einer „Neuen Weltwirtschaftsordnung“, das Verlangen, die Weltwirtschaftspolitik gleichsam von einer Weltregierung her zu machen, wird mitnichten zu einer neuartigen politischen Formation, einem Über-Staat, führen. – Die verschiedenen analytischen Bemühungen, die schillernde Größe „Internationalisierung“ auf den Begriff zu bringen, lassen sich in zwei Richtungen einteilen:

(1) eine herrschaftskritische, die Dominanz- und Abhängigkeitsentwicklungen thematisiert. Ihr empirisches Feld sind die Beziehungen zwischen Industrie- und Entwicklungsländern. Hierzu zählen Versuche zur Neubelebung der Imperialismusdiskussion, die „dependencia“-Debatte oder auch Versuche wie Perroux' Konzept der „dominanten Ökonomie“; demnächst dürfte die Untersuchung von Dependenzstrukturen im Osten Europas, den vormaligen Mitgliederstaaten des Warschauer Paktes und der GUS, hinzutreten.

(2) eine Position, die von der herrschaftsmindernden Wirkung zunehmender Verflechtung ausgeht. Ihr empirisches Feld sind die Beziehungen der Industrieländer (des Westens) untereinander. Diese Richtung widmet sich der Beschreibung und Analyse neuartig dichter politischer und wirtschaftlicher Beziehungen. Themen der Debatte sind „linkages“ die Bindungen zwischen nationalen und internationalen politischen Systemen (Rosenau) oder „transnationale Politik“ (Kaiser). Diesen Beschreibungen gemeinsam ist die Auffassung, daß internationale Beziehungen nicht mehr additiv als Resultate vielfacher Beziehungen der ansonsten autonomen Staaten, sondern in einem oszillierenden, facettenreichen Zwischenstadium zwischen reiner nationalstaatlicher auf der einen und Weltinnenpolitik auf der anderen Seite zu verstehen sind.

Der Begriff „Weltwirtschaftsordnung“ zeigt zunächst einmal nicht besonders ordentliche Verhältnisse an, oder auch nur, daß der Zustand der internationalen Ökonomie für recht in Ordnung (legitimatorischer Aspekt) erachtet würde. Der Ausdruck signalisiert zunächst vor allem ein Ordnungsproblem: Wie lassen sich die Handlungen der Wirtschaftssubjekte, von Importeuren und Exporteuren, von Wirtschaftspotenzen wie den multinationalen Konzernen, und von Touristen auf der anderen Seite, wie läßt sich all dies vereint mit den Aktionen der nationalen Regierungen koordinieren, so abstimmen, daß gemeinsame Ziele, vor allem wohl die beste Versorgung mit Gütern und Kapital, erreicht werden? In der Redeweise von Adam Smith: Wirkt die „unsichtbare Hand“, welche in der freien Wirtschaft auf dem Markt das Allgemeine zum besten regelt, auch international wird nicht gerade in jener staatsfreien Sphäre, die die internationale Ökonomie bildet, die alte Idee vom gemeinsamen Besten am ungebrochensten zutage treten? Denn die Klassik des Liberalismus kannte keine Landesgrenzen, Arbeit und Kapital waren frei beweglich, so daß man nachgerade von einem „liberalen Internationalismus" sprechen konnte.

Zu seiner Zeit verkündete der internationale Liberalismus ungeheure Kühnheiten. Es stand im scharfen Gegensatz zum Merkantilismus, der national bestimmten maximalen Akkumulation, um einseitige Handelsvorteile zu erzielen. Die Forderung nach Freihandel, nach Beachtung von Währungsstandards, auch nur der Goldwährung, mußte demgegenüber wie Gleichmacherei erscheinen: Nicht militärische Macht, eine bestimmte Ordnung der internationalen Transfers durchzusetzen, sondern Prinzipien, „regulative Ideen" sollten nunmehr wirken.

An dieser Stelle ist nicht der Ort, die historisch vielfältigen Antworten auf die Frage: Chaos oder Kosmos? Naturwüchsigkeit oder intelligente Struktur (so eine zugegebenermaßen eigenwillige Übersetzung) zu geben.[28] Es genügt, Verweise auf die sich durchsetzende Tendenz zum Ordnungsprinzip in der internationalen Ökonomie anzuführen.

Am deutlichsten bekamen die Staaten die Herausbildung eines internationalen Wirtschaftssystems beim Geld zu spüren. Das nationale Zahlungsmittel, dessen Goldwert die Regierung zuvor einseitig festsetzen konnte, wurde in der internationalen Sphäre zur Währung, die sich mit ihrem Geldanspruch gegen anderer Herren Währungen zu behaupten hatte. Die Rangstelle, welche ein Staat in der internationalen Politik einnimmt, läßt sich heute ohne weiteres mit dem Rang vergleichen, der seiner Währung zuerkannt wird.

Die Entwicklung des Weltwährungssystems hat in den vergangenen Jahrzehnten markante Zäsuren erfahren. Die Idee, die bedeutendste Landeswährung zur Leitwährung zu nutzen, zerbrach 1931 für das britische Pfund, als dessen Bindung an Gold gelöst wurde. Ziemlich genau vierzig Jahre später endete die gleiche Rolle für den Dollar, als Präsident Nixon 1971 die Pflicht aufhob, für Dollars jederzeit Gold einzutauschen. Aber nicht nur das System der Leitwährungen, die gesamte Nachkriegsarchitektur des internationalen Wirtschaftssystems scheint am Ende.

Mit drei neuen Institutionen hatte Amerika zu Ende des Zweiten Weltkrieges eine neue Ordnung des Weltwirtschaftssystems begründet: der Handelsordnung GATT, der Weltbank (IBRD) und dem Internationalen

---

28 Chaos, ein gräzisierendes Kunstwort, Synonym für Unordnung, wirre Masse. In der griechischen Vorbedeutung der ungeordnete Urstoff, aus dem die Welt hervorgegangen ist. Kosmos meint demgegenüber Ordnung, besonders „Weltordnung" mit einem eigenen „Logos".

Währungsfonds. Ein Motiv für diesen Neuansatz war sicher die Furcht, nach dem neuerlichen Weltkrieg könnte die internationale Ökonomie in eine ähnliche Katastrophe wie die Weltwirtschaftskrise der Zwischenkriegszeit geraten. Es ging aber um mehr. Ähnlich wie die Charta der Vereinten Nationen als „Kodex guten außenpolitischen Verhaltens" angelegt wurde, sollten die neuen Ordnungsinstrumente als „Kodex guten wirtschaftlichen Verhaltens" der Staaten dienen. In einem von ihnen selber geschaffenen Rahmen sollten die Regierung der Welt, beobachtet und angeleitet durch die neuen internationalen Institutionen, den Weg in die allgemeine wirtschaftliche Wohlfahrt bereiten.

Eine vierte Institution, die „International Trade Organisation" (ITO), gleichfalls bei Kriegsende konzipiert – sie wäre möglicherweise die Antwort auf die ordnungspolitische Frage gewesen – scheiterte wiederholt innenpolitisch in den USA. Zwischen dem Kongreß und dem Präsidenten kam es damals zu nicht überbrückbaren Gegensätzen in Zuständigkeitsfragen, der ausbrechende Kalte Krieg torpedierte das Projekt. Ein zweiter Anlauf scheiterte 1955 erneut im Kongreß. Alparslan Yenal gibt an: „Die ITO hätte neben dem Internationalen Währungsfonds (IWF) und der Weltbank (IBRD) die dritte Säule der Weltwirtschaftsordnung der Nachkriegszeit werden sollen."[29]

Das am 1. Januar 1948 in Kraft getretene „Allgemeine Zoll- und Handelsabkommen" (General Agreement on Tariffs and Trade, GATT) bildet eine Sonderorganisation der UN, mit einer wenig bekannt gewordenen Eigenstruktur (einem Generalsekretariat, dem Rat der Mitgliedsländer, jährlichen Vollversammlungen usf.). Das Abkommen schrieb die ordnungspolitischen Zielvorstellungen der Initiatoren fest: Meistbegünstigung im Handel sollte für jedermann gelten, handelspolitische Diskriminierungen sollten vermieden sowie Zölle und Mengenbeschränkungen im internationalen Handel wechselseitig abgebaut werden.

Die Weltbank signalisiert schon mit ihrer Bezeichnung „Bank für Wiederaufbau und Entwicklung" die Intention, für den langfristigen wirtschaftlichen Aufbau in verschiedenen Ländern die erforderlichen Mittel bereitzustellen. Nicht durch ungeordnete Anleihevorgänge wie nach dem Ersten Weltkrieg (im deutschen Falle Dawes-Anleihe 1923/24, Youngplan 1930), sondern durch ordentliche Bankgeschäfte einer Zentralinstitution, möglichst einer Weltzentralbank, sollte ein gedeihlicher Fortgang der Weltwirtschaft gesteuert werden. Jede Regierung sollte Anleihen aufnehmen können, diese sollten klar definierten Projekten dienen.

29 Alparslan Yenal, „'WTO/GATT', in: Ulrich Albrecht/Helmut Volger (Hg.), Lexikon der Internationalen Politik, München/Wien 1997, S.565.

Der Internationale Währungsfonds (International Monetary Fund, IMF), gleichfalls auf der Währungs- und Finanzkonferenz der UN 1944 in Bretton Woods konzipiert, strebt kürzerfristige Ziele an. Auf der Grundlage fester Wechselkurse zwischen den verschiedenen Währungen, die untereinander konvertibel sein sollten, würde sich der Welthandel, so das Konzept, zügig entfalten. Die stabilen Wechselkurse sollte die aus der Zwischenkriegszeit in unangenehmer Erinnerung verbliebenen Abwertungswettläufe schwächerer Währungen vermeiden und die Bewirtschaftung von Devisen beenden.

„In der bisher längsten und erfolgreichsten multilateralen Verhandlungsrunde (Uruguay-Runde 1986-1994)“, so der zitierte Yenal,[30] sei es gelungen, mit der World Trade Organization (WTO) endlich das Anliegen der seinerzeit gescheiterten ITO zu realisieren. Skepsis gegenüber der seit 1995 tätigen WTO bleibt dennoch angebracht. Der aufmerksame Leser wird bemerkt haben, daß semantisch mit der Bezeichnung der neuen Organisation ein Schritt hin auf die alte Forderungen der Dritten Welt erfolgt ist. Ob die neue Institution lediglich „den rechtlichen Rahmen des Welthandels ...ergänz(t)“ (so die wahrscheinlichere Wirkung),[31] oder ob sie tatsächlich zu neuen Ufern führt, läßt sich derzeit (noch) nicht sagen.

Somit scheint heute der gesamte Ordnungsansatz eher als aufgelöst. Es bleibt müßig, darüber zu streiten, ob die von vornherein eingebauten Ausnahmeregelungen (bei Zahlungsbilanzproblemen durfte ein Land von GATT-Prinzipien abweichen, bei „fundamentalen Ungleichgewichten“ – was immer das ist – durfte ein Land die Grundsätze des IMF aussetzen usf.), ob die Metamorphose der Institutionen hin zu Unkenntlichkeit gegenüber dem ursprünglich einfachen Ansatz (mit „Sonderziehungsrechten“, „Ölfazilitäten“ und „Erweiterten Fondsfazilitäten“ usf.) oder ob die konkrete Politik der Mitglieder das ordnungspolitische Konzept kaputt gemacht hat (man gewährte in klassischer diplomatischer Manier einander Meistbegünstigung, bildete „Währungsschlangen“ und andere Kuriosa zur regionalen Bereinigung von Konvertibilitätsproblemen usf.). Die nunmehr nur Fachleuten verständliche Binnenstruktur des internationalen ökonomischen Systems ist, nachdem eine Fundamentalreform nicht zum Tragen kam, nunmehr am Ende.[32] Sie hat nicht erbracht, was ihre Gründungsväter als Ziel proklamierten, sie versagt bei der Regelung alltäglicher Probleme, und sie läßt keinen verheißungsvollen Reformansatz erkennen. Nicht eine Reform, sondern eine neue Weltwirtschaftsordnung fordert nunmehr mehr

30 Ebd.

31 Ebd.

32 Vergl. als Einzelstudie etwa: Gary Hufbauer, „Beyond GATT“, in: Foreign Policy, No.77, Winter 1989-90, S.64-76.

als die Hälfte der Mitglieder der Staatengemeinschaft. Skeptiker gehen weiter und fordern gar eine „internationale Sozialordnung“ zur Beseitigung des Mißverhältnisses im Wohlstandsgefälle zwischen Nord und Süd.[33]

Eine engere politische Kritik der vorfindlichen weltökonomischen Institutionen greift ebenfalls zu kurz. Daß internationale Strukturen wie der Weltwährungsfonds die Kontrollmöglichkeiten von Parlament und Öffentlichkeit beschränken, mag ja eine zutreffende Beobachtung sein. Nur ist der in dieser Beobachtung zum Tragen kommende Demokratiebegriff zu eng, als daß er international lebendig sein könnte. Dies ist um so bemerkenswerter, als in anderen Bereichen der Politik, in Bürgerbewegungen und Friedensbewegungen, lebhaft Demokratisierungsschritte angemahnt wurden.

Die Aussage, das Weltwirtschaftssystem stecke in einer Krise, schreibt sich leicht dahin. Daß es um eine Existenzkrise geht, die grundsätzlicher Alternativen zur Lösung und Heilung bedarf, verdeutlichen die folgenden Tatbestände:

- die Zahlungsunfähigkeit vieler überschuldeter Staaten der Dritten Welt stellt keine vorübergehende Erscheinung dar. Nach herkömmlichen Maßstäben ist eine Anzahl von Staaten bankrott;
- die Forderungsverluste, die Wirtschaftssubjekte in den Industrieländern hinzunehmen haben, sind mit banküblichen Verfahren nicht aufzufangen;
- die wirtschaftlich führenden Staaten intervenieren aus diesen Gründen in zunächst nicht koordinierter Weise, hernach in kollektiver Bemühung, eher ad hoc als einer Konzeption folgend, in internationale Wirtschaftsabläufe, und tragen so zum prekären Zustand des internationalen Wirtschaftssystems bei.

Besonders die Verschuldungskrise der Dritten Welt gefährdete in den achtziger Jahren das Weltwährungs- und Finanzsystem. Von Argentinien bis Zimbabwe standen viele Länder der Dritten Welt vor dem Staatsbankrott. Immer häufiger mußten sich Regierungen an den Internationalen Währungsfonds wenden und mit ihm neue Kredithilfeabkommen schließen. Die mit diesen Umschuldungen verbundenen Auflagen greifen tief in die Wirtschaftspolitik und die sozialen Verhältnisse der Dritten Welt ein.

Verschuldung und Verschuldungskrisen hat es in der Geschichte mehrfach gegeben, das Phänomen ist nicht neu. Den neuen lateinamerikanischen

33 Stiftung Entwicklung und Frieden, Globale Trends 1998, Frankfurt a.M. 1997, S.231.

Staaten, der Türkei unter der Herrschaft der „Hohe Pforte“, Deutschland nach dem Ersten Weltkrieg gelang es seinerzeit nicht, Zahlungsverpflichtungen ans Ausland nachzukommen. Die Folge waren einschneidende Eingriffe in ihre Gesellschaften von außen her, mit weitreichenden politischen Folgen. Neu ist jedoch die rasante Ausweitung der Verschuldung wenig zahlungsfähiger Länder und ihrer Anzahl.

8.3 Weltverschuldung

Probleme der Verschuldung bestimmen mehr und mehr die Tagesordnung der internationalen Politik. Mit kritischem Verweis auf die zunehmend wichtiger werdende Rolle der Banken spricht die mexikanische Ökonomin Rosario Green gar von einer „bancarisación„ (wörtlich übersetzt: Verbankung) der Weltpolitik durch diese politisch nicht legitimierten Akteure.[34]

Schulden von 133 Entwicklungsländern - Mrd. US $ -

	1960	1970	1980	1990
gegenüber dem IWF	0,4	0,8	9,5	33,2
Gesamtschuld (Mrd. US $)	100	607	1341	1339

Quelle: Weltbank

Neue Kredite und Wechselkurseffekte (der Wert sogenannter „Weichwährungen“ aus der Dritten Welt sinkt) lassen trotz Schuldenabbau die Gesamtverschuldung weiter steigen, 1990 beispielsweise um sechs Prozent. Die Dramatik der Verschuldungssituation illustrieren einige wenige Daten. Wenn etwa Argentinien, Brasilien und Mexiko für ein Jahr der Tilgung ihrer Auslandsschulden gegenüber Amerika nicht nachkommen würden, verlören die neun größten US-Banken in diesem Jahr Beträge in Höhe von 28 Prozent ihres Kapitals.[35]

Schuldenstand und Schuldendienst der Dritten Welt entwickelten sich in den vergangenen beiden Jahrzehnten so dramatisch, daß aller anfängliche Optimismus über eine Lösung des Entwicklungsproblems rasch verflog. Das Augenmerk der Finanzwelt richtet sich bei der Suche nach Steue-

34 In der englischen Übersetzung geht der Ausdruck leider unter, s. Rosario Green, „International Banks, Foreign Debt, and the Third World Quest for a New Order“, in: Wolf Grabendorff/Riordan Roett (eds.), Latin America, Western Europe and the U.S.. Reevaluating the Atlantic Triangle, New York u.a. 1985, S.147-165 (zum Vergleich sei auf die spanische Ausgabe des gleichen Bandes verwiesen, América Latina, Europa Occidental y Estados Unidos, Buenos Aires 1984, S.205-228, bes. S.224).

35 Daten nach Alexander Schubert, „Von der Verschuldungskrise zum internationalen Finanzchaos?“, in: Weltpolitik, Jahrbuch für internationale Beziehungen 2, Frankfurt a.M. 1982, S. 68 ff.

rungsinstrumenten zunächst auf den Internationalen Währungsfonds. Dieser entwickelte sich „zur wichtigsten internationalen Organisation, erlangte ... für die Dritte Welt zentrale Bedeutung als Krisenmanager", wertet eine einschlägige Fachpublikation. Dieser Quelle zufolge läßt sich ein Muster in der Entstehung von Überschuldungerkennen:

> „Die vom Kolonialismus ererbten wirtschaftlichen und gesellschaftlichen Strukturen erschweren die produktive Verwendung von Kapital und damit die Erwirtschaftung der für den Schuldendienst notwendigen Devisen. Herrschende Klassen und Regierungen der Entwicklungsländer sind indes selbst dafür verantwortlich zu machen, daß sie vorhandene Handlungsspielräume nicht ausschöpfen, sondern leichtsinnig verschuldensfördernde Wirtschafts- und Finanzpolitiken betreiben, die in weltwirtschaftlich günstigen Zeiten tragfähig erscheinen. Treten externe Faktoren (Rohstoffpreisverfall, Ölpreis- und Zinsanstieg) hinzu, so bricht die Verschuldungskrise offen auf."[36]

Die Dramatik der Verschuldungssituation führt zu ganz unterschiedlichen Auflösungsvorschlägen. Beliebt ist in der Dritten Welt der Scherz, die Größe „X" aus dem Ausdruck „external debts" herauszunehmen und gleich von „eternal debts", ewigen Schulden, zu sprechen.

Zuerst ist die Antwort des Währungsfonds selber anzuführen. Die von diesem im Regelfall erzwungene Sparpolitik hat bislang die Verschuldungskrise nicht gelöst. Im Gegenteil verschärfen sich wirtschaftliche Probleme, breite Schichten der Bevölkerung verelenden, demokratische Regierungen verlieren an politischem Rückhalt. Die Etablierung von Militärregierungen in der Mehrzahl der Staaten der Dritten Welt ist ursächlich mit der Verschuldungskrise verbunden gewesen.

Andererseits ließe sich durch eine Reform des Weltwährungs- und Finanzierungssystems, durch entwicklungspolitisch zweckmäßige Kreditvergabe, die Grundlage für eine selbsttragende Entwicklung mit geringer Verschuldung schaffen.[37] Die große Frage lautet, wie eine solche Reform aussehen müßte.

An Reformvorschlägen hat es nicht gefehlt. Zuvörderst sind die Welthandelskonferenzen der UN („UNCTAD", United Nations Conference on Trade and Development) zu nennen. Die erste dieser Konferenzen fordert 1964 Zollpräferenzen für die Entwicklungsländer und vor allem, daß die Industrieländer ein Prozent ihres Sozialprodukts für Entwicklungshilfe aufwenden sollten. Größere Bekanntheit hat die Forderung der vierten

---

36 Peter Körner/Gero Maaß/Thomas Siebold/Rainer Tetzlaff, Im Teufelskreis der Verschuldung. Der Internationale Währungsfonds und die Dritte Welt, Hamburg 1984, S.12.

37 Körner u.a., a.a.O., Kap.5.

dieser Konferenzen nach einem integrierten Rohstoffprogramm für den Welthandel erlangt. Insgesamt aber erstarrten diese Konferenzen im Gegensatz zwischen den Forderungen aus Entwicklungsländern und deren Abweisung durch die führenden Industrieländer. Nunmehr ist die Redeweise vom allgemeinen Wirtschaftskrieg, von Handels- und Zinskriegen der Realität angemessener als Bilder von kooperativer Politik: In einer allgemeinen Wirtschaftsschwäche mit geringen Aufschwüngen geht es um Beschneidung des Handlungsspielraums abhängiger Regionen zwecks Förderung eigener Interessen des Nordens, um die Versagung von Wachstum zwecks Sicherung der eigenen mageren Expansion, um die Eroberung von Wachstumspotentialen irgendwo, um die Kaschierung von Verelendung in jenen Ländern, die zuunterst in der internationalen Rangordnung stehen.

Bemerkenswerte Ansätze werden von seiten der Schuldner formuliert. Mit ihrem „Aktionsplan von Lagos" verabschiedeten die afrikanischen Staatschefs 1980 ein Dokument mit der Zielvorgabe, bis zum Jahre 2000 ein „eigenständigeres und wirtschaftlich unabhängigeres Afrika zu schaffen". Der vorsichtige Relativismus in dieser Formulierung deutet die Grenzen an, die die Staatschefs für ihr Begehren sehen. – Die EG hat sich verschiedentlich in ähnlicher Richtung hervorgetan, etwa mit ihrem „Aktionsplan zur Bekämpfung des Hungers in der Welt" von 1981. Mit seinem Konzept von „Ernährungsstrategien" bleibt dieses Dokument Spitzenklasse im Bereich dessen, was Bürokraten erzeugen können. Und doch, wie auch weitere Beispiele aufzeigen würden, gleiten derartige positive Beispiele an der Realität ab. Die wirksame Änderung der derzeitigen Verhältnisse müßte getragen werden von der Vormacht aller Ökonomie, den USA.

Die Hochzinspolitik der USA zu Beginn der achtziger Jahre illustriert diese Aussage. In den siebziger Jahren lagen die amerikanischen Zinssätze lange unter der Inflationsrate des Landes („negative Zinsen"). In den achtziger Jahren stiegen die Zinsen auf Sätze zwischen real sechs, sieben oder gar zehn Prozent. Dies führte zu einer Geldflut in den Dollar. Andere Währungen mußten abgewertet werden (= Förderung der heimischen Inflation) oder sich gleichfalls zu einer Hochzinspolitik entschließen und damit Wachstumshemmnisse in ihren Wirtschaften akzeptieren. Den Niedergang der Leitwährung Dollar (und damit eines wichtigen Indikators amerikanischer Dominanz) vermochte diese Politik freilich nicht aufzuhalten: Hielt das Land einst mehr als die Hälfte aller Währungsreserven, so ist dieser Anteil nunmehr auf weniger als sieben Prozent zurückgegangen (die Bundesrepublik hat einen Anteil von mehr als zehn Prozent). Der amerikanische Präsident mochte glauben, die Hochzinspolitik ausschließlich aus binnenwirtschaftlichen Gründen zu verfolgen – die Herrschaftswirkungen dieser Politik auf andere Handelspartner blieben nur zu deutlich.

Die grundsätzliche Schwierigkeit der Mitglieder der Weltgesellschaft beim Versuch, mit der Krise zu Rande zu kommen, besteht darin, daß die herkömmlichen Instrumente der internationalen Handelspolitik innerstaatlich wirken: Das gilt für Zölle, Mengenbeschränkungen durch Kontingente, Subventionen sowie subtilere Mittel wie Verpackungs- und Kennzeichnungsvorschriften. Mit anderen Worten, durch einen entsprechenden Eingriff in den eigenen nationalen Markt suchen die Regierungen die Wohlfahrt dritter Länder zu steigern oder zu schmälern. Dieses Verfahren kann benutzt werden, um andere Staaten in ökonomischer oder politischer Abhängigkeit zu halten. Das Mittel wirkt jedoch einseitig wie eine Veto-Beziehung: Positive Anreize im dritten Land lassen sich nicht setzen, und gegenüber Mächtigeren ist es nicht anwendbar.

Im innerstaatlichen Bereich bietet der Währungsschnitt, die Neubewertung des Kommunikationsmittels Geld (sowie, was nicht so klar gesagt wird, die Deklassierung der Nominalgeldbesitzer gegenüber den Sachwertbesitzern) eine besonders nach politischen Katastrophen wie den Weltkriegen genutzte Möglichkeit, zu einem neuen Anfang zu gelangen. Die Entwicklung des internationalen Systems nähert sich nunmehr der Frage, ob eine solche „Sozialisierung der Verluste", wie sie innerstaatlich bekannt ist auch im internationalen System möglich wird. Wie ein solcher Vorgang aussehen könnte, in welcher Weise er die Machtstruktur der Weltgesellschaft widerspiegeln würde oder eben dies nicht tut – all das sind derzeit offene Fragen.

Die verschiedenen Reflexionen in diesem Abschnitt über internationale Ökonomie sollten deutlich gemacht haben, daß die gedeihliche Fortentwicklung der materiellen Grundlage von Politik vor allem eine politische – und nicht eine ökonomische – Aufgabe bleibt, gleich, ob es um Ordnungsfragen oder pragmatischen Interessenausgleich geht.[38] „Gedeihliche

38 Den politischen Rand dieser Aufgabe hat zum Beispiel Henry Kissinger beredt hervorgehoben: „Wenn die Verschuldungskrise dazu führt, radikale antiwestliche Regierungen hervorzubringen, dann werden die finanziellen Probleme durch die politischen

Fortentwicklung", soviel sollte weiter klar sein, meint keine einseitige Interessenwahrnehmung, sondern die Gesamtheit der an den internationalen Wirtschaftsprozessen Beteiligten sowie jene, die eine solche Beteiligung anstreben. In der internationalen Ökonomie wird, ähnlich wie beim Friedensproblem, die Gestaltungsaufgabe der internationalen Politik im Übermaß deutlich.

Konsequenzen überrannt" (Newsweek, 24.1.1983). „Selbst die Zinszahlungen werden politisch untragbar werden, wenn sie nicht als politisches statt als technisch-wirtschaftliches Problem behandelt werden" (International Herald Tribune, 25.6.1984; ich verdanke die beiden Hinweise André Gunder Frank).

KAPITEL 9
INTERNATIONALE POLITIK UND UMWELT[1]

Auswärtige Umweltpolitik wird wie andere Außenpolitik bisher vorrangig über die Nationalstaaten betrieben. Zahlreiche Umweltprobleme sind jedoch übergreifender Natur, haben mehrere Verursacher, erfordern zur Bewältigung mehr als bilaterale Schritte. Die Drainage-Gebiete der Flußsysteme (was bei der Nutzung von Wasserressourcen oder bei Klagen von Unterliegern über strittige Entnahmen von Oberliegern von zunehmender Bedeutung ist) orientieren sich ebenso wenig an Staatsgrenzen wie die sich ausweitende Desertifikation in ariden Regionen des Globus, etwa dem Sahel. Auch Umweltbelastungen aufgrund industrieller Aktivitäten werden durch regelmäßige Luftströmungen häufig über mehrere Nachbarstaaten verbracht, bilden mithin ein Mehrstaatenproblem (das Desaster des ukrainischen Kernkraftwerkes Tschernobyl im Jahre 1986 wird hierfür Symbol bleiben). Einige Umweltprobleme sind gar globaler Natur: der sogenannte Treibhauseffekt, die allmähliche Erwärmung des Erdklimas, oder auch die Ausdünnung der stratosphärischen Ozonschicht, besonders extrem über den Polkappen (aber auch über Mitteleuropa). Die Vereinten Nationen sehen mittlerweile vier globale Umweltprobleme als internationale Aufgabe an: die emissionsbedingte Ausdünnung der Ozonschicht, die globale Erwärmung infolge des Treibhauseffektes, den Schutz der Vielfalt biologischer Arten sowie die Verschmutzung internationaler Gewässer.[2]

Die diversen weltweiten Umweltprobleme bleiben unterschiedlich politikfähig. Sind Fragen der Verursachung bei Ober- und Unterliegern von Flußläufen noch klar ausmachbar, so sind die Quellen des Treibhauseffektes ungleich strittiger: Sind die Emissionen an Kohlendioxid im Norden ausschlaggebend, oder sind die Methanabgaben infolge von Rinder-

---

1 Für eine Reihe von Hinweisen zum Rohmanuskript dieses Kapitels bin ich Dr. Frank Biermann vom Wissenschaftlichen Beirat der Bundesregierung Globale Umweltveränderungen zu Dank verpflichtet. Ein „Studienbuch" zur internationalen Umweltpolitik hat Hans Günther Brauch vorgelegt, Klimapolitik. Naturwissenschaftliche Grundlagen, internationale Regimebildung und Konflikte, ökonomische Analysen sowie nationale Problemerkennung und Politikumsetzung, Berlin u.a. 1996.

2 So der Aufgabenbereich der „Global Environment Facility", des bislang bedeutendsten Umweltprogramms der Vereinten Nationen. Vergl. UNDP/UNEP/World Bank, Global Environment Facility – Independent Evaluation of the Pilot Phase, Washington, D.C. 1994. – Genau genommen geht es beim Schutz der Biodiversität (1) um die genetische Vielfalt innerhalb von Arten, (2) der Vielfalt der Arten selber und (3) der Vielfalt der Ökosysteme, in denen diese Arten leben.

zucht und Reisanbau im Süden zerstörerischer? – Die Bearbeitung der angeführten vier globalen Probleme von Umweltbelastung befindet sich in recht unterschiedlichen Stadien. Frank Biermann erscheint in einem hübschen Bild der diverse Stand „als immenser Institutionenbauplatz – einem der größten seit der Gründung der Vereinten Nationen. Nur ein Hauptgebäude ist fertiggestellt – das Regime zum Schutz der Ozonschicht. Dort läßt sich die Architektur klar erkennen, ist die Verteilung der Lasten zwischen den Staaten deutlich sichtbar. In der Klima-, Biodiversitäts- und Meeresumweltpolitik sind die Baugruben ausgehoben, erste Fundamente wurden ausgegossen. Vereinzelt sind auch Nebengebäude fertig, so etwa in der Meeresumweltpolitik. Die Architektur der anderen Hauptgebäude ist noch kaum zu erkennen – ob die Lastenverteilung der Struktur des Ozonregimes gleichen oder ob ein neuer Gebäudetypus entstehen wird, ist offen."[3] Die Analyse internationaler Umweltpolitik beschäftigt sich, so die Folgerung, derzeit vor allem mit politischen Prozessen – wird nach steuerungsfähigen Regimen, Institutionen und dergleichen gefragt, so bietet dieses Politikfeld vorerst wenig Greifbares.

Udo Ernst Simonis definiert Umweltpolitik grundsätzlich in einer Weise, die auch für die internationale Politik nutzbar ist, als die „Gesamtheit der Ziele und Maßnahmen gesellschaftlicher Akteure, die den Umgang der Gesellschaft mit der Umwelt als natürlichem System regeln."[4] Mit Blick auf die internationalen Probleme spricht Simonis neuerdings von „Weltumweltpolitik„ als konstituierendem Element eines neuen Politikfeldes. Sein Ansatz „beschreibt eine sich ausbreitende Wahrnehmungsweise weltpolitischer Vorgänge. Neben der Perzeptionsebene ist dabei eine Prozeßebene auszumachen, die allmähliche Verwandlung der bisherigen nationalen und regionalen Umweltpolitik in Weltumweltpolitik."[5] Diese neue „Gemeinschaftsaufgabe" (Simonis) „wird nicht weniger kontrovers als nationale Umweltpolitik sein, aber sie sieht die Konflikte anders lokalisiert und mit anderen Mitteln lösbar an."[6] Porter/Brown meinen, daß in der Disziplin Internationale Politik das Thema Umwelt, nach den Themen Sicherheitspolitik und Wirtschaftspolitik, nunmehr das dritte Hauptthema der Forschung bilde.[7] Udo Ernst Simonis spricht besonders von Klima-

3 Frank Biermann, Weltumweltpolitik zwischen Nord und Süd. Die neue Verhandlungsmacht der Entwicklungsländer, Diss. FU Berlin 1997, S.19.
4 Udo Ernst Simonis (Hg.), Präventive Umweltpolitik, Frankfurt a.M./New York 1988, S.7.
5 Udo Ernst Simonis (Hg.), Weltumweltpolitik. Grundriß und Bausteine eines neuen Politikfeldes, Berlin 1996, S.9.
6 Ebd., S.11.
7 Gareth Porter/Janet Welsh Brown, Global Environmental Politics, 1991, Boulder/CO u.a., S.2.

schutzpolitik als dem derzeit „meistdikutierten globalen Umweltproblem.“[8]

Bei näherem Zusehen entpuppt sich, daß das neue Politikfeld Umwelt das älteste Thema von Politik überhaupt, lediglich auf einer neuen Ebene, spiegelt: den Kampf um Macht. „Umweltpolitik ist auch ein Machtkonflikt, ein Konflikt um die Verteilung knapper Güter“, bestimmt Frank Biermann das Problem.[9]

Etwa seit Ende der sechziger Jahre ist die Umwelt Thema der internationalen Politik (man wird fragen, warum ausgerechnet nach 68 – warum nicht früher, warum nicht später?). Umweltpolitik setzt zum einen regional an, etwa um in Europa Schadstoffemissionen, die zum Waldsterben führen, einzudämmen, oder um Folgen des Nuklearunfalls im ukrainischen Tschernobyl 1986 europaweit zu begegnen. Zur wirksamen Bekämpfung globaler Umweltprobleme hingegen ist eine neuartige, wirklich internationale Politik erforderlich. Auch wenn bedeutende Beteiligte nach wie vor die nationalen Staaten bleiben, sind in diesem neuen Aufgabenfeld globaler Politik nicht-nationale Akteure die nunmehr wichtigsten Handlungsträger. Über das Sachthema Umwelt hinaus vermag so das Studium der internationalen Umweltpolitik Einsichten in allgemeine Entwicklungen von Politik im Zeitalter der Globalisierung zu geben. Ähnlich wie bei grenzüberschreitenden Umweltproblemen lassen sich strukturell vergleichbare Herausforderungen an die internationale Politik, die das Handlungsvermögen des einzelnen Nationalstaates überfordern, in Problemen der Migration und Fluchtbewegungen, bei der Bekämpfung des internationalen Terrorismus und des organisierten Verbrechens, vom Drogenhandel bis zur Proliferation von Nuklearwaffen ausmachen.

Harald Müller macht auf eine neuartige Akteurskonstellation aufmerksam:

> „Eine eigenartige transnationale Akteursformation, die ‘Epistemische Gemeinschaft’ ist in der Umweltpolitik besonders stark vertreten. Hierunter versteht man grenzüberschreitende Koalitionen von Wissenschaftlern, Regierungsbeamten und Mitgliedern internationaler Organisationen, die ein bestimmtes Problem in der gleichen Weise definieren und gleiche Lösungen bevorzugen und denen es gelingt, durch intensive Kommunikation über die

8 Udo Ernst Simonis, Globale Umweltpolitik. Ansätze und Perspektiven, Mannheim u.a. 1996, S.10.

9 Biermann, a.a.O., S.3.

Grenzen hinweg ihre Auffassungen auf der nationalen und der internationalen Agenda durchzusetzen.“[10]

Im Diskurs über Weltumweltpolitik ist früh über eine besondere „Umweltkarte“[11] der Dritten Welt im internationalen Machtpoker gesprochen worden. Der deutsche Diplomat und Autor Konrad Seitz schrieb schon 1975 über eine neuartige „Chaosmacht„ der Entwicklungsländer, die er (unter anderem) in der wechselseitigen ökologischen Abhängigkeit zwischen Nord und Süd heranwachsen sah.[12] Für eine an der Analyse von Herrschaft im internationalen System interessierte Einführung gewiß ein reizvolles Thema.

Besonders bei internationalen Verhandlungen zur Umweltpolitik fielen die Ausgangsbedingungen für den Norden und den Süden anfänglich sehr ungleich aus. Im Gegensatz zu den Industrieländern verfügten Regierungen im Süden häufig nicht über die Umweltdaten des eigenen Landes. Sie hatten kaum wissenschaftliche Institute im Rücken, die sie unabhängig über Problemlagen informieren und beraten konnten. Ihre kleinen diplomatischen Apparate waren bei Beginn der Verhandlungsrunden nicht dafür gerüstet, in der komplexen Materie Umwelt angemessene eigene Positionen zu artikulieren und einzubringen.

Um so bemerkenswerter bleiben zentrale internationale Verhandlungsergebnisse. Biermann befindet in Bezug auf das Umweltthema allgemein: „Der Süden erreichte in der Weltumweltpolitik mehr, als in den siebziger Jahren bei der Aushandlung weltwirtschaftlichen Reformen möglich war. Die Forderungen der Entwicklungsländer wurden hier stärker von den Industrieländern erfüllt.“[13] Nach Biermann zeigt sich dies vor allem an drei Charakteristika des Ozonabkommens, die in Vertragsverhältnissen des Nordens mit dem Süden neuartig sind. Neben dem dort kodifizierten Aspekt „Differenzierung“ (für Entwicklungsländer gelten verbindlich andere, geringere, oder auch später wirksam werdende Verpflichtungen als

10 Harald Müller, „Internationale Ressourcen- und Umweltproblematik“, in: Manfred Knapp/Gert Krell (Hg.), Einführung in die Internationale Politik. Studienbuch, München/Wien, 3.Aufl. 1996, S.458 (in dem Begriff „epistemisch“ steckt das griechische Wort Epistel = Brief, Schreiben; aus den genannten Berufsgruppen kommen zur Umweltpolitik gleichartigen Charakters).

11 Lothar Brock, Nord-Süd-Kontroversen in der internationalen Umweltpolitik. Von der taktischen Verknüpfung zur Integration von Umwelt und Entwicklung? HSFK-Report 7/1992, Frankfurt a.M. (Hessische Stiftung Friedens- und Konfliktforschung) 1992, S.3.

12 Konrad Seitz, „Die Dritte Welt als neuer Machtfaktor der Weltpolitik“, in: Europa-Archiv, 30. Jg., Nr.7, 1975. – Das Argument lautete, daß die Lebensqualität im Norden durch konterproduktive (Emissions)strategien des Südens konterkariert werden könnte.

13 Biermann, a.a.O., S. 20 (Hervorhebungen im Original).

für Industrieländer) und dem Aspekt „Solidarität" (der Norden übernimmt die im Süden anfallenden Mehrkosten gemeinsamer Projekte, hier beim Ausstieg aus der Technologie der Fluorchlorkohlenwasserstoffe, FCKW) gilt das Charakteristikum „Partizipation" (über ausgehandelte Abstimmungsprozeduren wird gesichert, daß sowohl die Nordgruppe wie aber auch die Südgruppe bei Weiterentwicklungen der Rechtsgrundlagen des Ozonregimes ein Vetorecht ausüben können). Es wird spannend sein zu verfolgen, ob der Norden dem Süden künftig auf anderen Politikfeldern mit ähnlichen Konzessionen entgegenkommen wird. Bei den Themen Schutz des Klimas und Schutz der Biodiversität sind einige dieser Merkmale im Grundsatz schon angelegt.

9.1 Vereinte Nationen und Umweltpolitik

Die Vereinten Nationen sind umweltpolitisch der erste international auftretende Akteur, schon rein zeitlich. 1972 wurde eine erste Sonderversammlung der Völkergemeinschaft für Umweltfragen nach Stockholm einberufen. Das Instrument einer Sonderkonferenz der Mitglieder zeigt keineswegs an, daß dem Thema gegenüber den alljährlichen Mitgliederversammlungen im Herbst oder auch der Tätigkeit des Sicherheitsrates geringerer Stellenwert zugebilligt wird. Im Gegenteil erhofft sich das Generalsekretariat der Vereinten Nationen von solchen themenspezifischen Veranstaltungen nachhaltige Impulse für die Fortentwicklung der Tätigkeit der Gesamtorganisation.

Zuvor hatte das Thema Umwelt für die Vereinten Nationen keinen sonderlichen Stellenwert. 1972 wurde das Umweltprogramm der VN (UNEP, UN Environment Programme) ins Leben gerufen. Es handelt sich freilich im System der Vereinten Nationen nicht um eine sehr gewichtige Einrichtung: wie der Name besagt, ging es um ein „Programm", keineswegs eine Institution wie die Räte für Sicherheit oder Wirtschaft und Soziales. In einer neueren Studie zur Reform der Vereinten Nationen wird so UNEP als „schwaches VN-Programm" charakterisiert.[14] Zu kritisieren seien die „Durchsetzungs- als auch die Kontrollfunktion gegenüber anderen Organisationen. Eine Initiativfunktion bei der Bildung von Umweltrechtsregeln ist ihm ebenfalls versagt," heißt es in dem renommierten „Handbuch Vereinte Nationen".[15]

---

14 Imke Keil, „Die Umweltpolitik der Vereinten Nationen", in: Klaus Hüfner (Hg.), Die Reform der Vereinten Nationen. Die Weltorganisation zwischen Krise und Erneuerung, Opladen 1994, S.83.

15 Michael Kilian, „UNEP – Umweltprogramm der Vereinten Nationen", in: Rüdiger Wolfrum (Hg.), Handbuch Vereinte Nationen, München 1991, S.914.

Andererseits ist in der Debatte über die Reform der Vereinten Nationen wiederholt vorgeschlagen worden, angesichts der neuen Bedeutung internationaler Umweltpolitik einen eigenen Rat für Umweltfragen einzurichten, eventuell in Verbindung mit dem Wirtschafts- und Sozialrat. Dieses Gremium sollte wie der Sicherheitsrat, das mächtigste Organ der Vereinten Nationen, für alle Mitglieder verbindliche Beschlüsse fassen und auch Sanktionen bei deren Nichtbefolgung verhängen können. Der deutsche Kanzler hatte diese Position zeitweise unterstützt. Bessere Chancen hat demgegenüber wohl eine Weltumweltorganisation, die ähnlich wie die Weltgesundheitsorganisation (WHO) oder die Weltarbeitsorganisation (ILO) konzipiert werden dürfte.

Im Jahre 1987 legte die von der einstigen norwegischen Regierungschefin Brundtland angeführte „Weltkommission für Umwelt und Entwicklung" auftragsgemäß den Vereinten Nationen einen Bericht vor, der vor allem wegen der Formel von der „nachhaltigen Entwicklung" (sustainable development) breite Beachtung fand.[16] Als solche wird eine Entwicklung definiert, „die den gegenwärtigen Bedarf zu decken vermag, ohne gleichzeitig späteren Generationen die Möglichkeit zur Deckung des ihren zu verbauen."[17] Der Streit um die angemessene Interpretation dieser Formel hält an.

Es folgt eine sich verdichtende Reihenfolge von Sonderkonferenzen zu Umweltfragen (1992 Rio de Janeiro, 1996 Istanbul), die in den Medien zu „UNO-Gipfeln" gerieten, nahmen an ihnen doch gelegentlich die Staats- und Regierungschefs der Mitgliedsstaaten teil. Politisch bedeutsamer bleibt, daß es Nicht-Regierungsorganisationen besonders während der Rio-Konferenz (United Nations Conference on Environment and Development, UNCED) gelang, den Staatsvertretern als Mitwirkende Terrain in der Bestimmung der Verhandlungsgegenstände abzutrotzen. Wichtiger als die Präsenz der Nichtregierungsorganisationen bei den Gipfelveranstaltungen bleibt, daß Akteure wie die Weltbank nunmehr in Ökofragen bei der Erstellung von Planungen die Beteiligung möglichst vieler gesellschaftlicher Gruppierungen, staatlicher und nichtstaatlicher Organisationen sowie der lokalen Bevölkerungen, verlangen.[18] Das mag heute selbst-

---

16 Der Bericht wurde in deutscher Sprache herausgegeben von Volker Hauff, Unsere gemeinsame Zukunft – Bericht der Weltkommission für Umwelt und Entwicklung, Greven 1987.

17 Ebd., S.10.

18 So explizit die Operational Directive 4.02 der Weltbank zu „Environmental Action Plans" von 1992, s.u. – Die bisherige Partizipationsbilanz fällt recht gemischt aus. Aus Bangladesh wird berichtet, „daß der dortige National Environmental Management Action Plan, gegen den Widerstand der Bürokratie, in einem partizipativen Prozeß, unter Einbeziehung der lokalen Bevölkerung und zahlreicher NRO, zustande kam

verständlich klingen – aber das Verhältnis von Einrichtungen der Vereinten Nationen, besonders der konservativen Weltbank, zu neuen Akteuren wie den Nichtregierungsorganisationen war lange von tiefem wechselseitigen Mißtrauen geprägt gewesen.[19]

1990 entschlossen sich 24 Mitgliedsstaaten der Vereinten Nationen, zur Finanzierung einer „Global Environment Facility" (GEF) beizutragen, eines Fonds zur Lösung erdumfassender Umweltprobleme. Das Konzept geht auf einen Vorschlag der Regierungen Frankreichs und Deutschlands aus dem Jahre 1989 zurück, einen speziellen Fonds für Projekte zum Schutz der globalen Umwelt einzurichten. Auch die Brundtland-Kommission hatte 1987 ein internationales Bankprogramm zum Schutz bedrohter Lebensräume und Ökosysteme vorgeschlagen. Wirklich Auftrieb erhielt das Vorhaben jedoch erst, als ein so wichtiger Mitgliedsstaat wie Frankreich, unterstützt von der deutschen Bundesregierung, sich engagierte.

Die neue Fazilität wurde vorerst für eine dreijährige Pilotphase eingerichtet und mit 1,2 Milliarden Dollar ausgestattet. Zugang zu den Projektmitteln erhielten Staaten mit einem Sozialprodukt pro Kopf von weniger als 4000 Dollar. Auch müssen diese ein UNDP-Programm im Lande haben. Als ausführende Organisationen der „Global Environment Facility" wurden das Umweltprogramm UNEP, das Entwicklungshilfsprogramm UNDP und die Weltbank bestimmt. Bei soviel Beteiligten stellt sich sogleich die politisch relevante Frage ein, wie ein solches Gemeinschaftsprojekt verwaltet wird: auf der Grundlage der Gleichrangigkeit, oder indem einer der Beteiligten eine Führungsrolle zugesprochen bekommt. Bei einer Entscheidung für Gleichrangigkeit standen langwierige Kompromißbildungen zu erwarten. Würde das UN-Umweltprogramm in die Führungsrolle eingesetzt, stand eine deutlich umweltpolitische Akzentuierung an. Hätte das UN-Entwicklungsprogramm den Zuschlag erhalten, würden besonders Projekte gefördert werden, die der Verbindung von entwicklungs- und umweltpolitischen Zielen dienen. Mit der Ver-

---

und seitdem nicht nur als positives Beispiel für weitere Planungen gilt, sondern auch die Position des Umweltministeriums in der Administration gestärkt hat" (Michael Rütten, Die Umweltpolitik der Weltbank, unv. Man., Berlin 1997, S.67). Andererseits überwiegen kritische Bewertungen: „Von einer breiten gesellschaftlichen Partizipation kann derzeit nicht die Rede sein: Umweltaktionspläne, die bisher fertiggestellt sind, sind typische Produkte von Experten, mit proforma öffentlichen Seminaren. Partizipation ist – wenn überhaupt – für die Umsetzungsphase vorgesehen, was die traditionelle Vorstellung von Regierungen charakterisiert, wie Leute mobilisiert werden" (Barbara Unmüßig, „Weltbank: Mehr Transparenz und Rechenschaftspflicht", in: WEED: W&E Sonderdienst 10/93, S.3).

19 Vergl. dazu zusammenfassend Rainer Falk, „WEED Memorandum – 50 Years is Enough", in: WEED Informationsbrief, Special Issue, Madrid, October 1994, S.1.

waltung der Mittel für die neue Fazilität wurde jedoch, auf Druck der Vertretungen Frankreichs und Deutschlands, die Weltbank betraut. Bei dieser wurde auch das Sekretariat der GEF angesiedelt. Die Weltbank betreute somit federführend die GEF-Projekte. Das führt zu der Frage, welche internationale Umweltpolitik die Weltbank als dominanter Akteur verfolgt.

1994 wurde die GEF grundlegend neu strukturiert, und ihr Etat wurde deutlich aufgestockt. Die Entwicklungsländer erreichten, daß für die „GEF II“ jenes Abstimmungsverfahren übernommen wurde, welches 1990 zu ihren Gunsten beim Regime zum Schutze der Ozonhülle der Erde eingeführt worden war. Sie können nunmehr ihnen nicht genehme Entscheidungen im Verwaltungsrat der GEF blockieren – für die Weltbanker eine neuartige Situation. Über dieses Veto-Potential hinaus konstruktive Alternativen zu setzen, bleibt ihnen allerdings weiterhin versagt.

9.2 Weltbank und Umweltpolitik

Die Art und Weise, wie das Thema Umwelt in der internationalen Politik Karriere machte, läßt sich gut am Beispiel der Weltbank verfolgen. Grundsätzlich bleibt es eine analytisch ergiebige Fragestellung zu prüfen, wann und von wem ein Weltproblem wie Umweltbelastung erkannt wird, welche ersten Schritte eingeleitet werden, oder ob ein Problem negiert und erst verspätet akzeptiert wird.

Die Weltbank nimmt mittels ihrer Finanzierungstätigkeit für Entwicklungsländer und die vormaligen realsozialistischen Staaten eine herausragende Stellung ein. Da ihre Kredite und Darlehen grundsätzlich in Devisen zu bedienen sind, beeinflußt die Bank wirksam die Finanzpolitik dieser Staaten, von der Schuldenpolitik hin bis zur Entwicklung der Wechselkurse.

1970 wird bei der Weltbank die Stelle eines „Environmental Advisors“ eingeführt – eine nicht sonderlich gewichtige Position, die vor allem als Respons auf den Aufstieg des Umweltthemas in den USA zu sehen ist. In Reaktion auf die erste große Umweltkonferenz der Vereinten Nationen 1972 in Stockholm wird die Beraterstelle 1973 zu einem „Office of Environmental Affairs“ ausgeweitet. Augenscheinlich bemerkte man in der Bank, daß zur Bearbeitung der Umweltprobleme wissenschaftliche Expertise erforderlich ist. So wurde 1984/85 das Umweltbüro in ein „Office für Environmental and Scientific Affairs“ umgewandelt. Solch ein Büro kann sich allerdings im institutionellen Gewicht im Gefüge der Weltbank nicht messen mit den Departments (Abteilungen). Schon die schwache personelle Ausstattung mit insgesamt sieben Mitarbeitern zeigte eine eher randständige Stellung an.

Erheblicher Druck des größten Kapitalgebers, der USA, flankiert von wirksamem Lobbying von Nichtregierungsorganisationen, veranlaßte die Weltbank nur drei Jahre später, dem Umweltproblem in ihrer Tätigkeit nun tatsächlich einen wirksamen Stellenwert zu geben. Im Zuge einer allgemeinen Umstrukturierung wurden Umweltbelange 1987 Aufgabe eines eigenen Departments (des Environment Department). Daneben wurden den für die Abwicklung der Projekte der Weltbank entscheidend wichtigen „Technical Departments" regionale Umweltabteilungen beigeben. Über die den Departments vorstehenden Vizepräsidenten wurden so nach 1987 Umweltfragen tatsächlich Teil der Politik der Weltbank, und dienen nicht lediglich der symbolischen Anzeige einer solchen.[20] Damit ist aber die Frage nicht beantwortet, was für eine internationale Umweltpolitik die Weltbank tatsächlich betreibt.

In den siebziger Jahren konzipierte die Weltbank erste Richtlinien, mit denen Umweltfolgen ihrer Projekte bewertet wurden (es ist aus jener Periode nicht bekannt, daß ein einziges Vorhaben wegen Umweltbedenken gestoppt wurde).[21] Seit 1989 gibt es eine zentrale Richtlinie zur Umweltverträglichkeitsprüfung (UVP), einem von vielerlei Trägern mittlerweile verwendeten Schlüsselinstrument zur Erfassung der Umweltfolgen von Investitionsvorhaben). In vier Kategorien, gemäß der Schwere der Umweltfolgen, wird seither geprüft. Staudämme, Forstprojekte, große Infrastrukturvorhaben, die traditionellen Schwerpunktprogramme der Weltbank, fallen in die Kategorie A, die für die Umwelt folgenreichste Sparte – mit steigender Tendenz. Mit der Veröffentlichung besonderer Hilfsmittel, vor allem dem „Environmental Assessment Sourcebook", sucht das Weltbankmanagement seit 1991 intern und mit Projektpartnern seine Ökologiepolitik voranzubringen.

Erkennbar auf anhaltenden äußeren Druck (vor allem des amerikanischen Kongresses) hin richtete die Weltbank 1993 als weitere Innovation eine spezielle Anhörungsinstanz ein, das „Inspection Panel". Auf Antrag wird von dieser Einrichtung geprüft, ob bei der Ausführung von Projekten die Gliederungen der Bank sich an ihre eigenen Richtlinien halten. Zwar ist zu unterstreichen, daß diese Einrichtung nicht speziell für Umweltbelange eingerichtet wurde. Jedoch erfolgte ihre Gründung hauptsächlich wegen Klagen über schädliche Umweltfolgen von Bankprojekten sowie Be-

20 Karsten Weitzenegger, Die Umweltpolitik der Weltbank. Reform oder Rhetorik, Münster/Hamburg 1992, S.27/8.

21 Ebd., S.34 f.

schwerden darüber, daß solche Investitionen zur Zwangsumsiedlung und Vertreibung von alteingesessenen Bevölkerungen führten.

Die Durchführung der Umweltverträglichkeitsprüfung legt die mächtige Weltbank ihren Klienten, den Kreditnehmern auf. In der Bank selber machten sich strukturelle Hürden gegen eine rigorose Einhaltung der eigenen Umweltauflagen bemerkbar: Die Bank muß bestrebt sein, ihr Kapital auch tatsächlich einzusetzen, negative Ergebnisse von Umweltprüfungen werden als Verzögerung im Ausleihverfahren wahrgenommen – und gekontert.

Wie nicht anders zu erwarten, setzt die Weltbank mit ihrer neuen Führungsrolle in der Umweltfazilität (GEF) eigene Prioritäten um. Fast die Hälfte der über diesen Fonds geförderten Projekte steht in direktem Zusammenhang mit anderen Vorhaben der Bank, was diese als Vorteil wahrnimmt.[22] Kritiker monieren eben diesen Tatbestand („Rund die Hälfte aller GEF-Projekte propft die Bank als zusätzliche grüne Komponenten auf normale Weltbankprojekte auf. Dabei kann sie manchmal der Versuchung nicht widerstehen, Umweltmaßnahmen mit GEF-Mitteln zu finanzieren, die eigentlich Teil der normalen Bankprojekte sein müßten“).[23]

Womöglich bedeutsamer als die GEF-Finanzierungen dürfte der weitere Schritt der Weltbank wirken, ihren Kreditnehmern Umweltaktionspläne (National Environmental Action Plans) abzufordern. Staatliche Umweltpolitik gab es bislang in einer Vielzahl von Entwicklungsländern eher dem Namen nach, und grenzüberschreitende Maßnahmen zum Umweltschutz blieben in der Dritten Welt eine Rarität. Mit dem für die Entwicklung der internationalen Politik außerordentlichen Schritt, von VN-Einrichtungen her Staaten Umweltauflagen anzutragen, und diese wirksam mit Finanzhebeln zu verbinden, wird das Ziel verfolgt, „Umweltprobleme und ihre Ursachen zu erkennen und Strategien für die Integration von Umweltaspekten in die wirtschaftliche und soziale Entwicklung eines Landes zu formulieren.“[24] Die nationalen Umweltaktionspläne sollen nach dem Willen der Weltbank „den Charakter eines Planungs- und Handlungsrahmens haben, der die Einbettung von spezifischen Umwelt- und Ressourcenschutz-Maßnahmen in die wirtschaftliche und soziale Entwicklung des betreffenden Landes sicherstellt. ... Der Planungsprozeß (soll) in die Ent-

22 World Bank, Making Development Sustainable – The World Bank Group and the Environment. Fiscal 1994, Washington, D.C. 1994, S.138.

23 Peter Bosshard, „Ökologisches Feigenblatt der Weltbank“, in: WEED: W&E Sonderdienst 10/93, S.3.

24 World Bank, Operational Directive 4.02: Environmental Action Plans, Washington, D.C., July 1994, §4.

wicklung umsatzreifer Projekte münden, einschließlich der Finanzierung durch die internationale Gebergemeinde."[25] – In der Dritten Welt werden derartig weitgreifende Vorgaben freilich erneut als Schritte betrachtet, mit denen der Norden seinen Umweltängsten zu begegnen sucht, ohne sonderlich die Souveränität und Selbstbestimmung von schwachen Kreditnehmern im Süden zu achten.

Die Zwischenbilanz fällt zwiespältig aus. Ein so mächtiger internationaler Akteur wie die Weltbank sah sich, vorrangig von außen veranlaßt, wiederholt, in kürzer werdenden Zeitabständen, in der Umweltpolitik zu institutionellen Innovationen im ureigenen Bereich gezwungen. Diese Binnenänderungen galten zunächst der formalen Anpassung, dem Bedürfnis, à jour neuen Problemen gegenüber aufgeschlossen zu erscheinen. Mit der Übernahme der Sprache der Kritiker (wie sich an den Publikationen der Weltbank leicht nachweisen läßt) reagierte man zunächst unideologisch und flexibel auf Außendruck. Recht rasch sah sich die Leitung der Weltbank jedoch gefordert, organisatorisch in der Substanz auf die neue Herausforderung Umweltpolitik einzugehen. Neues Personal wurde außerhalb des angestammten Nachwuchspools rekrutiert, es wurden neue Instrumente, Methoden und Arbeitsweisen zwecks Umsetzung von Umweltbelangen eingeführt. Am Ende steht gar, das Umweltthema überschreitend, mit der Einrichtung des „Inspection Panel" eine die Organisation insgesamt betreffende Innovation, welche traditionellem Bankerdenken ungewohnt bleiben muß.[26] Insgesamt ist es der Bank so gelungen, ihr Mandat mehrmals auszuweiten, wie besonders die Entwicklung der Globalen Umweltfazilität anzeigt.

In den Umweltstrategien der Weltbank läßt sich ausmachen, daß sich vor allem die Interessen von Regierungen der Industrieländer durchsetzen. Besonders markant bleibt der Einfluß amerikanischer Politik (ähnlich wie bei der NATO steht, ohne daß sich dazu etwas im Gründungsdokument findet, an der Spitze auch dieser Organisation immer ein US-amerikanischer Staatsbürger). Gestützt auf ihr Übergewicht in den Entscheidungsgremien strebten die Vertreter der Industrieländer wirksam an,

---

25 Frank Sandvoss, „Eine Chance? Umweltaktionspläne im Süden", in: epd-Entwicklungspolitik, 1/93, S.21.

26 Es übersteigt den Rahmen dieser Einführung, wenn auf die diversen Vorkehrungen verwiesen werden muß, um das „Inspection Panel" auch gehörig an die Leitung der Weltbank rückzubinden. Die Mitglieder dieser Einrichtung werden auf Vorschlag des Bankpräsidenten von den Direktoren gewählt, sie können nur auf Antrag hin tätig werden, usf. Die ursprüngliche Bezeichnung „Independent Inspection Panel" wurde bezeichnenderweise früh aufgegeben. Ausschlaggebendes Motiv für die Leitung der Weltbank, der neuen Einrichtung zuzustimmen, war zudem die Sorge um das Leistungsvermögen der Bank, vergl. die Fallstudie von Ibrahim F.I. Shihata, The World Bank Inspection Panel, Oxford 1994, bes. S.6.

daß nördliche Lebens- und Konsumstile, die vorfindliche Weltwirtschaftsordnung (vor allem der Protektionismus des Nordens) und die Globalität der Umweltkrise als Kernprobleme nicht thematisiert wurden. Die Verbindung zwischen dem Reproduktionsmodell des Nordens, der Schuldenkrise im Süden und weltweiter Umweltzerstörung wird nie auf der Tagesordnung der Weltbank erscheinen. Hingegen wird weiterhin eine prinzipielle Vereinbarkeit von nachholender Industrialisierung und Erhaltung der Umwelt propagiert – alle Menschen auf der Welt können, so das die Weltbankpolitik prägende Dogma, den nördlichen Lebensstil annehmen.

Die Umweltverträglichkeitsprüfung bildet mit der Forderung nach nationalen Umweltplänen der Kreditnehmer den wichtigsten Versuch der Weltbank, die negativen Folgen des von ihr vertretenen „nordischen" Industrialisierungsmodells einzudämmen, ohne das Modell selber in Frage zu stellen. Schließlich wird auch in der Umweltpolitik die „hidden agenda", der Katalog nichtgenannter Aufgaben der Weltbank, sichtbar – sie dient auch in diesem neuen Politikfeld als Instrument zur Integration peripherer Ökonomien in Weltarbeitsteilungen, als Vehikel von Krisenmanagement und Mittel zur Disziplinierung abweichenden Verhaltens, aber auch als Instrument, um im internationalen System Innovationen in Gang zu bringen.[27]

9.3 Problemfelder der internationalen Umweltpolitik

Besonders die politischen Verhandlungen zwecks Maßnahmen zur Eindämmung der Ozonlöcher über den Polkappen gelten „als erstaunliche und unerwartete Erfolgsstory".[28] Dabei steht zu erwarten, daß die in der jüngsten Vergangenheit (den achtziger und frühen neunziger Jahren) freigesetzten FCKW erst in ein bis zwei Dekaden die Stratosphäre erreichen, die Spitzenbelastung dort mithin erst im kommenden Jahrhundert auftritt – was die Fragestellung nur verschärft, wieso die Diplomatie in der Lage war, zu Vertragsabschlüssen zu gelangen, die in der Selbstsicht mehr sind „als Übereinkommen miteinander und über Themen, [sondern] die ein Modell abgeben für weltweite Kooperation".[29]

Die Abkommen des internationalen „Ozonregime" gestatten den Entwicklungsländern vorerst, weiterhin FCKW zu nutzen (für zehn Jahre

27 Zur „hidden agenda" der Weltbank ausführlich Rainer Tetzlaff, Die Weltbank. Machtinstrument der USA oder Hilfe für Entwicklungsländer? München 1980, S.514 f.

28 So Richard E. Benedick, Global Climate Change. The International Response, WZB-Diskussionspapier FS II 97-401, Berlin (Wissenschaftszentrum Berlin für Sozialforschung) 1997, S.18.

29 Meeting of the Parties, Report of the Seventh Meeting, 1995, § 67.

mehr als die Industrieländer). In Indien durften im Einklang mit den neuen Regelungen Anfang der neunziger Jahre sogar noch Fabriken für die Herstellung von FCKW errichtet werden. Ansonsten wird weltweit auf Ersatzstoffe für die FCKW umgestellt. Der Norden stellt die Technologie dafür zur Verfügung, finanziert über den multilateralen Fonds der GEF, organisiert von der Weltbank, UNDP und UNIDO. Die Kosten der Umstellung auch in der Dritten Welt werden mithin vom Norden getragen. Über die Einhaltung dieser Vereinbarungen wacht eine Konferenz der Vertragsstaaten. Entscheidungen können in diesem Gremium nur mit der Zustimmung der Mehrheit der Staaten der Dritten Welt getroffen werden. Über die Handhabung der Finanztransfers und die Einzelentscheidungen der Weltbank (und weiterer Organisationen) in dieser Hinsicht stimmen Süd und Nord paritätisch ab.

Die zweite Priorität bildet der Erhalt der biologischen Vielfalt. Die Wissensgrundlagen sind hier besonders offen: auf 5 bis 50 Millionen Arten wird die „Biodiversität„ der Erde geschätzt, von der bislang der Wissenschaft 1,7 Millionen Tier- und Pflanzenarten einzeln bekannt sind. Einschlägigen Schätzungen zufolge werden in den kommenden 50 Jahren ein Zehntel bis die Hälfte dieser Arten verschwinden – sofern die internationale Politik nicht in geeigneter Weise tätig wird.[30] Wichtigste Ursachen dieser Zerstörung sind die Veränderung und Fragmentierung von Lebensräumen, Umweltverschmutzung, sowie die Intensivnutzung von Land- und Forstwirtschaft besonders in der Dritten Welt.

Der Schutz von Tieren ist andererseits seit langem Thema internationaler Verträge, ja der ältesten Umweltschutzabkommen überhaupt. So verständigten sich 1900 die Kolonialmächte über Beschränkungen in der Großwildjagd, mit einer „Convention on the Protection of Wild Fauna in Africa“. Auch kam es 1902 zur Pariser Konvention, mit der bestimmte Fangmethoden und der Handel mit exotischen Vogelarten untersagt wurden. So läßt sich eine Spur von Spezialabkommen nachzeichnen, die aber nie allgemeinere politische Bedeutung errangen.[31] Auf der diplomatischen Agenda steht zudem nicht mehr lediglich Erhalt der Biodiversität, sondern „Biosafety“: die Methoden der modernen Gentechnologie erfordern angesichts der Innovationskraft der Branche internationale Verregelungen. Die Entwicklungsländer sind derzeit um die Anerkennung und den Schutz ihres Genmaterials als nationale Ressource bemüht – die sie kommerziell zu nutzen streben (und bei der unerwarteterweise Staaten wie Kamerun vorpreschen).[32]

30 Daten nach Biermann, a.a.O., S. 206.
31 Vergl. ebd., S.207.
32 Vergl. ebd., S.226.

Die Ausgangssituation in den diversen Verhandlungsforen bleibt in der Biodiversitätsproblematik von großen Gegensätzen geprägt. Regierungen von Entwicklungsländern zeigen wenig Neigung, große Teile des Staatsterritoriums künftig (gemäß etwa der von Frankreich vorgeschlagenen „Globalen Liste“) auf einem Sperrkatalog zu finden, als besonders bedrohtes Biotop. Derzeit geht es um die erdumspannende Vermessung der Biodiversität sowie um Grundpositionen wie die Souveränität von Staaten der Dritten Welt über ihre Bioressourcen. Im Gegensatz zum Ozonabkommen stehen hier nicht nur Schutzfragen (über die relativ einfach Übereinstimmung zu erzielen sein mag), sondern Fragen der Nutzung von Ressourcen zur Verhandlung (wo Interessengegensätze aufeinander prallen).

Ein Weltproblem erneut, wenngleich ganz anderer Art, stellt der Schutz der Meere dar. Siebzig Prozent der Erdoberfläche sind von Meeren bedeckt. In den Ozeanen reproduziert sich die Hälfte der weltweiten Biomasse. Ferner bleiben die Weltmeere für die Entwicklung des Klimageschehens rund um den Globus ausschlaggebend.

Weltmeerespolitik ist an zweiter Stelle zu nennen, wenn es um die Anfänge von internationaler Umweltpolitik geht, nach Schutzregelungen für bestimmte Tierarten. Auch in diesem Politikfeld stehen Tierschutzabkommen am Anfang, für den Schutz von Walen oder Robben. In den fünziger Jahren traten internationale Abkommen zur Vermeidung von Verschmutzungen der Meere hinzu. Daneben steht die Tradition der Seerechtskonventionen – welche Rechte und Pflichten hat wer auf hoher See? Auch wenn teilweise in diese Rechtsmaterien Umweltfragen Eingang fanden (der sogenannte 12. Teil der Seerechtskonvention der Vereinten Nationen), so gilt doch, daß erst in jüngster Zeit der weltweite Meeresraum als große Einheit begriffen wurde, die zu erhalten, deren Schutz durch Schritte der Staatengemeinschaft zu sichern als Gemeinschaftsaufgabe der Diplomatie erkannt wurde.

Im Ergebnis zeigt aktuell die internationale oder, folgen wir Simonis, Weltumweltpolitik einen vergleichsweise bei weitem üderdurchschnittlichen Regelungsbedarf. Sie dürfte in dieser Hinsicht das bisherige Problemgebiet No. 1 der internationalen Politik, die Rüstung, beerbt haben. Galt in der Vergangenheit das Wettrüsten als die größte Quelle von Gefahr, so wird nach der weltpolitischen Wende 1989/90 in der Gefährdung der Weltumwelt die größte aktuelle Bedrohung gesehen, und es wird mit Eifer nach Möglichkeiten zur Behebung der Gefahr gesucht. Ein Gefährdungsindiz sind Umweltflüchtlinge – jene Menschen, die sich aufgrund drastischer Verschlechterungen ihrer unmittelbaren Umwelt gezwungen sehen, ihre Heimat zu verlassen. Schon heute wird die Zahl der „Umweltflüchtlinge“ auf mehrere zehn Millionen, gar einhundert Millionen Menschen geschätzt (die Hochkommissarin für das Flüchtlingswesen der UN geht ansonsten derzeit von 18-20 Millionen Flüchtlingen weltweit aus, zuzüglich 20 Millionen sogenannter „Binnenflüchtlinge“ innerhalb von Nationalstaaten, etwa Rußlands).[33] Binnen weniger Jahre, so Institutionen wie die International Organization for Migration, könnte die Zahl der Umweltmigranten auf eine Milliarde hochschnellen – und dann die internationale Politik wirklich in Verlegenheit bringen.[34]

9.4 Fazit

Internationale Umweltpolitik sprengt den traditionellen Rahmen der Analyse internationaler Beziehungen als auf die Einzelstaaten begründet in vielfacher Weise. Die Nationalstaaten mit ihren Regierungen erweisen sich mehr und mehr als nicht in der Lage, allein („souverän“) gegen regionale oder gar globale Umweltprobleme wirksam anzugehen. Die Globalisierung der Ökonomien trägt dazu bei, daß auch im Umweltbereich die Regierungen gegenüber den Wirtschaftsakteuren an Terrain verlieren. Die erdumspannende Umweltproblematik hat zudem neue gesellschaftliche, nicht-staatliche Akteure auf den Plan gerufen, die mehr und mehr Politik mitbestimmen. Zum Management von Umweltgefährdungen ist so ein institutionelles Netz sehr unterschiedlicher Akteure im Entstehen, welches zunehmend dichter wird, und welches grundsätzlich anders zu fassen ist, als wie bislang internationale Politik analysiert wird.

Diese thesenhafte Skizze bedarf der Substantiierung. Gegen Umweltzerstörung läßt sich das traditionelle Hauptmittel der Interessendurchsetzung der Nationalstaaten, (militärische) Macht, schlecht verwenden (auch wenn politische oder gar militärische Macht bei Zwangsverteilungen von Umweltkosten durchaus einsetzbar bleibt). Andererseits haben bis vor wenigen Jahren umweltpolitisch nicht auffällige Akteure wie die Weltbank nicht nur ihre Verfahren in bezug auf Umweltbelange deutlich verändert, sondern die Bank hat durch Studien, Konferenzen und Arbeitstagungen mittlerweile einen erheblichen Beitrag zum internationalen Diskurs über Probleme von Umweltschutz und Entwicklung geleistet. Dabei erweist sich die Umweltpolitik der Weltbank hauptsächlich nicht als Ergebnis interner Prozesse in dem Finanzinstitut, sondern diese entstand wesentlich in der Interaktion mit neuen internationalen Netzen. Besonders die Akti-

---

33 Als Übersicht: Ingomar Hauchler u.a. (Hg.)/Stiftung Entwicklung und Frieden, Globale Trends 1998, Frankfurt a.M. 1997, S.101.

34 Stephan Klingebiel, „Entwicklungszusammenarbeit und die Flüchtlings- und Migrationsproblematik“, in: Aus Politik und Zeitgeschichte, B 20/94, 1994, S.19.

vitäten von Nicht-Regierungsorganisationen haben in der Umweltpolitik solcher Netze einen Stellenwert erreicht, der diesen neuen Akteuren auf anderen Politikfeldern wie der Bevölkerungspolitik oder der Abrüstungspolitik in der Vergangenheit verwehrt geblieben ist.

Eindrucksvoll bleibt der Positionsgewinn der Dritten Welt. Tritt sie geschlossen auf, so ist heute zumindest in Umweltfragen nichts mehr gegen ihre Interessen durchsetzbar. Die erforderliche breite Zustimmung werden künftige Abkommen zum Erhalt der Umwelt in Nord und Süd nur finden, wenn bei der Verteilung der Lasten Kombinationen vorgenommen werden, wie sie besonders für die Einrichtung des Ozon-Regimes vereinbart wurden. UNEP-Direktor Mostafa Tolba stellte anläßlich der Verabschiedung des einschlägigen Vertragswerkes fest, daß dessen Mechanismen „sehr wahrscheinlich die Blaupause für die institutionellen Apparate abgeben wird, die die Treibhausgase und den Klimawandel unter Kontrolle bringen sollen."[35] Es geht nicht lediglich um Umweltverträge – vielleicht ist die Sorge um das dem Norden und Süden gemeinsame Umweltproblem tatsächlich das Vehikel, welches allgemeiner zu einer neuartigen Kooperationspolitik zwischen den ungleichen Partnern führt, aufgrund wohlverstandener eigener Interessen.

35 UNEP-Presseerklärung zur Londoner Vertragsstaatenkonferenz vom Juni 1990, zit. nach Richard E. Benedick, Ozone Diplomacy. New Directions in Safeguarding the Planet, Cambridge/MA 1991, S.7.

KAPITEL 10
INTERNATIONALE POLITIK UND INTERNATIONALE HERRSCHAFT

Die Betrachtung des internationalen Systems der Staaten als Herrschaftssystem wird aus zwei Gründen als widersinnig erscheinen, gilt doch zum einen traditionell auf diplomatischer Bühne die Gleichrangigkeit der Staaten als Leitwert, als tragender Konsens. Die liebenswürdige Fiktion, daß alle Staaten nur eine, und zwar eine gleichgewichtige, Stimme in der Weltgemeinschaft haben, daß das demokratische Prinzip: „One man, one vote" seine Entsprechung im internationalen Raum der Politik findet, bleibt eine der wichtigen Utopien im Verkehr der Mächte miteinander.

Neben der normativen Position – die Völker sollen in den internationalen Beziehungen gleichen Rang haben – wird zum anderen empirisch gelten: Ist die internationale Politik nicht von An-archie (griechisch: Herrschaftslosigkeit, Gesetzlosigkeit) geprägt, eben weil es keine Weltregierung gibt? Internationale Politik, so diese Position, ist kein machtfreier Raum, aber förmliche Herrschaft, regelmäßige Befehls- und Fügsamkeitsstrukturen werden sich im Kranze der Nationalstaaten schwerlich finden lassen.

Die Wirklichkeit, so eine zentrale These dieser Schrift, steht dieser herkömmlichen Sicht genau entgegen. Die Wissenschaft von der internationalen Politik darf sich nicht mit dem begnügen, was die Akteure im Munde führen. Ebenso wie der Wissenschaft von der Politik allgemein (d.h. im Regelfall innerstaatlich) als Kernproblem die Frage nach der Herrschaft, der berechtigten oder nicht berechtigten Ausübung von Macht aufgegeben ist, hat die Wissenschaft von der internationalen Politik die politologische Schlüsselaufgabe, Macht- und Herrschaftsstrukturen unter Nationen zu erhellen. Sind für die allgemeine Politikwissenschaft die Individuen und ihre Verbände Grundelemente der Analyse, so nehmen die Rolle der Staatsbürger und ihrer Assoziationen in der internationalen Politik die Staaten und ihre Assoziationen ein. Und in gleicher Weise, wie eine an Leitwerten wie dem der Demokratie orientierte allgemeine Politikwissenschaft nach Partizipation und Machtausgleich fragt, stellt sich eine gleichermaßen orientierte Wissenschaft von der internationalen Politik die Aufgabe, gemäß dem Ideal der Gleichheit und der Freiheit der Nationen nach Herrschaft von oben und der Begrenzung dieser Herrschaft zu fragen.

Wenn hier so mit Nachdruck von Herrschaft geredet wird, so ist damit nicht gemeint, daß der Vollzug dieser Herrschaft durchweg mit blanker Gewalt oder offener Drohung mit derselben geschieht. Ein solches Bild der Weltpolitik wäre völlig falsch. Der Alltag der internationalen Beziehungen ist vielmehr gekennzeichnet durch die subtilen, gerade nicht offene Gewalt anzeigenden, geschmeidigen Abläufe von Herrschaftsmechanismen.

Die Beherrschten kennen ihre Meister und deren Interessen und Vorlieben. In sorgfältiger Selbstabwägung suchen sie zu antizipieren, wie die jeweilige Vormacht, der sie sich zugeordnet sehen, auf diesen und jenen politischen Schritt hin reagieren würde. Das eigene tatsächliche Handeln ist dann Ergebnis einer solchen Selbstzensur. Den Führungsmächten sucht man mit Lippenbekenntnissen und diplomatischen Gesten zu gefallen, gleich, ob es sich um Menschenrechtskampagnen, Abrüstungspolitik oder Olympiaden handelt. Nationalstaatliche Politik inferiorer Mächte ist nicht ausschließlich, vermutlich nicht vorrangig Resultante einer innenpolitischen Interessenkonstellation. Der knechtische Blick auf die Herrschaftsmächte bleibt die stets intervenierende, Entscheidungen bestimmende Variable.[1] Für die Führungsmächte im internationalen System ist dies gerade Ausweis ihrer Stellung, daß sie am wenigsten gehalten sind, auf Meinungen und Positionen anderer zu achten. In diesem System internationaler Herrschaft finden sich die Nationen auf unterschiedlichen Stufen des Zwangsverhaltens, und größere oder gar Mittelmächte wie die Bundesrepublik haben noch die größten Freiräume für die Bestimmung ihre außenpolitischen Kurses. Wie eng andererseits die Handlungsspielräume der Bundesrepublik in bezug auf die USA gezogen sind, macht zum Beispiel die Beschwichtigung der Regierung deutlich, daß die seinerzeit in der Friedensbewegung erörterte Politik einer gewissen Abkoppelung von den Amerikanern der Grundlage entbehrte.

Voraussetzung von Herrschaftsprozessen sind Interessengegensätze. Wo es keine derartigen Gegensätze gibt und die nationalen Interessen parallel laufen, entfällt die Notwendigkeit der Durchsetzung von Interessen gegen Widerstand, d.h. die Mobilisierung von Herrschaftsmitteln. „Herrschaft setzt einen Interessenkonflikt voraus“, formuliert Meyer.[2] Dieser Zusammenhang ist auch in der Umkehrung analytisch nutzbar: „So gibt es ob-

1 Ein Beispiel aus der deutschen Politik: das selbstauferlegte Stillschweigen der Regierung Brandt zur amerikanischen Kriegsführung in Vietnam.

2 Gerd Mayer, Bürokratischer Sozialismus, Stuttgart 1977, S.27.

jektive Interessengegensätze dann, wenn es ... Herrschende und Beherrschte gibt“, heißt es im gleichen Text.[3]

Naturgemäß sind nicht alle Interessen der Nationalstaaten einander entgegengesetzt. Es gibt eine Vielzahl gemeinsamer Belange. Gemeinsame Interessen beschränken die Realisierung von Partialinteressen. Dies gilt sowohl für Führungsmächte (zum Beispiel kommen amerikanische Interessen am Agrarexport in die Europäische Union nicht voll zum Zuge) wie besonders auch für Teilinteressen minderer Mächte.

Der Regelfall wird sein, daß Interessen nicht übereinstimmen, daß sie nebeneinander- oder einander entgegenstehen. So entsteht die Regelaufgabe der Analyse internationaler Politik: Wie setzen sich welche Interessen durch, lassen sich dabei *Regelmäßigkeiten* beobachten, gibt es gar Hierarchien in diesen Prozessen? Damit sind wir aber auch bei der Frage nach Herrschaft in der internationalen Politik, ihren Wirkmechanismen, ihren rationalen Gründen, so wie diese von Herrschenden vorzugeben versucht werden, und vor allem bei der Frage, warum diese Herrschaft so wirksam ist.

Beim Versuch, internationale Herrschaft zu definieren, ist zunächst die Wahl des Blickpunkts wichtig. Dabei eröffnen sich aufgrund der Trennung in Herrschende und Beherrschte zwei Möglichkeiten. Man kann den Versuch unternehmen (wie dies die Politische Wissenschaft herkömmlicherweise tut), aus der Perspektive der Herrschenden zu bestimmen, was Macht ist, wie sie umzusetzen ist, welche Grenzen sie hat. Man kann aber auch die Perspektive der Beherrschten wählen, und sei es nur aus Erkenntnisgründen, um zu erfassen, was Machtausübung bedeutet. Dem Durchschnittsbürger sollte die Perspektive, das Phänomen Macht von unten zu studieren, vertrauter sein als die gegenteilige Sichtweise.

In der Sichtweise von unten ist Macht zu bestimmen als die Erfahrung von Individuen, ihren Assoziationen und schließlich deren Repräsentanten im Staat, daß die Ausübung ihres mehr oder minder demokratisch gefaßten Willens auf von außen kommende Grenzen stößt. Fremde „Mächte“ filtern wirksam die Emanationen des im Innern gebildeten Gemeinschaftswillens. Die wiederholte Erfahrung dieses Vorgangs legt dieser Willensbildung Zügel auf. Regelkreishaft finden sich weniger mächtige Gemeinwesen – obwohl ihre Stimme nach internationalem Komment genauso viel wiegt wie jede andere auch – abgedrängt in mindere Sphären der Relevanz ihrer Äußerungen, wenn sie Auffassungen von mächtigerer Warte trotzen. Im Glanze allgemeiner Zustimmung sonnen können sie sich und

3 Ebd., S.197.

am Genuß der Macht teilhaben, wenn ihre Politik der der „topdogs“ des internationalen Systems (Galtung) konform geht.

Vor jedem Definitionsversuch, was Herrschaft im internationalen System sei, ist somit anzunehmen, daß mindestens zwei Definitionen, je nach Standpunktlogik, eine herabblickende und eine heraufblickende, der Realität entsprechen. Der Analytiker hat, gemäß herkömmlichem Wissenschaftsverständnis, abstrakt eine dritte Möglichkeit: Er kann Herrscher und Beherrschte aus der Vogelschau zu betrachten suchen und so eine eigene Definition versuchen. Nur betrifft (im wörtlichen Sinne) eine solche Definition niemanden, sie ist wirklich ohne Belang.

In der Politikwissenschaft benutzte Begriffe von Herrschaft gehen allgemein auf soziologische Konzepte zurück. Max Weber definiert Herrschaft als „die Chance, Gehorsam für einen bestimmten Befehl zu finden“.[4] Von dieser Definition oder ihren Varianten nehmen bis heute politikwissenschaftliche Bestimmungen von Herrschaft ihren Ausgangspunkt.[5]

Zunächst fallen die Eingrenzungen auf: Herrschaft ist nach Weber lediglich eine „Chance“, und diese ist obendrein an diskrete Befehle gebunden. Die Webersche Methode, soziale Beziehungen als Möglichkeit ihrer Existenz zu bestimmen, soll hier nicht weiter ergründet werden. Auch politologische Ansätze, die sich (zumeist dieses Tatbestandes nicht bewußt) an solche Definitionen anlehnen, sollen nicht angeführt werden. Von einer Bestimmung von Herrschaft, die für die internationale Politik Erklärungskraft hat, ist vielmehr zu verlangen, daß sie den stummen Zwang, der von Machtpositionen ausgeht, zu erhellen vermag, sowie daß sie die Wirkmechanismen und Grenzen solcher Herrschaft umreißt.

Was sind nun aber die Motive der Fügsamkeit, die in der internationalen Politik zur Gefolgschaft führen?

Zum ersten lassen sich Interessenlagen ausmachen. Zweckrationale Erwägungen von Vor- und Nachteilen, schließt man sich einer Vormacht an, können eine solche Gefolgschaft als gewinnbringend erscheinen lassen. Eine derartige Abwägung widerspricht jedoch sehr Selbstwertgefühlen, dem subjektiven Streben nach Ausübung von Souveränität. Sie wird auf

---

4 Detaillierter definiert Weber in Wirtschaft und Gesellschaft (1. Bd., Tübingen 1976, S.28, ähnlich S.122): „Herrschaft soll heißen die Chance, für einen Befehl bestimmten Inhalts bei angebbaren Personen Gehorsam zu finden.“

5 Wilhelm Hennis spricht ganz unbefangen davon, daß die politologische Legitimitätsdebatte (Zwischentitel) „Im Bannkreis Max Webers“ fortgeführt würde („Legitimität. Zu einer Kategorie der bürgerlichen Gesellschaft“, in: Legitimitätsprobleme politischer Systeme, Sonderheft 7/1976 der Politischen Vierteljahresschrift, S.13).

schwache Regime beschränkt bleiben, die sich einer Vormacht vor allem auch deswegen unterwerfen, um einer gefährdeten inneren Herrschaftsbasis Stützen zu geben. Dieser Mechanismus mag für eine Anzahl von Staaten zum Beispiel in Mittelamerika gelten. Die in der soziologischen Sichtweise für die freiwillige Annahme von Herrschaft unter Individuen angeführten weiteren Momente – Sitte und Affekt – greifen in den internationalen Beziehungen nicht.

Im Regelfall werden freilich Beherrschte Interessengegensätze zu den Führungsmächten des internationalen Systems entdecken. Denn das ist gerade der funktionale Sinn von Herrschaft: eigene Interessen gegen zuwiderlaufende andere Interessen zu verfolgen und durchzusetzen.

Internationale Herrschaft läßt sich in einem ersten Schritt an ihrem sozialen Gehalt – und nicht etwa an Formen – messen. Herrschaft hat einen sozialen Inhalt, sie erfolgt nicht blindwütig und frei. Gerade der Inhalt von Herrschaft bestimmt zum großen Teil die Motive der Fügsamkeit der Beherrschten – teilen sie diese, wird der Führungsanspruch honoriert, ja bei voller Identifikation mit den Inhalten dieser Herrschaft diese geradezu eingeladen.

Am deutlichsten wird die Herausbildung des internationalen Herrschaftssystems in der Sicherheitspolitik. Kein politisches System der Gegenwart ist in der Absicht konzipiert worden, dem obersten Repräsentanten (sei dies ein Präsident oder seinerzeit Parteisekretär) die Macht in die Hand geben, binnen weniger Augenblicke über den Tod von Millionen von Bürgern zu entscheiden. Und kein Nicht-Kernwaffenstaat kann die Grundentscheidung über seine Existenz wirklich an eine der Führungsmächte delegieren. Die Entwicklung der Instrumente staatlicher Machtsicherung bei den Atomwaffen stellt nunmehr die demokratische Natur jedes politischen Systems in Frage.

Als nächstwichtiger Inhalt internationaler Herrschaftsprozesse sind wirtschaftliche Interessen zu nennen. Diese kommen in der Sicht mancher Politiker ebenso bedeutsam wie rein militärische Interessen daher. Plastisch umreißt dies der damalige US-Verteidigungsminister Brown, in einer anderthalb Jahrzehnte später recht aktuell klingenden Formulierung, in seinem „Posture“-Statement (seiner Haushaltsrede vor dem Kongreß) am 28. Januar 1980. Hauptgefahr für die USA sei nicht die UdSSR, sondern „Turbulenz“ in der Dritten Welt. „Die Anzahl ungelöster internationaler Konflikte wächst weiter“, stellt Brown fest, „und alte Konflikte verfestigen sich weiter“. Diese Tatsache erfordere Fähigkeiten zur Intervention: „In einer Welt von Streitereien und Gewaltätigkeiten können wir es uns nicht leisten, im Ausland unbewaffnet aufzutreten." Die damalige Sowjetunion als weltpolitischer Gegenspieler suchte in der Sicht des Ministers diese Entwicklung auszunutzen, ist selber allerdings nicht das Hauptproblem: „Aber die Sowjetunion stellt nur einen Teil des Problems dar." Von gleicher Bedeutung seien „Auffassungsunterschiede über die angemessene Weltverteilung von Einkommen und natürlichen Ressourcen". Und noch deutlicher: „Internationale ökonomische Ordnungsprobleme können in ihrem Gewicht der militärischen Bedrohung von Seiten der Sowjetunion gleichkommen."[6]

Interdependenz

Gerade der soziale Inhalt internationaler Beziehungen gibt der wichtigsten Gegenposition Auftrieb für ihre These, zunehmende Interdependenz mindere internationale Herrschaft. In einem Standardtext schreibt Karl Kaiser:

> „Hinter den augenblicklichen Spannungen und Krisen in der Weltwirtschaft verbirgt sich daher ein strukturelles Problem: Neben der Option für eine Unterbrechung der wirtschaftlichen und sozialen transnationalen Verbindungen mit der Außenwelt, die zum eigenen Nachteil ausschlüge, und der Option für einen Alleingang, der letzten Endes aussichtslos wäre, haben die Regierungen nur noch eine andere Wahl: die Koordinierung ihrer Politik in einer Reihe von Bereichen, die für das Wohlergehen moderner Gesellschaften immer lebenswichtiger werden.
>
> In diesem wachsenden transnationalen Bereich der Interdependenz werden die klassischen Muster zwischenstaatlicher Verhaltensweisen obsolet. Wie im nuklearen Bereich werden auf vielen Gebieten der internationalen Wirtschaftspolitik Gewinne nicht mehr auf Kosten eines anderen erzielt, sondern Gewinne und Verluste werden von allen geteilt."[7]

Dieser Text wurde 1973 veröffentlicht, vor dem „Ölschock" von 1974 und den nachfolgenden schweren Spannungen und Krisen in der Weltwirtschaft. Der seither verstärkte Zwang zur Kooperation der westlichen Industriestaaten (diese meint Kaiser mit „modernen Gesellschaften") ist sicher zutreffend benannt – nur wieso diese Kooperation herrschaftsfrei ausfällt, „nicht mehr auf Kosten eines andern", und wieso „Gewinne und Verluste von allen" (damit sind erneut lediglich die westlichen Industrieländer gemeint) fair geteilt würden, ist nicht im geringsten erkennbar, Da hilft auch der Analogieverweis auf die Nuklearrüstung (bei Kaiser: „der nukleare Bereich") nicht weiter. Die Konzeption kollektiver Güter, die Kaiser hier vorschweben mag, besagt für Militärallianzen tatsächlich, daß das Produkt

6 Harold Brown, Department of Defense Annual Report. Fiscal Year 1981, Washington, D.C. (Department of Defense) 1980, S.30, 45 u. 60.

7 Karl Kaiser, Die europäische Herausforderung und die USA – Das atlantische Verhältnis im Zeitalter weltpolitischer Strukturveränderungen, München 1973, S.19.

nuklear abgeschirmte Sicherheit im Guten wie im Bösen gleich allen Beteiligten zukommt – aber wieso soll und kann ein Gleiches in der internationalen Ökonomie gelten,, die zudem nicht einmal globale Bündnisgemeinschaften bildet? – Stichhaltig ist in der Folge gewiß der Hinweis Kaisers auf kooperative Muster internationaler Politik, aber nur unter Gleichrangigen, in der G-7-Welt (der „Gruppe der führenden Industriestaaten"), und eben nicht mit der Masse der Staaten.

Mit der Auffassung, daß Interdependenz „die klassischen Muster zwischenstaatlicher Verhaltensweisen obsolet" mache, steht Kaiser freilich nicht allein. Die empirisch nachvollziehbare Verflechtung der Staatsgewalt (die Interdependenzdiskussion wird hauptsächlich von Empirikern bestritten) verlagert zugegebenermaßen Interessenauseinandersetzungen auf weitere Ebenen. Frappant bleibt der Optimismus, *daß zunehmende Interdependenz der internationalen Politik Herrschaft abbaue – wo Interdependenz herrscht, herrscht niemand.*

Das Phänomen sich verdichtender politischer, ökonomischer und militärischer Verflechtungen ist nicht bestreitbar. Auch die Politik der Weltführungsmächte erweist sich als in Bereichen und zu Teilen abhängig von Konzepten geringerer Mächte. Das Entscheidende bleibt allerdings die Wertung der Diskrepanzen. Die strittige Frage lautet, ob zunehmende Interdependenz eine Minderung der Machtausübung in internationalen Beziehungen bewirkt oder ob sie diese lediglich auf andere Ebenen verlagert. In der Weiterentwicklung der verschiedenen Ansätze (neben dem zitierten Ansatz „transnationale Politik" sind die Linkage-Konzeption Rosenaus sowie ökonomische Interdependenzkonzeptionen von Cooper und Bergsten zu erwähnen) wurden bemerkenswerterweise Probleme der Asymmetrien in gegenseitigen Abhängigkeiten von Ländern oder im Hinblick auf bestimmte Problembereiche herausgearbeitet. Mit ihren Ansätzen von „sensitivity interdependence" und „vulnerability interdependence", neuerdings mit dem Konzept „komplexer Interdependenz" gelangen Keohane und Nye[8] geradewegs zur Frage des Verhältnisses von Macht und internationaler Verflechtung – dessen zunehmende Irrelevanz bei Beginn dieser Runde herausgestrichen worden war. Andere Autoren haben besonders auf die Rahmenbedingungen verwiesen, sollen interdependente Entwicklungen sich entfalten.[9]

---

8 Robert O. Keohane/Josef S. Nye, Power and Interdependence. World Politics in Transition, Boston u.a. 1977, sowie diess., „Power and Interdependence Revisited", in: International Organization, 41, 1987, S.725-753.

9 So hat Wolfram F. Hanrieder wiederholt darauf verwiesen, es bedürfe eines „permissiven Kontexts" für Interdependenz („Dissolving International Politics: Reflections on the Nation-State", in: American Political Science Review, 72, 1978, S.1276-

Aus den verschiedenen Definitionsversuchen für „Interdependenz“ lassen sich drei Elemente herausschälen: (1) führt die zunehmende internationale Verflechtung auf den verschiedensten Politikfeldern dazu, daß eine im Lande A vorgenommene Veränderung in einem Sachbereich andere Länder zwingt, ihre Haltung gleichfalls zu verändern; (2) ist binnenwirtschaftlich durchwegs eine vermehrte Sensibilität gegenüber Weltmarktentwicklungen festzustellen; (3) erscheinen solche Bindungen durchaus als Positivum – würden sie abgebrochen, entstünden politische und andere Kosten.

Knapp hat mit dem Begriff der „Delta-Interdependenz„ in einer sorgfältigen empirischen Studie aufzuzeigen versucht, daß es gerade in wechselseitigen Abhängigkeitsbeziehungen Machtgefälle gibt.[10] Ausgehend von der Beobachtung, daß es zwischen zwei Staaten eine Vielzahl von Interdependenzen gibt, mithin von schlichter Abhängigkeit oder wechselseitiger Verflochtenheit analytisch nur wenig ergiebig gesprochen werden kann, gelangt Knapp zunächst zu der Beobachtung, daß es auf einer zweiten Ebene so etwas wie „Interdependenz der Interdependenzen“ gibt. Diese schlägt nun eben nicht symmetrisch aus, sondern führt – so Knapp – zu einer „Differenz-Interdependenz„, die er „Delta-Interdependenz“ benennt.[11] Die Frage nach Interdependenz, so der für unsere Problemstellung wesentliche Ertrag, bestätigt den Sachverhalt internationaler Machtgefälle und somit internationaler Herrschaft.

Allgemein setzte jedoch methodologische Kritik ein: Das Interdependenzkonzept bedürfe der theoretischen und begrifflichen Schärfung, seine Beziehungen zur Dependenz auf der einen und zur Integration auf der anderen Seite seien unklar geblieben. Überhaupt mangele es an einer Einbettung dieses Konzeptes in bezug auf andere Theorieansätze.[12]

1287; ders. u. Graeme P. Auton, The Foreign Politics of West Germany, France and Britain, Englewood Cliffs, N.J., 1980, S.287f.)

10 Manfred Knapp, „Politische und wirtschaftliche Interdependenzen im Verhältnis USA – (Bundesrepublik) Deutschland 1945-1975“, in: ders. u.a., Die USA und Deutschland 1918-1975, München 1978.

11 Ebd., S.213/4.

12 Die allgemeine Sicht faßt Meyers in einem Lexikonbeitrag: Die Analyse müßte „subsumieren die Phänomene der Bezogenheit von Akteuren und deren Interaktionen aufeinander (linkage), der einseitigen Durchdringung eines Akteurs durch Mitglieder eines anderen, die an dessen Entscheidungsprozeß direkt und mit bindender Autorität teilhaben (Penetration), wie auch die der gegenseitigen Verflechtung von Akteuren unter Ersatz des ausschließlich nationalstaatlichen durch einen mehrstaatlichen Entscheidungsrahmen (Integration).“ (Reinhard Meyers, Stichwort „Internationale Beziehungen/Internationale Politik“, in: Andreas Boeckh (Hg.), Internationale Beziehungen, Pipers Wörterbuch zur Politik, Bd. 5, S.231).

Die wesentliche Kritik am zu vordergründigen Verständnis des Interdependenzkonzeptes findet sich schon früh bei dem Soziologen Luhmann, der bemerkenswert politologisch räsonniert. So seien der „Drohfähigkeit solcher Macht enge Schranken gezogen; aus Interdependenz von Leistungen kann sich daher keine Gegenpolitik entwickeln. Gerade das aber ist das Problem.“ Auch gelte, daß herrschaftsanalytisch gesehen so generierte Macht „ablaufenden Interaktionen eine Metaorientierung an Machtfragen aufdrängt, auch dabei immer Erhaltung der Funktionsfähigkeit voraussetzend.“ Wurden in Gesellschaftsformationen älteren Typs „Interdependenzen im wesentlichen über Schichtung limitiert und kontrolliert“, so würden heute „Juridifizierung“ und „Demokratisierung“ als Lösungsmöglichkeiten der Herrschaftsfrage thematisiert. Luhmanns Verdikt:

> „In einem Falle handelt es sich um den Export politischer Macht in politikferne Interaktionskontexte, im anderen Falle um eine Nachahmung von Politik in politikfernen Bereichen.“[13]

Drei Ansätze anderer Art versuchen sich an einer kritischen Bestimmung des Herrschaftsbegriffs (sie sind aus dem Vorkapitel schon bekannt): die strukturalistische Schule, die an Marxschen Kriterien orientierte Abhängigkeitskritik, sowie – Elemente von beiden aufnehmend – die dependencia-Diskussion.

Die erstgenannte Variante thematisiert (wie die anderen auch) die Strukturen der Weltwirtschaftsbeziehungen und die darin aufzeigbaren Akkumulationsmuster. In politologischer Sicht ist an dieser aus der Sprachwissenschaft kommenden Methode die Prämisse bedeutsam, daß Phänomene wie das äußere politische Verhalten der Staaten nicht als Einzelerscheinungen gewertet werden, sondern daß diese ihre angemessene Bedeutung erst durch die Betrachtung als Elemente innerhalb eines strukturierten Systems erhalten. So stellt Beate Kohler-Koch jüngst fest, daß die Bundesrepublik „wie kaum ein anderer Staat vergleichbarer Größe durch ihre enge internationale An- und Einbindung geprägt ist.“[14]

Zu unterscheiden ist weiter – dieser Sichtweise zufolge – zwischen aktuellen Äußerungen, der Selbstwahrnehmung eines dieser Elemente im System (die in Fragen der internationalen Politik die Medien beherrschen) und den tatsächlichen Funktionsabläufen im internationalen System. Wis-

---

13 Niklas Luhmann, Macht, Stuttgart 1975, S.94/5. Zugegebenermaßen wird hier eine Übertragung auf von Luhmann nicht thematisierte Politikfelder vorgenommen, die aber bei Prüfung des Textes nicht im Widerspruch zu diesem steht.

14 Beate Kohler-Koch, „Inselillusion und Interdependenz: Nationales Regieren unter den Bedingungen von ‘international governance’„ in: Barnhard Blanke/Hellmut Wollmann (Hg.), Die alte Bundesrepublik. Kontinuität und Wandel, Opladen 1991, S.45.

senschaftliche Aussagen, so die Schlußfolgerung, sollen sich auf die Strukturen dieses Systems und dessen Binnenbeziehungen, nicht aber auf die Beiträge der Akteure beziehen.

Die zweite Richtung betont besonders den Umschlag ökonomischer Strukturen in Determinanten von Politik. Sie interessiert sich für die Ausbeutung abhängiger Länder auch jenseits der Salden von Auslandsinvestitionen und Gewinnrückflüssen, für die politischen Folgen von Marginalisierung und Dekapitalisierung. Im Unterschied zur erstgenannten Richtung, die im wesentlichen einen Konflikt zwischen autochthonen Gebilden und modernem Kapitalismus sieht, ist diese Debatte von der „durchgehenden kapitalistischen Produktionsweise" (André Gunder Frank), der völligen Penetration des Weltsystems durch den Kapitalismus, überzeugt.

Die dritte Richtung thematisiert besonders mit Blick auf Änderungsstrategien die Situation „strukturell verkrüppelter Länder" (wie Dieter Senghaas dies in Anlehnung an Friedrich List nennt).

Für das analytische Verständnis des internationalen Systems als Herrschaftssystem gewinnt vor allem diese Diskussion über Abhängigkeit von Entwicklungsländern Bedeutung. Zunächst zur Erhellung der Beziehungen Lateinamerikas zu den westlichen Industrieländern gebildet, überschritt das Motto „dependencia" rasch die Grenzen der engeren entwicklungskritischen Debatte und wurde zum Stichwort einer allgemeinen Erörterung der globalen Strukturen.

Gemeinsamer Nenner der verschiedenartigen Teiltheorien zur Unterentwicklung, die unter der Bezeichnung „dependencia"-Theorie zusammengefaßt werden, ist die Auffassung, daß die wesentlichen, Unterentwicklung hervorrufenden Faktoren nicht in der Dritten Welt selbst zu suchen sind. Ungleiche Beziehungen auf dem Weltmarkt, ein ungerechtes, weil nicht gleiches Recht achtendes internationales System ist dieser Ansicht zufolge die wesentliche Ursache dafür, daß sich ein dem industriellen Aufstieg der Alten Welt vergleichbarer Vorgang in der Dritten Welt nicht einstellen wollte.

Der „dependencia"-Ansatz wurde groß, indem er sich an zwei gewichtigen theoretischen Vorgaben abarbeitete: Theorien der Modernisierung amerikanischen Ursprungs sowie der marxistischen Imperialismustheorie. Als dritte Wurzel ist Kritik an dem von der UN-Wirtschaftsorganisation für Lateinamerika (CEPAL) vorgegebenen Programm eines keynesianischen „desarollismo" anzuführen, einer auf bestimmte wirtschaftspolitische Strategien bezogenen Entwicklungskonzeption.

Politisch hatte die in der herrschenden Modernisierungstheorie grundlegende Vorstellung, Entwicklung verlaufe von der Traditionalität zur Moderne, und die Industrialisierung der Alten Welt sei beispielgebend, die Wirkung, Entwürfe einer neuen Ordnung in den Regionen der Dritten Welt auf die vorfindlichen Strukturen im Norden festzulegen, und den „backwards countries", wie sie einst genannt wurden, einen fortwährenden Inferioritätskomplex anzutragen. Der Unwillen, permanent aus einer solchen Position der Inferiorität zu agieren, sowie die Vermutung, daß ein solches auferlegtes Ordnungsmodell zum eigenen Nachteil angelegt sei, sind die wichtigsten Triebfedern gewesen, die etablierte Auffassung über einen gedeihlichen Aufstieg der Dritten Welt abzulehnen, ja aktiv zu bekämpfen, und eine „Neue" Ordnung besonders der Weltwirtschaft zu verlangen. Die unterschiedlichen Stränge der Dependenzdiskussion (neben strukturalistischen stehen marxistische und diese vermischende Ansätze) gelangen zu dem gemeinsamen Ergebnis, daß im Saldo trotz aller Entwicklungshilfe nach wie vor ein Abfluß von Kapital aus der Dritten Welt zu verzeichnen sei („Dekapitalisierung"), und daß die Offenheit heimischer Wirtschaftsstrukturen gen Norden zu Verzerrungen geführt hätte. Das Nebeneinander von modernen und traditionalen Bereichen in den Ökonomien der Dritten Welt mindere sich nicht, sondern die Lücken zwischen diesen Bereichen zementierten sich zu einer „strukturellen Heterogenität".[15] Eben weil die wirtschaftliche Grundlage einer möglichen unabhängigen Politik durch die Fortsetzung der bisherigen Grundsätze mehr und mehr entschwinde, ergeben sich so starke Anreize, gegen eine solche Fortsetzung anzugehen und nach Möglichkeiten einer eigenbestimmteren Politik zu suchen.

Die „dependencia"-Sicht hat direkte Implikationen für äußere Politik, die im Gegensatz zu den wirtschaftspolitischen Schlußfolgerungen selten benannt werden. Die strukturalistische Variante empfiehlt vor allem eine Stärkung des Nationalstaates in der Dritten Welt. Durch die Betonung innerer Reformen und die Erschließung des Binnenmarktes sollen die Voraussetzungen für einen gerechteren Verkehr geschaffen werden. Die marxistischen Varianten fordern zur Änderung der Abhängigkeitsverhältnisse eine Revolution. Allerdings wird unter „Revolution" sehr Unterschiedliches verstanden, und Kritiker sprechen von „revolutionärem Voluntarismus„ (Nohlen). Andere schlagen eine zeitweilige Herauslösung aus Weltmarktbeziehungen, eine „autozentrierte Entwicklung" sowie die Entwicklung gleichrangiger Beziehungen („collective self-reliance") vor. Auch wenn nicht zu erwarten war, daß solche Ansätze wirksam in prakti-

15 Mit diesem Ausdruck soll gesagt werden, daß traditionaler und moderner Sektor in einer Gesellschaft sich wechselseitig bedingen, daß sie sich aktuell beeinflussen, ihre Trennlinien sich verschieben.

sche Politik umgesetzt werden, so blieb doch ihre theoretische Existenz relevant: Sie bildeten eine Art Sehnsuchtshorizont, vor dem der Alltag der internationalen (Herrschafts-)Beziehungen weithin in der Dritten Welt gemustert wurde. – In den neunziger Jahren verbleichte der dependencia-Diskurs in Lateinamerika rasch, um der (mit ähnlichen Inhalten gefüllten) Kritik an der Globalisierung Platz zu machen.

Das internationale System kennt somit eine klare Struktur und Hierarchie: Spitzen- und Supermächte gab es zwei, nunmehr mit den Vereinigten Staaten eine, Mittelmächte etwa zehn (die Grenze nach unten ist allenfalls für den einzelnen Staat relevant), den Rest der Beherrschten bilden die übrigen der mehr als 170 Nationalstaaten auf der Erde.

Das traditionelle Streben nach Einfluß, um die Realisierung eigener Interessen zu begünstigen, hat im Zuge der Supermachtauseinandersetzung eine militante Eskalation erfahren. Diese schränkte Versuche niedrigrangiger Mächte, ihre Handlungsfreiräume zu wahren oder gar zu erweitern, brachial ein. Die „Schnellen Eingreiftruppen„ und wie die Interventionsverbände sonst benannt werden, erfüllen politisch ihre Funktion schon, wenn sie noch gar nicht zum Einsatz gelangen. Als „power projection forces", als Kräfte zur Projizierung von Macht, gestatten sie es ihrer politischen Führung, militärische Macht in oder vor bestimmten Regionen drastisch zusammenziehen und scheinwerferartig so auszurichten, daß im langen Schatten solcher Zusammenballung alle örtlichen Bestrebungen und eigenständigen Bemühungen Dritter ins Leere laufen. Mit ihren Kernwaffen weiten diese militärischen Verbände den Versuch, modernste Rüstung in politische Vorteile umzumünzen, auf den gesamten Globus aus.

Die künftig erwarteten Konfrontationen zwischen Nord und Süd sowie im Norden zwischen reichen und armen Staaten werden in der betroffenen Region vor allem eine Folge haben: die Verstärkung internationaler Herrschaft. Denn das Vermögen anderer Mächte, eigenen Intentionen zu folgen, wird durch das Auftauchen weitaus überlegener fremder Militärmacht vor der eigenen Tür fühlbar beschränkt, und der Zwang, fremden Willen umzusetzen, wird unabweisbar – womit die Definition von Herrschaft aufs reinste erfüllt wird.

10.1 Die Legitimität internationaler Herrschaft

Auswärtige Politik spiegelt einen zum „Konsens" gefilterten (wer bestimmt die Filter?) Versuch der Interessenwahrnehmung einer Nation im

Ausland. Der diplomatische Akteur „handelt gewissermaßen im Auftrag des Klienten Gesellschaft“.[16]

Wenn das internationale System als politische Ordnung begriffen wird, dann läßt sich mit Fug auch die Frage nach der Legitimität der Herrschaftsausübung in diesem System stellen. Der von Habermas gewiß auf einzelstaatliche Herrschaft bezogene Satz: „Politische Ordnungen können Legitimität haben und verlieren, nur sie brauchen Legitimität“,[17] läßt sich mit Gewinn auch auf die Herrschaftsordnung im internationalen System anwenden. Die zahlreichen Forderungen nach einer neuen Weltwirtschaftsordnung oder anderen Weltordnungen, die oben angeführt wurden, verdeutlichen nur allzusehr, daß die Legitimität der derzeitigen globalen politischen Ordnung in Zweifel gezogen wird.

Legitimität ist sicherlich ein moralisches Konzept.[18] Für konservative Geister stellt sich mit dem Aufwerfen der Legitimitätsfrage die Furcht vor Aufruhr ein.[19] Das Drängen auf Legitimität von Herrschaft rührt aus dem partizipatorischen Ideal, Herrschaft auf Konsens zu gründen, und dieses Ideal basiert auf dem Grundsatz der Gleichheit und Freiheit der Beteiligten.[20]

Die Idee, individuelle Mitglieder der Weltgemeinschaft könnten sich für eine umfassende Sicherheitsgemeinschaft, einen Herrschaftsverband, zum Schutz vor Aggression entscheiden, ist so alt wie der bürgerliche Nationalstaat der Neuzeit. Sie ist direkt mit der Entwicklung des Staates in modernem Sinn verbunden. Thomas Hobbes beschreibt, noch nicht zwischen dem Sicherheitsbegehren des Individuums und eines Staates trennend, im *Leviathan*:

> „Der Wunsch nach Muße und sinnlichen Vergnügungen bringt die Menschen dahin, daß sie sich einer gemeinschaftlichen Gewalt gern unterwerfen und

---

16 Krippendorff, a.a.O., S.190.

17 Jürgen Habermas, „Legitimitätsprobleme im modernen Staat“, in Kielmansegg (Hg.), a.a.O., S.40.

18 „Da Legitimität auf der Bemessung bestimmter Realitäten gegen einen hypothetischen Standard beruht, ist es letztendlich ein moralisches Konzept“, so A. Meyer, „Legitimacy of Power in East Central Europe“, in S. Sananian/J. Deak/P.C. Ludz, Eastern Europe in the 1970s, New York 1972, S.46.

19 So meint Wilhelm Hennis: „Für ein gegebenes politisches System die Legitimitätsfrage aufzuwerfen, heißt, seine Existenzberechtigung in Frage zu stellen“, in: Peter Graf Kielmannsegg (Hg.), Legitimationsprobleme politischer Systeme, PVS Sonderheft 7/1976, 1976, S.12.

20 Vergl. Christian Watrin, „Das Gleichheitsideal des Wohlfahrtsstaates“, in: Gleichheit als Problem, Trier 1982, S.26.

> deshalb auf diejenige Macht verzichten, die sie durch eigene Anstrengung vielleicht erringen könnten."[21]

Hobbes gibt freilich an, daß keine staatliche Organisation, auch keine überstaatliche, auf bloßer Repression wird beruhen können: „Allein die Zustimmung der Individuen, die ihr angehören, kann eine Gemeinschaft zum Handeln befähigen."[22]

Auch John Locke beschäftigt sich mit dem Legitimitätsproblem und spricht vom „law of opinion or reputation" – Verhaltensregeln entfalten praktische Geltung, weil sie allgemein als gültig angesehen werden, und sie werden vom Individuum respektiert, weil Nichtwohlverhalten gemäß diesen Regeln den eigenen Ruf beeinträchtigt.[23] So umschreibt Locke sehr feinsinnig, was heute mit „Legitimität„ übersetzt würde. – In neuerer Zeit faßt Hermann Heller (1891-1933) diesen Gedanken spezifischer:

> „Zur Sicherung ihrer Macht und Ordnung kann sich keine Herrschaftsorganisation bloß auf ihre Zwangsapparatur verlassen. Immer muß sie nach Legitimierung, d.h. danach streben, die Beherrschten in eine Willens- und Wertgemeinschaft einzubeziehen, die ihren Machtanspruch honoriert; sie muß also versuchen, ihren Herrschaftsanspruch durch ideelle Gehalte zu rechtfertigen und als normative Pflicht bei den Beherrschten zu innerer Anerkennung zu bringen."[24]

Die Auffassung, daß entgegen dem Willen der Beherrschten Regieren auf Dauer nicht möglich sei, scheint nunmehr weltweit geteilt zu werden. Selbst ein so umstrittener Mann wie der frühere ghanesische Staatschef Nkrumah meint in seinen Axiomen:

> „Keine Regierung kann fortwährend ihre Herrschaft aufrechterhalten, wenn sie der bewußten Ablehnung der überwältigenden Masse ihres Volkes ausgesetzt wird."[25]

---

21 Thomas Hobbes, Leviathan (Reclam-Ausgabe), Stuttgart 1980, S.91.

22 Ebd.

23 John Locke, An Essay concerning Human Understanding, Book II, Chapter 28, Section 7, 10 und 12. John Locke interessiert sich für Wirkungen von Gesetzen, die weder göttlichem noch weltlichem Recht entspringen, sondern gesellschaftliche Wurzeln haben. Auf Dauer könne niemand dem Druck solcher Gesetze widerstehen – „this is a burden too heavy for human sufferance". – Zur weiteren Vertiefung, besonders späteren Beiträgen zu diesen Gedanken Lockes siehe Ernst Fraenkel, Öffentliche Meinung und Internationale Politik, Tübingen 1962, bes. S.10f.

24 Hermann Heller, Staatslehre, Leiden 1934, S.87f. (jetzt in: Gesammelte Schriften, 3. Bd., Leiden 1971).

25 Axioms of Kwame Nkrumah, London, 2. Aufl. 1969, S.101 (ursprünglich Text einer Rede in Akkra am 7. April 1960).

Die Vorenthaltung von Legitimität bleibt – innerstaatlich wie international – das grundliegende Mittel der Beherrschten, Herrschaft entgegenzutreten. „Die anhaltendste Unterstützung“ – wie Easton formuliert – „wird aus der Überzeugung entstehen, daß im eigenen Namen gerecht und angemessen verfahren wird“.[26]

Definitionen von Legitimität gibt es in Legion zur Erklärung innerstaatlicher Herrschaft, nicht aber zur Erhellung der Herrschaftskontinuität im überstaatlichen Bereich. Da aber das Phänomen der Herrschaft ungeteilt eines ist, lassen sich geeignete vorfindliche Definitionen bruchlos auch dazu verwenden, internationale Herrschaft auf den Begriff zu bringen.

Marianne Rodenstein gibt eine summarische Vorgabe:

> „Legitimität bringt auf den Begriff, warum sich Menschen Ordnungen/Herrschaftssystemen fügen, ohne daß sie direkt und gewaltsam dazu gezwungen werden.“[27]

In der Übertragung: Der Begriff der Legitimität internationaler Herrschaftssysteme erklärt, warum sich Staaten Ordnungen/Herrschaftssystemen fügen, ohne daß sie direkt und gewaltsam dazu gezwungen werden. – Erving Goffman weitet die Definition in für die Analyse des nach wie vor informellen Systems internationaler Herrschaft nützlicherweise aus:

> „Regeln, sofern sie effektiv sind, sind dies deshalb, weil diejenigen, für die sie gelten, sie für richtig und berechtigt halten.“[28]

Die Herstellung der Bereitschaft, Legitimität zuzusprechen, ist selbst eine Leistung des internationalen Systems. Seine Führungsmächte erstellen diese Bereitschaft in unterschiedlicher Weise. Die Art und Weise, wie vormals die sowjetische Politik in ihrer Wirkungssphäre „Motive der Fügsamkeit“ wirksam werden ließ, war eine andere, als sie von der amerikanischen Politik bevorzugt wurde – auch wenn das Ergebnis vergleichbar bleibt.

In politischen Systemen, wo die Legitimität der eigenen Herrschaft offener ist als in demokratisch-repräsentativen Gemeinwesen, so in den vormaligen sozialistischen Staaten, wurde besonderer Wert auf die korrekte Einhaltung von Verfahren gelegt. Das führt zu der Vermutung, daß in solchen Bereichen mit Gewinn die Zugangsweise von Nikolaus Luhmann zum Legitimitätsproblem genutzt werden kann. Verfahren sind ganz all-

26 David Easton, A System Analysis of Political Life, New York 1965, S.273.
27 Marianne Rodenstein, Bürgerinitiativen und politische Systeme, Gießen 1978, S.9.
28 Erving Goffmann, Das Individuum im öffentlichen Tausch, Frankfurt 1974, S.141.

gemein nach Luhmann „notwendige, wenn auch allein nicht ausreichende Einrichtungen der Legitimität von Entscheidungen“.[29]

Soll internationale Herrschaft stabil sein, so müssen Motive der Fügsamkeit bei den Beherrschten wirksam sein, die über das individuelle Kalkül des einzelnen Mitglieds vom Nutzen der Beteiligung (Unterwerfung) hinausgehen. Die Bewertung nationaler Interessen, besonders ihres spezifischen Gewichtes, gegenüber Interessen Dritter kann davon beeinflußt sein. Als übergeordnetes Motiv von Fügsamkeit erweist sich besonders die Auffassung, eine Teilgruppe der internationalen Gemeinschaft verfolge gemeinsame ideelle Ziele und die Führung dieser Teilgruppe nehme mit Zuspruch aller Beteiligten ihre herausgehobene Rolle wahr – sie sei getragen von einem Glauben an die Legitimität ihrer Herrschaftsausübung.

Die Führungsmächte des internationalen Systems erweisen sich als abhängig vom Legitimitätsglauben niedrigrangiger Mächte. Nur wenn diese Führungsmächte sich hinreichend sicher sind, daß ihren Auffassungen gefolgt wird, können sie Politik in der Art treiben, wie sie dies tun; daher die von den Betroffenen oft als lästig empfundene Übung der Vergewisserung von Gefolgschaft, von Fügsamkeit unter einer Führung, auf Ritualereignissen wie Gipfelkonferenzen, Ministerratstagungen und anderen Spitzenbegegnungen. Treuebekenntnisse zur NATO, wie sie regelmäßig in Washington von deutschen Politikern erwartet und abgegeben werden, stellen nichts anderes als Legitimitätsdemonstrationen gegenüber dem Oberherrn des Westbündnisses dar.

10.2 Der Wandel internationaler Herrschaft

Das internationale Herrschaftssystem wirkt nicht geradlinig fort. Es ist gezieltem Wandel unterworfen. Für den Herrschaftsaspekt markant sind vor allem zwei solcher bewußt angelegter Entwicklungen: die Heranziehung regionaler Mächte in einzelnen Weltteilen zunächst durch die amerikanische Politik zum – wie es unnachahmlich vielsagend auf amerikanisch heißt: „policing“[30] – sowie die tendenzielle Auflösung des Gegensatzes zwischen innerer und äußerer Politik auch in der Dritten Welt, etwa durch das Konzept der „Doktrin der nationalen Sicherheit“.

29 Nikolaus Luhmann, Legitimation durch Verfahren, Darmstadt, 3. Aufl. 1978, S.199.

30 Dieser englische Ausdruck bezieht sein Kolorit von zwei möglichen Bedeutungen her: dem Verb „to police“ (= unter Polizeigewalt halten, in Ordnung halten) sowie – grammatikalisch nicht völlig korrekt – dem Substantiv „policy“ (= Politik, politische Linie; Zweckmäßigkeit; Taktik).

Präsident Nixon und Außenminister Kissinger gelangten während ihrer Bemühungen, den Vietnamkrieg zu beenden, zu der Auffassung, daß es für Amerika zu kostspielig werden würde, allüberall auf dem Globus militärisch zu intervenieren, wenn politische Entwicklungen einträten, die als gegen amerikanische Interessen gerichtet empfunden werden könnten. Damit waren weniger die monetären Kriegskosten gemeint (auf dem Höhepunkt des Vietnamkrieges rund 20 Milliarden Dollar jährlich, ein Viertel des Militäretats zusätzlich), sondern der Blutzoll, den amerikanische Bürger in überseeischen Ländern zu entrichten hatten. Nicht daß die beiden Staatsmänner zu sehr um das Wohlergehen der Armeeangehörigen besorgt waren. Aber das Unverständnis der amerikanischen Öffentlichkeit, warum in nicht abreißender Folge Amerikaner in fernen Orten für wenig verstandene politische Ziele ihr Leben lassen mußten, drohte für die Führung in Washington in nicht hinnehmbare politische Kosten umzuschlagen.

Die Lösung dieses Dilemmas wurde darin gefunden, geeignete Mächte zu einer besonderen politisch-militärischen Partnerschaft einzuladen, sie bevorzugt mit modernen Rüstungsgütern auszustatten und ihnen gleichsam als Hilfspolizisten die Obacht sowie die Ordnungswerkzeuge für eine in amerikanischer Interessensicht gedeihliche Entwicklung einer Region anzuvertrauen. Von einem solchen „special relationship" würden beide Partner profitieren: Amerika stünde in den Krisenpunkten der Weltpolitik nicht ständig im Vordergrund und mithin am Pranger der Kritik; amerikanisches Blut müßte nicht fließen, falls geschossen wird. Der Partnerstaat würde durch die besondere amerikanische Zuwendung im Vergleich mit seinen Rivalen gesichert, durch die privilegierte Rüstung vor allem militärisch. Er hätte besonderen Zugang zu amerikanischer Technologie und amerikanischem know-how. Seine wirtschaftliche Entwicklung würde durch eine große amerikanische Kolonie und US-Investitionen lebhaft gefördert. Eindrucksvollstes Beispiel für dieses Konzept ist der Iran unter dem Regime von Reza Pahlewi, d.h. bis zur islamischen Revolution von 1979. Mit dem Sturz des Schah mußte sich Washington nach einem neuen Hilfspolizisten für die Nahostregion umsehen. Dieser wurde rasch in dem saudischen Königshaus gefunden. Nunmehr besteht nach Angabe beider Regierungen eine „special relationship" zwischen Riad und Washington.

Der buchstäbliche Mann auf der Straße irgendwo in Amerika wäre vermutlich sehr überrascht, wenn man ihm mitteilte, er stehe in einer „special relationship" mit Beduinen saudischer Nationalität. Der Zweck dieser ungleichen Verbindung zwischen dem halbfeudalen Königtum auf der arabischen Halbinsel und der stärksten Industriemacht liegt einzig darin, daß das saudische Regime und Washington einen Interessenpakt eingegangen sind. Das saudische Königshaus, wie die iranische Monarchie ein Kunstprodukt dieses Jahrhunderts, muß sich Gedanken darüber machen, wie es den Prozeß der Modernisierung des Landes überleben will. Und Amerika kann alle Kräfte, die in der Golfregion auf grundsätzlichen Wandel drängen, mit seiner dort präsenten Rüstung in die Schranken verweisen. Der Golfkrieg von 1991 illustriert diesen Ansatz nur zu deutlich.

Einen vergleichbaren Weg der Mediatisierung von Herrschaft durch den Einbezug von, wie es in diesem Zusammenhang heißt, „Stellvertretern", hatte seinerzeit die sowjetische Politik in der Dritten Welt eingeschlagen. Trotz aller kubanischen Bezeugungen von der Eigenständigkeit der Entscheidung, die Streitkräfte des Landes in Afrika eingreifen zu lassen, oder auch entgegen Bekundungen aus der damaligen DDR, die bemerkenswerten Ausbildungskräfte der Nationalen Volksarmee für eine Anzahl afrikanischer Heere seien unabhängiger Ausdruck von internationaler Solidarität, wird man vermuten dürfen, daß solche exponierten Schritte kleinerer Mächte auf eine Arbeitsteilung zurückgingen, die in Moskau sorgfältig bedacht worden war.

Die unterschiedlichen Entwicklungsabläufe machen heute eine bestimmte Gruppe von Ländern zu Kandidaten für eine solche intime Teilhabe an internationaler Herrschaft. Einzelne Staaten in der Dritten Welt sind durchaus militärisch in der Lage, durch Kriegsführung fernab der Landesgrenzen regionale Herrschaft auszuüben. Sie verfügen erstmals in ihrer Geschichte über solche Möglichkeiten. Zu diesen Mächten werden Brasilien, Südafrika und Indien gezählt. Mögliche weitere Kandidaten, die in diese Gruppierung aufsteigen dürften, sind Argentinien, Nigeria, Libyen und Saudi-Arabien.

Der zweite für den Wandel internationaler Herrschaft wichtige Anstoß geht von einer Anzahl von Regierungen der Dritten Welt aus. Ihre Antwort auf die Herausforderung durch soziale Unruhen besteht in der sogenannten „Doktrin der nationalen Sicherheit". Dieses Konzept geht von einem umfassenden Begriff innerer und äußerer Sicherheit vorfindlicher Staaten aus, die sozial durch gezielte Entwicklungsanstrengungen untermauert werden soll. Dieses neue Konzept setzt die altbekannte Trennung zwischen innerer und äußerer Politik außer Kraft – zwischen äußeren und inneren Feinden wird nicht mehr unterschieden. Folgerichtig erklären sich die Streitkräfte selber verantwortlich für die Aufrechterhaltung von law and order innerhalb der Landesgrenzen, aber auch nach außen, handeln entsprechend und beteiligen sich unter dieser Parole an amerikanischen Interventionen, so etwa in Grenada 1983.

Bislang wurde in diesem Abschnitt der Wandel internationaler Herrschaft unter dem Aspekt dargestellt, wie die Führungsmächte diesen inszenieren. Diese Zugangsweise wäre weiter differenzierbar, etwa durch die Betrachtung der internationalen ökonomischen Steuerungsmechanismen (vgl. Kapitel 8) und der Art und Weise, wie sie diese Herrschaft mediatisieren. Nunmehr soll jedoch der Blickpunkt verschoben und gefragt werden, wie die Beherrschten zu ihren Gunsten Herrschaft im internationalen System zu bekämpfen suchen, wie sie Legitimität vorenthalten und Gegenmacht zu bilden bestrebt sind und wie sie schließlich gegen die vorfindliche internationale Ordnung revoltieren.

10.3 Der Kampf gegen das internationale Herrschaftssystem

Die Ausübung internationaler Herrschaft führt zu Gegenstrategien, dem Versuch, sich aus der internationalen Politik der großen Mächte herauszuhalten oder durch die Bestreitung von Legitimität der Herrschaftsausübung dieser Schranken aufzuerlegen, oder zur offenen Revolte. Das Instrument für solche Gegenstrategien bildet vor allem die Stärkung der Stellung der minderen Nationalstaaten.

Den Grundkonflikt bilden die ungleichen Verteilungen zwischen dem – in grober Vereinfachung – industrialisierten Norden und dem wenig oder nicht industrialisierten Süden, sowie die Konzepte, mit denen beide Seiten deswegen international miteinander umgehen. In der Formulierung von Peter J. Katzenstein: „Während der Norden allenfalls marginale Zugeständnisse in Erwägung ziehen möchte, besteht der Süden auf weitgehenden Veränderungen der derzeitigen wirtschaftlichen Strukturen."[31] Katzenstein teilt eine feine semantische Beobachtung mit, die den Gegensatz in Schärfe spiegelt: „Der Süden spricht von der neuen Weltwirtschaftsordnung, während der Norden charakteristischerweise auf eine neue Weltwirtschaftsordnung verweist."[32]

Die Aufgabe, den Süden nicht ökonomisch verkommen zu lassen, eine Vielzahl von Zeitgenossen, Mitmenschen nicht dem Untergang preiszugeben, wird rundum auch im Norden wahrgenommen. Besson/Jaspers formulieren mit Blick auf das Schicksal der westlichen Demokratien:

> „Ihre eigene Zukunft ist nämlich gefährdet, wenn große Teile der Welt in Armut, Hunger und Hoffnungslosigkeit dahinleben. Die Frage stellt sich elementar, ob ein Gemeinwesen, dessen Führung für seine Handlungen und Ent-

31 Peter J. Katzenstein, „Introduction", in dem von ihm herausgegebenen Band Between Power and Plenty. Foreign Economic Policies of Advanced Industrial States, Madison, Wisc., 1978, S.5.

32 Ebd.

> scheidungen der Zustimmung aller wichtigen gesellschaftlichen Gruppen bedarf, angesichts des natürlichen Egoismus der Interessen zu großangelegten Aktionen auf der internationalen Bühne überhaupt in der Lage ist."[33]

Das Versagen des Nordens, sich diese Aufgabe zu eigen zu machen, ruft ein vielfältiges Echo hervor. Im Süden wird der Nichtverzicht auf Wirtschaftsdominanz vor allem, und wohl zu Recht, als Herrschaftswille verstanden. Die Reaktionen differieren. Extrem die chinesische Sicht: Gut 90 Prozent der Weltbevölkerung finden sich im Kampf gegen internationale Herrschaft vereint.[34]

Die Ablehnung der vorfindlichen internationalen Politik basiert auf der Überzeugung, daß die Misere der derzeitigen Weltsituation „von oben" nicht beseitigt wird und daß es den Führungsmächten trotz möglicherweise vorhandenen Willens nicht gelingt, die Bedrohlichkeit der Situation, wie sie das nach wie vor anhaltende, qualitative Wettrüsten, die ungleiche Reichtumsverteilung und die Ökologieproblematik anzeigen, für den einzelnen Staat zu mindern. Positiv formuliert wird die Schlußfolgerung vertreten, daß die rangniederen Mitglieder der Staatengemeinschaft besondere Aktivitäten entfalten müßten, um eine neue, am Verständigungsprinzip orientierte Politik durchzusetzen, daß sie eigenständig politisch zu handeln haben.

Nun wäre es eine Unterstellung anzunehmen, daß Politiker in solchen rangniederen Staaten regelmäßig freudig eine solche Aufgabe übernehmen. Politische Vorsicht besonders im Umgang mit Führungsmächten läßt eine zurückhaltende Position angeraten erscheinen. Es wäre undiplomatisch, die eigene Herrschaftskritik sichtbar werden zu lassen, Lippenbekenntnisse sind ein Mittel von Beherrschten, Konfrontationen mit Mächtigeren zu vermeiden. Besonders kollektive Konfrontationen werden ausbleiben. In Situationen, wo Druck einer großen Macht auf eine kleinere nach dem Empfinden Dritter ungebührlich ausfällt und eigentlich eine gemeinsame Reaktion erforderlich wäre, wird sich diese große Macht noch immer darauf verlassen können, daß diese Dritten kneifen und sich nicht einmischen. Die Traditionen des diplomatischen Verkehrs der Staaten führen eher niedrigrangige Mächte zur Hörigkeit als zu abweichendem Verhalten. Denn die Vorstellung, gegen die Großmacht zu handeln, löst Isolationsängste und Furcht vor Sanktionen aus.

Die Frage für die Vielzahl der wenig mächtigen Staaten lautet, wie sie zu ihrer Identität, souverän und national bestimmt zu sein, weniger gebro-

---

33 Waldemar Besson/Gotthard Jasper, Das Leitbild der modernen Demokratie. Bauelemente einer freiheitlichen Staatsordnung, Neuaufl. Bonn 1990, S.62.

34 Nach Oskar Weggel, Die Außenpolitik der VR China, Stuttgart 1977, S.64f., S.70.

chen gelangen. Souveränität, deren Achtung einst der kleinste gemeinschaftliche Nenner unter Nachbarstaaten war, muß unter heutigen Bedingungen gegen die Vor- und Großmächte im internationalen System verteidigt und je neu erstritten werden. Über die Geringwertigkeit der Souveränität ganzer Gruppen schwacher Staaten haben die Führungsmächte, wie sich an ihrem interventionalistischen Handeln ablesen läßt, so ihre eigenen Auffassungen. Der Kampf um die Ausgestaltung der internationalen Ordnung, um Einhegung von Macht, wird zum Handlungsimperativ für eine Vielzahl schwacher Staaten. Er erfolgt nicht aus Neuerungssucht oder gar politischer Frivolität.

10.3.1 Versagung von Teilhabe

Wenn assoziative Muster den Hauptstrom der Bewegungen der internationalen Politik ausmachen, so bieten dissoziative Muster, das Begehren, auszusteigen, die Möglichkeit, zumindest im Ansatz den Wirkungen internationaler Herrschaftsausübung auszuweichen. In der neueren Debatte haben dissoziative Muster der internationalen Politik besonders in bezug auf ökonomische Probleme die Aufmerksamkeit von Analytikern gefunden. Die wirtschaftspolitische Frage, ob man seine Grenzen dem Weltmarkt verschließt oder öffnet, ist jenseits aller Nützlichkeitsabwägungen zugleich eine eminent machtpolitische Frage.

Hierzulande ist besonders Dieter Senghaas mit seinem Modell der ökonomischen Dissoziation vom Weltmarkt, politologisch als Heraushalten aus der internationalen Politik zu interpretieren, bekannt geworden. Zwecks Überwindung der „Balkanisierung„ der Dritten Welt fordert Senghaas:

> „1. Die erfolgreiche Herausbildung eigener Identität von Individuen, Kollektiven und der politischen Kultur insgesamt.
> 2. Die wachsende Fähigkeit zur Selbstkontrolle und Selbststeuerung von Politik, Gesellschaft, Ökonomie und Kultur.
> (...)
> 4. Der Austausch mit sozialen Einheiten jenseits der eigenen Grenzen zum wechselseitigen Nutzen, zunächst streng selektiv gehandhabt.“[35]

Wenn auch eine solche Strategie real nirgends rein verfolgt wird, so bestimmte sie doch erheblich Motivationen der Bewegung der Blockfreien. Sicherheitspolitisch wird sie im Neutralismus mit seinen verschiedenen Varianten erkennbar – dem „positiven Neutralismus“ (Nehru) von Ländern der Dritten Welt ebenso wie in der finnischen Konzeption der Äqui-

---

35 Dieter Senghaas, Weltwirtschaftsordnung und Entwicklungspolitik. Plädoyer für Dissoziation, Frankfurt a.M. 1977, S.290.

distanz, dem Heraushalten aus den Streitigkeiten der Führungsmächte des internationalen Systems. Mit dem Ende des Ost-West-Konfliktes ist nicht nur dem sicherheitspolitischen Neutralismus der Boden entzogen. Die derzeitige Welle von Globalisierung ließe heute noch weitaus stärker als früher die Option der Versagung von Teilhabe als illusorisch erscheinen.

10.3.2 Der Entzug von Legitimität

Die Frage, wie Legitimitätsentzug praktisch stattfindet und welche Folgen er zu haben vermag, wird vor allem durch zwei Beispiele beantwortet: die Beendigung des amerikanischen Vietnamkrieges und die internationale Friedensbewegung.

Vietnam bleibt ein großer Name für die Art und Weise, wie ein Krieg durch Entzug von politischer Fügsamkeit zu Ende kommen kann. Das Urteil wird hier nicht einhellig sein: Die amerikanische Führung gibt nicht unumwunden zu, daß sie vor innenpolitischem Druck zurückwich; die Vietkong sehen – mit einem gewissen Recht –, daß es ihre militärische Tüchtigkeit war, welche die US-Führung zum Aufgeben zwang. Und doch bleibt das Ende dieses Krieges ein beeindruckendes Beispiel dafür, wie die Abwendung der öffentlichen Meinung – in den USA und ebenso in einer Vielzahl anderer Länder – der amerikanischen Führung die Einstellung bisheriger Politik abnötigte. Die Analytiker der Domino-Theorie (der „Verlust“ Vietnams würde zum Umkippen weiterer asiatischer Staaten in Richtung Kommunismus führen) machten die überraschende Entdeckung, daß der letzte Stein in der Domino-Kette das Weiße Haus war:

> „Das Abrutschen hinein in die Niederlage in Vietnam war zentrales Element in jenem Prozeß, welcher schließlich zum Impeachment eines Präsidenten führte. Zum letzten Dominostein wurde das Weiße Haus.“[36]

Das zweite gewichtige Beispiel für den Entzug von Legitimität wird durch die Friedensbewegung gegeben. Lange Zeit nahm die Bevölkerung an Fragen der militärischen Sicherheitspolitik wenig Anteil. In Lehrbüchern und didaktischen Schriften wurde vorgeführt, warum etwa Schülern Belange der äußeren und der Sicherheitspolitik schwer zu vermitteln wären: Diese Fragen seien hochgradig Sachprobleme (ließen individuellen Meinungen mithin wenig Raum), sie böten keine Chance zur politischen Partizipation und sie seien der Erfahrungswelt von einfachen Bürgern extrem fern. Aus Mangel an öffentlichen Erörterungen gingen einige Bewertungen sogar soweit, von einem „Konsens“ in Fragen der Sicherheitspolitik zu sprechen.

---

36 Lesly H. Gelb/Richard K. Betts, The Irony of Vietnam: The System Worked, Washington, D.C., 1979, S.346.

Das hat sich gründlich geändert. Weit verbreitet ist heute eine Auffassung, derzufolge „die da oben“ zwar weiterhin Kriegsgefahren in politische Kalküle aufnehmen, ohne sich sonderlich um den Wunsch von unten zu kümmern, es solle kein Krieg sein. Die alten Aussagen über „die Bedrohungslage“ verfangen allerdings nicht mehr wie vordem. Das Ende des Ost-West Konfliktes hat vielleicht nicht der organisierten Friedensbewegung, wohl aber den von ihr vertretenen Positionen Auftrieb verschafft.

10.3.3 Versuche zur Bildung von Gegenmacht

Neben dem Versuch, internationaler Ausübung von Herrschaft die Legitimität zu bestreiten oder sich ihr zu entziehen, ist die Bildung von Gegenmacht der meistbeschrittene Weg, mit dem zweit- und drittrangige Akteure ihre Position im internationalen System aufzuwerten suchen.

Das Konzept der Gegenmacht, der „countervailing power“ (John Kenneth Galbraith) reicht weit über die Sphäre der internationalen Beziehungen hinaus. Produzentenkartelle zwecks Besserung von Verkäuferpositionen dürften die bekannteste Variante darstellen. Die Staatsführungen ölproduzierender Länder haben sich in der OPEC, der Vereinigung Öl produzierender Länder, zusammengeschlossen und im Verein mit multinationalen Vertriebsgesellschaften in den siebziger Jahren markante Preissteigerungen durchgesetzt. Versuche, nach diesem Muster Erzeugerkartelle zur Bildung von Gegenmacht für andere Güter als Öl zu bilden, scheiterten freilich, etwa beim Kupfer (die sogenannte CIPEC). Die Gründe lagen zum einen in der Substituierbarkeit der Produkte (die Käufer konnten zum Beispiel von Kupfer auf Aluminium ausweichen), zum anderen im Mangel eines Mediators wie der Ölmultis (die an hohen Ölpreisen ein zu den Produzenten parallel gerichtetes Interesse hatten).

Konzepte regionaler Zusammenschlüsse der verschiedensten Art (die Europäische Union (EU) , Association of South East Asian Nations (ASEAN) usf.) lassen sich zumindest als Versuch interpretieren, neben die seinerzeit von den Supermächten geführten regionalen Gemeinschaften und Bündnisse Gegenmachtpole zu etablieren. Ihren hilflosesten und schwächsten Ausdruck finden derartige Strategien in Organisationen, die lediglich der Koordination der Abwehr gegen Einflüsse von „oben“ der internationalen Herrschaftsstruktur dienen (wie etwa die „Gruppe 77“ von 77 Entwicklungsländern, die gemeinsame Forderungen an die führenden Industriemächte richteten).

John Kenneth Galbraith hat, von der Grundvorstellung vom Gleichgewicht sozialer Beziehungen herkommend, als erster sozialwissenschaftlich umfassend Gegenmacht thematisiert. Zu einer Analyse der Macht und ihrer Ausübung, so Galbraith kritisch gegen den mainstream der Literatur gewendet, gehört es, das Gleichgewicht aufzuzeigen, welches jene bilden, die sich gegen Machtausübung wehren. Vierzig Jahre Beschäftigung mit dem Thema führen Galbraith zu der apodiktischen Aussage:

> „Der Widerstand ist nämlich ein ebenso integraler Bestandteil des Phänomens wie die Machtausübung an sich.“[37]

Als „Revolte“ gegen die herrschende Ordnung werden besonders chinesische Konzepte gewertet.[38] Im August 1964 erklärte Mao Tse Tung in einem Interview, es gebe zwei große „Zwischenzonen“ im internationalen System:

> „Die Erste Zwischenzone, bestehend aus den schon selbständigen oder um ihre Selbständigkeit kämpfenden Staaten Asiens, Afrikas und Lateinamerikas; einst seien diese Regionen ein wichtiges Hinterland für den Imperialismus gewesen, heute seien sie zum Frontgebiet im Kampf gegen den Imperialismus geworden.
>
> – die Zweite Zwischenzone, die von den kapitalistischen Staaten Westeuropas, Ozeaniens, Australien, Japan und Kanada gebildet wird; sie seien durch ein Doppelantlitz gekennzeichnet: Einerseits agierten sie als ‘periphere Imperialisten’ und Ausbeuter im Verhältnis zu den kolonial unterjochten Völkern; andererseits hätten sie selbst unter der Ausbeutung der US-Imperialisten zu leiden.“[39]

Später wurde die chinesische Herrschaftskritik militanter. In den siebziger Jahren wurde der Slogan proklamiert: „Länder wünschen Unabhängigkeit, Nationen wünschen Befreiung, Völker wünschen Revolution.“ Mit dem Aufbrechen scharfer Widersprüche zwischen der Sowjetführung und der chinesischen Führung zu Beginn der siebziger Jahre ließ sich die einfache Auffassung, zwischen der kapitalistischen Erzmacht USA und dem „sozialistischen Lager“ gäbe es zwei Zwischenzonen, nicht mehr gut vertreten. Man gab in China fortan die Aufteilung der Staatenwelt nach den Sozialsystemen auf und formulierte unmittelbar herrschaftskritisch eine „Drei-Welten-Theorie“:

> „So gibt es heute in der Welt drei Teile, drei Welten, die sowohl von einander unabhängig sind als auch im Widerspruch zueinander stehen. Die USA und

---

37 John Kenneth Galbraith, Anatomie der Macht, dt. München 1987.

38 Zur Entstehung vgl. den dieser Einführung sehr nahe stehenden Text von Franz Schurmann, The Logic of World Power. An Inquiry into the Origins, Currents, and Contradictions of World Politics, New York 1974, S.351f.

39 Nach der Formulierung des chinesischen Außenministers Chi P’eng-fei, in: Peking Rundschau, N. 3/1972, S.21, zit. nach Weggel, a.a.O., S.65.

die Sowjetunion bilden die Erste Welt. Die Entwicklungsländer in Asien, Afrika und Lateinamerika sowie in anderen Gebieten sind als die Dritte Welt zu begreifen. Die entwickelten Länder schließlich, die sich zwischen diesen beiden Welten befinden, machen zusammen die Zweite Welt aus.“[40]

Dieser sicher mit Bedacht anläßlich der UNO-Rohstoffkonferenz 1974 verkündeten Konzeption geht es „weniger um die Analyse der gegenwärtigen Systeme als vielmehr um Schaffung praktikabler Kampfoptionen“, heißt es in einer Untersuchung.[41] In China hat das Prinzip des „Antihegemonismus„, des Kampfes gegen Fremdherrschaft, mittlerweile sogar Verfassungsrang. In der Verfassung von 1975 wurde es in der Präambel verankert. Zugleich vertrat China dieses Prinzip in seiner Diplomatie.[42]

Die Einsicht, daß das Ensemble von Verhalten der verschiedenen Akteure der internationalen Politik ein Ganzes ergibt, führt zu dem Konzept, eine gruppenhafte Bewegung, die der „Blockfreien“, der Nicht-Supermachthörigen zu bilden. Zugleich sucht diese Bewegung jegliches Außenverhalten von Staatsangehörigen – seien dies Firmen oder Individuen – einer Zucht zu unterwerfen, die strenger ausfällt als bei einzelnen Führungsmächten des internationalen Systems. Im Vordergrund steht die Sicht, Entscheidungsentwürfe, Entscheidungen und die – zumeist bescheidenen – folgenden Handlungen gruppenhaft relevant zu machen. Politik von unten, von den „underdogs“ des internationalen Systems her erscheint so als eminent politischer als die selbstgefällige Herrschaftsausübung „höherer“ Mächte. Volker Matthies definiert:

> „Die Bewegung der Blockfreien läßt sich als eine umfassende Emanzipationsbewegung von Ländern bezeichnen, die nicht nur Objekte, sondern auch Subjekte der internationalen Beziehungen sein wollen: Es waren allesamt Staaten, die entweder aufgrund ihrer frisch erlangten völkerrechtlichen Souveränität, ihrer militärischen Schwäche oder ihrer wirtschaftlichen Unterentwicklung innerhalb der Rangordnung des internationalen Systems die untersten Plätze einnahmen.“[43]

Matthies beschreibt diese Bewegung weiter als „eine Solidaritäts- und Protestbewegung ehemals kolonialisierter Völker gegen Kolonialismus, Imperialismus und Rassismus sowie gegen alle anderen Formen von Fremdherrschaft und Fremdbestimmung“.[44]

40 Peking Rundschau, N. 15/1974, zit. nach Weggel, a.a.O., S.69.
41 Weggel, a.a.O., S.71.
42 Bei Weggel (ebd., S.41) findet sich eine Auflistung solcher Vorgänge.
43 Volker Matthies, Stichwort „Blockfreiheit“, in: A. Boeckh (Hg.), Internationale Beziehungen. Pipers Wörterbuch zur Politik, Bd. 5, München 1984, S.74.
44 Ebd.

Außerhalb der Vereinten Nationen ist diese Gruppierung nunmehr diejenige politische internationale Organisation, die die meisten Mitgliedsstaaten aufweist: Von ursprünglich (1961) 25 ist die Zahl der Mitglieder auf 108 gestiegen (Stand auf der 10. Gipfelkonferenz 1992).[45] Zwei Drittel der Staaten dieser Welt bekunden, daß sie nicht Untergebener sein möchten.

Zumindest von den Absichten und Zielen her stellt die Bewegung der Blockfreien das Konzept von Macht und Machtausübung, so wie es etwa die „realistische Schule“ vertritt, in Frage. „Als Alternative dazu bietet sie ein ‘Kommunikations-Paradigma‘ und ein neues Modell internationaler Beziehungen“, schreibt Matthies, „in dem Macht durch Kommunikation ersetzt wird und Kooperation statt Konfrontation vorherrscht“.[46] Sogleich ist einzuräumen, daß die also Bewegten sich nicht immer an diese hehren Prinzipien halten, daß es Versäumnisse und (gemessen an diesen Standards) Fehlverhalten gibt. Aber eine moralisch klare Position ist bezogen. Dem Leviathan ist gesagt, daß er ein häßlicher Wurm sei.

Folgerichtig hat die Bewegung der Blockfreien versucht, die Waffe der Moral zielgerichtet einzusetzen und zum Beispiel durch die feierliche Proklamation von Codices des internationalen Verhaltens moralischen Druck auszuüben – jenen bescheidenen Druck, den die Mehrheit gegenüber Machthabern aufzubringen vermag, indem sie erklärt, die tatsächliche Politik stehe im krassen Gegensatz zu den von den Mächtigen selber bemühten Normen. So enthalten die ‘Zehn Prinzipien’, welche die Konferenz von Bandung 1955 beschloß, eine Art Gegenprogramm zur vorfindlichen internationalen Politik: Die Souveränität und territoriale Integrität aller Nationen sollte geachtet werden (Militärinterventionen sollte ein Riegel vorgeschoben werden); die Gleichwertigkeit aller Rassen und die Gleichrangigkeit aller Nationen ohne Rücksicht auf ihre Größe sollte Geltung haben (die Beherrschten klagen als Nationen ihre kollektiven Menschenrechte ein); Einmischungen in die inneren Angelegenheiten der Völker von außen sollten unterbleiben. Listig halten die Beherrschten den Mächtigen einen Katalog vor: Auch Ihr wollt nicht, daß Fremde Euch beherrschen, daß Ihr rassistisch herabgestuft oder im Warentausch Opfer von Diskriminierungen werdet.

Da das Ende der Blockkonfrontation nicht das Ende von internationaler Herrschaft bewirkt, haben die „Blockfreien“ sich entschieden, ihren Zusammenschluß fortbestehen zu lassen. Volger faßt zusammen:

---

45 So Helmut Volger, „Blöcke“, in: Ulrich Albrecht/Helmut Volger (Hg.), Lexikon der Internationalen Politik, München/Wien 1997, S.76.

46 Matthies, a.a.O., S.78.

„Die Mehrzahl der Mitglieder sieht die Hauptfunktion der Bewegung nach dem Zerfall des Ostblocks darin, ein Gegengewicht gegen die Hegemonie des Westens unter der Führung der USA zu bilden. Dies macht auch Chinas gewachsenes Interesse an der Bewegung verständlich. Die Blockfreienbewegung sieht sich dabei nach wie vor als Anwalt der Staaten des Südens in den Nord-Süd-Beziehungen und der Weltwirtschaft. Sie sieht darüber hinaus jedoch eine stärkere Verantwortung für die Aufgaben der Konfliktschlichtung und des Menschenrechtsschutzes. Sie fordert in diesem Zusammenhang eine stärkere Mitsprachemöglichkeit in den Gremien der VN, v.a. eine stärkere Präsenz im Sicherheitsrat."[47]

10.3.4 Die Revolte gegen die internationale Herrschaft

Verstößt die im gemeinsamen Namen ausgeübte Herrschaft der Führungsmächte allzusehr gegen die Intentionen einzelner Mitglieder der Weltgemeinschaft, werden die von oben proklamierten Gemeininteressen nicht mehr geteilt, so ist die Möglichkeit der Revolte gegeben. Solange eine negative Einstellung von Beherrschten im Bereich der Meinung verbleibt, ist die Bedrohung der internationalen Herrschaft trotz allen Verfalls von Legitimität nur latent. Dies dürfte der Regelfall in den derzeitigen internationalen Beziehungen sein. Wird die negative Einstellung von Beherrschten hingegen in einem „abweichenden Verhalten" (vom geforderten) manifest, so sind die Führungsmächte des internationalen Herrschaftssystems auf Sanktionen verwiesen, auf die Anwendung physischer Gewalt.

Interessanterweise legten Führungsmächte zwecks Sicherung wenigstens eines Restes von Legitimität ihrer Herrschaftsausübung Wert darauf, bei solchen Zwangshandlungen andere Mächte aus ihrer Klientel an der Strafaktion zu beteiligen. In rein militärtechnischer Sicht hat die Beteiligung der DDR, Polens und Ungarns an der Invasion sowjetischer Truppen in die CSSR 1968 die Ausführung der Aktion nur erschwert. Der Grund für diese Internationalisierung der Strafaktion lag einzig im Versuch, internationale Legitimität für diesen Schritt vorzuführen. Das gleiche gilt für die Beteiligung der Streitkräfte mittelamerikanischer Staaten an der amerikanischen Besetzung von Grenada 1983 oder den Koalitionskrieg gegen Irak im Jahre 1991.

Ein Grund für Guerilla in Ländern der Dritten Welt ist der Versuch, der Herrschaft im internationalen System Widerstand zu leisten. Der bewaffnete Kampf gilt zuvörderst einem verhaßten Regime, darüber hinaus und in Wirklichkeit wird jene außernationale Macht bekriegt, die dieses Regime aushält und durch es das Land wirksam regiert. Dies läßt sich direkt

47 Volger, a.a.O., S.78.

den Selbstzeugnissen entnehmen, neben Che Guevara von solchen Autoren wie Kwame Nkrumah, Muamar Ghaddafi oder Nguyen Giap. Der libysche Revolutionsführer zeigt in seinem Handeln am klarsten, daß er nach dem Herrschaftswechsel in seinem Lande sich als eine Art internationaler Guerillero versteht, mit seinem Staate ausgezogen, das internationale Herrschaftssystem zu bekämpfen. Der Griff zum Mittel des politischen Mordes (sowenig das gebilligt werden kann) erscheint so nicht als blindes Wüten eines Machthabers, sondern als Teil eines strategischen Konzeptes, als „revolutionäre Tat“.[48]

48 Das politische Denken Ghaddafis ist bemerkenswerterweise dem Anspruch nach auf Demokratisierung gerichtet. In seinem Grünen Buch ist unter der Rubrik „Dritte Universale Theorie“ viel von „Direkter Demokratie“ die Rede. Vergl. neben diesem (Muammar Al Qathafi, The Green Book, Tripolis 1982) die apologetische Literatur, etwa Charles Bezzina (ed.), The Green Book. Practice and Commentary, Malta o.J. (1983?).

KAPITEL 11 DAS DEMOKRATIEPROBLEM IN DER INTERNATIONALEN POLITIK

Der Bezug auf die Demokratiefrage hat für die Untersuchung der internationalen Politik in Deutschland besondere Bedeutung. Verstand sich doch die Politische Wissenschaft als „Demokratiewissenschaft“.[1] Es stellt sich die Frage, welchen Ertrag diese stolze Aufgabenzuweisung für die internationalen Beziehungen erbracht hat.

Die Antwort ist verblüffend. Es lassen sich einzelne Bemühungen anführen,[2] aber von einer anhaltenden, übergreifenden Debatte ist nicht zu berichten. Zwar verdankte die Bundesrepublik ihre Existenz einer außenpolitischen und demokratiepolitischen Katastrophe – jener des Untergangs der Weimarer Demokratie in der nationalsozialistischen, nach der Weltmacht greifenden Diktatur. Und auch der Beitritt der neuen Bundesländer, in denen zuvor keine Demokratie herrschte, erbrachte 1990 neue Anforderungen an Konzepte für Demokratisierung. Über den Zusammenhang zwischen Außenpolitik und Demokratie denken aber Politologen – auch kritische[3] – im allgemeinen nicht nach. Auch die Friedensbewegung mit ihren zentral außenpolitischen Anliegen hat hierzu wenig beigetragen.

In den – wenigen – Texten, die sich mit dem Bezug zwischen Demokratie und Außenpolitik befassen, lassen sich vor allem zwei systematische Fragestellungen ausmachen: Zum einen wird erörtert, ob die Außenpolitik ei-

---

1 Vgl. als kritische Würdigung das Kapitel 3, „Die Konstituierung der westdeutschen Politologie als 'Demokratiewissenschaft'“ bei Bernhard Blanke, Ulrich Jürgens und Hans Kastendiek, Kritik der Politischen Wissenschaft, 2 Bde., Frankfurt/M. 1975.

2 Ein besonderer Verweis gebührt Iring Fetscher mit seiner 1972 veröffentlichten Schrift Modelle der Friedenssicherung. Dort gibt Fetscher an (S.55): „Zwei Ursachen kann man vor allem dafür verantwortlich machen, daß die ... erwartete friedenssichernde Folge des 'Siegeszugs der Demokratie' bis heute ausgeblieben ist: 1. Die Fähigkeit der Regierungen, außenpolitische Entscheidungen weithin der Kontrolle und dem Einfluß der Parlamente zu entziehen und 2. die Möglichkeit, die 'öffentliche Meinung' mit Hilfe nationalistischer Ideologien und irreführender 'Informationen' (man denke an den Zwischenfall in der Bucht von Tonking, der den Vorwand zur vermehrten amerikanischen Intervention in Indochina lieferte) zu manipulieren.“ Systematisch weiterführend: Johann Baptist Müller, Konservatismus und Außenpolitik, Berlin 1988 (hier bes. II.).

3 Daß Politische Wissenschaft auch Außenpolitikanalyse treibt, ist z.B. den Büchern von Blanke/Jürgens/Kastendiek nicht entnehmbar.

ner Demokratie sich nicht erkennbar von der von nichtdemokratischen Gemeinwesen unterscheiden müßte. Zum anderen wird pauschal gefragt, was Demokratisierung von auswärtiger Politik fördert oder hindert. Grundlage für eine Antwort auf beide Fragen ist, welches Demokratieverständnis zum Tragen kommt.

Die erstgenannte Frage entpuppt sich als Pseudoproblem, die zweitgenannte bedarf der differenzierten Würdigung.

Die Auffassung, die auswärtige Politik einer Demokratie müsse sich deutlich unterscheiden von der Kabinetts(kriegs)Politik absoluter Monarchen oder den Strategien von Diktaturen, wurde zuerst von Niccolò Machiavelli formuliert.[4] In neuerer Zeit hat sich etwa Max Beloff im Detail mit der These von der größeren Friedensfähigkeit von Demokratien auseinandergesetzt.[5] Ernst-Otto Czempiel hat eben diese Auffassung erneut unterstrichen („Wenn die These auch differenziert und modifiziert werden muß, so hat das Herrschaftssystem als eine der wichtigsten spezifischen Bedingungen für die 'Außenpolitik' einer Gesellschaft zu gelten").[6] Francis Fukuyama meinte gar bündig:

> „Die empirische Beziehung zwischen Demokratie und Frieden ist gut begründet und bedarf keiner weiteren Erläuterung."[7]

Grundlegende Einzelstudien heben hervor, da westliche Demokratien auf den Kriegslisten nur zu oft erscheinen, daß diese sich zumindest untereinander nicht attackiert hätten.[8] Das trifft zu. Dieser Sachverhalt wird weniger auf gemeinsame Werthaltungen zurückzuführen sein als auf den Tatbestand, daß in den vergangenen Jahrzehnten die wenigen parlamenta-

4 In den Discorsi (Stuttgart 1977) führt Machiavelli aus, daß Republiken eher auf Expansion verzichten und selber wenig Anreiz für Eroberungen böten. Eine zusammenfassende Darstellung dieser Erörterungen gibt Ernst-Otto Czempiel, Friedensstrategien. Systemwandel durch internationale Organisationen, Demokratisierung und Wirtschaft, Paderborn 1986, hier S.117.

5 Max Beloff, Foreign Policy and the Democratic Process, Baltimore, Md., 1966.

6 Ernst-Otto Czempiel, „Internationale Beziehungen: Begriff, Gegenstand und Forschungsabsicht", in: Manfred Knapp/Gert Krell, Hg., Einführung in die internationale Politik. Studienbuch, München/Wien 1990, S.16.

7 Francis Fukuyama, „Democratization and International Security", in: The International Institute for Strategic Studies, New Dimensions in International Security, Adelphi Paper 266, London 1991, S.18.

8 Empirisch v.a. Michael Doyle, „Kant, Liberal Legacies, and Foreign Affairs", in: Philosophy and Public Affairs, vol.12, 1983, S.204-235, sowie ders., „Liberalism and World Politics", in: American Political Science Review, vol.80, 1986, S.1151-1169. In der dt. Literatur dazu zusammenfassend Volker Rittberger, „Zur Friedensfähigkeit von Demokratien. Betrachtungen zur politischen Theorie des Friedens", in: Aus Politik und Zeitgeschichte. Beilage zur Wochenzeitung Das Parlament, Nr. 44/1987. Der Diskurs zum Thema hält in der Forschungsliteratur an.

risch-repräsentativen Demokratien genug damit zu tun hatten, sich in gemeinsamen Koalitionen gegen andersartige Regime zu wehren. Ihre prinzipielle Friedenswilligkeit haben diese Demokratien zweifelsfrei bislang eben noch nicht erwiesen.

Der Auffassung von der prinzipiellen Friedhaftigkeit von Demokratien steht die „realistische" Auffassung entgegen (und scheint von den außenpolitischen Abläufen eher bestätigt), daß der Gesellschaftstyp der außenpolitischen Akteure vergleichsweise unbedeutend, daß Außenpolitik vorrangig Interessen- und Machtpolitik bleibt. Die Auflösung dieses Widerspruchs ist einfach: Parlamentarisch-repräsentative Demokratien genügen in der Außenpolitik der eigenen Demokratiemaxime offenbar nicht in dem Maße, daß sich ein anderes politisches Verhalten aufgrund des Bürgerwillens ergäbe. Damit ist das Problem auf die an zweiter Stelle angeführte Problematik reduziert.

Praktische Folge der These von der Systemdifferenz der Außenpolitik ist jedoch, daß die Frage nach einer möglichen demokratischen Außenpolitik sogleich aus dem Haus gekehrt wird. In der nach wie vor gehaltvollsten Untersuchung zum Thema heißt es:

> „Die Außenpolitik der konstitutionellen Demokratie unterscheidet sich sachlich von der Führung eines autoritären oder totalitären Staates in der Selbstbehauptung und Darstellung der Nation nach außen nicht grundlegend."[9]

In dieser Äußerung greift mehrfach eine konservative Grundposition. Zum einen klingt (bei diesem Autor wiederholt) die Auffassung an, daß Außenpolitik der „Führung" bedarf. Das substantivierte Verb läßt ein elitäres Politikverständnis vermuten, welches demokratischen Konzepten wenig Raum zu geben vermag. Verräterisch ist weiter die Koppelung der Begriffe „Selbstbehauptung und Darstellung". Als ob circensische Darstellung oder die ultimative Kategorie der Selbstbehauptung den Alltag der auswärtigen Politik bildeten.

Aktuelle Bedeutung hatte die Systemfrage offenbar in Polemiken, ob (1) die Außenpolitik sozialistischer Staaten sich nicht von der anders verfaßter Gemeinwesen unterscheiden müsse, und ob (2) in der Dritten Welt nach einem Systemwechsel sich Differenzen ausmachen ließen. Zum erstgenannten Aspekt meinte Ernst-Otto Czempiel in einem Disput mit Wolfgang Abendroth, der hierzulande lange Zeit als Höhepunkt der Auseinandersetzung um „demokratische Außenpolitik" galt:

---

9 Hans D. Treviranus, Außenpolitik im demokratischen Rechtsstaat, Tübingen 1966, S.2.

„Es steht meines Erachtens außer Frage, daß die veränderte soziale, wirtschaftliche und politische Struktur der sozialistischen Staaten einen entsprechenden Einfluß auf ihre Außenpolitik ausübt, so daß im Grunde in der Tat zu vermuten ist, sie verhalten sich anders als kapitalistische Staaten.“[10]

Da „prima vista“ der empirische Ausweis dafür fehle, müßte augenscheinlich „eine Reihe weiterer Faktoren“ berücksichtigt werden. – In Ländern der Dritten Welt, die den Wechsel von Militärdiktaturen zu zumindest formalen Demokratien durchschreiten, ist diese Systemfrage verständlicherweise gleichermaßen relevant, so in Lateinamerika.[11]

Die Frage nach der Systemdifferenz verfehlt jedoch völlig die Wucht der Problematik. Bezogen auf Demokratie ist zu fragen:

(1) Nach dem Kampf der Legislative in parlamentarischen Systemen gegen den Primat der Exekutive bei der Gestaltung der auswärtigen Politik;
(2) nach der Partizipation der Bürger an auswärtiger Politik, besonders der Öffentlichkeit außenpolitischer Handlungen;
(3) nach der demokratischen Teilhabe an der außenpolitischen Kernfrage seit jeher, dem Entschluß zum Krieg.

11.1 Der Kampf der Legislative

Die der repräsentativen Konzeption von Demokratie verpflichtete Politologie hat sich merkwürdig wenig mit dem Kampf der Legislative um Mitwirkung in der Außenpolitik beschäftigt.[12] Die Debatte setzt zunächst in England ein. Der Earl Russel schrieb im Ersten Weltkrieg:

„Die Demokratie hat in England die Aufsicht über die Gesetzgebung und großenteils über die Exekutive hinsichtlich der inneren Angelegenheiten erlangt. Ihr nächster Kampf wird der Erlangung einer Aufsicht über die auswärtigen Angelegenheiten zu gelten haben.“[13]

Treviranus befindet:

---

10 Wolfgang Abendroth, „International Relations, Völkerrecht und Außenpolitik als Teildisziplinen der politischen Wissenschaft – ein Disput mit Ernst-Otto Czempiel“, nachgedruckt in E. Krippendorff (Hg.), Internationale Beziehungen, Köln 1977, S.27.

11 Vergl. den sehr problemorientierten Band von D. Nohlen/M. Fernández/A.v. Klaveren (Hg.), Demokratie und Außenpolitik in Lateinamerika, Opladen 1991.

12 Karl Kaiser, „Das internationale System der Gegenwart als Faktor der Beeinträchtigung demokratischer Außenpolitik“, in: PVS-Sonderheft 2/1970, gibt auf S.340f. eine Literaturübersicht mit eben diesem Befund. In den seither vergangenen knapp dreißig Jahren sind nur einige wenige Beiträge hinzugekommen.

13 Bertrand Russell, Der Krieg ein Kind der Furcht, Zürich 1915, S.22, zit. nach Fetscher 1972, a.a.O., S.57.

„Der Konstitutionalismus hat die auswärtigen Beziehungen erst spät und vielfach auch heute noch nicht vollständig erfaßt.“[14]

Treviranus verweist darauf, daß die Volksvertretungen erst in diesem Jahrhundert Einfluß auf die auswärtige Politik erlangten. In seiner Sicht hat diese Entwicklung womöglich ihren Höhepunkt schon überschritten:

„Erst seit knapp einem halben Jahrhundert ist in Europa die Frage von größerer verfassungspolitischer Bedeutung, wieweit Parlamente an der Führung der auswärtigen Politik des Staates teilnehmen dürfen und sollen. Formen parlamentarischer Mitwirkung beim Vertragsabschluß bestehen zwar schon seit den Anfängen des Konstitutionalismus, doch hat dieser darüber hinaus die Führung der Außenpolitik als traditionelle Domäne der Exekutive kaum bestimmt ... In den wichtigsten Bereich, die eigentliche Disposition über die staatlichen Machtmittel, sind die Volksvertretungen erst spät und nicht sehr tief eingedrungen; in einzelnen Staaten finden sie sich bereits wieder von den arcana imperii abgedrängt.“[15]

Die Auffassung, daß die Exekutive, nicht aber Volkesmeinung Außenpolitik zu entscheiden haben, wirkt bis heute. Selbst Senatoren des amerikanischen Kongresses, sicher der in dieser Hinsicht selbstbewußtetsten Volksvertretung, äußerten im Jahre 1989, daß die Außenpolitik eine Angelegenheit des Präsidenten und nicht der Legislative sei.[16] Ein so respektabler Geist wie George F. Kennan schreibt 1950 in sein Tagebuch, den Professionalismus der Diplomatie vor Augen:

„Niemals zuvor hat es ein derartiges völliges Durcheinander in der öffentlichen Meinung über die amerikanische Außenpolitik gegeben. Der Präsident verstand nichts davon; der Kongreß verstand nichts davon, geschweige denn die Bevölkerung oder die Presse. Allesamt durchschweiften sie ein Labyrinth aus Unwissen, Irrtümern oder Mutmaßungen, wo die Wirklichkeit sich an hundert Stellen mit Dichtung mischte, wo ungerechtfertigte Annahmen den Rang von Prämissen erlangten und wo keine anerkannte und bestätigte Theorie sich behauptete.“[17]

Lassen wir jede Polemik beiseite, ob der Präsident (so läßt sich die Aussage lesen) zur im ersten Satz zitierten „öffentlichen Meinung“ gehört

---

14 Treviranus, a.a.O., S.1. Der Grund – in einer für den Juristen charakteristischen Denkweise – liege im Fehlen entsprechender Verfassungsvorgaben. Treviranus fährt fort: „Für die Führung der Außenpolitik und die ihr zugrundeliegenden Willensbildungsprozesse bestehen selbst in durchgebildeten Rechtsstaaten nur spärliche verfassungsrechtliche Grundlagen.“

15 Ebd., S.34.

16 „President's News Conference on Foreign and Domestic Issues“, The New York Times, 9. Juli 1989.

17 George F. Kennan, Tagebücher 1950, zit. nach: Daniel Yergin, Der zerbrochene Frieden. Der Ursprung des Kalten Krieges und die Teilung Europas, Frankfurt 1970, S.6.

oder nicht, ob die Volksvertretung darunter fällt, und was die nach Kennan „anerkannte und bestätigte Theorie“ sein mag – die Kernaussage lautet wie zur Zeit der Kabinettskriege absoluter Fürsten, Außenpolitik sei zu kompliziert, um sie demokratischen Institutionen überantworten zu können. Auch ließen die Machtstrukturen der internationalen Politik keine Partizipation zu. Die *Frankfurter Allgemeine Zeitung* schrieb 1981 in einem Leitartikel zur Raketennachrüstung:

> „Die Leute, die den ‚Doppelbeschluß‘ in den innenpolitischen Reißwolf befördern wollten, werden vielfach schon bald sehen müssen, daß das Thema weit über dem den Deutschen zugänglichen Niveau verhandelt wird, wenn die Vernunft Washington und Moskau zur Fortsetzung der SALT-Gespräche zwingt.“[18]

Für die Väter der modernen Demokratietheorie, für Hobbes,[19] Locke, Montesquieu und Rousseau blieb Außenpolitik wie zuvor im Arkanum der Regierungsmacht angesiedelt, „domaine reservé“ der Exekutive. Den klassischen Text für Vorbehalte gegen allzu viel Demokratie in der Außenpolitik schrieb Alexis de Tocqueville (1805-1859):

> „In der Führung der auswärtigen Angelegenheit der Gesellschaft erscheint mir die demokratische den anderen unterlegen ... Die auswärtige Politik erfordert nahezu keine der Eigenschaften, die der Demokratie eigen sind, dagegen verlangt sie die Entfaltung von fast lauter solchen, die ihr abgehen.“[20]

Erstmals mit der amerikanischen Verfassung (1787) und danach im europäischen Konstitutionalismus des 19. Jahrhunderts wurde das Recht der Exekutive auf alleinige Bestimmung der Außenpolitik in Zweifel gezogen. Fast in allen politischen Systemen erstritt das Parlament die Kompetenz, über internationale Verträge sowie über Kriegserklärungen und Friedensverträge in letzter Instanz zu entscheiden, im Regelfall jedoch erst in diesem Jahrhundert.

Vor 1914 kontrollierte die Volksvertretung in keinem europäischen Land die Außenpolitik, wie stark die Stellung des Parlaments auch sein mochte. Die Allianzen und völkerrechtlichen Verträge, welche beim Beginn des Ersten Weltkrieges zum Tragen kamen, waren den Völkern und den Parlamenten nicht bekannt. Zwar sind seit 1814 Minister dem Parlament (und nicht ausschließlich dem Souverän) verantwortlich. Die demokratische Errungenschaft der Ministerverantwortlichkeit hat jedoch im Ressort Auswärtiges besonders wenig an Kontrolle eingetragen.

18 Leitartikel der Frankfurter Allgemeinen Zeitung vom 5.3.1981.
19 Leviathan, a.a.O., S.162.
20 Alexis de Tocqueville, Über die Demokratie in Amerika, Stuttgart 1959, S.263.

Voraussetzung jeder Art von Kontrolle ist Information über Außenpolitik. Die wirkliche Revolution, die Öffentlichkeit internationaler Verträge, erfolgte erst in diesem Jahrhundert, als ein Schritt der Revolution der Bolschewiki im Jahre 1917. Bis zu diesem Datum waren Verträge zwischen Staaten Geheimsache. Die Parlamente hatten manche Rechte, etwa in Haushaltsdingen, aber im Bereich der Diplomatie hatten sie nichts verloren (obwohl etwa in Frankreich die Abgeordneten der Nationalversammlung zur Verschwiegenheit verpflichtet waren).[21]

Die grundlegenden Bündnisverträge, welche die Politik der europäischen Mächte beim Ausbruch des Ersten Weltkrieges bestimmten, waren ebenso wenig allgemein bekannt wie zum Beispiel die wechselseitigen Aussagen über Kriegsziele. Formal handelte es sich zumeist um Vereinbarungen von Regierungen, die die Legislative nichts angingen. Auch die Parlamente wußten kaum mehr als das allgemeine Publikum. Die Einrichtung von besonderen Parlamentsausschüssen für auswärtige Politik oder auch die Verfassungsgebote, keine Geheimverträge der Kabinette abzuschließen und internationale Verträge gesetzmäßig zu ratifizieren, sind Errungenschaften dieses Jahrhunderts

Vor 1914 kontrollierte die Volksvertretung in keinem europäischen Land die Außenpolitik, wie stark die Stellung des Parlaments auch sein mochte. Zwar sind seit 1914 Minister dem Parlament (und nicht ausschließlich dem Souverän) verantwortlich. Die demokratische Errungenschaft der Ministerverantwortlichkeit hat jedoch im Ressort Auswärtiges besonders wenig an Kontrolle eingetragen.

Voraussetzung jeder Art von Kontrolle ist Information über Außenpolitik. Die wirkliche Revolution, die Öffentlichkeit internationaler Verträge, erfolgte erst in diesem Jahrhundert, als ein Schritt der Revolution der russischen Bolschewiki im Jahre 1917. Bis zu diesem Datum waren Verträge zwischen Staaten Geheimsache. Die Parlamente hatten manche Rechte, etwa in Haushaltsdingen, aber im Bereich der Diplomatie hatten sie nichts verloren (obwohl etwa in Frankreich die Abgeordneten der Nationalversammlung zur Verschwiegenheit verpflichtet waren). Die grundlegenden Bündnisverträge, welche die Politik der europäischen Mächte beim Ausbruch des Ersten Weltkrieges bestimmten, waren ebenso wenig allgemein bekannt wie zum Beispiel die wechselseitigen Aussagen über Kriegsziele. Formal handelte es sich zumeist um Vereinbarungen von Regierungen, die

21 Vgl. Arno J. Mayer, Political Origins of the New Diplomacy, 1917-18, New Haven 1959, S.208. Mit „neuer Diplomatie“ meint Mayer eine Diplomatie z.B. ohne Geheimverträge.

die Legislative nichts angingen. Auch die Parlamente wußten kaum mehr als das allgemeine Publikum.

Die politische Aufklärung hatte seit längerem das „Ende der Geheimdiplomatie", die Publikation der Verträge gefordert. Als erster hatte Jeremy Bentham in einer 1787/88 verfaßten Schrift über „Principles of International Law" rundweg die Abschaffung von Geheimdiplomatie vertreten.[22] Später griff die politische Linke die Forderung auf. In Frankreich z.B. bedrängten die Sozialisten im Mai 1917 den Premierminister, die Geheimverträge zu veröffentlichen, ohne Erfolg.[23] Auch aus dem wilhelminischen Deutschland lassen sich Stimmen dieser Art anführen.[24] Wichtiger wurde jedoch die amerikanische Kritik, die während der Präsidentschaft Woodrow Wilsons (1913-1921) kulminierte. Es war von „demokratischer Außenpolitik" die Rede (Wilson: „Die Welt muß der Demokratie in Zukunft eine sichere Wohnung bieten"),[25] vor allem auch vom Ende von Geheimdiplomatie. Berühmt wurde diese Forderung als erster von den vierzehn Punkten, die Wilson 1918 als sein Friedensprogramm vorlegte:

> „1. Alle Friedensverträge sind öffentlich und werden öffentlich geschlossen, und nach diesen Verträgen dürfen keine geheimen internationalen Vereinbarungen irgendwelcher Art mehr getroffen werden, sondern die Diplomatie soll immer offen und vor aller Welt geführt werden."[26]

Die eigentliche Wende war allerdings schon mit der Oktoberrevolution in Rußland eingetreten. Binnen weniger Tage nach dem Sieg der Bolschewiki wurde die bisherige Geheimdiplomatie von den Russen abrupt beendet.

Am 22. November 1917 veröffentlichten die Sowjets die Texte aller Geheimverträge. Trotzki gab in einem feurigen Plädoyer die Begründung:

> „Geheimdiplomatie ist ein notwendiges Werkzeug einer begüterten Minderheit, die gezwungen ist, die Mehrheit zu täuschen, um sie ihren Interessen zu unterwerfen. Die Abschaffung der Geheimdiplomatie ist die erste Bedin-

---

22 Jeremy Bentham, „Principles of International Law", in: The Works of Jeremy Bentham, 10 Bände, London 1843, Bd.2, S. 537ff. Weitere historische Hinweise in der Dissertation von Wolfgang Dobler, Außenpolitik und öffentliche Meinung, Frankfurt 1989, S.1f.

23 Einzelheiten und Nachweise bei Mayer, ebd., S.204.

24 Beispiel: Friedrich Curtius, „Die Demokratisierung der auswärtigen Politik", in: Friedenswarte, 18. Jg. 1915, S.283ff. Systematisch dazu: Kurt von Raumer, Ewiger Friede (Friedensrufe und Friedenspläne seit der Renaissance), Freiburg-München 1953.

25 Rede des Präsidenten Wilson an den Kongreß am 2. April 1917, in: Präsident Wilson, Der Krieg – Der Friede. Sammlung der Erklärungen des Präsidenten der Vereinigten Saaten über Krieg und Frieden, Zürich 1918, S.46. – Mit „Demokratie" war verständlicherweise die US-Demokratie gemeint.

26 Botschaft des Präsidenten an den Kongreß vom 8. Januar 1918, ebd., S.78.

gung für eine glaubwürdige, volkstümliche, wirklich demokratische Außenpolitik."[27]

Es ging Trotzki darum, „zügig die Geheimdokumente vor das Tribunal der öffentlichen Meinung" zu bringen.[28]

Die Reaktion auf diesen Schritt der Sowjets blieb zwiespältig. Zwar handelte es sich um eine Weltsensation: Soweit unter Bedingungen der Kriegszensur möglich, brachten alle großen Zeitungen der internationalen Presse die Texte zumindest in Auszügen. Die Rechte reagierte empört. Der französische Sozialist Mautard, von konservativer Seite im Parlament angeklagt, „dem Verrat Trotzkis und Lenins skandalöse Publizität zu gewähren", rechtfertigte sich mit dem stolzen Satz, daß seine Darstellung dieser Texte auf Veröffentlichungen „in den Zeitungen der ganzen Welt" beruhe.[29] In England sprachen die Konservativen verächtlich von feindlicher Propaganda. Die Labour Party war jedoch (gemeinsam mit anderen oppositionellen Gruppen) in der Lage, dem Premierminister eine Stellungnahme abzuverlangen, die nur als Verweis auf die Echtheit der Dokumente verstanden werden konnte: „Die fraglichen Dokumente hätten nicht veröffentlicht werden dürfen, und ich schlage keineswegs vor, daß sie erneut gedruckt werden."[30] Die oppositionelle Presse, so der *Manchester Guardian*, druckte Texte des Foreign Office gemäß den sowjetischen Veröffentlichungen. Die Forderung der Linken, nun gleichfalls die Archive zu öffnen, wurde in London allerdings abgewiesen.

Die britische Labourregierung führte 1924 die Regel ein, daß alle zu ratifizierenden internationalen Abmachungen 21 Tage vor der Ratifikation den beiden Häusern des Parlamentes zur Kenntnis vorgelegt werden, um den Abgeordneten eine geeignete Vorbereitung zu ermöglichen. Auf Antrag konnte dann über den Vorgang debattiert werden. Die Konservativen schafften diese demokratische Neuerung zwar nach den Regierungswechsel 1925 wieder ab. 1929 wurde diese Regel jedoch wieder eingeführt und blieb, als Vorbild für zahlreiche andere Nationalparlamente. In der französischen Verfassung wird die Zustimmungsbedürftigkeit von Staatsverträgen erst 1958 festgelegt.

27 Statement by Trotzky on the publication of the secret treaties, 22. November 1917, zit. nach: Jane Degras (ed.), Soviet documents on foreign policy, vol. 1, 1917-24, Oxford u.a. 1951, S.8. Die Vorankündigung Trotzkis gerät noch pathetischer: „Die Geheimverträge sind in meinem Besitz ... Sie sind im Inhalt sogar noch zynischer, als wir vermutet hatten." (Statement vom 21. November 1917, zit. nach Degras, a.a.O., S.7/8).

28 Ebd., S.8.

29 Journal Officiel, 27. Dezember 1917, S.3612-14.

30 Hansard, Parliamentary Debates, 100 (December 12, 1917), vol. 1152.

Der Griff der Parlamente nach mehr Kontrollmöglichkeiten verstärkt sich bis in unsere Tage. Treviranus schreibt zusammenfassend:

> „Praktisch wird diese Regel jedoch in keinem Staat strikt durchgeführt, davon abgesehen, daß nur ein Teil der völkerrechtlichen Vereinbarungen als 'Verträge' angesehen und behandelt werden. Die überwiegende Mehrzahl der übrigen Staatsverfassungen folgt dem kontinentaleuropäischen Muster und zählt einzelne zustimmungsbedürftige Vertragsgruppen anhand bestimmter Kategorien auf. Nur gelegentlich wird der Versuch gemacht, durch Generalklauseln weitere Vertragsgruppen wegen ihrer politischen Bedeutung in den Griff zu bekommen. Eine Tendenz zu Ausweitung der Enumerationskataloge ist unverkennbar, während zugleich die politische Kontrolle der Außenpolitik durch die Parlamente in den letzten Jahren an Boden gewonnen hat."[31]

Der Streit sitzt in der Frage, welche Befugnisse der Volksvertretung in bezug auf Außenpolitik zukommt. Das ist zum einen das allgemeine Kontrollmandat. Zum anderen ist innerhalb der angestammten Rechte der Legislative das Haushaltsrecht wirksam (Treviranus: „Die Legislative als solche ... stellt aber in der Regel nur die rechtlichen Grundlagen bereit, um Außenpolitik möglich zu machen, soweit Privatrechte berührt, Ausgaben gemacht oder Ermächtigungen erteilt werden müssen"). Eine Verfassungskonzeption, die die Diplomatie unmittelbar dem Volkswillen unterwirft, hat sich nirgends durchgesetzt. Das wird auch an dem geringen Druck von Seiten der Öffentlichkeit liegen. Dobler faßt zusammen:

> „Der Forschungsstand hinsichtlich des außenpolitischen Interesses und Informationsstandes scheint jedoch darauf hinzudeuten, daß dem Bereich der Außenpolitik lediglich in Krisensituationen ein hoher Stellenwert in der Aufmerksamkeit der Bevölkerung zukommt."[32]

Die Verhandlung und der Abschluß von Verträgen (bei denen Nationen nach wie vor als Personen auftreten) liegt noch immer bei der Exekutive – hier haben die Parlamente wenig zu bestellen. In der „treaty-making-power" liegt andererseits „das Kernstück der auswärtigen Gewalt" (Treviranus).[33] So wird verständlich, wenn einzelne Verfassungsväter neuzeitlicher Demokratien das Vertragsrecht dem Parlament übertragen wollten (so besonders James Madison bei der Formulierung der amerikanischen Verfassung). Die der französischen Revolution, der Begründung neuzeitlicher emanzipatorischer Demokratie, folgenden Verfassungsentwürfe versuchen in recht unterschiedlicher Weise, die Gebote von Demokratie und auswärtiger Politik miteinander in Einklang zu bringen. Auch wenn die verschiedenen Konzepte wenig wirksam wurden, lohnt es sich doch,

---

31 Treviranus, a.a.O., S.44 f.
32 Dobler, a.a.O., S.2.
33 Treviranus, a.a.O., S.39.

für den Augenblick näher zu betrachten, in welcher Weise hier das Problem Volksherrschaft und Außenpolitik aufzulösen versucht wurde. Die Verfassung von 1791 sah vor, daß Bündnisse, Friedens- und Handelsverträge nur mit Zustimmung der gesetzgebenden Körperschaften wirksam geschlossen werden konnten. Die Jakobiner vertraten die radikalste Auffassung: Allein die Volksvertretung sollte das Recht haben, die Initiative für den Abschluß von Verträgen zu ergreifen und völkerrechtliche Verträge abzuschließen. – In der sogenannten Direktorialverfassung ist dann die Volksvertretung tatsächlich bei allen Vertragsabschlüssen beteiligt – aber der Aufstieg Napoleons läßt bald alle demokratischen Ansätze zur Bestimmung von Außenpolitik bedeutungslos werden.

Heute ist die nunmehr als selbstverständlich geltende Formel nach Öffentlichkeit internationaler Verträge allgemein akzeptiert, und den Parlamenten ist es gelungen, ihren Anspruch durchzusetzen, solche Verträge durch Gesetze ratifizieren zu lassen. Gegenüber dem Vorzustand, wo die Exekutive in der Nachfolge monarchischer Souveräne gewohnt war, rechtsgültig internationale Verträge abzuschließen, ohne Parlament und Volk davon in Kenntnis zu setzen, herrscht nunmehr ein Übergangszustand. Verträge werden gewissermaßen zweimal von einem Staat akzeptiert: erstens, wenn der legitimierte Vertreter der Exekutive (gemäß dem vorherigen Zustand) die ausgehandelten Verträge nicht mehr unterzeichnet, aber doch „paraphiert" (seine Initialen oder „Paraphe" daruntersetzt), und zweitens, wenn die Legislative per Abstimmung ihre Zustimmung gibt. Wie zum Beispiel die Nichtratifizierung des SALT-II-Vertrages durch den amerikanischen Kongreß zeigt, ist dieses Spannungsverhältnis zwischen Legislative und Exekutive, wer denn nun die Souveränität des Volkes ausübe, nach wie vor lebendig. Kommt es zu mehr Demokratisierung von Außenpolitik, so ist zu erwarten, daß die Exekutive sich weiter bescheiden muß und dem eigentlichen Repräsentanten des Souveräns, dem Parlament, auch Gesetze zur äußeren Politik in eben der gleichen Form, nämlich als Antrag, vorlegt, wie dies in der Innenpolitik der Fall ist.

Besonders Kaiser ist mit einer Anzahl von Vorschlägen hervorgetreten, um die Stellung des Parlaments im außenpolitischen Prozeß zu stärken.[34] Ob. z.B. die Beteiligung von Abgeordneten an internationalen Verhandlungen tatsächlich zur Demokratisierung beiträgt, dürfte mit Skepsis abzuwarten bleiben. Eher stünde eine weitere Indienstnahme des Parlamentarismus in die Strategien der Exekutive zu erwarten, als daß der Bundestag mit solchen Mitteln dem Apparat einen womöglich abweichenden politischen Willen aufherrscht. Die förmliche Beteiligung eines Abgeordne-

34 Kaiser, a.a.O., S.355.

ten an der offiziellen Delegation der damaligen DDR bei den 2+4-Verhandlungen, des Vorsitzenden des Einigungsausschusses der Volkskammer, hat keine erkennbare Spur hinterlassen. Zu folgen ist Kaiser mit der Ansicht, daß der Forderung nach Demokratisierung der Außenpolitik noch nicht Genüge getan ist.

Die radikalere Richtung der Diskussion über die mögliche Rolle des Parlaments in den auswärtigen Beziehungen fragt zum einen nach der Rückbindung der Volksvertretung im Volk. Eine Stärkung des Parlaments, die diese vernachlässige, liefe auf alles mögliche hinaus, nur nicht auf Demokratisierung. Harald Mey befindet bündig:

> „Parlamentarismus ohne Rückkopplung mit der Bevölkerung ist Oligarchie."[35]

11.2 Öffentlichkeit und Außenpolitik

Größere Dynamik als beim Versuch der Parlamente, Rechte bei der Gestaltung der auswärtigen Politik zu erlangen, birgt der Versuch der Allgemeinheit, Zugang zu den auswärtigen Dingen zu ertrotzen, Öffentlichkeit herzustellen, und womöglich selber gestaltend in diese Politik einzugreifen. Die Auseinandersetzung um die Partizipation des Volkes an Außenpolitik hält mit Schärfe an. Originell anmutende Versuche, etwa die Umwandlungen diplomatischer Vertretungen Libyens in „Volksbüros", werden hierzulande allenfalls belächelt. Das Konzept, welches hinter dem Bezeichnungswandel steht, wird erst gar nicht zur Kenntnis genommen.

Ausgangspunkt für die Frage nach Demokratie ist historisch der Absolutismus. Friedrich II., vor allem wegen seiner Außenpolitik „der Große" genannt, verbittet sich schon in seinem zweiten Regierungsjahr (er löste gerade mit seinem Einmarsch in Schlesien den Österreichischen Erbfolgekrieg aus) Kritik an seiner auswärtigen Politik, ja „jede Erörterung der öffentlichen Verhältnisse".36 1784 verfügt der Alte Fritz durch Reskript diese Order:

35 Harald Mey, „Zusammenhänge zwischen innerer Demokratie und äußerem Frieden", in: Forum Wissenschaftler für Frieden und Abrüstung (Hg.), Verantwortung für den Frieden. Vorlesungsreihe mit Hochschullehrern an der RWTH Aachen, Aachen 1984, S.121.

36 Zit. nach Franz Mehring, Die Lessing-Legende, Orig. 1893, Neudruck Frankfurt a.M./Berlin/Wien 1972, S.75. Mehring stützt sich auf die ausführliche Friedrich-Biographie von Johann David Erdmann Preuß, Friedrich der Große. Eine Lebensgeschichte, Berlin 1832-34, besonders den fünfteiligen Dokumentenanhang. – Vergl. allgemeiner: E. Schmidt, Rechtssprüche und Machtsprüche der preußischen Könige im 18. Jahrhundert, Abhandlungen der Sächsischen Akademie 95 (1943). Vgl. auch H.W. Büchsel, Das Volk im Staatsdenken Friedrichs des Großen, Berlin 1937.

> „Eine Privatperson ist nicht berechtigt, über die Handlungen, das Verfahren, die Gesetze, Maßregeln und Anordnungen der Souveräne und Höfe, ihrer Staatsbedienten, Kollegien, Gerichtshöfe, öffentliche, sogar tadelnde Urteile zu fällen, oder davon Nachrichten, die ihr zukommen, bekanntzumachen und durch den Druck zu verbreiten.“[37]

Zuwiderhandelnde wurden zu Soldaten gemacht. In einer Kabinettsordre von 1780 wurde als Strafe wegen „unbefugter Schriftstellerei, Aufwiegelung der Untertanen und dabei verwirkter grober Plackereien“ Kriegsdienst festgesetzt.[38]

Die Aufklärung dachte zum Teil kaum anders. Friedrichs Zeitgenosse Rousseau war der Auffassung, daß im Rahmen des Gesellschaftsvertrages der Anspruch der Öffentlichkeit auf Partizipation hier zurückzuweisen sei.[39] Die Gegenmeinung wurde vor allem von Pazifisten und Vorläufern dessen, was später die Friedensbewegung ist, vertreten. Die Forderung nach Abschaffung der Geheimdiplomatie wurde augenscheinlich zuerst 1787/88 von dem Utilitaristen und Anhänger des Empirismus Jeremy Bentham (1748-1832) erhoben. Politisch war Bentham Liberaler mit starken pazifistischen Neigungen.[40] Bentham forderte die allgemeine Abrüstung und die Schaffung eines Weltgerichtshofes; durch weitestgehende Öffentlichkeit aller Vorgänge sollte die Wirksamkeit dieses Friedensplanes abgesichert werden. Besonders in der britischen politischen Kultur nahm die Forderung nach Abschaffung der Geheimdiplomatie langjährig einen festen Rang ein.[41] Bertrand Russell (1872-1970), wegen seiner Aufforderung zur Kriegsdienstverweigerung seinerzeit zu Gefängnis verurteilt, schrieb im Ersten Weltkrieg:

> „Wenn das Auswärtige Amt wünscht, an einem bewaffneten Konflikt teilzunehmen, kann es jederzeit durch die Auswahl der enthüllenden Tatsachen und die Beeinflussung seiner Freunde in der Presse unser Eingreifen als Verteidigung der Unterdrückten gegen die Unterdrücker oder gegen einen Angriff darstellen...Geheime Diplomatie muß aufhören ... Wo es sich mehr um stetige Politik als um eine plötzliche Krise handelt, sollte ohne vorhergehendes vollständiges Wissen des Unterhauses keine Verpflichtung oder Ehrenschuld ein-

---

37 Abgedruckt in: Kurpfalsbaierisches Intelligenzblatt, 1785, Nr. 57, S.450; desgl. Stats-Anzeigen, Göttingen (Schlözer) 1785, Bd. VII/4, H.28, S.461f., zit. nach Franz Schneider, Pressefreiheit und politische Öffentlichkeit. Studien zur politischen Geschichte Deutschlands bis 1848, Neuwied 1966 (= Politica, Bd. 24), S.66.

38 Zit. nach Mehring, a.a.O., S.75.

39 Jean-Jacques Rousseau, Lettres Ecrites de la Montagne, 2. Teil, 7. Brief, in: Oeuvres completes de J.J. Rousseau, 8. Bd., Frankfurt/M. 1856, S.145.

40 Dt. herausgegeben von Oskar Kraus, Jeremy Bentham, Grundsätze für ein zukünftiges Völkerrecht und einen dauernden Frieden, 1915.

41 Vgl. Fraenkel, a.a.O., der über die Tradition der „radical dissenters“ und des Labour Movement in dieser Hinsicht informiert und weitere Quellen angibt.

gegangen werden. Solange dieser Grundsatz nicht beachtet wird, ist demokratische Regierung eine Posse und ein Schein.“[42]

Auch von deutschen Bestrebungen wäre zu berichten. Die Tradition der Forderung nach „demokratischer Außenpolitik“ (Moeller van den Bruck, 1876-1925)[43] kennen selbst sozial engagierte Konservative, die heute in dieser Tradition schreiben, nicht mehr.

Für eine systematische Aufarbeitung wirft das Bezugsfeld zwischen öffentlicher Meinung und Außenpolitik erhebliche analytische Probleme auf. Das mag eine der Ursachen dafür sein, daß Helmut Kramer vom „Schweigen der Sozialwissenschaften zum Problem öffentliche Meinung und Außenpolitik“ schreibt.[44] Gilbert Ziebura unterstreicht, daß es kaum möglich sei, etwas Allgemeingültiges über den Wechselbezug zwischen öffentlicher Meinung und amtlicher Politik auszusagen.[45]

In der Frage, wieviel Einfluß die Öffentlichkeit auf die auswärtige Politik ausüben sollte, lassen sich vier verschiedene Positionen ausmachen. Die demokratiefeindlichste, welche zuerst betrachtet werden soll, knüpft direkt an das Politikverständnis des Absolutismus an und möchte die Außenpolitik nach Möglichkeit von Demokratie freihalten. Eine zweite, mittlere Position sucht Öffentlichkeit und Demokratie auf bestimmte Vorgänge zu beschränken. Eine dritte Position erkennt in einer aktiven Öffentlichkeit ein erhebliches Potential, sowohl zur Entwicklung der Demokratie wie zur Entwicklung neuer außenpolitischer Verhaltensweisen. Neu in den achtziger Jahren angetreten ist mit der Friedensbewegung eine vierte Position, die nicht lediglich nach Teilhabe und Transparenz fragt, sondern die den Gegensatz von „high politics“ im Auswärtigen und „low politics“ im Erfahrungsbereich des Durchschnittsbürgers zu unterlaufen sucht.

---

42 Bertrand Russell, Der Krieg ein Kind der Furcht, Zürich 1915, S.20, hier zit. nach Fetscher, a.a.O., S.56. Fetscher ergänzt: „Erst wenn eine wirklich kritische und freie öffentliche Meinung sich bilden könnte, würde auch die eindeutigere Übertragung der außenpolitischen Entscheidungsrechte aufs Parlament den von Kant und Russell erhofften Effekt haben“ (ebd., S.57).

43 Moeller van den Bruck, Sozialismus und Außenpolitik, Hg. Hans Schwarz, Breslau 1933, bes. das 5. Kapitel, „Sozialistische Außenpolitik“ (es handelt sich um einen Nachdruck von 1919 bis 1923 erstmals publizierten Aufsätzen).

44 Helmut Kramer, „Zur Rolle der öffentlichen Meinung in der Außenpolitik“, in: Österreichische Zeitschrift für Politikwissenschaft, 1984, S.141-163, hier S.142.

45 Gilbert Ziebura, Die deutsche Frage in der öffentlichen Meinung Frankreichs von 1911-1914, Berlin 1955, S.10.

Die erstgenannte Richtung dominiert die theoretische Debatte wie auch die praktische Politik. Hans Morgenthau schreibt als Haupt der „realistischen Schule" (ähnlich läßt sich eine Vielzahl von Schriften zitieren):

> „Besonders dann, wenn die Außenpolitik demokratischer Kontrolle unterliegt, wird das Erfordernis, die Sympathien der Öffentlichkeit für die Außenpolitik zu gewinnen, sicher die Rationalität der Außenpolitik beeinträchtigten."[46]

Man beachte die Unbedingtheit der Aussage: daß äußere Politik von der Öffentlichkeit akzeptiert werden muß, wird nicht als mögliche Gefährdung, sondern als mit Sicherheit eintretende Beeinträchtigung der Rationalität dieser Politik gewertet. Morgenthau gibt einen Elitenkonsens wieder (Beleg: die Äußerungen Kennans und der Frankfurter Allgemeinen Zeitung zu Beginn dieses Abschnitts. Weitere Äußerungen ließen sich beliebig aufreihen). Czempiel spricht von einer „Neigung, ... den gesamten Komplex der Außenpolitik ... aus der Demokratie sozusagen auszuklammern".[47] Mit einer Nebenbeobachtung verweist er darauf, daß dieses Ausklammern keineswegs naturwüchsig erfolgt, sondern herrschaftstechnisch recht nützlich war:

> „Der Verdacht, daß solche Anordnungen auch mit den Herrschaftsverhältnissen des betreffenden Landes zusammenhängen, erhärtet sich, wenn man die Anwendung des Satzes vom Primat der Außenpolitik in der deutschen Geschichte überprüft. Es zeigt sich dann, daß er weniger der Außen- als der Innenpolitik gedient hat, daß er meist dazu benutzt wurde, um die fortschreitende Demokratisierung aufzuhalten und sie wenigsten von der Außenpolitik als einer letzten Domäne herrschaftlicher Verfügung durch die traditionellen Eliten gänzlich fernzuhalten."[48]

Die bestechende Fährte, heute zu fragen, mit welchen Gründen die Außenpolitik dem Bürger ferngehalten wird, verfolgt Czempiel leider nicht. Statt dessen wendet er sich dem, wie es bei ihm heißt, „Paternalismus" zu und meint begütigend: „Eine vitale Demokratie verträgt durchaus ein paternalistisches Segment – solange es effizient ist." Sodann folgt ein Patentrezept:

> „Lebt die paternalistische Haltung von dem Argument, daß die Außenpolitik insgesamt oberhalb der Öffentlichkeit anzusiedeln ist, so verficht die radikale demokratische Theorie die vollständige Offenlegung jeder diplomatischen

46 Morgenthau, a.a.O., S.53.
47 Ernst-Otto Czempiel, „Probleme deutscher Außenpolitik", in: Offene Welt, Juni 1968, S.296.
48 Ebd.

> Handlungen. Die Teilungslinie wird irgendwo in der Mitte zu verlaufen haben."[49]

Demokratie also mit Abstrichen, aber selbst, wenn man sich Czempiel anschlösse: Der Hinweis auf den goldenen Mittelweg fällt zu wolkig aus, als daß er irgendwie praktisch umsetzbar wäre. Kaiser führt einen weiteren Grund für den Mangel an Öffentlichkeit an, auf die besondere politische Kultur Deutschlands verweisend:

> „Schließlich ist in dem Lande, in dem die Konzeption vom 'Primat der Außenpolitik' mit allen ihren normativen Implikationen geprägt worden ist, die Neigung besonders stark gewesen, die Außenpolitik als einen Bereich anzusehen, der kaum demokratisierbar ist oder nicht demokratisiert werden sollte."[50]

Eine zweite Haltung geht gleichfalls von der Position aus, daß auch in Demokratien eine direkte Beteiligung an der auswärtigen Politik nicht möglich sei, sucht aber der Volksmeinung eine beschränkte Funktion im außenpolitischen Entscheidungsprozeß zuzuweisen. Das Volk oder seine Vertreter sollten sich auf Zustimmung oder Ablehnung der Prinzipien auswärtiger Politik (nicht: ihrer einzelnen Inhalte) beschränken. Der zitierte Erich Kaufmann, völkerrechtlicher Berater des ersten Bundeskanzlers, mag als repräsentativ für diese Position gelten.

In der internationalen Politik habe sich das Volk, der Souverän – in der Redeweise Kaufmanns – „auf das Recht der Approbation und Reprobation der Grundprinzipien zu beschränken",[51] also auf Zustimmung oder Ablehnung, und dies auch nur bei „Grundprinzipien". Die aktuellen Inhalte äußerer Politik bleiben in dieser konservativen Sichtweise dem Zugriff des gemeinen Volkes entzogen. Fraenkel präzisiert diese Auffassung: Es ginge um „die nach Ansicht der verantwortungsbewußten Faktoren ... der Führung der Außenpolitik zugrunde zu legen(den)" Prinzipien. In Parenthese bestimmt Fraenkel, wer „die verantwortungsbewußten Faktoren" sind (andere sind augenscheinlich verantwortlungslose Gesellen): Regierung, Opposition und die „große Presse".[52] Ein weniger elitärer Akteurbegriff ist kaum vorstellbar. Fraenkel verweist auf Gabriel A. Almond, der den Souverän mit einem Kunden vergleicht, der auf dem Markt an Außenpolitik oder Gemüse auch nur kaufen oder zurückweisen könne, was so gerade angeboten würde: „The public share in policy decisions may be

49 Ebd., S.298.

50 Kaiser, a.a.O., S.342.

51 Erich Kaufmann, „Regles generales du Droit de la Paix", in: Academie de Droit International, Recueil des Cours, 1935, Band 54, S.313 ff., bes. S.569.

52 Fraenkel, a.a.O., S.38.

compared, with important qualifications, to a market. It buys or refuses to buy the 'policy products' offered by competing elites."[53]

Fraenkel begründet seine restriktive Auffassung von der Rolle der öffentlichen Meinung mit der These, daß diese zu ihrer „öffentlichen Meinung" nicht selbständig gelange:

> „In der heutigen freiheitlichen Demokratie entsteht die öffentliche Meinung dadurch, daß eine von einer oder mehreren Eliten – das Wort im wertfreien Sinn verwandt – konzipierte und formulierte Auffassung oder Forderung die ausdrückliche oder stillschweigende Billigung einer unbestimmt großen und unorganisierten Masse der Bevölkerung gefunden hat."[54]

Seine restriktive Sicht der Artikulationsmöglichkeiten der „unorganisierten Masse der Bevölkerung" stützt Fraenkel auf den zitierten Konservativen Erich Kaufmann (nach diesem „kann die Masse der Bevölkerung solchen Konzeptionen entweder zustimmen oder sie verwerfen; sie kann jedoch von sich aus selbständig keine neue Konzeption entwickeln").[55] Fraenkel sieht in einem derartigen Verhältnis die Chancen von Demokratie erschöpft („So bietet die freiheitliche Demokratie den Eliten und den Massen eine einzigartige Chance, durch ihr Zusammenwirken eine echte öffentliche Meinung zu erzeugen").[56] Die „Echtheit" einer solchen Demokratieauffassung, nicht lediglich die ihrer öffentlichen Meinung, steht allerdings in Frage. Demokratie ist nun eben doch mehr als bloße Hinnahme oder Verweigerung: Wenn das Volk herrscht, dann kontrolliert und sanktioniert es nicht nur, dann setzt es die Inhalte der Politik.

Fraenkel würde sich zu Recht verteidigen mit den Schwierigkeiten eines solchen Vorhabens. Nur, wenn er (vermeintlich reale Situationen wiedergebend) so zurückhaltend über „die Masse der Bevölkerung" schreibt, dann hebt er eben jenes Spannungsverhältnis zwischen Volkswillen und Volkes Möglichkeiten auf und weg, um die es gerade geht, soll Demokratie (und nicht Elitenherrschaft) sein. Fraenkels Kritik an der Unselbständigkeit der veröffentlichten Meinung wird vielfach geteilt – nur daß der Mißstand schon im Grundsatz andere Möglichkeiten ausschließen soll, bleibt nicht hinnehmbar. Politologie wäre eine merkwürdige Demokratiewissenschaft, wenn sie sich darauf beschränkte, dem Volke zu erklären, wieso es mit seiner Herrschaft nun doch nichts sei.

53 Gabriel A. Almond, The American People and Foreign Policy, New York 1950, S.6.
54 Fraenkel, a.a.O., S.16.
55 Ebd., sowie S.37f.
56 Ebd., S.17. Indiz für die Wertung, daß sich für Fraenkel damit die Demokratiemöglichkeiten in der Außenpolitik erschöpft haben, sind vor allem seine folgenden Ausführungen zum Vergleich zwischen öffentlicher Meinung und dem Wahrheitsanspruch.

Eine dritte Position akzeptiert mittlerweile eine aktive Mitwirkung der öffentlichen Meinung in der auswärtigen Politik, und gewinnt dieser positive Seiten ab. In einer Publikation des Londoner Instituts für Strategische Studien mit Blick auf die Friedensbewegung heißt es sogar:

> „Westliche Sicherheitspolitik kann nicht länger ohne angemessene Beachtung der öffentlichen Meinung und des innenpolitischen Kontextes der fraglichen Länder formuliert werden.“[57]

Diese Äußerung fällt zunächst durch die implizite Selbstkritik der Vergangenheit auf (augenscheinlich wurde zuvor „westliche Sicherheitspolitik“ „ohne angemessene Beachtung der öffentlichen Meinung“ gemacht). Im Vordergrund sollte jedoch die nach vorwärts weisende Einlassung stehen: Der Souverän hat ein Teilgebiet der Politik in seine Hände genommen.

Die Gegnerschaft breiter Bevölkerungsschichten zur Außenpolitik im „Neuen Kalten Krieg“ in der ersten Hälfte der achtziger Jahre hat im Westen, aber auch im Osten, zu gegenüber den vorstehenden Konzepten sehr viel weitergehenden Versuchen geführt, auf Außenpolitik Einfluß zu gewinnen. Derzeit läßt sich schwer sagen, ob vorrangig zum Niedergang der alten Systeme im vormalig staatssozialistischen Bereich eher Menschenrechtsbewegungen und ihr Verweis auf die Schlußakte von Helsinki beigetragen haben, oder Ökologiegruppen mit ihren internationalen Vergleichen, oder aber Friedensgruppen. Eine Schlüsselerfahrung vieler Bürger in der Osthälfte Europas bleibt aber, daß ein Nein zur Regierungspolitik, daß Demokratiebegehren durchschlagende Wirkungen haben können. Vordergründig ist die Friedensbewegung im Westen mit ihrer Gegnerschaft zum sogenannten Doppelbeschluß der NATO gescheitert – die Raketen kamen. Aber auch der Doppelbeschluß und sein sowjetisches Gegenstück hatten keinen Bestand, vorrangig wegen der Aktivitäten der Friedensbewegung und der Akzeptierung ihrer Kernideen im Denken der Leute um Gorbatschow.

Die Wahrnehmung des Erfolges führte zu einer Neubelebung der Diskussion über „Politik von unten“ auch in der Außenpolitik. Kramer verzeichnet eine solche Haltung nicht lediglich unter Anhängern der Protestbewegungen, sondern allgemein unter Jugendlichen.[58]

Es wurden nicht nur eine stärkere Beteiligung von Frauen in der auswärtigen Politik sowie eine grundsätzliche Erweiterung der Auskunftspflicht

57 Christoph Bertram (Hg.), Defence and Consensus. The Domestic Aspects of Western Security, London 1984.

58 Kramer, a.a.O., (Abnm.24).

der Regierung ähnlich dem amerikanischen Freedom-of-Information-Act gefordert, sondern auch eine bewußt angestrebte „Nebenaußenpolitik“. Bald stellte sich heraus, daß die in der alternativen Bewegung entwickelten neuen politischen Formen (Rotation von Mandaten, Quotierungen zugunsten der vernachlässigten Frauen, Dezentralisierung) sich nicht einfach auf auswärtige Politik übertragen ließen.[59] Angesichts der vielfältigen Umstände, die Bürgerpartizipation gerade auf diesem Politikfeld behindern, fallen die Forderungen zur Veränderung aus diesem Bereich recht weitgehend aus: „Demokratische Außenpolitik als Weg aus dem Scheitern der zwischenstaatlichen Aktivitäten zu fordern, heißt also auch die Bedingungen zu gestalten, unter denen die Menschen ihrer Verantwortung gerecht werden können.“[60]

Vor einer Abwägung, wie diese vier Positionen zu werten sind, ist spätestens hier die Festlegung des Analytikers auf ein bestimmtes Konzept von Demokratie erforderlich. Unter „Demokratie“ ist bereits von der antiken griechischen Wortbedeutung her nicht in diffuser Weise irgendeine Art der Volksherrschaft, sondern Obmacht oder überwiegender Einfluß des Volkes auf die politischen Angelegenheiten einschließlich der Regierung des Gemeinwesens zu verstehen.[61]

Der wichtigste Einwand käme von den Vertretern der „realistischen“ Demokratietheorie her. Mit dieser auf Schumpeter zurückgehenden Konzeption ist ein Gegenüber der antiken und romantisch-aufklärerischen Verständnisweise resignativ zurückgenommener Begriff einer begrenzten Teilhabe der Bürger an der Politik gemeint. Wenn Harald Mey Recht hat, „entspricht der modernste systemtheoretische Demokratiebegriff mit ‘größtmöglichem Einfluß aller auf die Regierung‘, ‘gesamtgesellschaftlicher Steuerung‘ durch Zusammenfassung von Willen und Denken vieler autonomer Individuen (und Gruppen) und offenem Informationssystem dem klassischen und nicht dem ‘reduzierten‘ Demokratieverständnis der ‘realistischen Schule‘“.[62] In bezug auf Außenpolitik war die neue Frie-

59 Am differenziertesten hierzu Hanne-Margaret Birckenbach, „Ist die demokratische Außenpolitik möglich?“, in: Komitee für Grundrechte und Demokratie (Hg.), Jahrbuch 1985, Red. Wolf-Dieter Narr/Roland Roth/Klaus Vack, Sensbachtal 1986, S.255-272, hier S.270 (Birckenbach wertet allerdings anders).

60 Ebd., S.272. Ohne solche Veränderungen, meint die Verfasserin am Schluß gar, „wird das deutsche Volk dem Frieden in der Welt nicht dienen können.“ – Zum „Mythos der Ohnmacht“ vergl. auch diesselbe Autorin: „Jenseits von Mythen: Zur Politischen Psychologie des Friedens“, In: Reiner Steinweg/Christian Wellmann (Red.), Die vergessene Dimension internationaler Konflikte: Subjektivität, Frankfurt a.M. (Friedensanalysen 24) 1990, S.16-18.

61 Christian Meyer, Entstehung des Begriffs „Demokratie“, Frankfurt/M. 1970, S.8f. und 45f.

62 Mey, a.a.O., S.121. Mey stützt sich auf Amitai Ezioni und Karl Deutsch.

densbewegung sicher auch eine Demokratisierungsbewegung, ähnlich wie das Engagement vieler Gruppen für die Dritte Welt. Diese Entwicklungen sind mit dem Politikverständnis der „realistischen" Schule nicht zu erklären.

Perikles stellte einst fest, daß zwar nicht alle fähig seien, politische Konzeptionen zu entwerfen und durchzuführen, wohl aber sie zu bewerten.[63] Und das soll ausgerechnet für die Außenpolitik nicht gelten? In anderen Politikfeldern haben kritische Bürger sich sachkundig gemacht und zum Beispiel in der Umweltpolitik erst der Administration beigebracht, bestimmte chemische Formeln zu buchstabieren. Wieso außenpolitische Zusammenhänge einen höheren Intelligenzquotienten und mehr Präsenzwissen erfordern sollen als der Streit um Emissionswerte oder die Steuerpolitik, wird auf immer das Geheimnis der Sicherheitspolitiker bleiben. Iring Fetscher faßt in einer der ersten, auf unsere Fragestellung hin konzentrierten, politikwissenschaftlichen Schriften die Entwicklung bis zur Aufklärung zusammen:

> „Auf dem europäischen Kontinent, wo bis zur Französischen Revolution alle Kriege mehr oder weniger Fürsten- und Kabinettskriege waren, und die obrigkeitsfreundliche Geschichtsschreibung den Ruhm der Fürsten an der Zahl und dem Umfang der von ihnen gewonnenen Schlachten maß, brach sich die Überzeugung Bahn, daß Frieden allein durch eine demokratische Verfassung gesichert werden könne."[64]

An erster Stelle muß hier Immanuel Kant (1724-1804) angeführt werden. Der gibt 1795 in seiner Schrift „Zum ewigen Frieden" mit Pathos an, daß nur die demokratische Teilhabe der Bürger (in seiner Redeweise: „die republikanische Verfassung") „die gewünschte Folge, nämlich den ewigen Frieden" herbeiführen könne. Sein Kernargument:

> „Wenn (wie es in dieser Verfassung nicht anders sein kann) die Beistimmung der Staatsbürger dazu erfordert wird, um zu beschließen, ob Krieg sein solle oder nicht, so ist nichts natürlicher, als daß, da sie alle Drangsale des Krieges über sich selbst beschließen müßten, ... sie sich sehr bedenken werden, ein so schlimmes Spiel anzufangen."[65]

Der große Gedanke, daß ein intimer Zusammenhang zwischen innerer Demokratie und äußerem Frieden besteht, daß die eine die Bedingung der

63 Nach Meyer, a.a.O., S.19. Voraussetzung ist natürlich beim Bürger das Bewußtsein der Betroffenheit von Politik in eigener Sache.

64 Iring Fetscher, Modelle der Friedenssicherung, München 1972, hier „Modell 5: Weltfriede durch Demokratie", S.53.

65 Immanuel Kant, Zum ewigen Frieden. Ein philosophischer Entwurf. Kant's Werke, Bd. 8, Berlin 1912, S.351. Zur Interpretation vergleiche den schönen, soeben angeführten Text von Fetscher, S.53-55.

Möglichkeit für das andere ist und umgekehrt, begründet erst eigentlich das Begehren, Außenpolitik zu demokratisieren (Fetscher: „Daß nur unter der der Voraussetzung einer Partizipation der Bürger an der Entscheidung über Krieg und Frieden ... der Frieden zuverlässig gesichert werden kann").[66] Die sozialistische Bewegung wurde von der Vorstellung beflügelt, daß mit dem Ende der Klassenherrschaft auch das Ende des Krieges gekommen sei.

In seinem bekannten Disput mit Czempiel nennt Abendroth einen weiteren Grund, warum sich demokratische Bürger um Außenpolitik kümmern müßten. Die Entwicklung der gesellschaftlichen Verhältnisse im Innern bleiben unmittelbar mit dem Gang der Weltpolitik verknüpft:

> „In der gegenwärtigen Welt gibt es – wie die tagtägliche Erfahrung eines jeden Beobachters ausweist – keine innenpolitischen Machtverschiebung in einem beliebigen Staat, der nicht durch das Gesamtgefüge der internationalen Beziehungen zwischen den Weltmächten und den übrigen Staaten, meist auch durch die Sonderinteressen irgendeiner Weltmacht bzw. einer konkret feststellbaren Staatengruppierung, sei es in dieser, sei es in jener Weise, mitbestimmt wäre."[67]

Vor diesem Hintergrund ist zu bestimmen, welcher Konzeption von „demokratischer Außenpolitik" die Palme zuerkannt werden sollte. Die vorfindlichen Fazits enttäuschen. Manfred Knapp bezeichnet eine befriedigende Theorie der Chiffre „demokratische Außenpolitik" als Desiderat für eine Theorie der Außenpolitik überhaupt und faßt den landläufigen Erkenntisstand zusammen:

> „Gewöhnlich wird die darin implizierte Problematik auf die Perspektive parlamentarisch-öffentlicher Kontroll- und Mitbestimmungsmöglichkeiten in den außenpolitischen Entscheidungsprozessen, d.h. auf eine demokratisch legitimierte Außenpolitik verkürzt."[68]

Dem stellt Knapp seinen Begriff von „demokratischer Außenpolitik" gegenüber:

> „Eine Außenpolitik kann eigentlich nur dann als demokratisch bezeichnet werden, wenn sie sowohl durch einen innenpolitischen Konsensus legitimiert und ausreichend kontrolliert ist (und dadurch mit den gesellschaftlichen Interessen der eigenen Bevölkerung korrespondiert) als auch gleichzeitig bei ihrer

---

66 Fetscher, a.a.O., S.54.

67 Abendroth, a.a.O., S.13.

68 Manfred Knapp, Die Stimme Amerikas. Auslandspropaganda der USA unter der Regierung John F. Kennedys, Köln und Opladen 1972, S.127.

Ausführung in hinreichendem Maße der Beachtung und Einhaltung demokratischer Grundsätze verpflichtet bleibt."[69]

Etwas kritischer merkt Monika Medick an, daß „die Arbeiten zur Theorie demokratischer Außenpolitik ... sich jedoch allzu einseitig auf die innergesellschaftlichen Prozesse zur Außenpolitik (konzentrieren), in aller Praxis auf die Kontrollfunktion von Parlament und Öffentlichkeit ... Die Problematik demokratischer Außenpolitik verkürzt sich in nahezu allen Arbeiten auf demokratisch legitimierte, das heißt durch Parlament und Öffentlichkeit kontrollierte Außenpolitik, zum Teil wird sie explizit so definiert."[70]

Die beiden Kritikpunkte sind durchaus triftig angebracht – die Rückbindung der Frage nach demokratischer Außenpolitik an den repräsentativen Parlamentarismus sowie die Verkürzung der Volkssouveränität auf Kontrolle. Ein kurzer Vergleich mit der Innenpolitik enthüllt die Kargheit dieses Demokratieverständisses – als ob dort Demokratie sich in der Kontrolle der Regierung erschöpfte.

Medick bleibt leider im wesentlichen bei der Forderung nach einer Ausweitung des Demokratiebegriffes stehen und deutet Fortentwicklungen nur an („Eine mögliche Antwort enthält der Hinweis auf das Legitimitätsprinzip; eine Außenpolitik wäre nach dieser Auffassung dann demokratisch, wenn sie der Substanz nach mit den Grundinteressen einer Gesellschaft übereinstimmt, wie sie im Parlament und Öffentlichkeit definiert werden").[71]

Gewiß, solche Komponenten sollte eine an größtmöglicher Teilhabe der Allgemeinheit orientierte demokratische Außenpolitik beinhalten. Aber es fällt auf, wie blutleer und statisch in diesen Texten über Demokratie geredet wird. Daß „Demokratie!" unlängst ein politischer Kampfbegriff war, daß Volkes Herrschaft immer in einem Spannungsverhältnis zum Regieren stand, daß alles daran hängt, dieses Spannungsfeld fruchtbar zu gestalten – solche Auffassungen scheinen den blassen Emanzipationsbefürwortern fremd zu sein. Da ist der politische Konservativismus mit seinen

69 Ebd. An anderer Stelle faßt Knapp politikorientierter zusammen, Hauptkriterien seien „eine demokratisch-parlamentarische Kontrolle der Außenpolitik, die Offenlegung internationaler Verträge (Abschaffung der Geheimdiplomatie) und eine hypothetisch deklarierte Rücksichtnahme der außenpolitischen Führung auf die öffentliche Meinung" (ebd., S.126).

70 Monika Medick, „Das Konzept des 'Military-Industrial Complex' und das Problem einer Theorie demokratischer Kontrolle", in: (u.a.) Volker Berghahn (Hg.), Militarismus, Köln 1975, S.364.

71 Ebd., S.365.

Ängsten vor „Volksdiplomatie“[72] ungleich realitätsnäher und auch im Tagesvollzug der auswärtigen Politik präsenter.

Bemerkenswert scheint schließlich die Entwicklung der Überlegung, daß nicht nur eine nationale Öffentlichkeit, sondern die Summation der vielen nationalen Öffentlichkeiten in einer Weltöffentlichkeit Rang und Einfluß auf die internationalen Beziehungen erlangen könnte.

Die alte Forderung nach „sozialistischer Außenpolitik“ nimmt diesen Ansatz vorweg. Moeller van den Bruck schrieb zu Beginn der zwanziger Jahre:

> „Der deutsche Sozialismus ... hat niemals außenpolitisch gedacht. Er hat niemals in Völkern gedacht. Es ist niemals gehört worden, daß er für junge Völker, für übervölkernde Länder, die zuviel an Menschen und zu wenig an Boden besitzen, Forderungen auf Lebensmöglichkeiten gestellt werden ... Es bleibt dem Sozialismus nur übrig, sich von einem Klassensozialismus in einen Völkersozialismus zu übertragen.“[73]

Fraenkel definiert eine „öffentliche Weltmeinung“ als „eine auf supranationaler Basis in Erscheinung tretende Kollektivüberzeugung ..., die subjektiv bestrebt und objektiv geeignet ist, unter optimaler Verwertung aller verfügbaren Publizitätsmittel der Förderung universal bedeutsamer Ziele zu dienen.“[74]

Auch ein konservativer Autor wie der Freiherr von der Heydte meint, daß der öffentlichen Meinung die Aufgabe zufalle, im Bereich des Völkerrechts als Garant von Verträgen und als Mittel aufzutreten, völkerrechtlichen Normen Geltung zu verschaffen.[75] Diese instrumentelle Hoffnung auf den Beitrag von Öffentlichkeit in künftiger internationaler Politik wird quer durch die politischen Lager geteilt. Paech fügt den Umkehrungsaspekt hinzu, „daß die Völkerrechtsprinzipien ihrerseits die weitere Demokratisierung der internationalen Beziehungen vorantreiben“.[76]

Carlo Schmid stellt jedenfalls diesen Zusammenhang her und verweist auf das Mittel der Verrechtlichung als Kampfmittel schwacher Mächte:

> „Der Vater des Völkerrechts, Hugo Grotius, hat genau gewußt, was er getan hat. Er hat erkannt, daß es, nachdem es der englischen Übermacht gelungen war, die holländische Flagge fast ganz von den Meeren zu verjagen, nur ein

---

72 Zur Kritik an einer „Volksdiplomatie“ Fraenkel, a.a.O., S.37.
73 Moeller van den Bruck, a.a.O., S.80f.
74 Fraenkel, a.a.O., S.5.
75 Zit. nach ebd., S.6.
76 Paech, a.a.O., S.18.

> Mittel gab, Hollands Lebensmöglichkeit zu erhalten, nämlich die Lebensverhältnisse auf der hohen See zu verrechtlichen und gegen das englische mare clausum das mare liberum zu setzen. Die sogenannten kleinen Mächte sind nicht umsonst die großen Pioniere des Völkerrechst gewesen; das hat einen – oft uneingestandenen und unerkannten – politischen Grund."[77]

Einzelne Beobachter meinen, die Vielnationen-Öffentlichkeit habe mit ihren Versuchen, die internationalen Beziehungen zu demokratisieren, schon Erfolge erreicht. Matthies wertet die Wirkung der Bewegung der Blockfreien in dieser Hinsicht:

> „Im Rahmen des UN-Systems hat sich die Bewegung erfolgreich als Interessengruppe etabliert, ihren Mitgliedern eine aktive Teilnahme im internationalen System ermöglicht und dadurch zur Demokratisierung der internationalen Beziehungen ... beigetragen."[78]

In heutiger Sicht, nach der Friedensbewegung der achtziger Jahre, die-vor allem auch Demokratiebewegung war, tragen diese Antworten: Internationalisierung, Parlamentarisierung und Öffentlichkeit nicht. In der Kantschen Tradition ist das Verhältnis von Demokratie und Friedensentscheidung radikaler zu bestimmen. Es steht an eine neue Bestimmung des Verhältnisses von Demokratie zu Gewalt. Die alten Lösungen von der Monopolisierung offener Gewalt durch den Staat, unseren Großvätern noch ein Fortschritt, tragen nicht mehr. Gefragt werden muß nach einem angesichts heutiger Politikaufgaben angemessenen Verständnis von Demokratie (1), nach der Rolle der überkommenen Gewaltapparate, besonders den Armeen, heute (2), sowie dem Verhältnis zu durch frühere Gewaltverhältnisse Unterjochte, der Dritten Welt (3). Im Zeitalter globaler Gefährdungen der Lebensumwelt ist schließlich (4) auf die ökologische Dimension von Überlebensfähigkeit zu verweisen, die internationale Politik aktiv zu gestalten hat.

Das Demokratieproblem kulminiert im Nuklearzeitalter in der Frage der Kriegsentscheidung. Dieser wird daher ein eigener Abschnitt gewidmet. Aber wenn für den Augenblick von dieser Königsfrage aller auswärtigen Politik abgesehen wird: Die Anforderungen der auswärtigen Politik tragen bei zur Klage über die Unzulänglichkeit eines lediglich repräsentativen Konzeptes von Demokratie.

Das Gegenbild von Demokratie ist nun kein gleichermaßen statisches, sondern hochgradig prozeßhaft. Es bleibt bezogen auf die verschiedenen Demokratisierungsbewegungen – neben der Friedensbewegung die Öko-

---

77 Parlamentarischer Rat, Ausschuß für Grundsatzfragen, 12. Sitzung vom 15.10.1948, Stenografisches Protokoll, S.30.

78 Matthies, a.a.O., S.75.

logiebewegungen, Frauen-, Antikernkraft- und Dritte-Welts-Solidaritätsbewegungen. Wer so borniert ist, etwa die Öko-Bewegungen als „single-purpose"-Gruppierungen ausschließlich gemäß ihrem vorgestellten Zweck zu werten, sollte sehen, welche zentrale politische Rolle solche Gruppen in der demokratischen Revolution in der DDR ausgeübt haben. Besonders an der Frauenbewegung läßt sich überwältigend zeigen, daß ihre Partizipationsbestrebungen auf reflektierten herrschaftskritischen Positionen basieren. Inhaltlich wird definiert:

> „Politik ist ein kollektiver Lernprozeß. Demokratische Politik heißt dann, daß jede und jeder die Möglichkeit hat, an diesem kollektiven Lernprozeß beteiligt zu sein."[79]

Einem solchen Demokratiebegriff zufolge soll kein Mensch von Dingen betroffen sein, an deren Zustandekommen er nicht beteiligt gewesen ist[80] – möglicherweise utopisch, auch die Frage nach der Mehrheitsentscheidung umgehend, aber doch die Radikalität des Demokratiewillens anzeigend.

Alts anti-Militärbewegung greift die Friedensbewegung nunmehr die Forderung nach Entmilitarisierung direkt auf. Sie akzeptiert nicht weiterhin das Militär als eine der überkommenen Institutionen, welche in verschiedener Hinsicht kritisiert wird, aber ansonsten grundsätzlich nicht in Frage gestellt wird. Ekkehard Krippendorff hat in der Bundesrepublik als erster Politikwissenschaftler Anfang der neunziger Jahre diesen Ansatz aufgenommen und begründet.

11.3 Demokratie und Kriegsentscheidung

Ihren widersprüchlichen Höhepunkt erreicht die Frage nach Demokratie und Außenpolitik in der Entscheidung zum Kriege – wenn das Volk, welches die Opfer und Lasten der Verheerungen (der Wortkern kommt nicht von ungefähr) zu tragen hat, aus freien Stücken in die Schlacht schreiten soll. Daß dies je geschehen ist, hat niemand behauptet. Demokratie, Volksherrschaft, ist – so der Gedanke Kants – das wirksamste Mittel zur Friedenserhaltung überhaupt:

Bislang galt die Auffassung, daß Krieg Demokratie aussetzt, die Verfassung aufhebt:

---

79 Andreas Gross in: Freitag, 24.5.1991.
80 Ebd.

> „Insbesondere muß die Verfassung im Kriege nachgeben, der geminderten Rechtsschutz durch Konzentration aller Staatsgewalten in der gemeinsamen Anstrengung bedeutet.“[81]

Die Notstandsgesetzgebung der Bundesrepublik spiegelt diese Auffassung zur Genüge wider. Jüngst hat Ernst-Otto Czempiel die These bekräftigt, daß im Kriege Leitwerte demokratischer Politik zurücktreten, mit einem merkwürdigen, Irrationalität insinuierenden Bild:

> „Werden Demokratien von außen angegriffen oder bedroht, so rasten die in einem hochkonsensualen, demokratischen Herrschaftssystem ruhenden Hemmungen gegenüber der Gewaltanwendung aus.“[82]

Zu fragen ist von der genau gegenteiligen Position: Wie könnte die Wirkung des Volkswillens bei der Entscheidung zum Kriege aussehen? Immanuel Kant war der erste, der schlankweg für ein Plebiszit bei Kriegserklärungen eintrat. Er forderte:

> „... daß ein jeder Staat in seinem Innern so organisiert werde, daß nicht das Staatsoberhaupt, dem der Krieg (weil er ihn auf eines andern, nämlich des Volkes, Kosten führt), eigentlich nichts kostet, sondern das Volk, dem er selbst kostet, die entscheidende Stimme habe, ob Krieg sein solle oder nicht.“[83]

Diese radikale Forderung blieb bislang folgenlos.

> „Ob und wieweit Volk und Parlament an der Entscheidung über Krieg und Frieden teilhaben, ist angesichts der Wichtigkeit dieser Kardinalentscheidung ein Gradmesser für ihre Mitwirkungen an den äußeren Staatsgeschäften,“[84]

hebt Treviranus zu Recht hervor. Die Kriegsgewalt, die Kompetenz, Krieg zu erklären oder zu beenden, ist noch stets der wichtigste Bestandteil der auswärtigen Gewalt des Staates gewesen. Militärbündnisse und Friedensverträge oder auch Abkommen zur Rüstungsbegrenzung stellen die bedeutsamsten völkerrechtlichen Vereinbarungen dar. Die amerikanischen Verfassungsväter verständigen sich darauf, die Kriegsgewalt nicht der

81 Treviranus, a.a.O., S.13. Ähnlich Waldemar Besson/Gotthard Jasper, Das Leitbild der modernen Demokratie. Bauelemente einer freiheitlichen Staatsordnung, Neuaufl. Bonn 1990, S.59: „Wo die Existenz des eigenen Landes oder der Staatengruppe, der das Land sich zugehörig weiß, in Gefahr ist, wird die Diskussion über die Gestaltung eines sozialen Lebens in der Regel unterbrochen, und alle Kräfte schließen sich nach außen zusammen, unbeschadet ihrer unterschiedlichen Zielvorstellungen über den inneren Aufbau von Staat und Gesellschaft.“

82 Czempiel 1990, a.a.O., S.16.

83 Immanuel Kant, „Über den Gemeinspruch: Das mag in der Theorie richtig sein, taugt aber nicht für die Praxis“, Kant's Werke, a.a.O., S.311.

84 Treviranus, a.a.O., S.67.

Exekutive (dem Präsidenten), sondern dem Kongreß zu geben. Die kurzlebigen französischen Revolutionsverfassungen sprachen die Kriegsgewalt der Nation zu, die allein den Volkskrieg führen würde. Eine Kriegserklärung durfte nach der Verfassung von 1791 nur aufgrund eines Beschlusses der Nationalversammlung erfolgen.[85] Der Verfassung von 1793 zufolge sollte auf Verlangen eines parlamentarischen Quorums eine Volksabstimmung über wichtige außenpolitische Vorgänge wie Kriegserklärung, Bündnisse oder Friedensschlüsse entscheiden. In der Verfassungsentwicklung der USA spielte das Plebiszit als Bedingung für eine Kriegserklärung nach 1918 eine erinnernswerte Rolle (sog. „Ludlow Bill") und scheiterte erst 1938 als Amendment zur Verfassung im Repräsentantenhaus. Die Verfassung der Schweizer Eidgenossenschaft hat 1921 das fakultative Referendum für Staatsverträge aufgenommen. Außenpolitische Volksentscheide sind im Nachkriegsfrankreich wieder in die Verfassung aufgenommen worden (1952 und 1954 verfolgte das französische Außenministerium die Idee eines Plebiszits über die Zulassung der deutschen Wiederaufrüstung).

Die Kernwaffenrüstung hat die Frage nach der Partizipation der Öffentlichkeit bei der Kriegsentscheidung auf die Spitze getrieben. Am präzisesten formuliert Mary Kaldor das Problem:

> „Die schier grenzenlose Zerstörungskraft moderner Waffen und die Macht, die diese Waffen Einzelpersonen in der Entscheidungssituation verleihen, stellt die demokratische Natur unseres politischen Systems in Frage. Fortschritte der Waffentechnik machen nicht nur Krieg fürchterlicher – sie verschieben die Rolle von Politik, sie verdrehen den Prozeß der Politikbildung, sie drängen Partizipationsbegehren ins Abseits der Irrelevanz."[86]

Kaiser sieht zwei Tendenzen: „Einmal schränkt (das nukleare Abschreckungssystem) für den Krisenfall die Möglichkeit demokratischer Mitbestimmung in präzedenzloser Weise ein." Zum anderen würden gerade aufgrund des Patts Außenpolitikbereiche expandieren, die demokratisierbar seien, „vor allem die sozioökonomischen und technologischen Bereiche".[87] Der Befund wird Verwunderung erregen, sind doch gerade Wirtschaft und Industrie in den westlichen Demokratien als Bereich exponiert, die sich der Demokratisierung entziehen. Kaiser führt leider nicht aus, wie etwa in der von ihm als Beispiel genannten Entwicklungshilfe oder beim Forschungssatelliten Azur ein Demokratiegewinn aussehen könnte (und

85 Ebd. – In der Verfassung war vorgesehen, daß ein solcher Beschluß auf Antrag und mit Zustimmung des Königs erfolgen solle. Diese gemischte Kriegsgewalt hat später Eingang in eine Vielzahl von Verfassungen gefunden.

86 Mary Kaldor, „Introduction: Technology and the Arms Race", in: The Nation, April 9, 1983.

87 Kaiser, a.a.O., S.344f.

schließt mit der Aussage, „daß die Disziplin der Politikwissenschaft auf diesem Gebiet noch erhebliche Forschungsarbeit zu leisten hat").[88] Dieses Fazit wird bis in die neuere Zeit fortgeschrieben, etwa bei Rittberger 1987 („Der systematischen sozialwissenschaftlichen Forschung über den Zusammenhang zwischen Herrschaftsform und Kriegsanfälligkeit bzw. Friedensfähigkeit der Staaten ist bislang eine vollständige Klärung nicht gelungen").[89]

Besson/Jasper stellen die Frage, „ob das Maß internationaler Verflechtung und Einbindung, wie es für alle mittleren Staaten, aber besonders für die Bundesrepublik, so charakteristisch ist, mit dem in der parlamentarischen Demokratie verankerten Willen zur Selbstbestimmung des Volkes immer in Einklang gebracht werden kann."[90] Die wachsende Verflechtung von Außen- und Innenpolitik, die Integration Westeuropas wirken eher erschwerend für parlamentarische Kontrolle. Die Staatenwelt, internationale Organisationen gewinnen mehr und mehr Einfluß auf Außenpolitik. Auch die Anhänger des Interdependenzkonzepts sind in dieser Frage bislang nicht zu einem klaren Ergebnis gelangt. Beate Kohler-Koch wertet:

> „In seiner vorliegenden Fassung bietet das Interdependenzkonzept keine theoretischen Anhaltspunkte, um aus dem Befund der Interdependenz Tendenzen über die Konfliktträchtigkeit der internationalen Beziehungen oder über Chancen kooperativen bzw. gewaltfreien Konfliktaustrags abzuleiten. Ebensowenig besteht zwischen Autoren Übereinstimmung, ob Interdependenz langfristig zur Transformation (führt)... oder aber ... es lediglich zu einer 'domestication ' internationaler Politik kommt."[91]

Liegt die Kriegsentscheidung bei einem Bündnis, zum Beispiel bei der NATO, so mindert sich aus sachlichen Gründen der Einfluß der Volksvertretung und die Exekutive erhält ohnehin faktisch mehr Gewicht.

Die Gefahr, daß technokratische Entwicklungen die Entscheidungssituation im Zweifelsfalle aushöhlen, betont aus weiteren Gründen Mechtersheimer:

> „Genau gesehen liegt die Entscheidung über den Verlauf von atomaren Kampfhandlungen nicht einmal bei einem einzelnen Menschen. Sie liegt im Grunde im automatisierten Krieg selbst. Der politische Primat ist im nuklearen Rüstungssystem nicht realisierbar. Sicherheitspolitik ist erst dann demo-

88 Ebd., S.346.

89 Volker Rittberger, „Zur Friedensfähigkeit von Demokratien. Betrachtungen zur politischen Theorie des Friedens", in: Aus Politik und Zeitgeschichte. Beilage zur Wochenzeitung Das Parlament, Nr. 44/1987, S.9.

90 Besson/Jasper, a.a.O., S.61.

91 Beate Kohler-Koch, „Interdependenz", in dem PVS-Sonderheft 1990, a.a.O., S.125.

> kratisch, wenn der 'Kampf bis zum letzten Mann' deshalb ausgeschlossen ist, weil dieser Kampf ohne die Bereitschaft des Bürgers nicht stattfinden kann."[92]

Mit anderen Worten, die derzeitige Militärstrategie schließt nicht nur demokratische Partizipation, sie schließt Politik schlechthin aus. Die Möglichkeit zur Politik sei aber, so Mechtersheimer, wiedergewinnbar durch eine andere Einrichtung der Verteidigung. Demokratische Sicherheitspolitik müßte dann, so dieser Autor, sich kritisch mit den übernommenen Instrumenten der Sicherheitspolitik befassen:

> „Die Bundeswehr entspricht ihrer Struktur nach eher der Armee eines absolutistischen Staates als einer Demokratie. Einer Demokratie entspricht es nämlich, aus der 'Einheitsarmee' eine antimilitaristische Militärorganisation zu schaffen."[93]

Das Problem hat seinen Sitz im Leben. 1984 war ein Gerichtsurteil Pressemeldungen wert, demzufolge auch einem einfachen Soldaten Urteilsfähigkeit in der Krieg-Frieden-Problematik zuzusprechen sei. Der Staatsschutzsenat des Koblenzer Landgerichts hob eine Entscheidung der Vorinstanz auf, die mit dem Bild vom „unbedarften Soldaten (mit dessen „begrenzten Wissen und Interesse auf politischem Gebiet") das Heer vor kritischen Flugblättern über eine mögliche militärische Konfrontation zwischen den USA und dem Iran infolge des fehlgeschlagenen Versuchs der Geiselbefreihung aus der Teheraner Botschaft hatte schützen wollen. „Auch der einfache Soldat habe durchaus erkennen können, daß aus akutem Anlaß vor den Gefahren eines Krieges gewarnt worden sei," stelle der Senat fest.[94]

Mit Blick auf die Krisenkarte Europa wird freilich die Gegenüberstellung von Demokratie und autoritärer Herrschaft bei der Untersuchung der Kriegsentscheidung schal, so bedeutsam sie für die Normenbildung bleibt. Ethnische, religiöse und soziale Spannungen, die in Ost- und Südeuropa wie in Jugoslawien zu Eruptionen in Kriegen mündeten, verweisen vor allem auf andere Erklärungen für den Griff zu den Waffen. Das Staatengefüge ist im Gären, so daß gar nicht deutlich ist, welche Akteure demnächst den Übergang zur militärischen Gewaltanwendung betreiben. Die Trennlinie zwischen Bürgerkrieg und zwischenstaatlichem Krieg löst sich auf, wenn im Vorgang Akteure ihre Anerkennung als Subjekte des Völkerrechts, als unabhängige Nationalstaaten betreiben. Die Umwälzungen im

---

92 Alfred Mechtersheimer, Rüstung und Frieden. Argumente für eine neue Sicherheitspolitik, Reinbek bei Hamburg 1984, S.213.

93 Ebd., S.212. Der zweite Satz des Argumentes wirft freilich sehr weitgehende Fragen auf.

94 Günter Hollenstein, „Richter traut auch 'einfachen Soldaten' Urteilsfähigkeit zu", in: Frankfurter Rundschau, 7. Juli 1984, S.1.

vormals sozialistischen Bereich, die sie begleitenden Spannungen und ausbrechenden kriegerischen Konflikte sind tiefer zu analysieren, als dies die reinen Bilder von der Königsherrschaft des Volkswillens gestatten.

In einer grundsätzlichen Wertung meint Rittberger zum Demokratisierungspotential von Außenpolitik, daß „eine entscheidende Schwäche der traditionellen Lehre ... darin liegt, daß sie von einem letztlich formalen Staatsbegriff ausgeht.“ Kants Friedenskonzept hingegen bestand, so Rittberger, „vor allem darin, die innere Verfassung von Staaten, der Verhältnis von Politik und Gesellschaft“ zu betrachten.[95] Ein Mehr an Demokratie im Innern der Gesellschaft erbringt auch, so die Folgerung, ein Mehr an Frieden nach Außen.

Iring Fetscher schließt seine Betrachtungen über „Weltfrieden durch Demokratie“ mit einer skeptische Prognose ab: „Während die Kriegsgründe immer moralischer und universeller werden, wird die Kriegführung immer radikaler und totaler. Die Einführung formal demokratischer Verfassungen hat die Kriege weder zu beseitigen vermocht, noch hat sie ihre ‘Hegung’ fortzusetzen erlaubt, die immerhin zur Zeit der feudalen und absolutistischen Verfassungsordnungen möglich gewesen war.“[96]

---

95 Rittberger, a.a.O., S.8 (Hervorhebungen im Original).

96 Fetscher, a.a.O., S.58. Fetscher verweist auf Thesen Carl Schmitts, etwa in: Christian Graf Krockow, Die Entscheidung. Eine Untersuchung über Ernst Jünger, Carl Schmitt, Martin Heidegger, Stuttgart 1958.

KAPITEL 12
DIE ZUKUNFT DES INTERNATIONALEN SYSTEMS

Jede Wissenschaft, auch die politische des internationalen Systems, sollte prognosefähig sein, d.h., sie sollte in der Lage sein, ihre Einsichten und Beobachtungen von Regelmäßigkeiten („Gesetzen") in Aussagen über den weiteren Gang der Ereignisse umzusetzen.

Ein solches Vorhaben wird von Analytikern, die von der geringen Theoriehaftigkeit der internationalen Politik ausgehen, sofort für unmöglich erklärt werden (es verbliebe ja nur der Appell an die Evidenz der gegeneinander vorgetragenen Argumente beim Leser). Vielmehr soll mit dem Versuch, aus den vorstehenden Kapiteln eine prognostische Summe zu ziehen, der Test selber vorgeschlagen werden: Dem Leser wird es ein leichtes sein, die hier skizzierten Grundlinien der Entwicklung des internationalen Systems dereinst aufgrund seiner Erfahrungen zu prüfen.

Die Vorgehensweise in diesem Schlußabschnitt besteht darin, zunächst determininierende Grundentwicklungen zu fassen, um dann auf allgemeine Trends im internationalen System einzugehen.

Gemäß dem Vorstehenden ist der ausschlaggebende Trend der Entwicklung die zunehmende Bedeutung des Ökonomischen für Politik, auch im internationalen Bereich. Die Sorge, daß die wirtschaftliche Basis von gesellschaftlicher Tätigkeit, darunter Politik, prosperiere, führt dazu, daß ökonomische Leistungsfähigkeit mehr und mehr die Rangstellung der Nationen im internationalen System bestimmt, und bereitet zugleich einer weiteren Auflösung des Gegensatzes zwischen äußerer und innerer Politik den Weg. Multinationale Konzerne tragen zu dieser wachsenden Verbindung bei: Der Nationalstaat, in dem der Mutterkonzern sitzt, ist neben den Staaten, in denen sich die Vielzahl seiner Filialen befindet, einer (aber eben nur einer) der Adressaten seiner politischen Bedürfnisse.

Ein wesentlicher Einwand gegen die Möglichkeiten der Prognose so neuartiger Entwicklungen wie der tendenziellen Auflösung der Trennung der Sphären des Politischen und des Ökonomischen liegt darin, daß besonders im Vorverständnis die Schlüsselbegriffe und Konzepte der Phase der Entstehung des bürgerlichen Staates und von dessen äußerer Politik entstammen. Die Begriffe Macht, Interesse, Gleichgewicht usf. verdanken sich einer mechanistischen Verständnisweise sozialer Beziehungen. Der feministische Diskurs hat derartige Schwächen neuerlich deutlich aufgezeigt. Sind nicht neue, anders konzipierte Begriffe vonnöten, um neue Phänomene zu fassen?

Einige Elemente, möglicherweise in modifizierter Form, werden Grundbestandteil der Analyse auswärtiger Politik bleiben. Wie die vorstehenden Kapitel ergeben haben, ist dies vor allem auf der Akteursebene die Persistenz des Nationalstaates. Freilich ist erforderlich, sich vor einem etatistischen Verständnis vom Gemeinwesen zu hüten: Der Charakter der Politikausübung, schon die Wahrnehmung ihrer Aufgaben, weitet sich erheblich aus, vor allem in bezug auf die Gestaltungsfunktion des Staates gegenüber der Ökonomie.

Nach diesen beiden Vorbemerkungen soll in zwei Schritten gefragt werden, in welcher Weise das internationale System künftig spezifischen Wandlungen unterworfen ist. Nach der Auflösung des Ost-West-Konflikts infolge der Demokratisierung in Ost- und Ostmitteleuropa stellt sich die Frage nach dem Ersatz des zweipoligen Systems von Supermachtherrschaft, in Verbindung mit der Frage nach der Rolle der möglicherweise dominant bleibenden Supermacht. Das soll im zweiten Schritt geschehen.

Die USA werden kaum in der Rolle belassen, allein das von ihnen eingerichtete Nachkriegssystem zu erneuern und auszurichten. Charakteristischerweise argumentiert die Masse der Autoren, welche sich mit der Zukunft des internationalen Systems beschäftigen, mit einer möglichen Rolle besonders der Bundesrepublik (aber auch anderer europäischer Mächte) und Japans. Als wichtigsten Vorstoß in dieser Richtung, nämlich die Top-Position im internationalen System zu internationalisieren, galt in den siebziger Jahren der sogenannte „Trilateralismus“, der entschiedene Versuch von Präsident Carter und den ihn umgebenden Intellektuellen, das internationale System neuen Anforderungen genügend umzubauen.

Der Trilateralismus setzte nicht global an, er bestimmte sich von einer durchgreifenden „80 Prozent“-Grenze her. Im wesentlichen ging es darum, jene internationalen Beziehungen zu restrukturieren, die zu 80 Prozent den internationalen Austausch bestimmen – im Handel, im Luftreiseverkehr, im Austausch von Post, in den Werthaltungen. Diese – freihändig gegriffenen – 80 Prozent, denen zufolge ein internationales System überhaupt auch nur notwendig ist, stehen gegen 20 Prozent, zu denen der „Rest“ der Welt gehört – das ehemals sozialistische, wirtschaftlich abgeschlagene Staatensystem im Osten, vor allem aber die Entwicklungsländer mit ihrer überwältigenden Mehrheit und Vielzahl an Menschen und Staaten. Mit dem Zugriff, „World Affairs“ von den ökonomisch dominanten Akteuren her zu bestimmen, erweist sich der Trilateralismus von vornherein als herrschsüchtige Attitüde.

Ausgelöst wurde der Versuch, die Herrschaft der „80 Prozent“ neu zu konstituieren, durch gewichtige Verschiebungen in der internationalen Wettbewerbsstruktur. An erster Stelle stand der relative Rückgang der Wirtschaftskraft der USA. In der Folge des Vietnamkrieges gelang es nicht mehr, Handelsbilanzdefizite zu absorbieren. Entwicklungen hin zur Kartellisierung auf den Rohstoff- und Energiemärkten trugen ebenso zu Neuüberlegungen bei wie der Aufstieg Japans in der Ausfuhr von kapital- und technologieintensiven Produkten. Das Welthandelssystem wurde durch Konfrontationen, bis hin zu „Handelskriegen“, erschüttert. Mit den sogenannten „Nixon-Schocks“ (japanisch *Nixon schokku*) brachen – wie es in einer Zusammenfassung heißt – „die USA dann gleich so ziemlich alle ihre handels- und währungspolitischen Verpflichtungen: Sie werteten ohne vorherige Konsultation den Dollar drastisch ab, kündigten dessen Goldkonvertibilität auf, verhängten Importsonderzölle von 15 Prozent und blockierten später alle Sojaexporte. ... Binnen kurzem herrschte auf den Währungsmärkten ein solches Fluktuationschaos, das die störungsfreie Abwicklung von internationalem Handel und Auslandsinvestitionen, die beide von vorhersehbaren Wechselkursen abhängen, zu gefährden schien.“[1]

Ein Zwischenspiel blieb der Vorschlag Kissingers, mit dem Programm „1973 – Jahr Europas“ zwei Konzepte der amerikanischen Hegemonialpolitik miteinander zu verbinden: von den Europäern Wirtschaftskonzessionen zu verlangen, dafür aber weitere amerikanische militärische Leistungen zu garantieren. Das Jahr Europas ließ sich seinerzeit nicht im Kissingerschen Sinne realisieren. Aber eine wichtige Verbindung war geschlagen: für die Neuordnung der Weltpolitik die militärische mit der ökonomischen Sphäre zu verbinden. Etwa zur gleichen Zeit unterbreitete Brzezinski, damals Professor in New York, den Vorschlag, daß die Eliten in den USA, Westeuropa und Japan direkt miteinander kooperieren sollten, um die Handelskonflikte und die allgemeinen Streitigkeiten über die Entwicklung des internationalen Systems zu beschränken und zu beseitigen. Nach der Vorstellung Brzezinskis sollten sich rund 300 der führenden Finanz- und Industriemanager, Vertreter „der systemkonformen poli-

1 Albrecht Rothacker, „Der Trilateralismus als internationales Politikmanagement“, in: Aus Politik und Zeitgeschichte. Beilage zur Wochenzeitung Das Parlament, B 6/81 vom 7.2.1981, S.26.

tischen und akademischen Eliten- und Medienfürsten“[2] in Japan, Westeuropa und Nordamerika alljährlich zu einer mehrtägigen Konferenz zusammensetzen. Anhand sorgfältig vorbereiteter Papiere sollten die Problem der 80-Prozent-Welt im Einzelnen aufbereitet, erörtert, diskutiert und an die Medien mit Lösungsprogrammen weitergegeben werden. Carter nahm als Präsident den Vorschlag auf.

Die Politikempfehlungen der Trilateralen galten zunächst dem weltweiten Schutz von Auslandsinvestitionen. Der Verstaatlichung ausländischer Wirtschaftsunternehmen und Banken, Ausfluß des Souveränitätsverständnisses, demzufolge der Nationalstaat solche Schritte tun kann, sollte ein Riegel vorgeschoben werden, das Wechselkurssystem sollte renoviert werden. Die großen Schuldner in der Dritten Welt (jene mit mehr als 50 Milliarden Dollar Verschuldung) sollten Sonderkredite erhalten. Der bekannte Wunsch von Ländern der Dritten Welt, durch Lagern von Rohstoffen („Buffer Stocks“) Preisschwankungen auszugleichen, sollte verbunden werden mit ähnlichen Nahrungsmittelinterventionsprogrammen der EG.

Diesen Empfehlungen zur Umstrukturierung des internationalen Systems ist die Prämisse gemein, daß die langfristigen Interessen der USA, Westeuropas und Japans mit denen multinationaler Unternehmen konvergieren. Die möglichst konfliktfreie Regelung der trilateralen Beziehungen gerät so zu einem Management- und Kommunikationsproblem. Der Trilateralismus nahm Abschied von den etablierten Konzepten internationaler Politik, etwa dem Machtansatz Morgenthaus und der unbeschränkten Maximierung von nationalem Nutzen auf Kosten anderer.

Für die Vielzahl der Staaten, die aufgrund wirtschaftlicher Schwäche nicht einem solchen Direktorium angehören, läßt sich eine Prognose einfacher erstellen. In der Wirtschaftspolitik muß es ihnen verstärkt darum gehen, die Binnenwirtschaft mit der Entwicklung des Weltmarkts in Übereinstimmung zu bringen – geradezu in Umkehrung klassischer Souveränitätsvorstellungen, nach denen man in der eigenen Ökonomie nach Belieben schalten und walten könne. Souveränität, vormals militärisch abgesichert, mit der „Doktrin der nationalen Sicherheit“ wohl letztmalig auf diese Grundlage konzentriert, wird im Zeitalter zunehmender globaler Verflechtungen mehr und mehr das Ergebnis internationaler und innenpolitischer Entwicklungen.

Der Nord-Süd-Gegensatz wird beherrschendes Strukturmerkmal der internationalen Politik bleiben, zunehmend angereichert durch politische Merkmale wie ein noch größeres Machtgefälle. Zwar bleiben beide Grup-

2 Ebd., S.27.

pierungen in sich gespalten: ölproduzierende und industrielle Schwellenländer bilden einen, die ärmsten der armen Staaten den anderen Pol in einem gleichfalls sich erweiternden Spektrum im Süden. Die Folge wird sein, daß politische Strategien gegen Verschuldung, daß Wachstumskonzepte und Exportpolitiken unterschiedlich ausfallen. Die Dritte Welt wird aufgrund ihrer Gegensätze immer weniger mit einer Stimme sprechen können. Aber auch im Norden werden sich die Differenzierungsprozesse fortsetzen. Nicht nur das östliche Europa, sondern auch seine südliche und westliche Peripherie werden kaum mit der gesellschaftlichen Dynamik des Zentrums mithalten können. Notgedrungen werden solche Staaten andere Interessen verfolgen müssen als die wirtschaftlich aktivsten Länder.

Nunmehr ist der Trilateralismus alter Art am Ende. Noch weitergehende Zielvorstellungen, etwa gemeinsame Kabinettssitzungen der Regierungen der USA, Westeuropas und Japans, somit die tendenzielle Auflösung des Gegensatzes zwischen innerem und äußerem Verhältnis dieser Regionen, erwiesen sich als bar jeder Realität. Auch der einfache Trilateralismus funktionierte nicht: Die Europäer waren nur mit amerikanischer Unterstützung in der Lage, eine Weltrolle auszuüben, aber eben dieses akzeptierten sie nicht. Die auf amerikanischer Seite angestrebte Verbindung ökonomischer und sicherheitspolitischer Probleme verschreckte die japanischen Eliten – allenfalls zögernd läßt sich das Land nunmehr auf militärische Verpflichtungen im Rahmen der UN ein.

Die Frage nach der Zukunft des internationalen Systems läßt sich mit Gewinn auch erörtern mit Hilfe des Ansatzes von langfristigen Zyklen. Der Aufstieg und Fall des Sowjetsystems legt aktuell eine solche Betrachtung nahe. Die Forschung über „lange Wellen“ untersucht mehrere Arten von Politikzyklen: weltpolitische Hegemonial- oder Herrschaftszyklen, Zyklen von politischem Konflikt und sozialen Bewegungen und Kriegszyklen.[3] Kriegszyklen haben schon den Inspirator der ökonomischen Diskussion über langfristige Konjunkturwellen, Nikolai D. Kondratieff (1892-1930), beschäftigt.[4] In der politikwissenschaftlichen Debatte hat neuerdings eher die Frage nach Zyklen hegemonialer Vorherrschaft die Gemüter erregt.[5] Einzelne Autoren, vor allem Mary Kaldor, verbinden Theoreme über

---

3 Vergl. Volker Bornschier/Christian Suter, „Lange Wellen im Weltsystem“, in: PVS-Sonderheft 17/1990, bes. S.187-191.

4 Ebd., S.187.

5 Vor allem geprägt von Immanuel Wallerstein, The Modern World System, New York 1974, sowie „The Three Instances of Hegemony in the History of the Capitalist World-Economy“, in: International Journal of Comparative Sociology, 24, S. 100-108.

Technologiezyklen mit der Hegemoniedebatte.[6] Die langen Wellen in der Produktion kapitalistischer Ökonomien und die damit verbundenen Zyklen politischer Dominanz seien je mit zunächst aufsteigenden, dann aber niedergehenden Technologielinien verbunden gewesen (Großbritanniens weltpolitische Vormachtrolle sei mit dem klassischen Maschinen- und Schiffsbau verbunden gewesen, die USA hätten das Zeitalter des Verbrennungsmotors beherrscht, und der Aufstieg Japans gehe einher mit der immer bedeutsam werdenden Elektronik).

Politische Vorherrschaft und Ökonomie werden in den letzten 150 Jahren in dieser Diskussion so verknüpft, daß von 1840-1880 Großbritannien mit dem Konzept der offenen Weltökonomie zur Weltmacht aufgestiegen sei (1846 die Einführung der entscheidenden Getreidegesetze). In dieser Phase habe die Staatsmacht wenig sichtbar agiert; zugleich sei der britische Parlamentarismus in dieser Phase in den Zenith seiner Macht gelangt. Ähnlich lasse sich von 1945-1970 die hegemoniale Entfaltung amerikanischer Macht studieren. In den Niedergangsphasen beider Hegemoniezyklen, für Großbritannien nach 1918, für die USA derzeit, trete die Staatsmacht sehr sichtbar auf, schon um dem Herrschaftsverfall entgegenzuwirken. Wirtschaftspolitisch werde das Konzept offener Märkte aufgegeben, und es würden vermehrt protektionistische Maßnahmen ergriffen.

Die methodologisch anspruchsvolle Zyklendebatte hat mehrfach Verfeinerungen erfahren (Fast-Zyklen u. dergl.). Am wichtigsten dürfte die Einsicht bleiben, das Zyklusphänomen nicht ökonomisch, sondern mit sozialen Entwicklungen zu erklären. Damit öffnet sich diese Debatte für die Leitfrage dieser Untersuchung, der nach Herrschaftsstrukturen in der internationalen Politik und deren möglichem Wandel.

Auch der Begriff „ökonomische Supermacht", von Livingstone[7] auf die Bundesrepublik hin formuliert, hat sich als nicht beständig, weil analytisch unscharf, erwiesen. Von japanischer Effizienz und Technologiestärke wird vieles erwartet, nur nicht, daß sich dieses Land zu einem Superakteur auf internationaler Bühne entwickelt. – Über die Frage nach den dominanten Akteuren hinaus dürften die folgenden Entwicklungen sich verstärken:

- die *Globalisierung* internationaler Prozesse. Globalstrukturen wie besonders die nunmehr vollständige Herstellung des Weltmarktes für alle Stufen des Produktionszyklus von Gütern, von der Konstruktion über

6 Mary Kaldor. Rüstungsbarock. Das Arsenal der Zerstörung und das Ende der militärischen Techno-Logik, dt. Berlin 1981.

7 R.G. Livingstone, „Germany steps up", in: Foreign Policy, No. 22 (Spring 1976), S.118.

die Fertigung bis hin zum Verkauf, bestimmen heute noch stärker als früher das Verhalten von mehr und mehr Staaten.

- die *Universalisierung* von Politik (oder, wie Czempiel dies faßt, sich „internationalisierende Politik").[8] Gleichartige Betroffenheit von Globalentwicklungen führen zu einer Homogenisierung von Politikstilen und Inhalten, voraussichtlich um wenige Pole.
- der weltweite Einbezug von Staaten in *Koordinationsgemeinschaften* in der Militär- und der Wirtschaftspolitik. Hinzu treten internationale Informations- und Kommunikationspolitik sowie internationale Umweltpolitik.
- der Zunahme *internationaler Herrschaft*. Trotz fortwährender Souveränitätsfiktion verliert die Masse der Nationalstaaten weiter an tatsächlichem Handlungsvermögen und findet sich mehr und mehr in einer Situation des Beherrschtseins.

Elmar Altvater und Birgit Mahnkopf haben diese Entwicklung so gefaßt:

> „Drei Ebenen, auf denen ökonomische und politische Artikulationsmuster entstehen, können unterschieden werden: (1) Zwischen Nationen und Nationalstaaten bilden sich selbstverständliche transnationale Beziehungen (und Gegensätze) aus. Die Gesamtheit der Nationalstaaten bildet (2) das internationale System, reguliert durch hegemoniale Mächte und internationale Normen, Institutionen, Verträge. Erst wenn (3) globale Interdependenz entstanden, eine Geoökonomie entwickelt ist, erlangt die Perspektive des globalen Systems gegenüber der Sichtweise des Nationalstaates (im Singular) und der Nationalstaaten (im Plural des internationalen Systems) Bedeutung."[9]

Für die kritischen Rezipienten dieser Entwicklungen wird sich das Motiv ihres Engagements weiter verschieben. Stand bei kritisch an internationaler Politik Interessierten in den vergangenen Jahren die Problematik der Dritten Welt und das Friedensproblem im Vordergrund, so wird neuerdings stärker die Frage nach der Fähigkeit des internationalen Systems zur Lösung von Zukunftsfragen überhaupt gestellt – nach dessen Vermögen, auf komplexe Herausforderungen angemessen zu reagieren.

---

8 Ernst-Otto Czempiel, „Internationale Beziehungen: Begriff, Gegenstand und Forschungsabsicht", in: Manfred Knapp/Gert Krell, Einführung in die Internationale Politik. Studienbuch, 3. Aufl. München/Wien 1996, S.22.

9 Elmar Altvater/Birgit Mahnkopf, Grenzen der Globalisierung. Ökonomie, Ökologie und Politik in der Weltgesellschaft, Münster 1996, S.37.

LITERATUR ZUR INTERNATIONALEN POLITIK

Die folgende Liste wurde von Hochschullehrern und Mitarbeitern des Instituts für Internationale Politik und Regionalstudien (WE 4) des Fachbereichs Politische Wissenschaft (Otto-Suhr-Institut) der Freien Universität Berlin gemeinsam erstellt. Sie wird in Lehrveranstaltungen des Instituts verteilt.

I. Einführungen in die internationale Politik

BEYME, Klaus von / Ernst-Otto CZEMPIEL/Peter Graf KIELMANSEGG/ Peter SCHMOOCK: Politikwissenschaft. Eine Grundlegung, Bd. III, Außenpolitik und internationale Politik, Stuttgart u.a. 1987.

CZEMPIEL, Ernst-Otto: Weltpolitik im Umbruch. Das internationale System nach dem Ende des Ost-West-Konflikts, München, 2.Aufl. 1992.

COLSON, William / A.J.R. GROOM: International Relations Then and Now. Origins and Trends in Interpretation, New York 1991.

FETSCHER, Iring / Herfried MÜNKLER, Hg.: Politikwissenschaft, Reinbek 1985.

KAISER, Karl / Hans-Peter SCHWARZ, Hg.: Weltpolitik. Strukturen, Akteure, Perspektiven, Bonn, 2.Aufl. 1987.

LIST, Martin / Maria BEHRENS / Wolfgang REICHARDT / Georg SIMONIS: Internationale Politik. Probleme und Grundbegriffe, Opladen 1995.

KNAPP, Manfred / Gert KRELL, Hg.: Einführung in die internationale Politik. Studienbuch, München/Wien, 3.Aufl. 1996.

OPITZ, Peter J., Hg.: Weltprobleme, Bonn, 3.Aufl. 1990.

WOYKE, Wichard, Hg.: Netzwerk Weltpolitik. Großmächte, Mittelmächte und Regionen und ihre Außenpolitik nach dem Zweiten Weltkrieg, Opladen 1989.

II. Geschichte der internationalen Politik

BRACHER, Karl-Dietrich: Europa in der Krise. Innen- und Weltpolitik seit 1917, Frankfurt 1979.

BRACHER, Karl-Dietrich / Manfred FUNKE / Hans-Peter SCHWARZ, Hg., Deutschland zwischen Krieg und Frieden, Bonn 1990.

GASTEYGER, Curt: Europa zwischen Spaltung und Einigung: 1945-1990, Bonn 1990.

HOLSTI, Kalevi J.: Peace and War: Armed Conflicts and International Order 1648-1989, Cambridge 1991.

KRIPPENDORFF, Ekkehart: Internationale Politik. Geschichte und Theorie. Frankfurt 1987.

LINK, Werner: Der Ost-West-Konflikt Die Organisation der internationalen Beziehungen im 20. Jahrhundert, Stuttgart, 2.Aufl. 1988.

LOTH, Wilfried: Die Teilung der Welt. Geschichte des Kalten Krieges 1941-1955, München 1980.

MANN, Michael: Geschichte der Macht. Von den Anfängen bis zur Griechischen Antike, Frankfurt a.M. 1990.

III. Theorie(n) der internationalen Politik

BEHRENS, Henning / Paul NOACK: Theorien der internationalen Politik, München 1984.

BULL, Hedley: The Anarchical Society. A Study of Order in World Politics, New York 1977.

CZEMPIEL, Ernst-Otto: Internationale Politik. Ein Konfliktmodell, Paderborn 1981.

DOUGHERTY, James E. / Robert L. PFALTZGRAFF: Contending Theories of International Relations. A Comprehensive Survey, 3rd ed., New York 1990.

HAFTENDORN, Helga, Hg.: Theorie der internationalen Politik, Hamburg 1975.

JONES, Walter S.: The Logic of International Relations, New York, 7th ed. 1991.

KEOHANE, Robert O. / Joseph S. NYE: Power and Interdependence, Boston 1977.

KOHLER-KOCH, Beate, Hg.: Regime in den internationalen Beziehungen, Baden-Baden 1989.

MANSILLA, Hugo C.F.: Die Trugbilder der Entwicklung in der Dritten Welt. Elemente einer kritischen Theorie der Modernisierung. Paderborn 1986.

RITTBERGER, Volker, Hg.: Theorien der Internationalen Beziehungen. Bestandsaufnahme und Forschungsperspektiven, Politische Vierteljahresschrift, Sonderheft 21/1990.

SENGHAAS, Dieter: Konfliktformationen im internationalen System, Frankfurt a.M. 1988.

IV. Außenwirtschaftspolitik und internationale Wirtschaftsbeziehungen

ALTVATER, Elmar / Birgit MAHNKOPF, Grenzen der Globalisierung. Ökonomie, Ökologie und Politik in der Weltgesellschaft, Münster 1996.

BREDOW, Wilfried von / Rudolf H. BROCKE: Einführung in die internationalen Wirtschaftsbeziehungen, Stuttgart 1981.

ELSENHANS, Hartmut: Nord-Süd-Beziehungen. Geschichte, Politik, Wirtschaft, Stuttgart usw., 2.Aufl. 1987.

GILPIN, Robert: The Political Economy of International Relations, Princeton 1987.

GLASTETTER, Werner: Außenwirtschaftspolitik. Eine problemorientierte Einführung mit einem Kompendium außenwirtschaftlicher Fachbegriffe, Köln, 2. Aufl. 1979.

NARR, Wolf-Dieter / Alexander SHUBERT, Weltökonomie. Die Misere der Politik, Frankfurt a.M.1994.

NUSCHELER, Franz: Lern- und Arbeitsbuch Entwicklungspolitik, 3. Aufl. Bonn 1991.

REICH, Robert, Die neue Weltwirtschaft, Frankfurt a.M./Berlin 1993.

TETZLAFF, Rainer: Die Weltbank. Machtinstrument der USA oder Hilfe für die Entwicklungsländer? München 1980.

WALLERSTEIN, Immanuel: The Capitalist World Economy, London/Paris 1979.

V. Krieg und Frieden

ADLER, Emanuel u.a.: Arms Control: Thirty Years on, in: Daedalus (Journal of the American Academy of Arts and Sciences), vol. 120, No. 1, 1991.

ARON, Raymond: Frieden und Krieg. Eine Theorie der Staatenwelt, Mit einem Geleitwort zur Neuauflage von Richard Löwenthal, Frankfurt/M. 1986.

BONACKER, Thorsten: Konflikttheorien. Eine sozialwissenschaftliche Einführung mit Quellen, Opladen 1996.

BURTON, John W.: Global Conflict: The Domestic Sources of International Crisis, Brighton, England 1984.

BUZAN, Barry: People, States, and Fear. An Agenda for International Security Studies in the Post-Cold War Era, New York 1991.

GADDIS, John Lewis: The Long Peace, New York 1987.

GURR, Ted Robert, Minorities at Risk. A Global View of Ethnopolitical Conflicts, Washington, D.C. 1993.

IMBUSCH, Peter / Ralf ZOLL, Hg.: Friedens- und Konfliktforschung. Eine Einführung mit Quellen, Opladen 1996.

JERVIS, Robert: The Meaning of the Nuclear Revolution, Ithaca, NY, 1989.

HOWARD, Michael: War in European History, Oxford 1976.

KEGLEY, Charles W., Jr., Hg.: The Long Postwar Peace. Contending Explanations and Projections, New York 1991.

KRELL, Gert / Harald MÜLLER, Hg.: Frieden und Konflikt in den internationalen Beziehungen. Festschrift für Ernst-Otto Czempiel, Frankfurt a.M./New York 1994.

KRIPPENDORFF, Ekkehart: Staat und Krieg, Frankfurt M. 1985.

MATTHIES, Volker, Hg.: Kreuzzug oder Dialog. Die Zukunft der Nord-Süd-Beziehungen, Bonn 1992.

MEYER, Berthold: Formen der Konfliktregulierung. Eine Einführung mit Quellen, Opladen 1997.

MEYERS, Reinhard: Begriff und Probleme des Friedens, Opladen 1994.

VI. Internationale Organisationen, Völkerrecht

ANDERSEN, Uwe / Wichard WOYKE, Hg.: Handwörterbuch Internationale Organisationen, Opladen, 2.Aufl. 1994.

BARATTA, Mario v. / Jan-Ulrich CLAUSS, Hg.: Internationale Organisationen. Ein Handbuch, Frankfurt/M. 1991.

BERTRAND, Maurice: Für eine Weltorganisation der dritten Generation, Bonn 1988.

CLAUDE, Inis L.: Swords into Plowshares. The Problems and Progress of International Organization, New York/Toronto, 4.Aufl. 1971.

DOEKER, Günther / Helmut VOLGER, Hg.: Die Wiederentdeckung der Vereinten Nationen, Opladen 1990.

GEIGER, Rudolf: Grundgesetz und Völkerrecht, München 1985.

GREWE, Wilhelm G.: Epochen der Völkerrechtsgeschichte, Baden-Baden 1984.

HÜFNER, Klaus: Die Vereinten Nationen und ihre Sonderorganisationen. Strukturen, Aufgaben, Dokumente. Eine Orientierungshilfe für Wissenschaftler, Lehrer, Studenten, Bonn 1986.

KIMMINICH, Otto: Einführung in das Völkerrecht, 4. Aufl. München u.a. 1990.

KÖSSLER, Reinhard / Henning MELBER, Chancen internationaler Zivilgesellschaft, Frankfurt/M. 1993.

KRATOCHWIL, Friedrich V.: Rules, Norms, and Decisions. On the Conditions of Practical and Legal Reasoning in International Relations and Domestic Affairs, Cambridge u.a. 1989.

RITTBERGER, Volker (unter Mitarbeit von Bernhard ZANGEL): Internationale Organisationen, Politik und Geschichte, Opladen 1994.

RUF, Werner, Die neue Welt-UN-Ordnung. Vom Umgang des Sicherheitsrates mit der Souveränirät der „Dritten Welt", Münster 1994.

SIMMA, Bruno, Hg.: Charta der Vereinten Nationen. Kommentar, München 1991.

UN-WILLIGES DEUTSCHLAND: Der WEED-Report zur deutschen UNO-Politik/[Burkhard Könitzer; Jens Martens], Bonn (Stiftung Entwicklung und Frieden) 1997 (mit einem Anhang: „Adressen, Kontakte, Informationsquellen").

WOLFRUM, Rüdiger, Hg.: Handbuch der Vereinten Nationen, 2. Aufl. München 1991.

VII. Handbücher, Jahrbücher, Lexika

ALBRECHT, Ulrich / Helmut VOLGER, Hg.: Lexikon der Internationalen Politik, München/Wien 1997.

BOECKH, Andreas, Hg.: Internationale Beziehungen (Lexikon der Politik, Bd. 6), München 1994.

DIE INTERNATIONALE POLITIK. Jahrbücher der Deutschen Gesellschaft für Auswärtige Politik, München 1955 ff.

FRIEDENSBERICHT 1995. Friedensforscher zur Lage, Hg. Österreichisches Studienzentrum für Frieden und Konfliktlösung/Schweizerische Friedensstiftung, Chur/Zürich 1995 (jährl.).

FRIEDENSGUTACHTEN 1997, Hg. Forschungsstätte der Evangelischen Studiengemeinschaft (FEST) / Institut für Friedensforschung und Sicherheitspolitik an der Universität Hamburg (ISFH) / Hessische Stiftung Friedens- und Konfliktforschung (HSFK), Münster 1997 (jährl.).

HANDBUCH DER DRITTEN WELT, Hg.: Dieter Nohlen/Franz Nuscheler, Bonn (vormals Hamburg), mehrere Bde., mehrere Aufl.

JAHRBUCH FRIEDEN 1997. Konflikte, Abrüstung, Friedensarbeit. Hg. Hanne-Margaret Birckenbach / Uli Jäger / Christian Wellmann, München 1996 (jährl.).

Stiftung Entwicklung und Frieden (Hg. I. Hauchler u.a.), GLOBALE TRENDS 1998. Fakten, Analysen, Prognosen, Frankfurt a.M. 4. Ausg. 1997.

STOCKHOLM INTERRNATIONAL PEACE RESEARCH INSTITUTE (SIPRI): World Armaments and Disarmament, SIPRI Yearbook, Stockholm/London/Oxford, 1969ff.

The OXFORD COMPANION TO POLITICS OF THE WORLD, Hg.: Joel Krieger, Oxford u.a. 1993.

WEIDENFELD, Werner / Karl-Rudolf KORTE, Hg.: Handwörterbuch zur deutschen Einheit, Bonn 1991.

WEIDENFELD, Werner / Wolfgang WESSELS, Hg.: Europa von A-Z, Bonn 1991.

WELTENTWICKLUNGSBERICHT 1997. Internationale Bank für Wiederaufbau und Entwicklung/WELTBANK, Hg.: Der Staat in einer sich ändernden Welt. Ausgewählte Kennzahlen der Weltentwicklung, Washington, D.C. 1997.

WORLDWATCH INSTITUTE: The State of the World. Washington, D.C., 1973ff., dt.: Zur Lage der Welt, zuletzt 1977, Frankfurt a.M.

WOYKE, Wichard, Hg.: Handwörterbuch Internationale Politik, Opladen, 6.Aufl. 1995.

VIII. Zeitschriften

Archiv der Gegenwart, Bonn 1956 ff., wöch.

Aus Politik und Zeitgeschichte, Bonn 1950 ff., wöch.

Außenpolitik, Hamburg 1949 ff., vjl.

Blätter f. deutsche u. internationale Politik, Köln 1955 ff. mtl.

Europa-Archiv, Bonn 1946 ff, zweiwöch.

Foreign Affairs, New York und London 1922 ff. vjl.

Foreign Policy, Washington, D.C., 1977 ff., vjl.

International Affairs, London 1922 ff., vjl.

International Affairs, Moskau 1957 ff., mtl.

International Organization, Cambridge, Mass. 1974 ff., vjl.

International Security, Cambridge, Mass., vjl.

Journal of Peace Research, Oslo 1964 ff., vjl.

Millenium, London 1971 ff., 3mal jl.

Orbis, Philadelphia/Penns., 1956 ff., vjl.

Politique Etrangère, Paris 1935 ff., vjl.

Survival, London 1958 ff., 6mal jl.

Vereinte Nationen, Bonn 1952 ff., 6mal jl.

WeltTrends, Berlin 1993 ff., vjl.

World Policy Journal, New York, 1983 ff., vjl.

World Politics, Princeton, N.J., 1948 ff., vjl.

Zeitschrift für Internationale Beziehungen, urspr.Darmstadt, nunmehr Bremen 1994 ff., halbjl.

STICHWORTREGISTER

Das Stichwortregister führt zu einer Auswahl von Begriffen, Gegenständen, Aspekten, Konnotationen und Kontexten, die in der vorliegenden Einführung angesprochen werden. Das Register verortet keineswegs sämtliche Vorkommen solcher Wörter. Der Leser ist mithin gehalten, im Umfeld der jeweiligen Fundstelle nach weiteren, sachverwandten Begriffsbildungen, Gegenstandsansprachen, Aspektanzeigen und Konnotationen Ausschau zu halten.

A

B

C

D

E

F

G

H

I

K

L

M

N

O

P

Q

R

S

T

U

V

W

Y

Z